혁명과 여성

혁명과 여성

초판 1쇄 발행   2010년 11월 25일

기 획 ｜ 한국여성문학학회 · 한국여성사학회 · 한국여성철학회
편 자 ｜ 김은하 · 윤정란 · 권수현
발행인 ｜ 윤관백
발행처 ｜ 

편 집 ｜ 이경남 · 김민희 · 하초롱 · 소성순 · 주명규
표 지 ｜ 김현진
제 작 ｜ 김지학
영 업 ｜ 이주하

인 쇄 ｜ 한성인쇄
제 본 ｜ 광신제책

등록 ｜ 제5-77호(1998.11.4)
주소 ｜ 서울시 마포구 마포동 324-1 곳마루 B/D 1층
전화 ｜ 02)718-6252 / 6257   팩스 ｜ 02)718-6253
E-mail ｜ sunin72@chol.com
Homepage ｜ www.suninbook.com

정가 20,000원
ISBN   978-89-5933-400-1(세트)
ISBN   978-89-5933-403-2   94300

민주화운동기념사업회 4월혁명 50주년 기념 연구총서 3

혁명과 여성

김은하 · 윤정란 · 권수현 편

선인

발간사

50년 전 무너진 이 땅의 민주주의를 지키기 위해 싸웠던 수많은 젊은이가 있었습니다. 그 해의 4월, 180여 위의 희생자와 6천여 명의 부상자라는 크나큰 희생을 치른 끝에 한국사회는 부정과 부조리에 물든 이승만 권위주의체제를 무너뜨리고 민주주의를 시대적 가치로 각인시킬 수 있었습니다.

부정선거에 대한 학생들의 항의시위로 시작되어 시민혁명으로 발전한 4월혁명은 형식과 제도로서의 민주주의를 만들어냈을 뿐 아니라, 진정으로 국민을 주인으로 나서게 하는 민주화운동의 시원이자 거대한 분수령이라는 의의를 지니고 있습니다. 4월혁명은 국내적으로는 모든 지역에서 전개된 전국적 수준의 혁명이었으며, 국제적으로도 아시아는 물론 세계의 민주화운동에 있어 선도적인 모범을 보인 혁명입니다.

이 극적인 사건은 한국적 상황에서뿐만 아니라 국제적 상황에서도 참으로 유일무이한 독특한 사건입니다. 우리는 현대역사에서 4월혁명과 비교 가능한 권력과 사건 사이의 상호작용 형태를 알지 못합니다.

4월혁명 50주년을 맞아 열렸던 국제학술대회에서 고트프리드 킨더만 뮌헨대 명예교수가 했던 이 말은, 4월혁명의 특징과 함께 세계사에서 지니는 위상을 잘 보여주고 있습니다.

반세기의 시간 동안 질곡의 역사를 헤쳐오면서, 4월혁명은 대부분의 사람들에게 '미완의 혁명'으로 인식되고 있습니다. 하지만 '현재진행형'인 4월혁명의 의미는 50년이라는 시간의 흐름 속에서 기억이 흐려지는 과정을 겪고 있기도 합니다.

때문에 민주화운동기념사업회는 4월혁명 50주년을 맞이하여 4월혁명의 정신을 재조명하고 계승함으로써 민주화운동의 역사성을 규명하고 민주주의의 성숙을 함께 고민하고 모색하기 위해 일련의 작업들을 진행해왔습니다. 4월혁명 관련 사료를 집대성한 사료총집을 만드는 작업이 그 한 축이라면, 지역별로 진행된 4월혁명의 구체적 역사를 복원하고, 오늘의 시각에서 4월혁명을 재조명하는 다양한 연구들을 수행하는 것이 다른 한 축이었습니다. 모두 6권으로 발행되는 4월혁명 50주년 연구총서는 이 같은 연구 결과들을 모은 것입니다.

우선 다양한 연구자들과 함께 반세기가 지난 현시점에서 4월혁명을 재조명하는 종합적인 연구서 『4월혁명과 한국민주주의』를 발간하였습니다. 둘째, 제주를 포함한 전국 10개 지역에서 "지역에서의 4월혁명과 한국민주주의의 지역적 과제"라는 주제하에 학술토론회를 개최하여 4월혁명이 각 지역에서 어떻게 전개되었는지, 민주주의와 관련해서 각 지역이 안고 있는 문제점이 무엇인지를 고찰하고, 그 결과물을 바탕으로 『지역에서의 4월혁명』을 발간하였습니다. 셋째, 한국여성문학학회·여성사학회·한국여성철학회, 한국사회경제학회, 한국역사연구회, 한국정치연구회, 현대매체연구회, 비판사회학회 등 여러 진보적 학술단체들과 함께 4월혁명 50주년을 기념하는 학술토론회를 공동으로 개최하고, 그 결과물을 4권의 책으로 발간하였습니다.

어려운 과제를 맡아 훌륭한 연구를 수행해 주신 많은 연구자들, 각 지역에서 4월 정신을 되살려 민주주의 발전을 위해 애쓰고 계신 벗들에게 감사의 인사를 전합니다. 민주주의와 정의를 향한 1960년 4월의 웅장한 기념비 위에, 5월과 6월의 찬연한 역사를 새겨온 모든 분들께도 진심으로 감사드립니다.

4월혁명 50주년의 의미를 다시 한 번 깊이 성찰하면서 이 연구 성과들이 민주화운동의 역사와 의미에 대한 연구를 더욱 풍부하게 하고, 한국 민주주의의 지속적인 발전에 이바지하는 단단한 주춧돌이 되기를 기대합니다.

2010년 11월
민주화운동기념사업회 이사장 함세웅

『혁명과 여성 : 4 · 19혁명 50주년기념논문집』 발간에 부쳐

김혜련

어떤 사건이 일어났을 때 손안에 있는 현재 일들로 인해 그 사건을 부지중에 잊어버릴 수 있다. 또 어떤 일은 잊고 접어두기로 의지적으로 결심할 수 있다. 그 편이 모든 사람에게 더 나을 것 같기 때문이다. 그러나 어떤 일은 잊을 수도 없고 또 잊어서는 안 된다. 기억은 단순히 인지 능력의 문제가 아니라 선택과 의지의 문제이기도 한 것이다. 그렇다면 잊기도 어렵고 또 잊어서도 안 될 사건은 과연 어떤 것일까?

4 · 19혁명이 일어난 지 반세기가 된 지금, 그 사건은 과연 무엇이었고 우리에게 어떤 의미가 있는 것인지 새삼스레 묻지 않을 수 없다. 4 · 19혁명에 관해 역사 교과서가 정리하고 있는 내용이 못미더워서가 아니라, 특정한 한 관점에서 사건들을 기술하고 그 기술을 표준적인 것으로 특권화 할 때 피하기 어려운 유사 리얼리즘과 배타성이 특히 문제되기 때문이다. 그렇기 때문에 이 시점에서 우선적으로 생각해볼 것은 우리가 듣고 배워서 알고 있는, 이른바 '4 · 19담론'은 누가 어떤 관점에서 관찰하고 구성한 것인가 하는 것이다. 만일 역사 기술에서

채택된 관점이 암묵적으로 특정 이데올로기에 편향적이거나 특수한 계층이나 집단들에 대한 근거 없는 편견이 내재화되어 있다면, 그 결과 그 기술은 과소대표적인 집단들이 배제된 전형적인 피륙이 될 것이다.

그러므로 4·19혁명 50주년을 추념하면서 생각해야 할 두 번째 주제는 이 혁명담론에서 배제된 집단들을 동일시하고 배제되거나 누락된 부분들을 채워 넣는 일이다. 이 작업은 기계적으로 이루어질 수 없다. 다소 때늦은 듯하지만, 지금이라도 문학, 사학, 철학을 비롯한 여성주의 인문학자들이 4·19혁명이라 불리는 피륙의 주요 가닥들, 즉 남성 엘리트층뿐만 아니라 여성과 소년소녀들의 경험과 증언을 취합하여 혁명담론을 재구성·재해석하는 일을 서둘러야 하는 중대한 이유는 바로 여기에 있다. 혁명은 슬라이드처럼 얄팍한 것이 아니라 입체적이며 역동적이고 서사적이다. 그렇기 때문에 역사 텍스트의 재구성은 시험지 빈 괄호를 채워 넣는 식의 평면적인 작업이 될 수 없다. 어떤 혁명이든지 남성들만으로 시작되거나 진행되지 않으며, 그 영향은 인간 주체들을 넘어 자연과 환경까지 두루 미친다. 사건을 사실로서 동일시하는 단계부터 그 사실의 유의미성을 읽어내고 영향사적 함의를 해석함으로써 구성되는 혁명담론은 내러티브와 내레이션 행위 자체가 서로를 규정하는 퍼포먼스에 가깝다.

끝으로 혁명의 주체가 다자적이듯이 혁명의 양상도 일정한 틀에 한정될 수 없다. 역사적 사건으로서 4·19혁명이 특수한 형태를 띠었던 반면, 과거-현재-미래를 잇는 역동적인 과정으로서 혁명은 시간의 흐름에 따라 주체들의 필요와 꿈에 부응하여 다양한 양상으로 재연되어야 할 것이다. 혁명이 새롭게 재연되기 위해서 먼저 우리는 주체들을 알아야 한다. 특히 정치 주체로서 배제되었던 긴 역사를 감내해온 여성과 청소녀, 그리고 노인 여성들의 필요와 욕구에 대해 경청하는 자리를 마련해야 한다. 이 책의 필자들은 4 · 19혁명에 참여하거나 사건들을 목격했던 여성들은 누구였으며 그들이 경험한 일은 어떤 것이 있었는가 하는 물음을 통해 진실로 혁명이란 무엇인가를 생각해본다. 그리고 그들은 4 · 19혁명의 안과 밖에서 여성과 소년소녀들이 수행했던 역할, 자율적인 주체로서 여성이 혁명과 맺는 관계, 혁명의 과거와 미래, 혁명담론의 다양한 형식, 정치 현장뿐만 아니라 일상생활의 터전에서 일어나는 작은 혁명들에 대해 말한다. 혁명담론 구성에 여성 주체들이 참여하는 것은 혁명 자체뿐만 아니라 휴머니즘 자체를 성숙시키는 중요한 자원이 되리라 믿기에, 한국여성문학학회 · 여성사학회 · 한국여성철학회의 여성주의 인문학자들은 민주화운동기념사업회와 연대하여 4 · 19혁명 50주년 기념총서 발간에 동참하기로 했다. 우리는 4 · 19혁명을 사건으로서 단순히 기억하는 것을 넘어, 그 사건의 기억들을 현시대를 살고 있는 우리 자신의 것으로 만들고 성숙시켜 정의와 자유가 더욱 만개하는 미래로까지 키워나가고자 한다. 4 · 19 혁명 50주년 여성인문학 학술대회를 지원하고 이어서 총서를 발간하기까지 모든 과정에 아낌없는 격려와 후원을 해준 민주화운동기념사업회에 감사한다.

차례

제1부   혁명의 철학적 의미, 혁명과 여성의 관계

제2부　4 · 19혁명과 여성에 관한 사실 탐구

제3부 혁명과 여성의 맥락화, 입지점 찾기

혁명, 여성, 명예

김혜련

1. 들어가는 말 : 혁명의 꿈은 무엇인가?

오늘날 사람들은 명예에 대해 좀체 이야기하지 않는다. 물론 우리는 노벨상이나 퓰리처상 또는 명예박사 학위가 얼마나 영예로운지 잘 알고 있다. 그러나 명예란 영예나 명성, 또는 평판에 의해 충분히 설명할 수 없는 측면을 갖는다. 그런 말들이 서로 혼용되어도 무방한 때가 많고, 명예의 외연이 자유, 민주주의, 평등, 정의, 그리고 공공선의 영역과 중첩되는 경우가 많지만, 명예의 정상(頂上)은 제도적 정의나 선의 피안에 자신만의 둥지를 튼다. 비유적으로 말해서, 명예의 핵심부로 들어갈수록 합리적인 도덕규범이나 정치 의제들로부터 멀어지면서 여타의 어떤 명분들에 의해서도 설명할 수 없는 독특한 아우라 같은 것이 발견된다.

내가 명예의 관점에서 혁명과 여성을 말하고자 하는 이유는 바로 혁명과 여성주의의 핵심부를 이루는 것이 바로 이론이나 전략, 그리고 합리성으로 설명될 수 없는, 거의 심미적인, 그 자체로 추구되는 고유류(sui generis)적 가치 자체로 생각되기 때문이다. 그러므로 명예

또는 명예로운 상태는 누가 누구에게 수여할 수 있거나 요구할 수 있는 것, 또는 목적으로 삼을 수 있는 것이 아니다. 어떤 것이 목적으로 구별될 수 있다면 그것은 적절한 수단을 필요로 할 것이고, 이처럼 목적과 수단이 구별되는 한 그것은 모종의 기술이나 기예가 될 것이다. 자유, 혁명, 명예, 그리고 여성주의 간의 관계는 원인-결과의 인과관계, 또는 목적-수단의 기능적 관계로 설명하기 어렵다는 생각이 이 글의 출발점이라고 말할 수 있다. 왜냐하면 혁명이 주체의 명예의식에서 비롯된 것이 아닐 때 혁명은 단지 소요나 폭력으로 전락할 뿐이다. 그리고 여성주의이론이나 실천이 구태와 억압에서 벗어나기 위해 무엇인가 시도할 때도, 개인의 명예를 지키거나 옹호하려는 깊은 실존적 · 휴머니즘적 동기에서 출발하지 않는 한, 그리고 참여자나 수혜자 모두에게 명예를 귀속시킬 수 있지 않는 한, 그 이론과 실천은 소수 엘리트의 현학적 논변이 되거나 임시변통 격인 정치 전략으로 그칠 수 있다. 두 경우 모두가 불행한 결과일 수밖에 없는데, 지략과 힘을 들인 모든 노력이 휴머니즘적 가치를 놓치는 허사가 되기 때문이다. 자유나 평등은 그 자체로도 바람직한 것이지만, 그것이 추상이념의 수준에서 공전(空轉)하지 않기 위해 반드시 명예의 기반 위에 세워져야 한다는 것이 나의 생각이다. 혁명과 여성주의, 그리고 명예는 각기 상이한 역사를 갖는 개념들이지만 현실을 넘어서는 어떤 꿈을 가진 사람들이 참여하고 성취하는 것이라는 의미에서 그것들은 심오한 방식으로 서로 조우할 수 있다. 꿈을 잃은 사람은 행동하지 않는다. 혁명전사나 여성주의자는 꿈꾸는 어떤 세계가 보장되거나 추구하는 목표가 손에 넣을 수 있는 것이기 때문에 행동하는 것이 아니다. 오히려 그들은 꿈을 잃지 않고 자신의 명예를 지키기 위해 행동하는 것이다. 그리고 꿈꾼다는 것은 특수한 하나의 결과만을 바라는 것이 아니다. 그것은 도피적인 초월적 유토피아가 아닌 지상의 유토피아라고 부를 수 있는,(루이스 멈퍼드, 2010, 31~40쪽)[1] 도덕적으로 선하고 정치적으로 정의로운, 그리고 개인의 명예가 아름답게 지켜지는 어떤 세계를 꿈꾸는 것이다.

4·19혁명 50주기를 맞으면서 나는 새삼 4·19여성 혁명전사들이 왜 그리고 무엇을 위해 싸웠는지를 나 자신에게 묻는 기회를 가졌다. 나는 말끔하게 정리된 답을 찾을 수 없었다. 다만 이 기회를 통해 내가 깨닫게 된 것은 혁명과 여성주의는 명예라는 휴머니즘의 궁극적 가치를 통해 서로 연결될 수 있고 또 그래야만 한다는 점이다. 아래에서 나는 명예라는 가치이념을 통해 의미 있게 만나야 할 혁명과 여성주의의 내부 구조를 분석해 볼 것이다.

2. 혁명과 명예의 담론 : 도덕규범의 요구를 님어서

2010년 4월 17일, 성신여대 성신관에서 개최되었던 학술대회 「4·19혁명과 여성」은 그 동안 역사 교과서, 주류 언론매체, 관련 연구서들을 통해서는 알 수 없었던 것을 배울 수 있었던 좋은 학습 시간이었다. 자유당 독재에 맞서 대학생 오빠들과 뜻있는 교수 및 지성인들의 궐기로 시작되어 전국적으로 파급되었던 것으로 간주되는 4·19혁명은 주로 남성들의 역사처럼 이해되어왔다. 그러한 단순하고 소박한 이해는 어쩌면 한국 정치사에 무지한 나 같은 사람이 알고 있는 순진

---

[1] 멈퍼드는 유토피아의 유형을 도피 유토피아와 재건 유토피아의 두 가지로 나눈다. 전자는 현실의 문제들이 해결될 수 있음을 믿지 않고 초월적인 어떤 세계를 기다리는 사람들의 것이다. 그 반면에, 재건 유토피아는 지상에 이상적인 사회를 실현하기 위해 현실적인 시도를 하는 사람들의 것이다. 멈퍼드는 재건 유토피안(유토피아를 구성하는 사람들을 지칭한다)들의 실천의 산물들 중 하나가 기술이라고 본다.

무구한 이야기일지도 모르겠다. 그러나 4·19혁명은 서울뿐만 아니라 전국 각지에서 숱한 청소녀와 성인 여성들이 참여했던 사건이었다. 그 여성들은 누구이며 그들이 어떤 일을 했는지는 이 책을 공동 집필한 다른 필자들이 들려줄 것이다. 오히려 나는 그 여성들의 내면의 삶에 초점을 맞추고, 어떤 느낌과 감정들이 그들로 하여금 행동하게 만들었는지를 나름대로 재구성해보고 성찰하고자 한다. 특히 내가 관심을 두는 종류의 감정은 도덕 감정(moral emotion)으로 불리는 것인데, 이 글이 초점을 두는 것은 명예(honor) 또는 명예심(sense of honor)이라는 도덕 감정이다. 혁명은 행동을 동반하며, 행동은 사고와 인지를 구성요소로 갖는 감정에 의해 촉발된다.[2] 사고가 아니라 감정이 행동을 이끄는 까닭은 감정은 중립적이지 않고 구체적인 관점을 가진 판단과 가치를 핵으로 갖기 때문이다.

앞에서 언급했듯이, 나는 4·19혁명을 포함하여 혁명이 어떤 동기에서 출발하며 무엇을 추구하는가를 다시 생각해 보는 동시에, 여성주의 인문학에도 같은 물음을 던져 본다. 이 책의 필진 중 하나인 김혜숙이 철학과 혁명의 내적 관계에 깊은 관심을 보여주고 있듯이,[3] 여성주의 인문학의 근본 토대는 자발적 정신의 주체가 갖는 확신에서 그 권위를 인정받을 수 있다는 사실에서 발견된다. 혁명 또한 그것이 이뤄낸 성과들에 의해 권위와 가치를 인정받는 것이라기보다 근본적으로 혁명 주체들의 내적 확신과 인격적 성실성으로부터 권위와 정당성을 확보하게 되는 것이다. 4·19혁명을 돌아보며 그 사건이 한국의 민주주의 발전에 어떤 적극적인 영향을 미쳤는지를 살펴보는 것은 매우 뜻있는 일일 것이다. 그 방향의 연구는 다른 전문가들에게 맡겨져야 할 것이다. 내가 이 글에서 초점을 두려 하는 것은 「서양 근대혁명

---

[2] 인지주의는 감정을 심적 상태와 인지 내용의 복합물로 이해한다.

[3] 김혜숙, 「혁명, 이념, 여성 : 이념을 넘어서 현실로」. 본서에 수록된 글.

과 여성」을 주제로 쓴 글에서 혁명의 과거와 미래를 연속적 과정으로 보는 이성숙의 관점에 공감하면서, 4·19혁명은 과거 사건으로서가 아니라 미래를 밝히는 탐사등의 형태로 여성주의 인문학을 통해 계승·발전되어야 한다는 과정적 관점이다. 특히 나는 여성주의 인문학의 주요 임무를 주체의 자유와 결정권, 그리고 명예와 권위를 수호하는 것으로 이해하며, 그 임무가 곧 혁명정신과 일맥상통하는 것으로 본다. 바꾸어 말해서, 혁명이나 여성주의가 어떤 형태로 나타나든지, 개인의 명예와 권위를 수호하지 못할 경우 그 정당성과 합리성을 상실할 수 있다는 것이다.

혁명을 뒤돌아보며 또는 미래의 혁명을 내다보며 여성주의 인문학자가 할 수 있는 일은 그리 많지 않다. 간단히 말해서, 인문학자가 하는 일은 다른 인문 저서들을 읽고 성찰하면서 자신의 글을 쓰는 것이다. 4·19혁명에 관해서도 마찬가지다. 여성 인문학사가 쓸 수 있는 형태의 글 중의 하나는 추념이 담긴 찬양의 글일 것이다. 사뭇 인색하게 들리겠지만, 나는 여성 혁명전사들에 대한 찬양의 글이 자칫 아독사그래피(adoxagraphy)(Arthur Stanley Pease, 1926, pp.28~29)[4]의 위험에 빠질까 염려된다. 만일 우리가 진정으로 그들이 누구이며, 무엇 때문에 그리고 무엇을 위해 저항했는지 모르는 체 찬양이나 칭송의 글을 쓴다면, 그것은 그들의 행동과 희생에 오히려 큰 모독이 될 것이다. 상상의 세계에서나마 그들의 얼굴과 눈빛을 마주하지 않은 채 어

---

[4] Adoxagraphy. 19세기 말에 창안된 용어 및 기술로, 사소하거나 저급한 대상들을 찬양하는 유려한 글쓰기를 가리킨다. 본디 엔코미움(enkomium)이라 불리는 합당한 찬양의 문예 형태는 5세기 말엽에 확립되었다. 엔코미움과 대조적으로, 아독사그래피는 사람이나 대상에 관해 찬사를 바치는 수사적 기술이라고 말할 수 있는데, 문제는 그 대상이 찬양을 받을 만한 가치가 없다는 데 있다. 고르기아스가 쓴 것으로 알려진, 헬렌을 옹호하는 글에서 시작하여 아독사그래피의 사례들은 간헐적이긴 해도 중세와 르네상스를 거쳐 현대적 맥락에서도 나타난다고 한다.

떤 의무감에서 건성으로 장식하는 찬사는 오해를 넘어 불성실한 응답이 될 것이기 때문이다.(Arthur Stanley Pease, 1926, pp.30~31)[5] 그렇다면 혁명전사들의 공과(功過)를 분석하고 평가하는 일과는 별도로, 그들을 알기 위해 우리가 할 수 있는 일은 그들을 혁명전사로 만들었던 역동적인 내면의 소리, 그들로 하여금 침묵을 깨고 행동하게 만들었던 내면의 삶의 이야기를 듣는 일이다.

전술한 의미에서 내가 주장하려는 것은 여성주의 인문학 연구와 혁명담론이 반드시 명예담론을 포함해야 한다는 것이다. 왜냐하면 혁명의 외형적 면모와 결과에 대한 검토나 분석과는 달리, 혁명전사들의 내면의 삶을 이루는 개인적인 동기와 목표, 헌신에의 의지, 그리고 격정적인 감정 경험은 그들이 자신의 정체성에 부응하는 정당한 대우와 존립을 요구하는 '명예선언'[6]으로 표현되는, 심층적인 내면의 삶에 대한 담론을 요구하기 때문이다. 그러므로 혁명에 대한 인문학적 접근, 특히 여성주의적 접근은 정체성에 대한 주체의 자기 인식과 필연적으로 연결되는 개인적인 명예의식에 대한 담론을 포함해야 한다. 자유와 평등, 그리고 자기 결정권은 시민 사회의 개인들이 정치적 주체로서 존엄한 삶을 살기 위해 절대적으로 요청되는 것이다. 이 절대성은 존엄성의 조건들이 타협 없이 무조건적으로 지켜지고 보장되어야 한다는 것을 함축한다. 이 지점에서 혁명담론은 개인의 명예에 관한 담론과 조우하고, 같은 논리에서 그것은 젠더 차원에서 여성주의담론으로 이어지는 것이다.

정치적 주체로서 개인의 존엄성과 명예가 존립·보전되어야 한다는 절대적 명제는 명예의 원칙이 정의의 원칙으로 흡수되거나 환원될

---

[5] 아더 피즈는 아독사그래피에 내재된 위험을 인위성 또는 형식성에서 찾는데, 찬사자의 기술이 소피스트적 훈련을 통해 획득되는 데서 그 원인을 찾을 수 있을 것이다.

[6] '명예선언'은 다나 해러웨이의 '사이보그 선언'을 차용하여 내가 지어낸 용어이다.

수 없게 한다. 정의의 원칙은 사회 구성원들에게 정당한 몫을 분배하기 위한 절차나 방법을 요구하는데, 그 절차나 방법의 조망점이 되는 가치관이나 이념은 집단에 따라 상대화될 수 있다. 예를 들면, 공동체 전체의 이익을 우선시하거나 아니면 개인의 자유를 우선시할 수도 있다. 무엇을 선(the Good)으로 간주하는가 하는 문제에 있어서도 종교적 이념이나 전통에 우선성을 둘 수 있는가 하면, 개인의 취향이나 스타일에 우선순위를 두는 등 차별화된 가치관이 있을 수 있다. 상이한 가치관에도 불구하고 정의의 원칙은 공정성과 공평성을 전제로 한다. 즉 개인에게 유익한 것은 공동체 전체에도 유익이 되고 그 역도 참이다. 정치적 자유주의의 기본 명제도 마찬가지이다. 개인의 자유는 공동체의 다른 구성원들에게 침해를 가하지 않는 한에서 보장되는 것이다. 바로 그 불가침의 원리는 자유주의의 기본 전제이자 시민들의 의무 조항이 된다.

　그러나 명예의 원칙은 정의의 원칙으로 환원되지 않는다. 정의의 원칙은 사회의 모든 구성원에게 의무를 부과하지만 명예의 원칙은 그렇지 않다. 명예는 개인이나 집단이 자발적으로 수호하거나 증명하는 것이지 어떤 의무에 의해 강제되는 것이 아니기 때문이다. 그렇기 때문에 상황에 따라 극단적으로 명예는 죽음을 불사하게 만들기도 한다. 이렇게 개인적인 결정에 달린 것임에도 명예는 나름대로 역사성과 규약성을 갖는다. 많은 인간 사회는 집단이나 개인의 정체성이나 존재 이유를 심리적으로 동일시하고 공적으로 입증하기 위해 이른바 '명예의식'(儀式)을 갖고 있다. 극단적인 사례이지만, 명예를 지킨다는 명분으로 지금도 일부 지역에서 행해지는 명예살인(honor killing)은 바로 명예의식 중 하나이다. 명예의식은 종교적 의식에서부터 사회 제도, 개인적인 습관이나 기벽(奇癖)에 이르기까지 다양할 수 있지만, 모든 형태의 명예의식은 공동체나 개인이 '인간 사회'나 '인간 존재'로서 명분 있는 삶을 살고 있음을 확인하는 자기 확신의 표현이라는 공통점을 갖는다.

명예의 보전이나 회복을 위한 저항의 정당성의 근거를 정의원칙이나 도덕규범에 귀속시킬 수 없는 이유를 샤론 크라우스는 다음과 같이 설명한다.(Sharon Krause, 1999, pp.469~499) 역사적으로 볼 때 명예 개념은 군주제라는 정치형태하에서 귀족들이 자신들의 입지가 군주의 무저항적 의지나 법제도로 해소되어 버리지 않도록 방어하는 교두보로서 창안되고 실천되었던 것이다. 그리하여 명예는 귀족들의 항의권(right of remonstrance)(Sharon Krause, 1999, p.475)으로 가시화되었는데, 이것 없이는 군주 중심의 정의 체계에 의해서 실질적으로 정의가 실현되기 어려울 때가 있었던 것이다. 군주의 자의적인 의지에 의해 통치되는 절대왕정과는 달리, 입헌군주제는 군주가 법률에 따른 통치를 하기는 하지만 그 법률은 왕권을 유지하기 위한 것이므로 귀족들의 독립성과 자율성을 보전하기 위한 별개의 장치가 필요했다. 그러한 정황에서 명예는 법제도나 보편화 가능한 도덕규범의 바깥에서 그 교두보를 확보해야 했던 것이다.

명예가 정의나 도덕규범으로 흡수되지 않는 이유는 명예심에서 비롯되는 저항이 근본적으로 개인적인 야망을 위한 것이지 타자를 위한 것이 아니기 때문이다. 여기서 말하는 '야망'(ambition)이란 한마디로 '큰 뜻' 또는 '높은 뜻'을 가리키며, 이 야망의 일차적 대상은 주체 자신이다.(에드먼드 버크, 1990, 110쪽)[7] 야망에서 비롯된 저항의 행위, 즉 혁명 같은 집단행동이 공동체에게 구체적으로 어떤 유익을 가져올 수는 있지만, 그 이익은 부산물로서 얻어지는 것이다. 정의의 원칙과는

---

[7] 에드먼드 버크도 야망을 중요한 사회적 감정으로 다루면서, 다른 인간 동료보다 더 탁월해지고자 하는 야심이 개인을 위대하고 탁월하게 만들며 그 결과 사회 전체가 이익을 얻게 된다고 주장한다. 바꾸어 말해서, 소수 사람들의 야망이 없다면 인간 사회는 발전되거나 고양될 수 없을 것이다.

달리, 공공선의 성취는 야망에서 비롯된 명예추구 행위의 일차적 목표는 아니다. 오히려 명예심에 기초한 저항은 행위 주체가 자신에 대해 갖는 야심이나 기대에서 비롯된 것이다. 부정의한 상황에 대한 개인들의 반응은 그 내적 동기에 따라 매우 상이하게 동일시될 수 있다. 공동체의 이익을 위해 기꺼이 개인적인 희생을 감수하는 주체는 정의의 원칙에 따르는 것이다. 그러나 명예를 추구하는 주체는 자신의 정체감을 반영하고 증명하기 위해 움직인다. 명예주체의 행위는 정의의 원칙이나 도덕규범에 부합하는 행위와 중첩되는 부분들이 있으므로 외견상으로 확연하게 양자의 행동원칙은 식별되지 않을 수가 있다. 마치 예술작품의 제작 의도가 해석에 의해서만 드러나거나 재구성되듯이, 명예주체의 행위들도 내적 의도나 동기의 재구성을 필요로 한다. 그러므로 개념으로서 명예는 근본적으로 내포적(intensional)이고 지향석(intentional)이나.(아서 단토, 2008)[8]

명예주체가 자신의 정체성의 표현 또는 자신의 존재를 증명하는 것을 일차적 목표로 삼는다는 것은 수제가 十제석인 결과보다는 특수한 자아 상태를 목표한다는 점에서 명예주체의 저항은 '저항을 수행하는 자아 상태' 자체에 의의를 둔다는 것을 함축한다. 그런 의미에서 명예주체가 혁명에 참여하는 것은 도덕적 관심보다 심미적 관심에서 비롯되는 아름다운 행위(fine act)의 면모라고 말할 수 있다. 즉 그가 추구하는 것은 단순히 정의로운 상태가 아니라 정의로우면서도 아름답게 체현되는 자아의 심미적 상태이다.(Sharon Krause, 1999, p.477) 그러한 의미에서 크라우스는 명예의 핵심이 비범한(extraordinary) 노력에서 발견된다고 말한다.(Sharon Krause, 1999, p.478) 이 위대함 또는 비범

---

[8] 내포성(intensionality)이나 지향성(Intentionality)은 어떤 행위의 의도나 유의미성이 그 행위의 물리적 토대로 환원될 수 없는 의미론적 규칙과 심리 상태, 그리고 감각질(qualia)을 갖는다는 것을 함축하는 개념이다. 행위의 내용과 인과에 관해서는 아서 단토를 참조하기 바란다.

함은 정의의 요구에서가 아니라 주체의 자발적 선택에서 나오는 것이므로 칭송의 대상이 될 수 있다. 탁월성이나 뛰어난 성과를 궁극적으로 운(fortune)에 의해 소유하게 된 능력의 소산으로 보는 존 롤즈나 마이클 월쩌의 정의이론을 따를 경우, 엄밀한 의미에서 칭송 받아 마땅한 행위란 존재하지 않는다.(John Rawls, 1993 ; Michael Walzer, 1983) 비범한 시도나 노력도 결국 관련된 능력을 갖게 한 환경이나 선천적 운의 결과이기 때문이다. 이 경우 명예라는 주제는 정의의 구조 안에서 해소되고 만다.

3. '명예감정'의 비합리적 합리성의 역설

앞 절에서 나는 혁명 주체가 추구하는 바를 도덕과 정의의 영역을 넘어서는, 초도덕적이고 심미적인 차원에서 찾아보았다. 이 절에서는 민주 시민인 혁명 주체의 심리적 동기를 시민권 박탈에 대한 수치와 절망감에서 발견하고, 아울러 자유로운 정치적 주체로서의 명예를 회복하기 위해 합법적인 수단이 아닌 집단시위나 폭력을 택할 수밖에 없을 때 혁명 주체가 경험하는 굴욕감을 감내함으로써 오히려 시민 주체로서의 명예를 세우려 한다는 역설적인 심리적 구조를 분석해 볼 것이다. 이 구조를 특별히 역설적으로 볼 수 있는 까닭은 수치나 굴욕이 선행함으로써, 또는 적어도 잠재적으로 수치 상태가 가상적으로 투사되어 주체의 마음 앞에 인지될 수 있지 않는 한 명예를 지키거나 명예를 회복하는 일이 불가능하기 때문이다. 이것은 마치 먼저 자아가 죽지 않는 한 부활이 있을 수 없다는 기독교의 부활개념의 역설과도 비슷하다.

과연 명예를 단순한 감정으로 볼 것인가, 또는 인격의 일부로서 덕

(virtue)의 한 양태로 볼 것인가 하는 물음은 고대 그리스 시대부터 철학자들이 오랫동안 논구해온 주제이다. 로고스 중심주의라고 불릴 정도로 개념적 사고와 추론을 중요시해왔음에도 불구하고, 적어도 소극적인 의미에서나마 서구 철학은 감정에 관심을 기울여왔다고 볼 수 있다. 그렇게 말할 수 있는 이유는 감정이 사고와 행위를 연결하는 가교의 역할을 하기 때문인데, 감정에 대한 입장이 대체로 부정적인 것은 감정이 주관적이고 변덕스럽기 때문에 그것에 의해 산출되는 행위의 합리성을 신뢰할 수 없기 때문이다. 더욱이 감정이 격렬해질 경우 자칫 비합리적인 행동이나 폭력으로 귀결되기 쉽다. 대체로 서구에서 여성을 위험한 존재로 생각했던 것도 여성이 남성보다 감정이 풍부하고 도덕적 원칙보다는 호감에 이끌려 행동하는 경향이 있다고 보았기 때문이다.

행위의 매개체로서 감정의 위치에 대한 철학적 평가는 감정을 어떤 것으로 보는가에 따라 상이한 결과에 이를 수 있다. 나는 현대 인지주의 감정이론가들의 용어법을 따라 인지적 내용을 갖는 감정과 인지적 내용을 갖지 않는 감정으로 구별한다. 인지적 감정은 명제 내용(propositional content)을 구성요소로 갖는 감정으로서, 현상적으로 유사한 신체·생리적 상태들도 명제 내용에 의해 구별된다. 즉 명제 내용은 감정의 개별화 원리이다. 그러므로 감정을 동물적이고 비반성적인 것으로 보는 입장은 감정의 특정한 측면만을 고려하는 것이다. 물론 감정이 감정인 한, 대개의 경우9) 신체·생리적 상태에 기반한 주

---

9) 적어도 표면적으로 탐지될 수 있는 신체·생리적 변화를 동반하지 않는 감정이 있을 수 있다. 이런 경우는 우리가 흔히 '감정'(emotion)이라 부르는 일시적 감정이 아니라 오랜 기간 동안 지속되는 장기 감정(sentiment)일 수 있다. 나는 후자의 경우를 '정감'으로 부르는데, 정감은 주체의 정서적 배경을 이루고 많은 경우 인격의 일부가 되기도 한다. 상실감에 뒤이은 우울, 불안감, 공포, 염려, 멜랑콜리 같은 것이 그 예들이다.

관적 전이(轉移)를 동반한다. 그러나 그 전이 자체를 감정으로 동일시
하는 것은 '인간 감정'에 대한 매우 특이하고 편협한 접근으로 보인다.
더구나 감정이 개인적으로나 사회적으로 유의미한 행위를 촉발한다
는 점을 생각해볼 때, 인간 주체의 행위는 단순히 신체·생리적 상태
로 환원될 수 없다. 이러한 비환원성은 인지적 감정을 비인지적인 원
초적 감정[10]과 구별하는 구분점이 된다. 그러므로 인지적 감정은 사
고활동과 신체적 변화가 결합된 복합적인 심적 현상이다. 그런 점에
서 인지적 감정은 마음에도 속하고 신체에도 속하며, 더 나아가 명제
내용에 따라 사회적 차원에도 속하는 것으로 볼 수 있다. 뿐만 아니
라, 인지적 감정은 비합리적인 동시에 합리적이라고 말할 수 있
다.(Ronald De Sousa, 1987)[11] 지금 여기서 말하고 있는 합리성 또는
비합리성은 기술적 수준(descriptive level)의 속성이다. 나는 우리의 논
의가 기술적 수준의 합리성을 넘어서야 한다고 생각한다. 4·19혁명
의 여성 전사들의 주요 동기를 '명예감정'을 조망점으로 삼아 재구성
하고 있는 맥락에서, 내가 명예감정이라고 부르는 것은 보통 명예심
또는 간단히 명예라고 부르는 것이다. 앞 절에서 살펴보았듯이, 명예
는 내포적이고 또 지향적인 개념으로서, 관찰이나 기술에 의해 파악
할 수 없는 일종의 가치이념이다. 그러나 앞 절에서 분석한 것처럼,
명예는 도덕규범이나 정의원칙으로 완전하게 설명되지 않는다. 왜냐
하면 명예의 초점은 주체가 가진 믿음의 구체적 내용의 참이나 거짓,
또는 특정한 행동의 정당성이나 부당성을 입증하는 데 있는 것이 아

---

10) 폴 에크먼이나 에반 딜런스를 비롯한 진화론적 감정이론가들은 문화적 차이가
　　반영되지 않은, 초문화적인 원초적 감정들을 기본 감정(basic emotions)이라 부른
　　다. 그 반면에, 문화적 차이들이 반영되고 역사적으로 창안된, 학습이 요구되는
　　감정들은 고등 감정으로 구별된다.
11) 로날드 드수사는 감정을 합리적인 것과 비합리적인 것으로 나눔으로써, 감정 곧
　　비합리성이라는 통념을 명시적으로 처음으로 철폐시킨 인물이다.

니라, 주체 자신이 어떤 존재인가에 대해 갖는 자기 동일시적(self-identifying) 확신을 표명 또는 선언하는 데 있기 때문이다. 이러한 종류의 확신은 세계의 특수 상태를 대상으로 하는 대상적 감정이 아니라 자기 자신을 대상으로 하는 대자적 감정(對自的 ; de se emotion)(Kendall L. Walton, 1990, pp.27~35)[12]이다. 그러므로 명예감정이 대자적 감정인 한, 명예감정의 합리성은 사실 관계를 포함하는, 자기 충족적인 고유류적 가치(sui generis value)에 의해 성립하고 스스로를 확증한다.

어떻게 보면 명예감정은 다른 것에 의해 정당화되는 방식으로 합리화되는 것이 아니라는 점에서 자기 충족성 또는 비합리성의 전형적인 사례라고 볼 수 있다. 외적인 정당화 메커니즘을 갖고 있지 않고 오직 자기 동일시적 의식만이 자신의 정체성을 지지하고 있을 뿐이라는 점에서 명예감정은 자신을 나폴레옹이라고 믿고 있는 광인의 경우와도 다르지 않은 것처럼 보인다. 우연히도 그가 진짜 나폴레옹이라고 해도 자기 확신과 주장만으로는 그가 나폴레옹임을 입증하기는 어려울 것이다. 그런 면에서 명예감정은 한마디로 정당화가 불가능한 종류의 비합리적인 감정이다. 따라서 명예감정은 주체로 하여금 합법적이고 합리적인 정당화 과정이 아닌 다른 절차를 택할 수밖에 없게 한다. 대개의 시민 불복종의 경우처럼, 집단시위와 더불어 다른 동료 시민들을 정치적 수사로 설득하는 시도를 할 수밖에 없는 것이다. 이 과정에서 물리적 충돌과 폭력, 심지어 전투까지도 동원된다. 나는 변론이나 선언을 포함하는, 혁명의 여러 가지 수행적 면모들을 통틀어 정치 수

---

12) 켄달 월튼은 상상하기의 유형을 크게 밖으로 향한 상상(de re imagination)과 자신에 관한 상상(de se imagination)으로 나눈다. 내가 명예주체로 명명한 주체가 갖는 야망은 자신에 대한 상상의 상태라고 말할 수 있다. 인식론적으로 볼 때 이 상태는 'Verstehen'으로서의 상상적 이해(imaginative understanding)라고 말할 수 있다. 이 인식 상태는 사물들에 관한 의미론적 규칙으로 접근될 수 없는 고유한 내적 상태이다.

사(political rhetoric)로 부르고자 한다. 수사학은 로고스, 파토스, 그리고 에토스의 세 가지 요소를 망라하여 청중을 설득하려 하는 기술이다.(Aristotle, 1991) 기술로서 정치 수사는 수사가가 운(luck)적 요소에 의지하지 않고, 사고와 감정과 인격적 신뢰감에 의거하여 청중을 설득함으로써 특정한 결론이나 행동으로 이끌려는 합리적인 활동이다. 그러나 문제가 되는 것이 제도적 권력 주체의 비합법성일 경우, 정치 수사가는 기존 제도가 허용하는 방법과 절차에만 의존할 수 없다. 더욱이 제도적 권력의 부정의가 혁명 주체의 시민권을 훼손했을 경우, 혁명 주체는 자신이 자율적이고 불가침의 존엄성을 가진 시민임을 입증하고 그 지위를 회복해야 한다. 이 복권 과정 자체는 가치적 의미에서 합리적인 동시에 도구적인 의미에서는 비합리적일 수밖에 없다.

지금 나는 우리의 주제인 4·19혁명과 여성주의, 그리고 그 연관성을 어떻게 이해할 수 있을지 고심하면서, 4·19혁명에 참여했던 성인 여성과 청소녀들의 내면의 삶의 정서적 국면들을 재구성해보고 있다. 그들에게는 리더가 따로 없었고 미리 모여 행동 전략을 세운 것도 아니었다. 그러나 그들이 일시적으로 비합리적인 상태에 빠져 불법적인 시위에 가담한 것으로 단순화할 수는 없다. 명예감정의 구조적인 비합리성 외에도 나는 이들의 저항의 가치 혼성적 상태를 당시의 정치적 정황과 그로 인한 자신의 정체감의 심각한 훼손에 대해 그들이 느꼈던 깊은 절망감(despair)에서 찾고자 한다. 이 절망감은 물리적인 손실에 대한 분노나 상실감과는 다르다. 혁명 주체가 선택하는 저항행위는 국가 자체에 대한 것이 아니라 주어진 정부 또는 정권에 대한 것이고, 그 정부의 특정행위들이 시민권을 심각한 정도로 침해하거나 부정하는 상황에서, 자유로운 시민 주체는 일차적으로 정체성 또는 명예가 훼손됨으로써 깊은 절망과 수치를 경험한다. 그러므로 명예감정은 단순한 상실감이나 절망을 넘어 수치의 수준까지 내려갔을 때,

주체의 정체성 회복, 자율적 시민으로서의 정치적 권리의 회복을 모색하려는 주체가 경험하는 복합적이고도 고통스러운 감정이다. 명예 감정의 비합리성은 그 감정이 때로는 시위나 폭력을 요구하고, 더 나아가 주체의 죽음까지도 요구할 수 있다는 것이다. 그 요구는 외부로부터 오는 것이 아니라 주체 자신이 필연적으로 그리고 자발적으로 받아들이는 것이다. 왜냐하면 자유의 거부나 존엄성의 훼손은 주체의 존재를 말살하는 것에 해당하기 때문이다. 그것 없이는 진정한 정체적 주체로 살 수 없는 것이다. 그렇기 때문에 주체는 치명적인 정도로 수치와 굴욕을 느끼고 그런 상황으로 인해 비탄과 절망에 빠지는 것이다.

앞에서 언급했듯이, 샤론 크라우스는 정치적 자유주의의 맥락 안에서 명예와 정의를 대조한다. 이와 대조적으로, 로마사 전문가 칼린 바튼은 로마의 경기장에서 검투사가 결투에 임할 때 깇는 복잡한 내직 동기를 분석한다. 바튼은 현상적으로 관찰될 수 있는 검투사의 굴욕적인 모습을 절망의 이면에 은폐되어 있는 명예 추구의 동기를 추적한다. 물론 로마 시대의 검투사가 처한 정황과 그가 따라야 할 규칙은 자유 민주주의 국가의 시민이 택하는 자발적인 저항의 성격은 매우 상이하다. 우선적으로 두드러진 차이는, 많은 경우 범죄자나 전쟁 포로였던 검투사들은 자발적으로 경기장에 들어온 것이 아니었던 반면, 혁명 주체는 자발적으로 저항과 혁명에 임한다는 점이다.(Carlin A. Barton, 1993, pp.23~37)[13] 또 다른 차이점은 검투사는 관객을 즐겁게 하기 위해 기술과 용기를 발휘하는 반면, 혁명전사는 관객을 위해서가 아니라 자신의 자유와 존엄성을 위해, 자신의 명예를 위해 투신한다. 흔히 혁명전사는 억압당하는 사회 계층의 해방을 위해, 또는 자유

---

[13] 물론 공화정 말기와 로마제국 초기에 어떤 이유로든지 권한이 실추된 귀족들이 자신의 명예와 권한을 되찾기 위해 자발적으로 경기장에 들어서는 일도 있었다.

민주주의 국가를 바로 세우고자 하는 높은 이상을 위해 저항에 합세하는 것처럼 생각하기 쉽다. 관념적으로나 이념적 차원에서, 또는 혁명에 관한 이론적 맥락에서는 그렇게 설명할 수 있을 것이다. 그러나 나는 혁명전사 개개인의 내면에서 작동하는 주관적인 감정의 차원에서 동기와 목표를 그려볼 때 그와 같은 추상적인 그림은 잘 그려지지 않는다고 생각한다. 개인의 행위를 이끄는 것은 감정이라는 거의 자명한 전제에서 출발할 경우, 혁명 감정의 인지적 내용을 이루는 명제에는 자율적인 정치적 주체로서 자신을 증명하기 위해 어떤 다른 것도 문제되지 않는다는 절대적인 확신, 파기불가능한 확신(incorrigible conviction)이 포함되어야 하는 것이다.

로마 검투사의 경기장은 후일 유럽 귀족들 사이의 결투 문화로 진화했는데, 일견 결투는 비합리적이고 무모해 보이는 측면을 갖지만, 다른 한 편으로 결투를 통해 귀족들은 초법률적 정의와 명예를 입증할 수 있었다. 폭력이 정당화되기 위해서는 폭력에 의해 발생하는 악보다 그것에 의해 산출되는 선이 더 크고 질적으로 수준 높은 것이어야 한다. 개인적 차원이건 공동체적 차원에서건, 정치적 주권(political sovereignty)의 회복은 폭력이라는 비인간적이고 굴욕적인 수단을 정당화해줄 수도 있다. 맥락의 차이가 큼에도 불구하고, 로마 검투사와 혁명전사가 수치와 굴욕의 감정 경험을 통해 각기 투쟁이나 결투의 지점으로 자신을 내몰게 되는 내적 동기, 그리고 명예 회복이라는 휴머니즘의 최고의 가치를 확립하기 위해 폭력이라는 비합리적인 행동 방식을 택하는 역설, 즉 수단적 비합리성에 의해 가치적 합리성이 수립되는 역설이 양자에게서 공통적으로 발견된다.

4. 자유 시민의 명예 담지자로서의 혁명권 주장

2절과 3절에서 나는 혁명의 근원적인 내적 동기로서 명예감정을 동일시하고, 명예감정과 혁명의 구조적 양가성, 또는 비합리성에 의해 합리성이 성취되는 역설, 다시 말해 비합법성과 수치 또는 굴욕, 더 나아가 죽음까지도 감수하는 명예감정의 역설적인 구조를 분석했다. 이 역설의 비합리성을 한층 더 심화시키는 것은 혁명 주체의 자발성 또는 자유의지이다. 왜냐하면 가치적 의미에서 합리적인 혁명 주체가 주권의 부정 또는 박탈이라는 수치스러운 상태에서 주권자로서 명예를 회복하기 위해 스스로 비합법적이고 폭력적인 존재 양태를 자발적으로 택하기 때문이다. 이 절에서 나는 혁명 주체가 그러한 비합리적이고 폭력적인 행위를 택할 때 그것은 그의 자발적인 결정일 뿐만 아니라, 혁명 주체가 동시에 명예주체가 되기 위해 반드시 표명해야 할 혁명권 주장(claim to the right of revolution)이라는 것을 제시하고자 한다.[14)]

내가 '혁명권'이라 부르는 것은 정치적 주체가 주권의 요소인 자유, 평등, 그리고 존엄성이 부정되거나 부당하게 훼손될 때, 그러한 침해의 배후에 있는 제도적 권력에 저항할 수 있는 권리를 가리킨다. 물론 이 권리는 명문화되어 있지 않다. 이 권리의 실재성은 개인이 자신을 어떤 존재로 생각하는가, 그리고 개인이 자기가 속한 공동체의 다른 구성원들이 어떤 대우를 받아 마땅하다고 생각하는가 하는 근본적인 인간관에 달려 있는 문제이다. 그렇기 때문에 정치적 주체의 주권을 옹호하거나 훼손에 대해 저항할 수 있는 권리는 초법적 권리이다. 내가 이러한 성격의 저항권을 의무가 아닌 권리로 부르는 까닭은, 만일

[14)] 일반적으로 항의권(right of remonstrance)으로 불리는 것인데, 이 글에서 나는 항의권의 외연을 확장시켜 보고 있다.

수치를 벗어나기 위한 저항행위가 의무라면, 그 의무를 이행하는 것은 특별히 칭송할 만한 일이 아니기 때문이다. 그러나 자신의 권리뿐만 아니라 동료 시민들의 권리에 대한 주장은 칭송할 만한 것인데, 왜냐하면 그 주장은 구체적인 자기 이익을 위한 것도 아니고 특정한 어떤 자연적 능력이나 운에 의존하여 성과를 거두려 하는 것이 아니기 때문이다. 그 반면에 만일 수치스러운 일을 당했을 때 그대로 감내하기로 한다면, 그것은 수치를 수치로 인식하지 못하기 때문이거나—이 경우, 인식적 오류를 범하는 것이다(아담 스미스, 1996, 362~363쪽)[15]—수치를 수치로 인식하고 있음에도 수치스러운 상태를 극복할 수 있는 능력이 없기 때문일 텐데—이것은 용기가 없거나 무능력한 경우이다—어느 경우이건 수치를 감내하는 상태 자체는 또 다른 부가적 수치가 될 수 있다. 뿐만 아니라, 그런 경우 주체는 정치적 주체로서 명예의 받침목에 해당하는 주권을 지키지 못한 잘못까지 가중된다.(Peter Fitzpattrick, 2005, pp.49~73)[16]

내가 주장하려는 것은 혁명권을 행사함으로써만 주체의 명예를 회복할 수 있는 예외적인 상태가 있다는 것이다. 다른 권리들의 경우도 마찬가지겠지만, 이 혁명권은 스스로 주장하거나 행사하지 않으면 안 된다.(Bernard Williams, 1973, p.220)[17] 인간 주체의 정체성 또는 정치

---

[15] 도덕 감정에 관한 대표적인 이론가인 아담 스미스는 도덕의 본질 다음으로 도덕철학에서 중요한 문제를 시인(是認)의 원리로 보는데, 그것은 정신의 힘 또는 능력에 관한 것이다. 스미스가 말하는 정신의 힘이란, 옳은 것을 옳은 것으로, 그릇된 것을 그릇된 것으로 말하는 능력이다. 이 능력의 원천에 대해서는 세 가지 상이한 설명이 있는데, 자기애, 이성, 그리고 감정이 그것이다.

[16] 조르지오 아감벤은 주권이 부정된 주체를 '호모 사케르'(homo sacer : sacred man) 또는 '벌거벗은 생명'(bare life)라고 명명한 반면, 피터 피츠패트릭은 그 상태를 '벌거벗은 주권'(bare sovereignty)이라고 부른다. 내가 보기에, 아감벤의 '호모 사케르'는 존재론적 범주에 가까운 반면, 피츠패트릭의 '벌거벗은 주권'은 정치적 무능력을 명시적으로 지칭하는 법률개념에 가깝다.

[17] 버나드 윌리암즈는 감정의 성실성과 연관하여 감정의 강도가 유일한 기준도 아니고 무오류적인 것도 아님을 지적한다. 분개심 같은 것은 자기만족적인 도덕적

적 주체의 주권이 부정된 상태의 부정의에 저항함으로써 실제로 정치적 주권을 회복하지는 못할지라도 적어도 주권적 명예는 지킬 수 있다. 정확히 말해서, 그리고 최소적 의미에서, 적어도 수치스럽고 구차한 생존을 면할 수도 있다. 로마의 세네카는 브루투스에 대해 '그는 마땅히 살아야 할 만큼 비굴했다'고 말한 적이 있다고 한다. 혁명 주체가 자신의 명예를 지키지 못할 때, 수치심을 느낄 수도 있고 죄의식을 느낄 수도 있다. 수치심의 핵심은 가려야 할 것을 가리지 못한 데서 오는 평판이나 문화적 부끄러움에 가까운 반면, 죄의식은 사회적 평판과는 무관하게 주체 자신이 자기의 실존성에 대해 갖는 근원적인 부끄러움이다.(Bernard Williams, 1993, pp.88~89)[18] 만일 현실적으로 죄의식에서 벗어날 길이 없을 때, 로마 검투사나 히브리인 삼손처럼 굴욕스러운 죽음을 스스로 택할 수도 있다. 이 경우 주체는 돌이킬 수 없는 굴욕과 죽음을 택함으로써 역설적으로 명예와 영광을 획득하는 것이다.

인간으로서의 실존성에 합당하게 사는 것 또는 그렇게 살지 못하는 것을 '채무'(debt)라는 경제개념에 의해 처음으로 명시적으로 설명한 것으로 알려진 인물은 안셀무스이다. 그는 죄를 짓는 것이 무엇이며 죄값을 치르는 보속(補贖 : satisfaction)이란 무엇을 의미하는가 하는 물음을 제기하고, 존재론적 명예개념을 통해 그 물음에 답한다.(Saint Anselm, 1962, pp.282~283 ; 손은실, 2007, 197~225쪽) 그의 논증을 개괄

기벽(self-indulgent moral frivolity)에 해당할 가능성이 배제되지 않는다. 이런 경우, 진정한 감정 표현의 발생 자체가 강한 도덕적 견해의 존재를 보장하는 것은 아니다. 또한 역으로 진실로 강한 도덕적 견해를 불성실한 감정 표현을 통해 전달할 수도 있다. 감정적이지 않은(unemotional) 현실적인 사람도 자연스럽게 발생한 것이 아닌 사회적으로 상징화된 분노나 분개심을 나타냄으로써 자신의 진지한 도덕적 견해를 다른 사람에게 설득시킬 수 있다.

[18] 수치와 죄의식의 차이에 관한 버나드 윌리암즈의 견해는 루스 베네딕트의 입장과 크게 다르지 않은 것 같다.

하면 다음과 같다. 신에게 마땅히 갚아야 할 채무를 항상 갚는다면 인간이든지 천사이든지 결코 죄를 짓지 않을 것이다. 즉 죄를 짓는 것은 신에게 채무를 갚지 않는 것을 뜻한다. 그렇다면 채무를 갚는다는 것은 무엇을 말하는가? 그것은 신에게 마땅히 돌려야 할 영광을 돌리는 것이고, 그것은 오직 신의 뜻에 순종하는 것이다. 근본적인 순종은 인간의 지위에 합당하게 사는 것을 의미한다. 이것은 인간 존재의 정체성의 문제이며 더 나아가 명예 또는 영광의 문제이기도 하다.[19] 안셀무스의 논증은 존재와 명예 또는 영광의 연관성을 형이상학적으로 해명하는 점에서 큰 의의를 갖는다. 그의 논증은 정치적 맥락으로 확장되어 적용될 수 있고, 이 글은 그러한 적용과 해석을 시도한 것이다. 죄에 대한 최근 연구서에서 개리 앤더슨은 처음에 물리적 짐으로 이해되었던 죄의 개념이 경제적 은유로 대체되고, 그 결과 후일 종교개혁으로까지 이어지는 과정과 그 함의를 분석한다.(Gary A. Anderson, 2009)[20] 경제적 채무개념으로 이해된 죄의 개념은 채무자가 반드시 갚아야 하는 지상 명제가 된다. 빚을 갚지 못하면 영원히 수치스러운

---

[19] 안셀무스의 논증의 후반부를 인용하면 다음과 같다. "이성적인 피조물의 모든 뜻은 신의 뜻을 따라야 한다. 의지의 의로움 또는 올바름이란 바로 그런 것이다. 그것이 우리가 신에게 빚진, 그리고 신이 우리에게 요구하는 유일하고 완전한 명예이다. 오직 그러한 의지만이 신을 기쁘게 하는 행위를 행할 수 있기 때문이다. 행할 수 없을 때조차 그것은 그 자체로 기쁘게 하는 것인데, 왜냐하면 그것 없이는 신을 기쁘게 할 수 없기 때문이다. 신에게 마땅히 해야 할 바 이 영광(honor)을 돌리지 않는 사람은 신에게 영광을 돌리지 않는 것이며[불명예스러운 상태에 있는 것], 따라서 죄를 짓는 것이다. 신에게서 탈취한 것[즉 영광]을 되갚지 않는 한 그는 죄의 상태에 머물게 된다. 단순히 빚을 갚는 것만으로 충분하지 않다. 오히려 자기가 진 빚보다— 범한 모독에 비례하여—더 많이 갚아야 한다", 앞의 책, p.283. [괄호 부분은 필자가 첨가한 것이다.]

[20] 개인이 지는 무거운 짐의 의미에서 탈피한 죄의 개념은 보속된 것으로 신에게 승인 받기 위해 반드시 갚아야 하는 빚이 된다. 앤더슨은 이러한 고대 유대교의 사고 전환이 기독교 교회가 예수의 죽음과 부활을 이해하는 방식을 형성하였는지를 보여준다. 이 과정을 통해 죄개념의 변화들이 어떻게 종교혁명을 촉발시키게 되었는지도 볼 수 있다.

상태에 놓이게 될 것이고 그것이 곧 심판 받은 자의 상태가 된다. 그러므로 명예회복의 제도나 의식은 정치적 주체가 수행해야 할 자기 자신에 대한 의무가 되는 것이다.

5. 글을 마치며

나는 이 글에서 4·19혁명에 참여했던 성인 여성과 청소녀들의 내면의 삶을 명예의 관점에서 재구성해 보았다. 이들은 오늘날 흔히 볼 수 있는 이른바 비정부기구 회원도 아니었고, 지극히 일상적인 관심사에 전념하던 평범한 여성들이었다. 혁명 50주기를 맞아 그들에 관한 담론화를 시도해 본다고 해서 그들을 갑자기 오늘날의 정치 범주나 계층개념에 귀속시킬 수는 없다. 평범한 일상인들이 죽음까지도 불사하는 정치적 혁명에 참여하게 될 때 그들의 내면에서 어떤 사건들이 먼저 일어나야 할 것인가, 또는 일어났던 것일까 하는 의구심에서 나는 명예와 혁명권에 이르는 감정 서사를 구성해 보았다.

이제 우리는 회고와 더불어 미래 서사를 써내려 가야 한다. 그 서사는 '나는 누구이며 우리는 누구인가, 그리고 어떻게 살 것인가?'하는 인간 실존의 근본 문제에 대한 성찰과 결단, 그리고 아름답게 상상하기를 요청한다.

▨ 참고문헌

루이스 멈퍼드(박홍규 옮김), 2010 『유토피아 이야기』, 텍스트.
샤를 드 세콩다 몽테스키 외(하재홍 옮김), 2007 『법의 정신』, 동서문화사.

아서 단토(김혜련 옮김), 2008 『일상적인 것의 변용』 제3장, 한길사.

Aristotle, 1991 *On Rhetoric : A Theory of Civic Discourse*, newly translated, with introduction, notes, and appendixes by George A. Kennedy, New York : Oxford University Press.

Arthur Stanley Pease, 1926 "Things without Honor", *Classical Philology* Vol.21.

Bernard Williams, 1973 "Morality and the emotions", *Problems of the Self*, Cambridge University Press.

Carlin A. Barton, 1993 *The Sorrows of the Ancient Romans*, Princeton UP,

______, 2001 *Roman Honor : The Fire in the Bones*, UC Press : Berkeley, LA. London.

Keith Oatley, 2000 "The Sentiments and Beliefs of Distributed Cognition", in *Emotions and Beliefs*.

Martha Nussbaum, 1999 *Sex and Social Justice*, Oxford UP : New York.

Nancy Eisenberg, 1986 *Altruistic Emotion, Cognition, and Behavior*, Lawrence Erlbaum Associates, Publishers : Hilsdale, New Jerse.

Rana Husseini, 2009 *Murder in the Name of Honor*, Oneworld Publications, Oxford.

Ronald De Sousa, 1987 *The Rationality of Emotion*, MIT, Cambridge.

Sharon Krause, 1999 "The Politics of Distinction and Disobedience : Honor and the Defense of Liberty in Montesquieu", *Polity* Vol.31, No.3.

Sharon Krause, 2004 "Hume and the (False) Luster of Justice", *Political Theory* 32, no.5.

제1부

제1장 혁명, 이념, 여성*

이념을 넘어서 현실로

김혜숙

1. 혁명과 여성

'혁명과 여성'이라는 주제는 매우 낯설어 보인다. 혁명[1]은 '천명(天命)을 바꾼다'는 글자 뜻대로 사회적 모순과 부조리에 당면해 기존의 질서를 전면적으로 부정하고 새로운 질서를 만들어내는 활동이다. 여성의 삶은 전통적으로 가족 관계 안에서 규정된 것으로서, 여성들이 가정을 벗어나 사회와 직접적 관계를 형성하는 일은 거의 없었다. 대부분 가족관계 내의 남성들을 매개로 사회와 간접적으로 관계를 형성했기 때문이다.

서구에서는 19세기 사회주의운동과 더불어 여성의 정치, 사회, 법률적 평등에 대한 의식이 높아졌고 농민 봉기나 노동운동 내에서 여성의 혁명참여를 환영하고 격려하는 분위기가 있었다. 1830년대 독일에서는 여성평등에 대한 생시몽파의 주장이 독일 청년운동세력에 의

---

* 본 논문은 2010년 4월 17일 성신여자대학교에서 "4·19혁명과 여성"이라는 주제로 열렸던 제3회 여성주의 인문학 연합학술대회에서 발표된 글을 일부 수정·보완한 글이다.

[1] 湯武革命 順乎天 而應乎人(易經)에서 유래함.

해 채택되었고 이후 독일여성해방운동에 크게 기여하였다. 다른 한편으로 1830년 3월 프러시아 통일헌법은 경찰이 '정치적'이라 규정하는 조직에 여성이 참여하는 것을 금지시키기도 하였다. 이는 1908년 폐지되었다.(마리 M. 멀래니, 1986) 혁명과 여성의 관계를 다음의 여성혁명가들을 통해 생각해 보자.

● 로자 룩셈부르크(Rosa Luxemburg)

로자 룩셈부르크와 같은 여성혁명가의 출현은 폴란드 민족운동 내의 여성반란자들이 낯설지 않은 배경에서 가능한 일이었다. 그러나 그녀는 국제사회주의 혁명에 대한 신념으로 폴란드 민족주의자들과 대립하였고, 독일 사회주의 진영 내에서는 파벌 그룹에 속하지 않고 활동하면서 1919년에는 좌익 급진단체들과 손을 잡음으로써 비판에 직면하다 결국에는 비극적 죽음을 맞이하였다. 19세기 동유럽에서 자란 유태인은 누구라도 일찍부터 정치의식을 갖게 되었는데, 그것은 유태인에 대한 심한 차별적 정치 분위기 속에서 나오는 당연한 결과였다. 룩셈부르크는 연인관계였던 레오 요기헤스(Leo Jogiches)와 '폴란드왕국 사회민주주의'를 결성하였으나, 이 조직은 진정한 노동계급의 대표자임을 자부하였던 민족주의 경향의 폴란드 사회당과 대립하였다. 그녀는 자신에게 적대적이었던 폴란드를 떠나 독일사회민주당에서 활동하게 되지만, 수정주의 논쟁에 휩쓸리면서 많은 적들을 만들게 되었다. 남성 사회주의자들의 여성에 대한 태도는 전혀 혁명적이지 않았으며, 베벨조차도 "천성적으로 여성에게 적합한 역할은 출산과 육아"라고 할 정도였다. 그에게 여성해방을 강령으로 채택하는 것과 개인적 삶의 문제는 별개였다.

룩셈부르크는 수정주의를 거부하고 정통 마르크스주의를 방어하고자 하였으며 제국주의와 군국주의에 강력하게 저항하였다. 그러나 정치적 권력관계 안에서 운동을 전개하고자 하였던 독일 사회민주당은 정치적 타협을 하는 속에서 룩셈부르크와 갈등관계가 되었다. 그녀는 사회민주당에 반대하는 좌익지도자로 나서게 됨으로써 '교활하기가 원숭이보다 더하다'는 비난과 함께 당을 분열시키려고 광분하고 있다는 비난을 받았다.

룩셈부르크 자신은 여성운동에 대해 적대감을 갖고 있었다. 그녀는 여성운동을 주변적인 것으로 간주했다. 사회주의 여성운동이 점점 더 보수적인 성격을 갖게 되자 이러한 태도는 더 심화되었다. 그러나 정작 그녀 자신은 여성으로서 남성 사회주의자들로부터 그 진정성을 의심받았고, 함께 좌파운동을 했던 리프크네히트와의 관계에 대해서는 '붉은 방탕'이라는 추문이 유인물로 나돌았다.(마리 M. 멀래니, 1986, 9~61쪽) 여성혁명가들의 문제의식의 진지성과 활동의 자립성은 항상 의심받았으며, 남성과의 동지 관계는 때때로 필요 이싱으로 부풀려지고 추문의 형태로 변질되었다. 이것은 남성혁명가들의 사적 생활이나 연애관계가 그들의 혁명가활동에 장애를 구성하지도 않았고 또 대중들의 관심을 받지도 않았던 현실과는 매우 대조적이다.

● 알렉산드라 콜론타이(Alexandra Kollontai)

여성혁명가들에게 있어 남성 연인과의 관계는 여성의 이론적 탁월성이나 혁명활동에 있어서의 유능성을 폄하시키는 데 흔히 이용된다. 남성 동반자의 영향력이 지나치게 강조되면 여성의 독자적 문제의식과 활동의 의미는 경감되기 마련인 것이다. 일례로, 마르크스의 딸이었던 엘리너 마르크스(Eleanor Marx)의 경우, 그녀의 정치적 업적은 남편 에이블링(Edward Aveling) 때문에 뒤늦게야 인정받게 되었고, 그의 나쁜 평판으로 인해 그녀 자신이 배척당하는 일을 당하기도 했다. 이런 여성 문제를 의식했던 사람은 러시아혁명의 붉은 장미로 불렸던 알렉산드라 콜론타이였다. 그녀 스스로 볼셰비키 진영의 선동가, 선전가, 이론가로 활동하면서 그 누구보다 열정과 유능성을 발휘했으나 결국에는 사회주의 남성 동지들로부터 밀려났다. 레닌을 비판하였기 때문에, 그리고 노동자 반대파와 손을 잡았기 때문에 그녀는 당내에서 고립되었다. 그녀가 받았던 비판에는 단순한 비판을 넘어 풍자와 조롱이 담겨 있었으며, 이것은 그녀를 매우 고통스럽게 했다. 여성이었기에 감당해야 하는 수모였다.

콜론타이는 당시 대부분의 여성혁명가들처럼 여성운동을 분파적 행위로 보았지만, 자신의 불행한 2번의 결혼과 이혼, 몇몇 연애사건을 통해서 인간생활의 가장 본질적인 문제들과 사회주의가 대면해야 한다는 생각을 갖게 되었다. 콜론타이가 주장했던 것은 "폭넓은 사회경제적 변화의 결과 모든 인간들에게 자유로운 사랑, 사랑에 있어서 경제적 종속이나 불안으로부터의 해방, 그리고 육아에 대한 근심으로부터의 해방이 보장되는 새로운 사회"(마리 M. 멀래니, 1986, 189쪽)였다. 콜론타이는 여성들이 당하는 억압의 많은 문제가 근본적으로는 사랑에의 종속, 사랑에 대한 욕구와 갈망에서 비롯된다고 보았다. 이렇게 여성이 사랑에 종속당하게 되는 이유는 사랑 이외에는 중요하거나 본질적인 일이 거의 주어지지 않았기 때문이라고 보았다. 그녀 자신이 사랑과 온정과 이해로 감싸지기를 갈망했기 때문에 여성문제의 답은 사랑과 일을 결합할 수 있는 조건을 만드는 일이라고 보았다.(마리 M. 멀래니, 1986, 187쪽) 이러한 사상은 남성들에게 비방당하고 비웃음을 샀으며 그녀가 성과 자유연애에만 집착하고 있다는 혐의를 샀다. 레닌도 그녀에게 "중요하지 않은 일에 힘을 소비하지 말라"는 충고를 했다. 혁명적 창조의 인간적 측면이 무엇인가에 관해 여성과 남성의 시각은 상당한 괴리를 보인다는 것을 우리는 러시아혁명기의 레닌과 콜론타이 사이의 갈등, 콜론타이의 젊은 남자와의 연애에 대한 그의 비판 등에서 볼 수 있다.

● 허정숙

여성이 혁명에 참여하거나 혁명을 주도하는 데 있어서는 남성들과의 관계나 조직의 남성 중심성을 어떻게 수용하고 대처해 나가는가가 그 성패를 좌우하게 된다. 혁명에 있어서 여성 문제는 지엽적이거나 개인적인 것, 나아가서는 분파적인 것으로 간주되었고, 대체로 여성 혁명가들은 남성들이 만든 이념의 소비자로서, 그리고 남성 조직의 충실한 일원으로서, 혹 때로는 연인이나 아내로서 활동하였다. 여성해방운동을 표방하였던 1920년대 우리나라 사회주의 여성운동 또한 출발은 사회주의 운동을 다방면으로 확산시키고자 했던 남성 사회주의운동가들의 아내들에 의한 것이었다. '조선여성동우회'를 1924년 5월 창립하고 핵심 집행위원으로 활동했던 허정숙, 박원희, 주세죽은 각가 일제하 한국공산주의운동사에서 빼놓을 수 없는 핵심적 인물이었던 임원근, 김사국, 박헌영의 아내들이었다.(박용옥, 1996, 261~266쪽)[2]

사회주의 사상가 베벨(August Bebel, 1840~1913)은 『여성과 사회』에서 "여성은 노예의 일에 종사한 최초의 인간이었다. 이른바 노예가 존재하기 이전에 이미 노예였다"(베벨, 1982, 16쪽)고 설파하였다. 조선여성동우회의 선언문과 강령은 다음과 같았다.

---

[2] 1924년 5월 23일 밤에 거행된 조선여성동우회 발회식에는 80명가량이 참석했는데, 50명은 축하차 참석한 남성들이었고 10명은 감시 경찰관이었고, 여성은 발기인과 간부를 합한 13~14명이었다. 이를 본 『신여성』 기자는 후에 이를 '남성동우회' 같았다고 조소했다고 한다. 이 중에서 허정숙은 흥미로운 경우이다. 김일성대학의 총장이었던 허헌의 딸로 여러 남성들과 연인관계 및 결혼관계를 가졌으며, 북한에서 말년까지 여성으로서 최고위직을 유지하였다.

〈선언문〉

여자는 자못 가정과 임금과 성의 노예가 될 뿐이오. 각 방면으로 생활에 필요한 일을 힘껏 다하여 사회에 공헌을 하여 왔으나 횡포한 남성들이 여성에게 주는 보수는 교육을 거절하고 모성을 파괴할 뿐이다. 더욱 조선여성은 그 위에 동양적 도덕의 질곡에서 울고 있게 하니 이러한 비인간적 생활에서 분기하여 굳세게 굳세게 결속하자.

〈강령〉

ㄱ. 본회는 사회진화법칙에 의한 신사회의 건설과 신여성운동에 입(立)할 일군의 훈련과 교양을 기함.

ㄴ. 본회는 여성해방운동에 참가할 여성의 단결을 기함.

사회주의 사상에 기초한 여성해방의 이념은 '노예상태로부터의 해방'이었고, 이는 가정으로부터의 자유였다고 해도 과언이 아닐 것이다. "여성이라는 것은 오래전부터 구속, 압박 밑에서 자유 없이 오직 노예의 생활을 하고 지나왔습니다. 가정이라는 지옥 속에서 남편의 노예, 부모의 노예, 자식의 노예, 예의도덕의 노예, 경제의 노예로서 이중, 삼중의 노예로 있던 것은 사실이 웅변으로 증명하는 바입니다"라고 허정숙은 「우리 여성의 번민을 논하야 : 여성의 번민과 해결책」(허정숙, 1925, 4쪽)이라는 글에서 말하고 있다. 그리하여 1926년 1월 신년인사에서 다음과 같은 다짐을 한다.

I. 우리는 지난날의 미지근한 감정을 내버리고 정열 있고 예민한 감정의 주인공이 되어서 자기개성을 살릴 줄 알고 위할 줄 아는 여성이 되자.

I. 완전한 개성을 살리기 위하여 이중노예를 만드는 우리의 환경에 반역하는 절실한 자각이 있자.

I. 이 절실한 자각 밑에서 우리 여성은 서로서로 처지가 같은 여성들끼리 함께 결합하여 여성의 위력, 인간으로서의 권위를 나타내자.

(허정숙, 1926, 3쪽)

흥미롭게도 이러한 다짐은 여성 개인의 주체의식을 강조하고 있어서 자유주의자 내지 낭만적 사회주의자로서의 면모를 보이고 있다. 이 글 속에서 나타나는 것은 여성에게는 '사회냐 개인이냐'가 아닌 '가정이냐 개인이냐'가 선택지로 주어진다는 점이다. 「여성의 혁신생활 : 입센의 여성주의」라는 글에서 당시 한 작가는 입센을 빌어, 사회가 타락한 원인이 되는 가정으로부터 해방되는 것을 '혁명여성'의 길로 이상화시키고 있다. "인간문제는 오직 미래의 여성해결에 있다……이 위대한 사업은 여성들의 실현에 있다고 절규한 노르웨이의 문호 입센은 혁명여성의 발견자이며 지도자였습니다."(유우상, 1926, 61쪽) 그는 진리는 엄혹하고 고통스러운 것이지만, 새 진리는 새 사회를 생산하고 새 생활을 창조한다고 말한다.

혁명은 진리(이념)를 추구하고, 진리는 새로운 사회 속에서 실현되며, 새 사회는 새로운 생활양식을 만들어낸나는 생각은 우리를 철학(이성)과 혁명, 혁명과 이념, 이념과 여성(생활양식)의 관계에 관한 성찰로 이끈다. 다음에서는 이들 관계를 생각해보고, 오늘날 이념적 대립하에 있는 한국 사회 안에서 여전히 이러한 연관들이 지니고 있는 함축을 생각해보고자 한다.

2. 철학과 혁명

철학과 혁명의 관계에 주목한 서양 철학자는 헤겔이었다. 그는 프랑스혁명과 이성의 관계를 설명하고자 하였다. 칸트는 기계적 본능을 넘어서는 인간적 특질은 인간 그 자체 안에서 나타나는 것으로서, 동물적 본능을 넘어서는 여하한 가치규범의 내용은 인간의 내면적 확신에 의해서만 그 권위를 인정받을 수 있는 것으로 보았다. 인간 스스로의 내적 확신에 기초하여(즉 자율적 의지에 의해) 이루어지는 선택을 우리는 자유라 이름할 수 있을 것이다. 헤겔은 "현실적이고 명료한 의식에 의거하는 보편적 제규정, 자연의 제법칙과 정당하고 또 선한 것의 내용을 사람들은 이성이라고 불렀다. 그리고 계몽이란 이들 법칙을 사람들에게 승인시키는 것을 의미하였다"(헤겔, 1976, 298~299쪽)고 말한다. 두 철학자 모두 상호간의 차이점에도 불구하고 인간의 참다운 자유를 이성에 의해서만 실현될 수 있는 것으로 본 점에서는 일치하며, 이로써 서구 합리주의 전통을 더욱 굳건히 하였다.

세계사를 자유의 전개로 포착한 헤겔은 프랑스혁명에서 자유의 원리가 실현되는 현상을 목도했다고 생각했다. 세계사는 '자기를 실현하는 이념의 전개과정'으로 철학은 자유의 이념의 전개과정을 인식하는 데 그 목적을 두어야 한다고 한다. 『역사철학강의』의 4부 3편의 「혁명과 철학」이라고 이름 붙여진 절에서 헤겔은 국가를 견지하는 사상적 원리는 사회본능이나 재산권보호도 아니고 또 왕권신수설과 같은 종교적 믿음에 의거하는 것도 아닌 것으로, 자기의 실현에만 관심을 두는 자의식의 확신이라고 한다.

이제야 정신적인 것에 관한 의식이 참으로 통치의 기초로 삼게끔 되어, 그 때문에 지배권이 철학의 손으로 넘어갔다. 프랑스혁명은 철학이 근원이 되었다고 일컬어지고, 또 철학이 세계지라고 불리어졌는데, 그와 같이 말하지 못할 것도 없다. 왜냐하면 철학은 순수본질성의 학이라고 하는 의미에서 진리 그 자체인 것에 그칠 뿐만 아니라 또 그것은 현실계 안에 발랄하게 살아 있는 진리이기도 하기 때문이다.(헤겔, 1976, 304~305쪽)

프랑스혁명은 개인으로서의 시민(bourgeois)의 자유에 대한 열망을 표출한 것이었다. 인간이 자기의 존재의 본성(이성으로서의 인간 존재)과 자유(자신만이 자신의 행동의 원인이 되어야 한다는)에 대한 인식하에서 그 인간적 원리를 실현하고자 한 것이 프랑스혁명이었다고 헤겔은 생각했던 것이다. 1791년 국민의회는 "인권과 공민권의 선언" 제1조에서 인간은 날 때부터 자유롭고 평등한 권리를 갖는다고 선언하였다. 인간이 내적 확신에 의해 현실을 자신의 이성의 기준에 복속시키고자 시도한 것은 인류 역사상 결정적인 전회를 이룬 사건으로 받아들여졌다.

> 태양이 창공에 자리잡고 유성이 그 주위를 운행하게 된 지가 오래인데, 인간이 머리 위에, 즉 사상 위에서 사상에 의거해서 현실계를 구축할 수 있게 될 것이라고는 전연 우리들로서는 몽상조차 할 수 없었던 것이었다. 아낙사고라스는 이성이 세계를 지배한다고 하는 것을 최초로 주장한 사람이었다. 그러나 인간은 여기에 비로소 사상이 정신적 현실계를 지배하여야 할 것임을 인식하는 단계에까지 도달한 것이다. 숭고한 감격이 이 시대를 지배하고 정신의 열광은 흡사히 신적인 것과 세계와의 실세적인 유화가 여기에 비로소 성취된 것같이 세계를 전율하게 하였던 것이다.(헤겔, 1976, 306쪽)

철학이 기존의 질서와 가치에 순응하는 대신 현실을 철학의 원리에 따라 재편하고, 이성의 원리에 복종시키는 것, 이것이 혁명이 갖는 위대성으로 간주되어 왔다. 현실이 사유를 지배하는 것이 아니라, 사유가 현실을 지배해야 한다는 생각은 관념론자 또는 이상주의자들이 공유하는 생각이었다. 『이성과 혁명』의 저자 마르쿠제는 이를 다음과 같이 말하고 있다.

> 독일 관념론은 프랑스혁명의 이론이라 불리어 왔다……
> ……독일 관념론자들이 본 바와 같이, 프랑스혁명은 봉건적 절대주의를 폐지하고 이를 중산계급의 경제적, 정치적 체제로 대체시켰을 뿐 아니라, 개인을 자기 삶의 자주적인 지배자로 해방시킴으로써 독일 종교개혁

에서 제기, 추구되었던 과제를 완수하였다. 세계에 있어서의 인간의 지위, 인간의 노동과 향유의 양식은 이제 더 이상 어떠한 외적 권위에 좌우되지 않고 인간 자신의 자유로운 합리적 활동에 의존하게끔 되었다. 인간은 자연이나 사회의 압도적인 힘에 의해 희생되었던 오랜 미성숙의 시대를 거쳐 자기 발전의 자율적인 주체가 되어 있었다. 앞으로는 인간 자신의 지식의 진보가 자연 및 사회 체제에 대한 투쟁을 인도하게 될 것이며, 세계는 이성의 질서가 될 것으로 예정되었다.(H. 마르쿠제, 1984, 21쪽)

인간을 사유하는 존재, 이성적 존재로 파악하는 서구 합리주의 전통하에서 계몽주의자들은 인간 역사가 인간성을 구현하는 방향으로 진행된다는 믿음을 가졌고, 역사를 견인하는 힘은 이성이라고 생각했다. 이성의 법칙에 자신의 의지를 종속시키는 것을 자유로 포착한 칸트적 이상은 이성에 의한 역사발전을 자유의 실현과 동일시하게 만드는 데 기여했다. 이성적 진리를 추구한다는 철학은 아직 진리를 실현시키고 있지 못한 현실(즉 비진리)을 부정하는 데서 스스로의 목표를 실현시키고자 하며 부정을 통한 자기 실현이라는 변증법적 사유를 내재적 원리로 삼게 된다. 철학은 혁명을 내포하며 혁명은 철학의 자기완수(이성의 자기실현, 또는 인간 자유의 실현)의 과정이기도 한 것이다. 이런 의미에서 철학과 혁명은 불가분의 관계를 갖는다. 모든 혁명은 이상(철학적 진리)을 현실로 만들려고 하는 인간의 불굴의 의지를 반영하는 것이면서, 이상을 향한 인간의 실천행위들—흔히는 폭력적인 행위들—로 이루어진다.

3. 혁명과 이념

현실의 정치 상황이 정의롭지 않고 신분질서나 계급, 경제적 부에 의한 차별과 사회적 모순이 심화될 때 현실을 개조하고자 하는 시도를 하게 되는 것은 인간의 역사 안에서 흔한 일이다. 혁명은 급격한 사회·정치 질서의 변동을 꾀하는 것이지만, 단순한 반동적 움직임이라기보다는 이상사회에 대한 사념에 실재를 일치시키고자 하는 변혁 운동이라고 할 수 있다. 정치적 억압이나 사회적 부정의에 대한 해석과 비판은 그것을 억압이나 부정의로 해석하게 하는 준거틀이 있음으로 해서 가능하다. 이상(ideal)을 추구하는 것이 인간의 인간됨을 보여주는 본래적 성향[3]이라면 현실을 이상에 맞추고자 노력하는 것 또한 인간 스스로 '이상적 삶'의 조건을 만들어가는 것이라는 점에서 매우 인간적 현상일 것이다. 마르쿠제는 이를 표현하여 "현존하는 것을 현존하지 않는 것에 비추어 해석하는 것, 그리고 주어진 사실을 그 사실이 배제하고 있는 것과 직접 대결시키는 것—이것이야말로 철학이 단순한 두뇌연습이나 이념적 자기 정당화 이상의 것일 때, 항상 간직해온 철학 본연의 관심사이다."(H. 마르쿠제, 1984, 7쪽) 현존하는 섯(현실)은 현존하지 않는 것(이상)을 '억누르고' 있는 것이고 그럼으로써 자신의 실재(진리) 가능성을 억누르고 있는 것이기 때문에 현실 자체의 언어로만 현실을 표현하고 정의하는 것은 현실을 왜곡하는 것이 된다. 현실의 부정은 이 왜곡을 바로잡는 적극적이고 긍정적인 행위가 된다. 이것을 마르쿠제는 "철학적 사유에 있어서 부정이 갖는 해방적 기능"(H. 마르쿠제, 1984)이라고 보고 있는데, 새로운 삶의 질서를 세우고자 하는 혁명은 이러한 이념, 혹은 이상에 대한 정향성을 갖는다는 점에서 단순한 분노의 표출이나 반동적인 움직임과는 구분된다.

동아시아 전통 안에서는 정치적 이상은 예로부터 '대동(大同)' 사회

---

[3] 모든 생명은 자기보존을 꾀하고자 하는 본래적 성향, 혹은 맹목적 의지를 갖는다. 인간에게 이러한 성향은 미래로 자신을 기투시키는 능력, 아직 있지 않은 현실을 실현시켜 자신을 위한 삶의 조건을 만드는 능력으로 나타난다. 이성이 스스로의 생존과 이익을 위해 만들어내는 것이 이상, 혹은 이념이라고 할 수 있다. 칸트에 있어 이성이념들이 하는 역할도 이와 비슷하다.

의 구현이었다. 『예기』「예운(禮運)」편에 나타나는 대동의 의미는 다음과 같은 것으로 묘사된다.

> 大道가 행해지면 천하에는 公義가 구현된다. 현자를 (지도자로) 뽑고 능력 있는 사람에게 (관직을) 수여하며 신의와 화목을 가르친다. 그러므로 사람들은 자신의 어버이만 어버이로 여기지 않고, 자기 자식만 자식으로 여기지 않는다. 노인으로 하여금 (편안한) 여생을 보내게 하며 壯年에게는 일할 여건이 보장되고 어린이는 길러주는 사람이 있으며, (의지할 곳이 없는) 과부와 홀아비를 돌보며 병든 자도 모두 부양받는다. 남자는 (적령이 되면) 결혼할 상대가 있으며, 여자도 (모두) 시집갈 곳이 있다. 財貨가 땅에 버려지는 것을 싫어하지만 반드시 자기가 (사적으로) 저장할 필요가 없다. 스스로 노동하는 것을 싫어하지 않지만, 반드시 자기만을 위해서 일하지도 않는다. 그러므로 (남을 해치려는) 음모가 생기지도 않고 도적이나 亂賊도 발생하지 않는다. 그러므로 (집집마다) 바깥문을 닫을 필요가 없다. 이런 상태를 大同이라 한다.(陣正炎 · 林其錟, 1990, 37쪽)

이러한 이상은 『시경』의 '樂土'나 『老子』의 '玄同', 『墨子』의 '尙同'과도 일맥상통하는 것으로서 평등과 자유를 지향하는 서구의 정치적 이상과는 차이를 보인다. 이상사회 이론은 도가계열이 무위, 무욕, 무사를 추구하고 '小國寡民'의 국가형태를 주장하였다면, 유가계열은 仁政과 정전제(井田制)를 중심으로 하는 왕도정치를 강조하였다.(陣正炎 · 林其錟, 1990, 20쪽) 노자계열이라 하더라도 과격한 형태의 무정부주의를 주장했다기보다는 지배단위를 소단위로 분산시킨 통치형태를 주장한 것으로서 여전히 '성군'이나 '천자'가 상정되어 있다고 본다.(陣正炎 · 林其錟, 1990, 26쪽) 대체로 동아시아에서 전통적으로 받아들여졌던 삶의 이상은 어진 군왕과 현명한 관료들에 의해 다스려지는 평화로운 공동체 사회였던 것으로, 역성혁명을 통해 이룩된 새로운 사회 또한 동일한 정치이념을 실현하기 위한 장이 되었다. 왕도정

치의 이상은 근대에 이르러 민권에 대한 의식이 발효되기까지 지속적
으로 견지되었으며, 민권이 제도적으로 보장된 시대에조차 정치적 지
도자들은 '성군'의 이미지를 갖고자 하였고 국민들 또한 도덕적인 성
군의 모습을 정치가들에게 기대하기도 하였다. 새로운 평등이념에 의
한 혁명개념은 왕도정치의 이상에 압도되었다. 전근대 전통 사회에서
때때로 신분질서를 넘어 사회적 평등을 주장한 농민봉기[4]가 있었지
만, 평등이념을 실현시킬 이론적, 실천적 형식이 빈곤했기에 역사발
전을 견인하는 힘으로까지는 성숙되지 못했다. 농민봉기는 또 외세에
저항하는 '의병'(군왕과 그 왕토를 지키고자 하는 의로운 병사)의 형태
로 일어나기도 해서, 그것은 여전히 왕도정치의 이상하에서 전개된
운동이었다고 할 수 있다.

　이런 점에서 우리의 동학혁명은 흥미로운 시사를 준다. 동학혁명은
동학이라는 이념적 발판 위에서 이루어신 현실 부징과 개혁의 운동이
었다. 1860년 최제우에 의해 창도된 동학은 '천주를 모심(侍天主)' 사
상을 기본이념으로 삼는 인간평등론에 기초해 있다. 『龍潭遺詞』에서
는 반상, 적서, 남녀(부부)의 구별이 전적으로 부정되고 있으며 입도
한 사람은 누구나 그날로 군자가 되고 지상 신선(神仙)이 된다고 한
다. 누구나 한울님을 몸에 모시게 되어 누구나 천주를 모실 수 있으며
천주는 사람의 마음에 있다고 보았다. 시천주 사상은 "至氣今至 願爲
大降"과 "侍天主造化定 永世不忘萬事知"의 21자에 집약되어 있다. 이
내용은 "사람의 본성은 천심과 서로 영통될 만한 요소를 가졌으므로
사람의 마음 속에서 사욕과 악념을 제거하면 인간의 본성을 회복하고
한울과 영통할 길이 열리게 된다는 것이며, 한울과 영통할 때는 일종
의 무아경에 이르게 된다"는 것이다.(박용옥, 1984, 25쪽)

---

[4] 당대의 황소(黃巢), 왕선지(王仙芝)의 '均平', 송대 방납(方臘) · 양요(楊么)의 '等貴
　賤 均貧富'가 예가 될 것이다.

● 동학혁명과 여성

동학은 한국근대사에 있어서 여성을 개화시킨 중요한 내적 계기를 이루었다. 동학운동은 인간평등사상이 농민과 여성 사이에 퍼지게 하는 데 큰 기여를 했다. 이들에게 동학은 수심정기(守心正氣)하면 누구나 시천주(侍天主)하는 도인(지상선인, 군자)이 될 수 있다는 희망을 주었다. 동학을 창제한 최제우는 부인 박씨의 인격을 존중하는 가화(家和)를 실천하였고 수평적 부부관계를 지향하였다. 그는 부인들의 수도를 위해 쉽게 읽을 수 있는『용담유사』,『안심가』,『교훈가』등을 손수 지었다. 동학의 2세 교조였던 최시형은 부인이나 아이에게서 배울 것이 있으며, 가정에서의 부인의 역할을 강조하여 일가의 주인은 부인이라고 함으로써 전통적 가부장적 질서와 봉건제도를 타파하고자 애썼다. 박용옥은 그를 "한국근대사에서 남녀평등사상을 농촌사회에 뿌리내린 여성운동 및 인간해방운동의 선구자"(박용옥, 2001, 183쪽)[5]로 보고 있다. 최시형의 결혼관이나 부부관은 당시로서는 혁명적이라고까지 말할 수 있는 것이었다. 일례로 임순호는「멀리 해월신사를 생각함」이라는 글에서 다음과 같이 말하고 있다

> 선생은 이렇게 원칙적으로 중혼을 반대하시었으며 결혼의 조건으로 장가처라든가 처녀라든가를 문제 삼지 않으셨다. 결혼이란 두 사람의 뜻만 맞으면 하는 것이지 결코 처녀나 장가처라야만 하는 것은 아니다. 해월신사는 그러한 봉건풍을 가장 싫어하시고 배제하시었다. 이것을 근대어를 빌어 말한다면 결혼혁명이라고나 말할는지. 그러나 해월신사의 이러한 일은 다 경천경인(敬天敬人)의 위대한 진리를 토대로 한 것이었다.(박용옥, 2001, 185쪽 재인용)[6]

---

5) 동학의 남녀평등사상, 최시형의 여성해방론에 관해서는 4·5장을 참조하였다.
6) 『天道教會月報』 246호, 17쪽.

동학에는 여성 접주들의 활약도 있었던 것으로 알려져 있으며, 이소사(李召史)라는 여인은 1895년 3월 동학군이 장흥부를 공략할 때 22세의 나이로 두령이 되어 말을 타고 선두에서 총지휘를 하였다고 한다. 그녀는 여자도인으로 동학인들 사이에서는 신녀로 존중을 받았던 것으로 일본신문에 보도되었다고 한다.(박용옥, 1984, 29~30쪽)

동학운동은 여성개화운동에 많은 영향을 미쳤다. 동학에 입도해 활동하고, 『제국신문』을 창간했던 이종일은 신문의 논조를 부녀자층과 민중의 의식구조 개혁에 두었다. 그는 개화사상과 반봉건적 동학사상을 동일시하고 여성해방운동을 동학운동을 조금 더 확대한 것으로 해석하였다. 그에 따르면 여성개화는 오직 동학사상에서 출발한 것이며 1898년 9월 여성해방을 내세우고 여성교육 문제를 제기했던 우리나라 최초의 여성단체인 양성원의 운동도 동학사상에서 기원을 찾아야 한다고 주장했다.(박용옥, 2001, 172~174쪽)

서양의 평등사상이 '신 앞의 만민 평등'이라는 근본적 개념에 기초하고 있는 것처럼, 유교·불교·도교와 서학을 결합시키고 있는 동학은 인간 평등의 근원으로 모든 인간에 내재된 '한울님(천, 천주)'을 내세우고 있다. 해월 최시형(崔時亨)은 "人卽天 天卽人"을 내세워 '事人如天'을 주장하였다. 그는 "비록 부인, 소아의 말이라도 또한 天語로 알고 배울 것은 배우고 스승으로 삼을 것은 스승으로 삼았노라"(박용옥, 2001, 26~27쪽 재인용) 인간의 절대적 평등에 대한 믿음에 기초한 종교적 실천의 형식은 동학운동을 단순한 분노의 표출이 아니라, 기존 질서를 타파하고 새로운 사회질서를 구축하려는 체계화된 노력으로 보게 만든다. 동학은 근본적인 인간평등, 남녀평등 사상을 내세웠으나, 그것이 구체적 문화 안에 뿌리내리는 데에는 여러 제약이 있었다. 무엇보다도 일본 제국주의의 발호 속에서 인간평등의 문제보다는 민족 정기 회복의 문제로 관심의 축이 이동하게 되었다. 이로써 평등

이념의 제도적 실현은 뒤로 미루어졌다.

4·19혁명은 해방 이후 이식된 서구민주주의 제도와 현실 간의 괴리로부터 발생한 모순을 극복하고자 한 시도였다. 혁명의 이념적 배경은 자유민주주의의 이념으로서, 개인의 정치적 자유의 추구와 정치적 억압과 부조리의 극복이 혁명의 목표였다고 할 수 있겠다. 전근대적 사회문화 상황 안에 이식된 자유민주주의 제도는 개인의 삶과 의식 속에 안착되지 못했고, 지배계층은 이를 악용하여 권력을 사유화하고자 함으로써 부패가 만연하기에 이르렀던 것이다. 혁명의 조건이 성립해 있었지만, 학생운동으로 촉발된 우발적 혁명은 조직력의 한계로 인해 자유민주주의의 이념적 명분을 내세운 군사쿠데타에 자리를 내주고 말았다.

4. 이념과 여성

철학은 이념을 생산하고, 이념은 그것을 현실화하고자 하는 인간의 욕구에 의해 혁명을 만들었다. 여성은 철학, 이념, 혁명에서 언제나 주변에 머물렀고, 여성혁명가들은 뛰어난 이론가들이었던 경우에도 남성혁명가 조직에서 독립적으로 끝까지 살아남기 어려웠다. 허정숙과 같은 여성혁명가가 비교적 오래 권력의 자리에 있었던 것으로 보여지지만 그것은 혁명가로서의 역할보다 권력의 보조자 역할에 충실한 결과였던 것으로 보인다.

이념은 그 자체로 성중립적인 것으로 보인다. 그러나 이념이 비춰보여주는 현실 속에 여성의 삶은 한결같은 모습이다. 집안에서 가족을 돌보는 삶이 그것이다. 최시형의 '일가의 주인'이라는 개념 속에도 한 집안에 속한 여성, 가족의 일상 삶을 책임지는 여성에 대한 존중을 넘어서는 여성 주체성의 개념이 없다. 집 바깥에서의 여성의 삶이 어떠해야 하리라는 모델이 전무했던 시대적 한계 때문이라고 볼 수도 있다. 여성이 이념을 생산할 수 있는 조건이 충족되지 않았든가, 아니면 여성이 만들어내는 생각은 소위 '이념'이라고 하는 범주에 속하기 어려운 종류의 것이었을 수 있다.

과연 여성에게 있어 이념은 어떤 의미를 갖는가? 이념을 인간의 삶에 형식을 부여하는 생각이라는 포괄적 의미로 받아들인다면 어떤 인간도 이념 없이는 삶을 유지할 수 없을 것이다. 그 이념은 문화적인 것일 수도, 사회정치적인 것일 수도, 종교적인 것일 수도 있다. 그러나 인간의 역사에 영향을 미쳤던 좁은 의미의 관점에서 이념을 말한다면, 인간의 역사를 견인한 위대한 사유는 남성들에 의해 주도되고 남성들에 의해 전유되었다. 드물게 여성이 있었다고 해도 그들은 대부분 역사에 기록되지도 않았고 전승되지노 않았다. 여성은 기껏해야 이념의 소비자나 이념 생산의 보조자 역할을 했다. 여성은 스스로 이념을 생산하지 못하고 따라서 자신의 존재와 삶의 경험을 해석하고 결정하는 형식들을 갖지 못한 채, 남성적 이념형식에 의해 스스로의 삶을 구성하고 해석하며 현실을 만들어왔던 것이다. 여성이 이념적으로 주체적 역할을 하게 된 것은 여성주의 사상이 생성되고 수용된 이후라 할 수 있다. 여성의 관점에서, 여성의 경험을 바탕으로 한 개념 틀과 사상의 창안을 통해 비로소 여성은 이념의 생산자 역할을 할 수 있게 된 것이다. 여성주의는 여성 주체를 만드는 데 결정적 역할을 했다고 할 수 있다.

그런데 주체란 무엇인가? 역사적으로 인간 주체는 남성의 몸을 갖고 있으며, 서구 전통에서 이성은 그 몸을 규정한 강력한 형식이었다. 여성 존재는 '자신이 아닌 다른 것', '남성에 의해 규정된 것'으로 존재해왔다. 헤겔을 따라 말한다면, 여성이 이 모순을 파악하여 변화시키는 것이야말로 현실과 존재의 왜곡을 수정하여 참된 실재로 나아가는 길이 될 것이다. 인간은 자신의 가능성으로부터 자신을 실현(realize)시키고 깨달을(realize) 수 있는 존재이다. 자기 규정적 존재라는 것은 자신이 자신의 존재를 만들어가는 것을 의미하며 이는 세계와 자신을 이해하는 속에서만 가능한 일이다. 세계와 자신의 가능성을 반성적으로 이해하는 것은 개념적 인식으로서, 인간에서만 가능한 것이며, 그러한 개념적 인식하에 자신의 미래를 계획하고 실현시키려는 노력이 인간이 주체가 되는 이유가 된다. 자신이 자신의 주인이 된다는 의미에서의 주체이다. 인간의 이성과 자유는 스스로에 대한 개념적 인식 없이는 현실화될 수 없는 것이기 때문에, 인간 주체성의 정립은 인간의 자유를 위해 필수적인 일이다. 오늘날 주체를 부정하는 포스트모더니즘 사유 안에서 인간 자유에 대한 전망이 비관적일 수밖에 없는 것은 이 때문이다.

여성이 자유를 성취하기 위해서는 여성으로서의 자기 인식에 기초하여 자신의 세계를 스스로 만들어가야 한다. 자신을 실현시키는 과정은 세계 내에서의 존재를 실현하는 것이다. 인간과 세계는 상호침투되어 있어 인간 스스로를 규정하는 속에서 세계를 규정하고 만들어가게 되는 것처럼 여성 또한 스스로를 규정하는 속에서 세계를 만들어가게 된다. 세계는 이런 의미에서 주관성의 실현이라 할 수 있다. 여성 주관성의 실현은 여성이라는 '실체적 주체'를 실현하는 데서 이루어지는 것이 아니라, '여성이라는 이유'로 겪게 되는 억압으로부터 자유로워지고 여성이 평등한 권리를 확보함으로써 이루어질 수 있을 것이다. 여성 경험에 기반한 정의로운 사회는 무엇인가? 여성들이 진정으로 꿈꾸어야 하는 혁명은 어떤 혁명인가? 이 물음에 대한 답은 지난한 작업을 필요로 한다.

여성주의의 이념은 여전히 자유와 평등이라는 보편적 이상에 기초한 것으로서, 여성주의 이념이 내세우는 현실 변혁 내지 개조는 기존의 가부장적 삶의 질서를 전복시키고자 한다는 점에서는 여타의 혁명과 다를 바가 없다. 그러나 이 혁명은 정치, 사회 시스템상의 급진적 변화를 꾀했던 기존의 혁명과는 그 형식과 내용이 다르다. 형식적 민주주의가 어느 정도 성취된 현대 사회에서 여전히 여성의 자유와 평등을 문제삼게 되는 것은, 대부분의 여성 삶이 이루어지는 현장, 그리고 대체로 여성문제가 드러나는 현장이 구체적이고 일상적인 삶 내부이고, 또한 밀착된 인간관계 내이기 때문이다. 이 깊은 곳은 형식적 민주주의, 법적 정의가 비껴가는 사밀한 지대이다. 노동 현장에서도 노동법이나 노동환경에서보다 노동이 이루어지고 있는 내부의 문화와 의사결정 과정이나 의사소통의 관계 내에서 불평등의 문제가 발생하고, 특정 문화를 배경으로 하는 법해석에서 문제가 발생한다. 인간 삶의 미시적 환경에 주목하지 않는다면 현대사회 안에서 여성문제는 잘 보이지 않는 측면이 있는 것이다. 여성에게 유의미한 자유 이념의 실현은 외적 변화뿐만 아니라 내적 변화까지 요구한다는 점에서 근본적이고 좀더 철저한 혁명을 요구하는 성질의 것이다. '일상의 혁명', '미시적 혁명'이라고 이름할 수 있는 이것은 아이러니하게도 유교적 '수신제가치국평천하'의 길과 닮아 있다. 역사적으로 이념의 변화와 그에 따른 혁명의 소용돌이 안에서도 일반적인 여성 삶의 양식에는 큰 변화가 없었기 때문에, 여성과 관련하여 우리는 거시적 이념으로부터 미시적 삶의 현실로 눈을 돌려야 한다. 자아정체성과 자신의 욕망에 대한 성찰, 비근한 인간관계들에 대한 성찰, 그것들 주위의 일상적 환경들에 대한 성찰을 통해서만 여성들은 스스로 자유롭고 평등한 삶의 조건을 만들어갈 수 있다. 일상과의 싸움은 일상생활을 영위하는 속에서 이루어져야 하기 때문에 언제나 타협과 위선의 씨앗을 품고 있다. 이 혁명은 그렇기에 시작도 끝도 말하기 매우 어렵다. 그러나 콩을 싹틔우는 뿌리의 작은 움직임이 큰 바위를 쪼개듯이 그렇게 작은 일상의 변화들을 통해 혁명은 불현듯 이루어질 수도 있다.

5. 한국에서의 이념적 상황과 여성

여성의 자아인식은 전통적으로, 동양에서나 서양에서나 모두 개념적 인식이 아니었다. 남성이 자연이나 세계를 마주한 존재로 설정되어왔다면, 여성은 무엇보다도 남성과 마주한 존재로 상정되었다. 남성이 '무엇무엇'(개념)으로 규정되는 추상적 세계(의미와 행위의 세계)와의 대면 속에서 자아 인식을 할 수밖에 없는 상황이었다면, 여성은 구체화된 인간(몸)과의 대면 속에서 자신(몸)을 파악할 수밖에 없는 상황이었던 것이다. 여기서 여성의 자아인식은 개념적이라기보다는 몸 경험에 기반한 각성이라고 할 수 있을 것이다. 남성적 삶의 형식을 표준으로 구성되는 보편적 삶의 이상은 여성 삶의 현실에서는 실현되지 않거나 실현될 수 없는 역설적 상황이 발생하게 된다. 여성 경험은 남성에게 부여된 규범과는 다른 규범하에서 구성되기 때문에 남성 경험에 의해 구성되는 현실에 적용되는 기준이나 현실 변화의 원리가 여성 현실에는 적용되지 않고 적용될 수도 없는 것이다. 예를 들어 이제껏 사회 정의의 이상은 사회생활을 하지 않았던 많은 여성들의 삶의 현실과는 매우 먼 것이었기 때문에 이를 실현하려는 여성 의지 자체를 생성시키지 못했을 뿐만 아니라, 여성들 삶의 현장에서는 실현될 수도 없는 특성을 갖는다. 우리 전통 사회 안에서 국가와 민족을 걱정하는 삶이란 일반 여성들의 삶의 현실에서 얼마나 먼 것이었을까를 상상해보라. '국가와 민족'을 거론하는 여성은 코믹하거나 피상적이거나 위선적으로 보이기 십상인 것이다. 다른 한편으로 거시적 관점(결국에는 남성의 관점)에서 가정 내의 정의, 가족 관계, 남녀 관계 내의 평등의 문제는 하찮은 것이거나, 아예 문제로서도 설정될 가치가 없는 것으로 여겨졌다.

한국에서 현실 변화를 주도한 이념들은 여성의 삶에는 특별한 변화를 초래시키지 않았다. 역사를 휘몰아쳤던 혁명의 시기에도 여성들은 그 옛날부터 그래왔듯이 집안 살림을 돌보고 아이를 양육하는 존재, 성적 대상화한 존재들이었다. 역사의 변화 속에서 단지 그 양상이 변하거나, 그 고통의 강도가 변했을 수 있다. 혁명의 현장을 누빈 아버지와 남편과 오빠와 동생들 뒷바라지를 하며 위대한 어머니로, 누이로, 딸로, 연인으로 남자들을 위해 생활을 떠맡았다. 이념적으로 분단되어 있는 한국의 현실에서 남쪽과 북쪽 여성들의 삶의 모습은 별반 다르지 않을 것이다. 북한의 시장에 나와 장사하는 여성들, 가족들을 위해 국경을 넘어 중국으로 가는 여성들의 모습은 우리의 역사 안에서 매우 친숙하다. 한국의 여성들은 현실에 밀착된 강인한 존재로서 이 땅의 사람들의 삶을 대지에 단단히 뿌리내리게 한 존재들이었다. 관념적 이상과 사념적 허구를 넘어서서 구체적 삶의 실재를 온몸으로 살아낸 여성들의 자유와 평등의 성취는 바로 그 구체적 삶의 실재 안에서 이루어질 수밖에 없는 것이다.

이념을 넘어서 남쪽과 북쪽 여성들의 공통의 삶의 양식과 경험을 바탕으로 만날 수 있는 가능성을 모색하는 일은 가능한가? 이를 위해서는 여성 주체에 대한 독립적 의식이 바탕이 되어야 할 것이지만, 이러한 의식이 첨예한 정치적 상황과 군사적 갈등 상황에서 발아될 수 있을지는 미지수다. 긴박한 정치적 상황에서 여성 의제는 언제나 부차적인 것, 하찮은 것으로 간주되거나 아예 문제로 드러나지도 않기 때문이다. 그러나 하루하루의 삶은 이념적 정치보다 끈질기며, 더욱 근본적인 것이다. 여성 경험에 대한 이해, 일상에 대한 이해와 일상의 우선성에 대한 이론적 정립을 통해서 결코 현실화될 수 없는 이념적 허구[7]를 넘어설 수 있으리라 생각한다.

▣ 참고문헌

마르쿠제 H(김현일 · 윤길순 옮김), 1984 『이성과 혁명』, 중원문화.

마리 M. 멀래니(장정순 역), 1986 『여성과 혁명운동』, 두레.

박용옥, 1984 『韓國近代女性運動史 研究』, 한국정신문화연구원 간행.

______, 2001 『한국여성근대화의 역사적 맥락』, 지식산업사.

베벨(선병력) 역, 1982 『여성과 사회』, 한밭출판사.

유우상, 1926 「여성의 혁신생활」, 『신여성』 4권 1호.

陣正炎 · 林其鎞(이성규 역), 1990 『中國大同思想研究』, 지식산업사.

허정숙, 1925 「우리 女性의 煩悶을 論하야」, 『신여성』 3권 11호.

______, 「新年과 새 決心」, 『신여성』 4권 1호, 1926.

헤겔(김종호 역), 1976 『역사철학강의 Ⅱ』, 삼성출판사.

---

[7] 이념은 원칙적으로 결코 완전히 현실화될 수 없다. 그런 의미에서 이념은 허구적이다. 이념과 현실이 일치되는 순간 어쩌면 인간의 역사는 더 이상 가능하지 않을 것이다. 그 순간은 이상, 혹은 순수한 사념으로만 존재할 수 있을 뿐이다. 그런 의미에서 이념은 결코 현실화될 수 없는 허구이다. 그것이 이념의 실체인 것이다. 인간은 이념을 통해 삶에 규범과 형식을 부여하지만, 삶은 이념 자체가 될 수 없다. 인간의 삶은 참과 거짓의 문제가 아니며 진리 실현을 위한 과정이 아니다. 하루하루의 삶은 그 자체로 인간에게 의미를 구성한다. 한 생명의 유한한 삶은 진리를 위한 과정이라기보다는 생명의 충만함을 추구하는 그 자체로 목적이며, 자족적인 것이다.

제2장 정치적 행위 주체로서의 여성과 혁명*

윤은주

1. 삶의 목적으로서의 자유

  세계는 수많은 갈등과 투쟁의 연속선에 놓여 있다. 함께 살지 못하면 결국 살아남을 수 없는 세계에서 인간은 왜 끝없이 갈등하고 투쟁하는가? 그것은 더 나은 삶을 추구하기 위해서이다. 그렇다면 더 나은 삶이란 무엇인가? 그것은 하나로 규정될 수 없다. 왜냐하면 사람들마다 서로 다른 삶을 살며, 사람들의 수만큼 다양한 삶들이 있기 때문이다. 그렇다면 왜 사람들은 다르게 사는가? 그것은 개개인이 살아온 환경이 다르고, 생각하는 바가 다르고, 그로 인한 판단과 행위가 서로 다르기 때문이다. 이 다름은 부인할 수 없는 삶의 한 지표이며, 세계를 발전시키는 추동력이며, 인간 스스로가 세계에 존재하게 하는 힘이다.

  그러나 조금 더 효율적인 지배를 욕구하는 정치 사회의 획일성은, 주류에 속하는 몇몇 집단들을 제외하고 자신들과는 다르다고 생각되는 집단들을 인정하지 못하게 하는, 기준으로 작용한다. 스스로를 사회의 일반적 기준으로 생각하는 다수의 집단들은 정치적으로 인정되

---

* 이 글은 2010년 4월 17일, 성신여자대학교에서 열린 "제3회 여성주의 인문학 연합 학술대회 : 4·19혁명과 여성"에서 발표한 글을 수정·보완한 것이다.

지 않는 다름을 가진 집단들에 속한 이들을 정치적으로 소외시키거나 아예 힘을 발휘할 수 없도록 무력화시킨다. 다르게 생각하지 못하게 하고 다르게 판단하지 못하게 하며 다르게 행위 하지 못하게 하는 것, 그것은 그들의 존재이유를 박탈하는 것이며 인간으로서의 삶을 살지 못하도록 하는 것이다. 그들에게 필요한 것은 자신의 다름을 인정받는 것, 그리고 자유롭게 그것을 표출할 수 있는 영역으로 들어가는 것이다. 그렇다면 이제 정치는 다르다는 것을 인정하는 것이 되어야 하며, 그 다름을 표출해낼 무대가 되어야 하는 것이다. 이를 위해 전제되어야 하는 것이 바로 자유의 실현이다. 가장 추상적이며 모호하나 그 때문에 오히려 가장 구체적이며 절실한 삶의 목적이 바로 자유의 실현이다. 이 세계에 살고 있는 사람들이 끊임없이 갈등하고 투쟁하는 것은 바로 이 자유를 실현하기 위해서인지도 모른다.

가장 절박하게 자유를 갈망하였던 이들 가운데 하나가 바로 유대계 독일인이면서 나치 치하에서 망명 생활을 보냈던 정치사상가 한나 아렌트(Hannah Arendt, 1906~1975)이며, 한국 전쟁 이후 억압된 자유와 정치적 부패 속에서 4·19혁명을 이끌었던 주체세력들—특히 혁명의 주체였음에도 역사적으로 평가절하되거나 아예 배제되었던 여성들—이다. 자신을 보호해줄 공동체에 소속되지 못했던 망명 생활 동안, 아렌트는 사유의 자유를 표현해내지 못했던 혹은 자기 존재를 확인시키지 못했던 비인간적 삶으로 인해 괴로워했다. 그러한 삶으로부터의 탈출이야말로 아렌트가 원하는 인간다운 삶이며 자기 존재를 확인하는 과정이다. 바로 그것이 정치를 자유의 실현과 동의어로서 생각하게 만든 자극제이기도 하였다. 또한 한국 전쟁 이후 경제적으로나 정치적으로 불안했던 사회 상황으로 인해 억압된 삶을 살아야 했던 한국 민중에게 있어 주체적 개인으로서의 삶이란 어떤 방식으로든 그 상황에서 벗어나 새로운 사회로의 변혁을 꿈꾸는 것이었다. 그 변혁의 꿈은 혁명의 불길로 이어졌으며, 그 불길은 자유에의 갈망으로부터 시작되었다. 자유는 단지 정신적 및 육체적인 억압 상태에서 벗어나는 것만이 아니라 인간으로서 인간다운 삶을 살 수 있게 하는 토대가 된다. 그런 점에서 자유의 실현은 곧 정치라 할 것이다.

이 글은 권력의 획득 혹은 지배로 정의되는 기존의 정치개념과 달리, 자유의 실현이라는 포괄적 의미를 담고 있는 아렌트의 정치개념을 수용하여, 정치를 가능하게 하는 변혁의 도구로 선택된 혁명이 가진 의의를 생각해보고자 한다. 우선 2장에서는 아렌트로부터 수용한 자유의 실현으로서의 정치의 의미를 고찰해보고자 한다. 아렌트는 인간의 활동을 노동, 작업, 행위로 구분한다. 그 가운데 자유로운 사유와 표현을 통한 자기 존재 인식으로서의 행위를 공적영역에서 일어나는 정치적 행위로 간주한다. 이러한 능력은 인간이라면 누구나 가지고 있는 것이며, 따라서 정치는 누구나 할 수 있는 보편적 능력임을 확인함으로써 그 누구도 정치적 영역으로부터 배제될 수 없음의 토대를 확보하고자 한다. 3장에서는 억압적 상황에서 벗어나 자유를 실현하기 위한 도구로 선택된 혁명의 의의를 살펴보고자 한다. 경제적인 것과 정치적인 것—아렌트에 논의에 따르면 사적인 것과 공적인 것—에서 혁명의 발발 원인을 생각해보고, 그 대표적 사례인 프랑스혁명과 미국혁명을 통해 성공적인 혁명이 취해야 할 목적이 무엇인가를 살펴보고자 한다. 또한 이를 토대로 1960년 경제적 및 정치적 상황이 맞물리면서 한국에서 일어났던 4·19혁명의 의의를 다시 한 번 되새겨보는 자리를 마련하고자 한다. 마지막으로 4장에서는 아렌트가 라헬 파른하겐의 삶을 조명하면서 논의의 핵심으로 삼았던 파브뉴로서의 삶과 의식적 파리아로서의 삶에 대한 논의를 통해, 혁명의 중심에 있었음에도 현실 정치 앞에서 정치적으로 무력화되었던 여성이 주체적인 혁명세력으로서 혹은 정치적 행위 주체로 우뚝 서기 위해서 어떠한 역할을 수행해야 할지를 생각해보고자 한다.

2. 자유의 실현으로서의 정치, 그리고 폭력적 행위

정치에 대한 다양한 정의들 가운데 아렌트의 정치개념을 수용하고자 하는 것은 그녀의 정치개념이 가지고 있는 포괄성과 보편성에 기인한다. 아렌트는 권력이나 지배－피지배 관계에 집중되어 있던 정치적 능력을 생각하고 말하는 인간의 기본적 능력으로 확대시키면서 누구나 할 수 있는 일반적인 것으로서의 정치를 이야기한다. 물론 생존의 문제를 스스로 해결할 수 있어야 한다는 필요조건이 갖추어져야 하지만,[1] 사람들이 가진 생각하고 말하는 기본적인 능력에서 정치를 시작한다는 점에서 포괄성과 보편성을 담보할 수 있는 광의적 의미의 정치라 할 것이다. 이러한 아렌트의 정치개념의 재구성은 인간의 활동을 노동/작업/행위로 구분하는 것에서 출발한다.

아렌트는 인간의 활동을 세 가지로 나눈다. 첫째, 노동(work)은 일회적이며 소비적인 활동으로서 생존을 가능하게 하는 필요조건이다. 둘째, 작업(labour)은 반영구적인 활동으로서 다양한 도구를 이용하여 자연으로부터 얻은 재료들을 변형시켜 생필품을 생산해내는 활동이다. 노동과 작업은 개인 작업장에서 서로 연결되어 나타나며 인간의 생존을 유지시켜주는 기본적 활동으로 대개는 노동으로 뭉뚱그려 이

---

[1] 생존의 문제를 스스로 해결할 수 있어야 한다는 필요조건은, 현대자본주의 사회에서 발생하는 모든 문제의 근본적 원인 가운데 하나일 만큼 중요하고도 어려운 것이다. 사실상 현대 정치의 핵심적 문제는 바로 생존의 문제를 해결할 수 있느냐에 달렸다고 할 것이다. 그러나 이 부분의 핵심은 생각하고 말하는 능력에 대한 것이기에 간단하게 언급만 하고 좀 더 심도 있는 논의는 이후로 미뤄두기로 한다.

야기된다. 예를 들어 산에서 나무를 벌목하여 땔감으로 사용하는 데 가해지는 활동은 노동이다. 벌목과 동시에 땔감으로 사용되어 나무의 가치가 사라지기 때문이다. 그러나 도구를 이용하여 벌목한 나무로 책상이나 의자를 만들게 된다면, 이때의 활동은 작업이 된다. 나무의 가치가 책상이나 의자로 전이되어 반영구적으로 지속되기 때문이다. 이처럼 작업을 통해 만들어진 산물은 생활을 유지하는 데 쓰임으로써, 세계 내에서 지속성을 갖게 되고 산물로써 그 가치를 보유하게 된다. 노동과 작업은 개인의 욕구를 충족시키거나 사적 이익을 얻기 위한 것으로 사적영역에서 발생하며, 19세기 자본주의의 급속한 발전 과정 속에서 중요한 위치를 점하는 활동으로 자리 잡게 된다. 반면 세 번째 활동인 행위(action)는 공적영역에서 다른 사람들과 관계망을 형성하며 일어난다. 행위는 세계에 살고 있는 서로 다른 사람들 사이에서 이루어지는 직접적인 활농으로서, 복수성(plurality)을 토내로 한다.(Hannah Arendt, 1958, p.7 ; 윤은주, 2008, 65~66쪽 참조) 이 세계를 구성하고 있는 사람들이 모두 다르다고 하는 것에서 출발하는 복수성은 세계를 유지하는 축이 되며 정치를 가능하게 하는 전제가 된다. 사람들은 태어나고 죽는다는 점에서는 모두 동일하지만, 이 세계에서 살아가는 동안은 다른 생각을 하고 그것을 다르게 표현한다는 것에서 서로 구별된다. 이것은 단지 다르게 산다는 것만이 아니라 나를 다른 사람과 구별시켜주는 것을 의미하며 내가 이 세계에 존재하고 있음을 확인시켜주는 존재론적 상황이다.

이러한 인간의 활동 가운데 공적영역에서 일어나는 행위는 정치와 동일시된다. 행위는 언어를 매개로 의견을 나누고 이해하는 의사소통 상황에서 발생한다. 공동체에서 사람들은 서로 이야기를 나눔으로써 서로를 이해하고 그것을 통해 자신이 다른 사람과 다르다는 것을 인식함으로써 자기 존재를 확인하게 된다. 이러한 행위는 모두 자신만의 고유한 무엇, 다시 말해서 자유로운 사유와 표현을 통해 나타난다. 이를 통해 세계가 구성되고 유지되며 공동체에서의 관계가 형성된다. 즉 정치가 가능해지는 것이다. 자유로운 사유와 표현을 바탕으로 한 정치, 그것이 아렌트가 생각하는 정치의 본래 모습이다. 따라서 아렌트에게 있어 정치는 자유의 실현과 동의어가 되며, 억압된 상태에서 벗어나고자 하는 것, 자유를 획득하고자 하는 모든 행위이다.

이처럼 자유에서 정치의 의미를 찾고 있는 아렌트에게 있어, 나치즘 치하에서의 삶은 억압당한 자유로 인하여 생각할 수 없고 표현할 수 없는 비정치적임과 동시에 공동체에서 자기 존재를 인식하고 확인시킬 수 없는 비인간적임이었다는 점에서 견디기 어려운 상황이었을 것이다. 나치즘 치하에서 유대교 독일인으로서 살아간다는 것은 단지 국적 없이 전 세계를 떠돌아다녀야 한다는 것만을 의미하는 것이 아니었다. 망명 생활은 법적 및 정치적 보호를 받을 수 없는 불안정한 삶과 동의어이다. 또한 법적 및 정치적 보호를 받을 수 없다는 것은 그 어떤 공동체에도 소속될 수 없다는 것이다. 그리고 공동체에 소속될 수 없다는 것은 공동체의 구성원으로서 그 어떠한 정치적 권리도 수행할 수 없다는 것, 즉 정치적 행위를 수행할 수 없다는 것이다. 더구나 정치적 권리를 행사할 기회, 정치적 공동체에 소속될 기회가 없다면 우리는 완전한 인간적인 삶을 살 수 없게 될 것이다.(리차드 번스타인, 2009, 144쪽) 인간이라면 자유롭게 사유하고, 그것을 표현하며 자기 존재를 확인해야 하는데 그녀가 오랜 기간 겪었던 망명 생활은 결코 그녀에게 이와 같은 정치적 행위를 허락하지 않았던 것이다. 살아남기 위해 망명을 선택했지만, 망명은 법적 및 정치적 보호가 전제되지 않은 육체적 자유만을 허락했을 뿐이다. 그것이 억압된 자유로 인한 정신적 자유의 박탈까지 치유해줄 수는 없었다. 결국 미국에 정착하여 미국시민권을 얻게 됨으로써 아렌트는 박탈당했던 정신적 자유를 되찾게 된다.

아렌트에게 있어 완전한 인간적인 삶은 자유롭게 사유하고, 사유한 것을 말과 글로 표현하는 언어적 활동을 자유롭게 수행할 수 있는 공동체에서의 삶이다. 이때 일어나는 언어적 활동은 다른 사람들과의 관계 속에서 이루어지며, 의사소통을 통해서 나와 너라는 서로의 존재를 확인하고 살아가는 과정이 된다. 정책의 실현이나 정권의 획득이 아닌 자유로운 사유와 표현으로서의 존재론적 정치라는 포괄적 의미를 담고 있는 아렌트의 정치개념에 비추어 볼 때, 사유활동과 표현활동이 제약되는 무국적자로서의 상황은 억압적이며 비정치적일 수밖에 없다. 따라서 여기에서 벗어나는 것은 단지 정치적 권리의 획득이나 국적 취득의 법적 및 정치적 회복뿐만 아니라 인간으로서의 자기 존재를 확인하는 주요한 행위가 된다. 그런 점에서 아렌트에게 있이 자유는 곧 행위 힌다는 깃이며 행위를 통해시 자유는 현실화되는 것이다.(Maurizio Passerin d'Entrè, 1994, p.67)

사실 자유는, 상황에 따라 다양한 의미를 포함하는, 규정될 수 없는 추상적 단어이다. 자유 그 자체를 정의하는 것은 쉽지 않으며, 자유가 적용된 상황과의 연관 속에서 협의적 의미로만 정의내릴 수 있을 것이다. 그렇다면 아렌트에게 있어 자유는 어떤 의미인가? 아렌트는 인간의 활동영역을 사적영역과 공적영역으로 나눈다. 정치에 있어 두 영역은 분리되어 있으나 하나가 충족되지 않으면 다른 하나도 성립될 수 없는 불가분의 관계에 놓여 있다. 정치적 행위는 사적영역에서의 안정을 토대로 공적영역에서 제약 없이 활동하는 것이며, 이것이 아렌트에게 있어 자유의 의미다. 자유를 담보하는 토대로서 사적영역에서의 안정은 정치의 필요조건이다. 사적영역은 생존을 위한 영역으로 의식주의 안정적 구비를 목적으로 한다. 주 영역은 가정으로, 다른 사람에게 드러나지 않는 개인적 삶이 유지되며 노동과 작업이 이루어지는 곳이다. 이 영역의 관심사는 경제적 안정의 획득이다. 경제적 안정을 전제로 해야 공적영역으로 나가서 사적 이해관계에 흔들리지 않고 공정하게 판단하고 행동할 수 있기 때문이다. 따라서 사적영역의 안정은 자유를 실현하기 위한 주요한 전제가 된다. 이러한 영역을 정치 조직의 관점에서 사회는 오이코스(oikos), 즉 사생활이 이루어지는 곳, 아고라(agora), 즉 이야기와 교제가 이루어지는 사적이고 공적인 장소, 마지막으로 에클레시아(ecclesia), 즉 정치권력이 행사되는 공공의 장소로 나눠진다. 이 세 장소는 모두 유동적 및 유기적으로 연결되어 있으며 따로 분리해서 생각하기는 어렵다. 특히 아고라의 경우 사적영역과 공적영역이 혼재되는 곳이며 연결고리가 되는 곳으로, 실제 생활에서 가장 많은 이야기가 오고가는 곳이다. 오이코스와 아고라에서의 삶이 안정화되지 않는다면—인간의 활동의 측면에서 노동과 작업의 안정적 상태에 도달하지 못한다면—공공의 장소로 나아가 정치적으로 행위 하기는 어려울 것이다. 결국 공적영역에서의 활동, 즉 정치적 행위의 가능성은 사적영역에서의 안정화를 기반으로 해야 한다. (윤은주, 2005, 134~137쪽 참조)

사적영역의 안정을 기반으로 한 공적영역의 정치적 행위의 전형, 즉 최대한의 자유가 보장되는 민주주의의 전형을 아렌트는 고대 그리스의 폴리스에서 찾는다. 폴리스를 자유로운 정치가 가능했던 사회로 볼 수 있는가에 대한 문제에는 논란의 여지가 있다. 여성, 어린아이, 그리고 노예의 정치적 참여 가능성이 없었다는 점에서 평등한 정치, 자유로운 정치를 생각할 수 없기 때문이다. 더구나 고대 폴리스는 폴리스 내에 토지를 소유하고 있으며 그것을 바탕으로 경제적 안정을 갖춤으로써 자유로운 공적활동을 담보할 수 있었던 남성 중심의 시민 사회였다. 자유로운 행위의 보장, 누구나 가지고 있는 능력의 발현을 통한 자기 존재의 인식이라는 측면에서 볼 때 여성과 어린아이, 노예의 참정권을 제한했던 고대 폴리스만큼 아렌트의 논의에 반하는, 비민주적이며 비정치적인 사회도 없을 것이다. 따라서 계급적 및 성적 소외로서의 정치적 문제를 언급하지 않은 아렌트의 시선은 충분히 논의되어야 할 것이다. 그러나 고대 폴리스를 자유로운 정치의 장으로 여기는 것에는 공적영역에서 벌어지는 자유로운 논쟁, 즉 자신의 의견을 자유롭게 이야기하는 의사소통적 상황으로서의 정치라는 점 때문이다.[2]

고대 폴리스는 노예제도를 바탕으로 한 경제적 안정을 기반으로 자유로운 정치적 행위를 수행하였던 공동체이다. 폴리스의 시민은 노예노동의 결과 자기 자신이나 누군가를 위해 노동하지 않으면서 자유롭게 살며, 사적영역의 안정을 토대로 삶의 필연성에 구속되지 않는 자유인이었다. 아렌트는 "다른 사람을 위해 노동하는 사람은 노예이고 자기 자신의 생명 유지를 위한 벌이로 노동하는 사람은 자유로운 시민이 아니었다. 그리고 노예를 소유하고 있어서 자기 자신을 위해서도 남을 위해서도 노동을 하지 않는 사람은 공적영역에 들어오도록 허용되었다"(한나 아렌트, 2007, 128쪽)라는 아리스토텔레스의 말을 빌려 사적영역과 공적영역에서 활동하는 사람들을 구분하고 있다. 공적영역에서의 활동은 노동으로부터 자유로운 사람에게 가능한 것이다. 다시 말해서 자신을 위해서도 누군가를 위해서도 노동하지 않는, 그래서 삶의 필연성에 구속되지 않는 자유인이었던 폴리스의 시민들처럼 말이다. 자유로운 시민이라면 공적영역에 나가서 자기 이익을 위해 판단하거나 행위 하지 않으며 모든 사람들을 위한 공정한 판결을 내릴 수 있을 것이라고 생각했던 것이다. 그러나 현대 사회에서 고대

---

[2] 이 글의 논의는 계급적 및 성적 소외로서의 정치적 행위보다, 참여자의 여러 제약적 문제가 있었음에도 공적영역에서의 자유로운 이야기가 오고갈 수 있었다는 의사소통적 상황에 국한시켜 진행하고자 한다. 아렌트의 정치적 행위가 갖는 계급적 및 성적 소외의 문제는 다음에 다른 글에서 논의하기로 한다.

폴리스의 자유로운 시민을 요구할 수 없다. 왜냐하면 사적영역의 문제로 여겼던 삶의 필연성에 대한 경제적 활동이 산업 혁명 이후 공적 영역의 중심에 서게 되었으며, 더구나 현대 사회의 모든 사람들은 스스로를 위해 노동하지 않으면 살아남을 수 없기 때문이다.

경제적 활동이 정치적 영역으로 들어오면서 이제 인간의 관심은 자유의 실현인 정치적 행위가 아니라 노동과 작업을 통해 삶의 필연성을 충족시키는 사회적 행위로 옮겨가게 된다. 다른 사람보다 더 많은 부를 획득해야 하며 더 나은 삶을 영위해야 하는 것이 삶의 목적이 되고 있는 현대 사회는, 아렌트의 시선으로 봤을 때, 삶의 필연성에 종속되어 노예적 삶을 살게 되는 비인간적인 삶의 집합체라 할 것이다. 비인간적 삶으로부터 벗어나기 위해서는 노예적 삶으로부터 벗어나야 할 것이며, 노예적 삶으로부터 벗어나기 위해서는 삶의 필연성이 충족되어야 할 것이다. 삶의 필연성은 노동을 통해서만 충족 가능하다. 결국 삶은 다시 본래의 노예적 삶으로 되돌아가게 될 것이다. 그렇게 되면 정치는 자기 존재를 파악하는 존재론적 행위가 아니라 삶의 필연성에 종속되어 그 자체로서의 진정한 정치의 의미가 상실된 비정치가 될 것이다.[3] 그런 점에서 19세기 산업혁명 이후 정치적 행위가 유산자-무산자의 적대적 관계를 타파하는 계급투쟁 논의에 집중되고 있는 것은 어쩌면 당연한 결과라 할 것이다.

자유로운 정치적 행위가 가능해지기 위해서는 적대적 관계로부터

---

[3] 아렌트는 사적영역에 속하는 경제적 활동의 문제가 공적영역의 주요한 관심사가 되면서 정치의 그 의미를 상실하였다고 지적한다. 그녀가 정치의 의미를 재구성하고자 했던 것은 물론 전체주의로 인한 자유의 실현에 대한 갈구가 하나의 이유이기도 했지만, 경제적 문제의 정치화로 인해 사람들이 다름의 장으로서의 공적영역의 역할을 잊어버리고 있다는 사회화에 대한 비판이 또 다른 이유이기도 하다. 이렇게 볼 때 이후에 나오게 될 혁명의 의의에 있어서, 전자의 이유와 연결하여 새로운 정치 체제로의 전환을 목적으로 하는 혁명과 후자의 이유와 연결하여 빈곤 탈피의 경제적 해방을 목적으로 하는 혁명에 대한 평가가 왜 달라지는지를 알 수 있을 것이다.

벗어나야 한다. 그러나 정치적 영역에서 그 어떠한 힘도 가지고 있지 못한 피지배 계급은 선택의 여지없이 폭력적 수단을 도구화할 수밖에 없을 것이다. "자유로워질 능력이 없는 인민민중이 자유를 획득하고 평화를 유지하기 위해서는 그들 자신이 사회적 권력을 가져야만 한다"(빌헬름 라이히, 2006, 447쪽)는 라이히의 말처럼, 폭력적 상황에서 벗어나 인간임을 획득하기 위한 민중의 활동은 또 다른 폭력적 방식을 불러오게 된다. 물론 힘이 없는 민중이라고 해서 폭력적 도구를 선택해야만 하는 것은 아니다.[4] 이는 자유를 획득하고 정치적 권리를 찾는 방법이 반드시 폭력적이지 않음과도 연결된다. 실제로 피지배 계층이 억압적 상황에서 벗어나 지배적인 수단과 지위를 획득하고 유지하는 데는 두 가지 상반된 방법이 있다. 바로 폭력을 통한 방법과 대화를 통한 합의의 방법이 그것이다. 마키아벨리는 『군주론』에서 이 두 방법을 법률에 의한 방법과 힘에 의한 방법으로 나누고, 전자는 인간들에게 본성적인 것이고 후자는 동물들에게 그러한 것이지만 종종 법률의 방법이 적절하지 않을 때에는 필요에 따라 힘의 방법을 사용해야 한다고 말한다.(Machiavelli, 1995, p.56) 법률과 힘, 또는 대화와 폭력의 방법은 단지 군주가 인민들을 다스리기 위해 쓰는 방법만은 아니다. 군주와 인민의 관계는 상호의존적 관계로 어느 한쪽이 성립되지 않으면 다른 한쪽도 성립될 수 없는 관계이기 때문이다. 따라서 군주와 마찬가지로 인민도 억압적 군주나 지배 체제에 대항하여 동일

---

[4] 정치적 힘을 갖지 못한 피지배 계급의 해방적 무기가 반드시 폭력적이어야 할 필요는 없다. "비판의 무기는 물론 무기의 비판을 대신할 수 없다. 물질적 힘은 물질적 힘에 의해 전복되어야 한다. 그러나 이론 또한 대중을 사로잡자마자 물질적 힘으로 된다"(칼 맑스, 1991, 9쪽)고 맑스가 이야기한 것처럼 폭력적 도구를 선택한다고 해서 민중이 무차별적이고 폭력적이기만 한 것은 아니다. 정신적 무기, 다시 말해서 사회를 정확하게 인식하고 비판할 수 있는 힘을 갖추었을 때 적대적 관계로부터의 해방이 가능해질 것이다. 이것이 바로 혁명이 갖춰야 할 정신적 및 물질적 힘이 아닌가 싶다.

한 방법을 사용할 수 있다. 그러나 인민의 경우 법률이나 대화의 방식을 선택하기는 어렵다. 왜냐하면 정치적 측면에서 인민은 항상 약자의 입장에 서 있기 때문이다. 그렇기 때문에 정치 체제의 변혁을 꿈꾸는 인민에게 정치의 실현을 위한 폭력의 사용은 불가피하다고 할 것이다.[5]

억압된 체제를 변혁시키거나 권력을 행사하기 위한 정치적 행위로서 폭력의 선택이 어쩔 수 없는 것이라 하더라도 모든 폭력이 정당화되는 것은 아니다. 왜냐하면 폭력은 사람들을 죽음에 이르게 할 만큼 육체적으로나 정신적으로 상해를 입힘으로써 정치적 행위를 수행할 수 없게 만들기 때문이다. 아렌트의 정치개념에서 볼 때, 육체적 및 정신적 상해는 단지 몸을 움직일 수 없음이나 정신적 괴로움에 그치는 것이 아니라 자유롭게 사유한 것을 표현할 수 있는 공적영역으로의 진출 자체를 막는 것, 다시 말해서 인민들이 억압된 상황에 의해 침묵하게 되는 것을 의미한다. 어쩌면 아렌트에게 있어 가장 강력한 폭력은 침묵일지 모른다. 그래서 국가나 전체를 위해 개인들로 하여금 자유롭게 말할 수 있는 권리를 빼앗음으로써 침묵을 강요했던 전체주의만큼 폭력적인 사건도 없었을 것이다. 마찬가지로 강력한 힘을 가진 우두머리와 정당으로 인해 다양한 의견을 제시할 수 없었던 1960년대의 한국적 상황도 침묵으로 대변되는 정치적 폭력의 시대였으며, 이에 대한 인민들의 저항은 정치를 회복하고자 하는 필연적 결과라 할 것이다.

---

[5] 물론 이 때문에 마키아벨리가 폭력을 옹호한다고 평가되기도 한다. 하지만 정치는 전적으로 폭력에 의존하는 것이 아니며 덕에 의한 정치가 필요하다는 점도 밝히고 있음을 잊어서는 안 될 것이다. 또한 이러한 마키아벨리의 논의는 그람시의 강제와 동의로 구분되는 자본주의 사회 분석에서도 유사하게 나타난다.

3. 혁명의 목적 : 빈곤 탈피냐, 새로운 체제로의 전환이냐

폭력적 행위의 대표적인 예로 들 수 있는 것이 바로 전쟁과 혁명이다. 전쟁과 혁명은 인민들을 억압하려는 집단이나 개인에 대한 저항에서 출발하여 체제를 변혁시키고자 하는 목적에서 일어난다. 그런 점에서 가장 정치적인 행위가 전쟁과 혁명인지도 모른다. 또한 그러한 정치적 한계를 유지하는 한에서 폭력이 정당하다고 이야기할 수도 있을 것이다. 그러나 그런 방식으로 폭력을 미화하거나 정당화한다고 해도, 그 행위가 정치적인 것이 아니라 반정치적인 것임은 피할 수 없는 사실이다.(Hannah Arendt, 1963, p.19) 그럼에도 폭력을 사용할 수밖에 없는 상황에 의해 전쟁이나 혁명은 정당화되기도 한다.[6]

권력은 총구로부터 나올 수 없으나, 그럼에도 정치적 전환을 위해 폭력을 도구화한 혁명은 불가피한 하나의 행위라 할 것이다. 그런 점에서 아렌트에게 있어 혁명은 과거와 그 예측할 수 있는 결과의 고리를 단절하고, 세계를 새롭게 시작하려는 새로운 경험이나.(Margaret Canovan, 1992, p.214) 특히 정치적으로나 경제적으로 극단적 절망감에 처해 있는 피억압 계급에게 있어 정치적 영역은 발을 들여놓을 수 없는 근접불가능한 곳으로 억압 계급에 의해서건 스스로에 의해서건 소외되거나 배제되는 곳이다. 그런 상황에서 벗어나기 위해서는 현 정치 체제를 전복시키고 새로운 체제로 이행하지 않으면 안 된다. 체

---

[6] 폭력적 행위의 대표적인 사례로 전쟁과 혁명을 들 수 있다. 전쟁과 혁명을 구분하는 방식은 여러 가지가 있을 수 있겠으나, 여기서는 대립항에 따라 구분해보고자 한다. 설명하자면, 전쟁은 두 개의 공동체가 대립항의 위치에 자리하는 침략적 행위로 보고, 혁명은 억압 계층과 피억압 계층이 대립하여 한 공동체 내에서의 정치적 변화를 목적으로 하는 저항적 행위로 볼 수 있을 것이다.(물론 이러한 구분이 적절하지 않을 수도 있으나 논의의 편의를 위해 구분해보고자 한다) 이 글의 논의 방향은 한 공동체 내에서의 변혁의 힘을 다루는 것에 국한시키고자 함으로, 이하의 내용에서는 혁명을 중심으로 논의를 진행할 것이다.

제의 전복 혹은 새로운 체제로의 이행은 적대적 계급 간의 이상적 대화 상황을 통한 합의가 이루어지지 않는 한 폭력을 수반한 혁명의 방식을 취할 수밖에 없다. 폭력이 성공적인 결과를 가져왔다고 하더라도 무조건적으로 정당화될 수는 없다. 새로운 사회로의 이행을 위한 혁명의 도구로써 폭력을 선택할 수밖에 없었던 여러 상황들은 폭력적 행위의 적법성을 보장해주기는 하지만, 정당화시킬 수는 없는 것이다. 다만 적법한 행위로써 최대한의 정당성을 확보하기 위한 노력은 끝까지 유지되어야 한다. 다시 말해서 그 행위의 목적과 의의를 끝까지 유지해야 하는 것이다. 사실상 역사적으로 적법하게 발생했던 수많은 혁명들이 그 의미를 잃게 된 것은 처음에 가졌던 혁명의 목적과 의의를 끝까지 유지하지 못했기 때문이다. 또한 최종적 판단이 유보된 수많은 혁명들의 정당성 확보는 그 시대의 사람들이 아닌 훗날 역사와 역사의 주체인 민중의 몫으로 남겨져 있다. 그러나 시시각각 변화하는 시대적 흐름 속에서 정당화의 기준이 시대적 이데올로기와 역사적 상황에 갇혀 있다고 봤을 때 혁명의 정당성은 영원히 확보될 수 없는 요원한 것일지 모른다. 다만 정당할 것이라 추측하거나 기대할 뿐인 것이다.

새로운 사회로 이행하는 한 방법으로서 혁명이 발생하는 원인은 여러 가지가 있을 수 있겠으나, 대체적으로 정치적 억압 상태에서 벗어나 자유를 얻기 위한 정치적 해방이나 빈곤이라는 절박함에서 벗어나 생존하기 위한 경제적 해방이 주요한 원인이 될 것이다. 『혁명론』에서 아렌트는 프랑스혁명과 미국혁명을 비교함으로써 경제적 해방과 정치적 해방을 그 목적으로 삼는 혁명의 의의를 논하고 있다. 아렌트는 혁명의 목적이 빈곤 탈피에 치중하여 경제적 해방에 치중했던 프랑스혁명을 실패한 혁명으로 평가하는 반면, 새로운 사회로의 이행을 목적으로 삼았던 미국혁명은 성공적인 혁명으로 평가한다. 이러한 평

가는 정치의 목적이 경제적인 것이 아니라 정치적인 것에 있다는 그
녀의 정치개념에 부합한다.(Hannah Arendt, 1963, ch 1)[7]

사실상 빈곤은 인간의 생존을 위협하는 중요한 요인이다. 프랑스혁
명이 발발하던 시기는 상공업 중심의 산업 재편으로 인해 새로운 시
민 계층이 형성되기 시작하였고, 절대주의 왕정의 정치적 횡포는 민
중(무산계급 혹은 프롤레타리아트)의 생존 자체를 위협하고 있었다.
생존의 위협은 체제의 전복보다 생필품 확보에 우위를 두게 했으며,
혁명의 목적은 왕정 타도가 아니라 부의 재분배에 집중될 수밖에 없
었다. 고대 폴리스의 시민들이 노예 노동으로부터 획득한 생존의 토
대 덕분에 자유롭게 정치적 행위를 수행할 수 있었던 것처럼, 프랑스
혁명 당시 민중에게는 자유로운 정치적 행위를 위한 토대로서의 빈곤
극복은 한시라도 빨리 해결해야 할 중요한 문제일 수밖에 없었을 것
이다. 그 때문에 프랑스혁명은 빈곤에 발목을 붙잡혀 새로운 징치 제
제로 이행할 힘을 잃어버렸다. 더구나 부의 재분배 역시 무산 계급의
갈망을 외면한 채 유신 계급 사이의 재분배에 그치고 말았다. 경제적
문제를 직시하였던 프랑스혁명은 그러한 결과에 의해 절반의 성공을
거두었던, 하지만 아렌트의 입장에서 실패한 혁명이었다.

그러나 미국혁명은 다르다. 미국혁명, 곧 독립 전쟁에 의한 새로운
공화국의 형성은 빈곤 타파가 아닌 새로운 정치 체제를 요구하는 사
람들의 정치적 목적에 의해 일어난 사건이었다. 미국혁명은 "직접적

---

7) 아렌트는 인간의 활동영역을 사적영역과 공적영역으로 구분한다. 전자는 생존에
 관련된 경제적 영역으로 자기 이익을 추구하는 사적활동이 이루어지는 반면, 후
 자는 의사소통을 통해 공적 문제를 논의하는 정치적 영역으로 정치적 행위가 수
 행되는 곳이다. 아렌트의 이러한 영역 구분은 이야기하기를 통한 존재론적 인식
 의 정치적 행위를 수행하는 곳으로서 공적영역의 중요성을 강조하는 반면, 경제
 적 활동을 공적영역에서 배제된 개인의 이익을 추구하는 사적영역에 묶어두고
 있다. 이 때문에 후자를 목적으로 했던 프랑스혁명은 실패한 혁명이 되는 것이
 다.

으로 그리고 필연적으로 우리가 시작의 문제에 직면해 있는 유일한 정치적 사건으로서"(Hannah Arendt, 1963, p.21) 자유의 실현으로서의 공적영역을 구성하는 정치적 혁명이며, 그렇기에 성공한 혁명으로 평가받게 되는 것이다. 그러나 새로운 정치 체제로의 전환을 꿈꾸었던 미국혁명은 시간이 흐를수록 혁명의 진정성으로부터 벗어나기 시작했다. 현대 공화정의 모델이며 민주주의의 실현이며 민중의 자유로운 정치적 행위가 가능할 것이라 믿었던 미국은 인간의 존재성 자체를 상실하게 함으로써 정치적 행위가 불가능하게 만들었던 전체주의적 경향을 고스란히 떠안은 채 현재를 살아가고 있다. 현재 미국의 모습은 그 시작에 있어서는 정치적 영역에서의 성공적인 혁명이었지만, 정세 변화 속에서 그 판단이 이른 것이었음을 보여주고 있다. 정당성을 유지하기 위해서는 혁명이 성공한 이후에도 혁명정신을 지속적으로 유지시켜야 함에도, "사유와 기억의 실패를 통해 잃은 것은 혁명정신"(Hannah Arendt, 1963, p.221)[8]이라고 지적한 아렌트의 말처럼, 미국은 그 진정성으로부터 벗어나고 말았다.

경제적 해방을 목적으로 일어났던 프랑스혁명과 새로운 정치 체제를 세우기 위해 일어났던 미국혁명, 이 두 혁명에 대한 평가는 여러 시각에서 다양하게 이루어질 것이다. 특히 경제적 문제를 사적영역에 묶어두고자 했던 아렌트의 입장에서 프랑스혁명과 미국혁명은 각기 다른 평가 지평에 놓이게 된다. 그러나 경제적 문제가 중요한 정치적 문제로 받아들여지고 있는 현대 사회에서, 혁명은 공동체의 내적 문제—경제적 및 정치적—를 모두 해결하기 위한 민중의 의식이 반영된 정치적 행위가 되어야 할 것이다. 그리고 그 대표적 사례로 1960년 한

---

[8] 혁명정신에 대한 사유는 그때를 기억함으로써 지속될 것이다. 시간이 흐르면서 기억은 점차 희미해지고 혁명에 대한 지속적인 사유는 불가능해진다. 결국 혁명이 처음에 가졌던 정신은 상실되고 만다. 현재 미국은 미국혁명 당시의 혁명정신이 상실된, 사유와 기억의 부재 위에 놓여 있다.

국에서 발생한 4·19혁명은 두 가지 목적을 모두 함의하는 혁명이라 할 것이다.

한국 전쟁 이후 한국의 정치적 및 경제적 상황은 어려움에 봉착해 있었다. 전적으로 의존했던 미국 원조가 극감하면서 민중은 경제적인 어려움에 처하게 되었으며, 이러한 상황에 맞물려 이승만과 자유당 정권은 정치적 위기에 빠지게 되었다. 정치적 위기를 타파하기 위한 미봉책으로 이승만 정권은 무리수를 선택했다. 바로 장기집권을 위한 부정선거였다. 이들은 정권 유지를 위한 다양한 부정 선거 방식을 활용하였다. 대표적으로 '4할 사전투표'가 있는데, 이는 자연 기권자, 무효표나 번호표를 교부하지 않는 방법으로 생길 조작 기권자, 유령 기권자, 매수 기권자 등을 전 유권자의 4할로 책정하여, 이들의 표를 자유당 후보 지지표로 뒤갑시켜 투표함에 미리 무더기로 집어넣는다는 계획이었다. 또한 '공개투표'를 통해 유권자를 조로 편성하여 여당 후보를 찍게 하는 계획을 세우기도 하였다. 이러한 계획들은 치밀하게 진행되었으며, 투표장 주변에 완장을 찬 사람들을 세워놓고 공포 분위기를 조성하여 유권자들을 심리적으로 압박하기도 하였다고 한다. (연시중, 2001, 225~228쪽 ; 강준만, 2004, 301~302쪽 재인용)[9] 이승만 정권의 실정은 자유민주주의의 현실적 괴리를 드러냈으며, 자유민주주의의 한국적 특수성인 독점 자본주의 경제 체제, 미국에 치우쳐진 국제 관계, 반공반북 이데올로기에 대한 의문을 제기하면서 새로운 대안을 찾도록 민중을 이끌었다. 특히 3·15부정선거는 경제적 및 사회적 폐단을 바로잡고 정치적 변화뿐만 아니라 민족자주화를 실현해야 한다는 인식의 자극제가 되었다.(한국정치연구회, 2007, 261~268쪽

---

[9] 이러한 부정선거 방식은 민중이 자신의 정치적 의견을 자유롭게 표출할 수 있는 기회를 사전에 박탈하거나 제압하는 것이다. 정치적 권리를 빼앗긴 민중이 그에 반발하고 집단적 행동을 표출한 것은 어쩌면 당연한 결과가 아닌가 싶다.

참조) 그리고 이러한 정치적 염원이 4·19혁명으로 나타나게 된 것이다.

경제적 영향하에서의 절반의 실패였던 프랑스혁명과 정치적 영향하에서의 성공적인 미국혁명과 구분하여 혁명의 발발 원인을 지적하였던 혁명에 대한 아렌트의 논의는 20세기 후반에 들어서면서 다른 모습을 띠게 된다. 특히 경제적 문제가 정치적 영역의 중심에 들어서게 되는 사회에서—그녀가 말하는 정치의 본래적 의미가 상실된 사회적 영역에서—혁명은 그 본래의 목적이 사회적 문제, 다시 말해서 경제적 문제와 정치적 문제가 혼재되는 상황에서 일어나게 되는 것이다. 1960년에 발생한 4·19혁명의 원인이 정치적 불안정과 경제적 불황이라는 복합적 토대에서 출발했다는 것에서도 알 수 있다. 그런 점에서 4·19혁명에 대한 판단을 성공/실패로 명확하게 제시하기는 어려울 것이다. 그러나 정치적으로 소외되었던 여성혁명 세력들, 그리고 수많은 어린 학생들의 희생에도 불구하고, 4·19혁명 이후 한국 상황은 정치적으로 제2공화국 이후 유신 독재 체제로의 길을 밟았으며, 경제적으로 재벌 중심의 불평등한 경제 구조로 빈익빈 부익부 현상의 극단을 보여주었다. 이러한 결과는 프랑스혁명이 피지배층의 경제적 안정을 가져오지 못한 채 부의 부르주아적 재분배에 머물렀으며, 미국혁명이 초심을 잃어버린 채 세계 권력 구도를 재편하려는 또 다른 전체주의적 경향을 드러내고 있는 것과 유사한 노정을 보여주고 있음을 의미한다. 처음에 가졌던 목적과 의의를 끝까지 유지하지 못함으로써 혁명의 적법성과 더불어 정당성을 담보하지 못하였다는 점에서, 4·19혁명은 프랑스혁명이나 미국혁명과 다를 바 없이 절반의 성공과 절반의 실패를 가져온 역사적 상황이라고 평가될 수 있을 것이다.

4·19혁명 이후 한국의 정치 상황이 기대했던 것과는 다른 방향으로 흘렀음에도 간과해서는 안 되는 것이 있다. 그것은 비정치적 상황

에 저항하고 새로운 정치 체제로 이행하기 위한 민중의 자발적인 정치적 행위이다. 특히 3·15부정선거 이후 일어난 일련의 정치적 행위의 중심에는 대학생이나 전문 지식인들이 아니라 중고등학교의 어린 학생들이 있었으며, 이 과정에서 실종된 자식들을 찾기 위해 뛰어든 어머니들을 비롯하여 정치적으로 소외되었던 여성들이 많았다고 한다.(김주현, 2010, 35~49쪽 참조)[10] 이들의 저항 의지는 이후 대학가로 번져 잠자는 지식인들의 자극제가 되었으며, 모든 민중의 정치적 의식을 일깨우는 역할을 하였다. 물론 이러한 행위는 빈곤으로부터 벗어나기 위한 절박한 생존 문제와 더불어 당시 정권에 대한 정치적 불만을 해소하고자 하는 목적에서 이루어진 것이다. 그러나 혁명의 진정성은 현실 정치 체제와 경제 문제의 해결로 연결되지는 못했다. 그럼에도 4·19혁명이 중요한 이유는 그 시작이 민중의 자발적인 저항이었다는 점이며, 이로 인해 민중의 다양한 정치적 행위가 공적 무대에서 다루어지기 시작했다는 것이다.

---

[10] 4·19혁명의 시발점이었던 3·15부정선거에 저항했던 집단들은 10대의 어린 소년/소녀들과 어머니들이었다고 한다. 특히 시위 과정에서 자식을 잃은 어머니들의 활약, 그리고 여고생들의 활약은 컸다고 한다. 실제로 혁명의 주체로서나 정치적 행위 주체로서 활약해온 여성들이 역사적 판단 앞에서는 배제되어 버리는 일들이 비일비재하게 일어나고 있다. 이것은 정치적 영역이 남성 중심적이며 역사적 판단자의 역할을 남성이 독점하도록 되어 있다는 점에서 기인한다고 할 것이다. 그러나 이러한 상황을 그저 인정만 하고 있어서는 안 될 것이며, 남성과는 동일한 방식이 아니라 남성과는 다른 여성만의 독특한 방식으로 정치적 영역에서의 활동범위와 역할을 넓혀가는 것이 필요할 것이다. 이를 위해서는 우선적으로 이전의 역사적 상황 속에서 여성들의 정치적 행위가 어떠한 방식으로 전개되었으며 잘못 알려져 있거나 과소평가되어 있는 부분들에 대한 상세한 고찰과 연구가 필요하지 않을까 싶다. 그런 점에서 4·19혁명 당시 여성들이 혁명의 중심에서 어떠한 역할을 수행하였는지에 대해 다루고 있는 김주현 선생의 글은 의식의 새로운 지평을 열어주는 하나의 계기가 될 수 있을 것 같다.

4. 의식적 파리아로서의 여성

한나 아렌트가 정치사상가로서 주목받은 이유는 그녀가 개진한 사상적 논의 때문이기도 하지만 독일계 유대인이면서 여성이기 때문이기도 하다. 남성이 아닌 여성이 정치철학의 무대에서 적극적인 사상적 담론을 벌이고 있다는 것이 그녀를 주목하는 주요 이유가 된다는 것은 여전히 정치적 영역이 남성 중심적임을 보여주는 것이다. 그러나 남성과 다르다는 것이 주목을 받는 이유라면 그 다름이 곧 여성의 정치적 행위를 가능하게 하는 중요한 토대가 되지 않을까?

아렌트의 정치적 행위는 사람들이 서로 다르다는 것에서 출발한다. 서로 다르기 때문에 나와 너가 구분되는 것이며, 나와 너가 사는 이 세계가 존재하는 이유가 된다. 또한 서로 다르기 때문에 하나의 문제에 대한 다양한 의견들을 나눌 수 있는 것이며, 이러한 의사소통을 통해 더 나은 판단과 그에 따른 행위를 할 수 있게 되는 것이다. 그러한 행위로 인해 이 세계는 지속적으로 변화하고 발전하는 것이다. 이 다름은 남녀가 다르고 인종이 다르며 성정체성이 다른 것에서 출발하는 것이 아니다. 이 다름은 세계에 존재하는 것들에 대한 각자의 다른 생각들에서 출발한다. 그 생각의 다름은 각자가 가지고 있는 여러 다른 조건들로부터 출발한다. 예를 들어 신체적 다름, 환경적 다름, 문화적 다름 등에서 기인하는 다양한 조건들이다. 하지만 그 조건들은 오히려 정치적 행위를 수행할 수 있게 하는 자기만의 고유한 무엇이 된다. 그러나 우리가 살아온, 그리고 우리가 살아갈 공적영역으로서의 공동체에서 다름은 서로 다른 사유와 서로 다른 판단에서 출발하는 것이 아니라 주류가 아님—남성이 아님, 같은 민족이 아님, 부자가 아님—에서 출발하고 있다. 다시 말해서 공적영역으로부터 여성, 외국인 노동자, 빈자를 제외시킨 채 정치적 행위가 수행되고 있는 것이다. 이것은 다름이 아닌 차별이다. 정치적 행위가 차별을 토대로 하게 되면, 차별받는 집단은 공적영역으로부터 정치적으로 제외되게 될 것이다. 다르게 생각하고 그것을 말하는 능력, 다시 말해서 정치적 행위의 능력은 사람이라면 누구나 가지고 있는 것임에도 단지 차별받는 집단에 속해 있다는 이유로 그것을 수행할 수 없음은 정치적 존재로서의 사람들이 비정치적 상황에 놓이게 만든다. 더구나 이러한 비정치적 상황은 단지 공적영역으로부터의 차별만이 아니라 인간으로서 지니고 있는 능력을 발휘하지 못하는 비인간적인 삶을 사는 것을 의미하는 것이다. 공적영역에서의 차별은 곧 인간 그 자체에 대한 차별이며, 세계를 구성하는 인간임을 부인함으로써 세계의 있음 자체를 위태롭게 하는 것이기도 하다.[11] 따라서 이러한 차별을 없애고 모두가 정치적 존재로서 행위 하는, 즉 모두가 정치적 영역에서 자유를 실현하는 토대를 마련하기 위한 숙고가 필요할 것이다.

실제로 4·19혁명 당시 자발적인 정치적 저항세력으로 여성의 활약이 두드러졌음에도 불구하고, 여성의 정치적 역할은 공동체에서 소수 집단의 특별한 것으로 취급되고 있다. 세상의 절반을 차지하고 있음에도 정치적 소수 집단으로 여겨지는 여성의 정치적 행위는 어떤 방식으로 나타나야 할 것인가? 이 물음은 사람들이 서로 다르다는 것, 그 가운데에서도 여성만이 가지고 있는 그 다름에서 출발해야 할 것이다. 여기에 대해 전체주의하에서 유대인이 유대인으로서 살아가는 삶의 자세를 파브뉴로서의 삶과 의식적 파리아로서의 삶으로 구분한 아렌트의 숙고를 바탕으로, 정치적 행위 주체로서의 여성이 어떻게 행위 해야 정치적인 정당성을 확보할 수 있는가라는 물음으로 생각해

---

[11] 다름과 차이는 difference의 해석어로 같은 의미로 사용되고 있다. 그러나 다름은 수평적 차원에서 공동체의 정치적 행위에 전제되는 것으로, 차이는 수직적 차원에서 사적영역의 불평등한 관계에 전제되는 것으로 구분해서 사용하고자 한다. 윤은주(2008)의 「다름의 인정과 차이의 지양」을 참조하기 바란다.

보고자 한다.

아렌트는 라헬 파른하겐의 전기를 집필하면서 유대인으로서 독일 사회에서 살아가기 위해 어떤 삶의 태도를 가져야 하는가의 문제를 고민하였다. 1771년 독일에서 태어난 유대인 여성인 라헬 파른하겐 (Rahel Varenhagen, 1771~1833)은 베를린에서 살롱을 열고, 독일 사회의 다재다능한 사람들과 교류를 가졌었다. "유대인으로서 라헬은 언제나 국외자였고 파리아였었다. 마침내 라헬은, 불행하게도, 사회로의 진입이란 것이 거짓을 대가로 한다는 것, 다시 말해서 단순한 위선을 넘어선 총체적인 거짓을 행하는 대가를 치르고서만 가능하다는 것을 알게 되었다. 필연적으로 파브뉴는 모든 자연스러운 충동을 희생시키고 모든 진실을 숨기며, 모든 사람을 오용하고 모든 열정을 억제할 뿐만 아니라 그것을 사회적 신분 상승의 수단으로 바꿔야 한다는 것을 발견했다"(Hannah Arendt, 1974, p.208 ; 리차드 번스타인, 2009, 45쪽 재인용)고 말한 것처럼, 유대인으로서 독일 사회에서 살아남기 위해 자신의 정체성을 포기했던 라헬의 삶에서 현재 자신의 삶의 모습을 찾은 아렌트는 이제 자신이 무엇을 해야 할지를 인식했었던 것 같다.

독일 사회에서 유대인으로서 살아가기 위해서는 유대인으로서의 자기 정체성을 포기하고 독일 사회에 동화되는 방법과 유대인임을 끝까지 유지하고자 노력하고 그 정체성을 인정받고자 하는 방법이 있을 수 있다. 아렌트는 전자의 경우를 파브뉴의 삶으로, 후자의 경우를 의식적 파리아의 삶으로 구분하고 있다. 그녀에게 있어 "유대인 파브뉴란 자신의 버림받은 상태로부터 탈출하여 유대인을 파리아로 취급하는 사회에 수용되고 동화되려고 필사적으로 노력하는 사람이다."(리차드 번스타인, 2009, 39쪽) 파브뉴로서의 삶은 유대인이라는 자각을 버리고 독일에 편입하려는 수동적 자세를 의미한다. 반면 "의식적 파리아는 버림받은 자와 국외자라는 것에 대한 책임과 도전을 받아들인다. 파리아는 자신의 정체성을 상실하고 다른 '추상적 개인들'과 구별할 수 없게 될 것을 요구하는 형태의 동화를 거부하는 반역자이자 독립적인 사유자이다. 파리아 유대인은 온전한 인간의 삶을 영위할 수 있는 것은 오직 민족이라는 틀 안에서 뿐임을 안다. 따라서 파리아의 그 모든 자유와 독립성에도 불구하고 그녀의 정체성은 자기 민족의 한 구성원이 되는 것과 결부되어 있다."(리차드 번스타인, 2009, 80쪽) 의식적 파리아는 자신이 처해 있는 상황을 자각하고 그것을 끝까지 지키고자 저항하는 능동적 자세를 의미한다. 아렌트는 자신이 유대인임을 자각하는 것이 단지 민족적 자각만이 아닌 정치적 문제라고 생각했다. 그녀가 시온주의 단체에 참여하여 반유대주의에 저항하였던 것은 자신이 유대인임을 인정하는 동시에 내가 남과 다르다는 것을 인식하는 것이며, 그로 인해 자기 존재를 인정하고 확인하는, 다시 말해서 정치적 존재로서의 자신을 확인하는 것이기 때문이었다. 이것은 의식적인 파리아로서의 삶이 단지 자신의 정체성을 지키기 위한 저항적 삶을 의미하는 것만이 아니라 정치적 행위를 수행할 수 있는 정치적 해방을 의미하는 것이기도 하다. 다시 말해서 아렌트에게 있어 정치적 해방은 유대인임을 스스로 깨달으며 유대인으로서의 자기 권리를 지키고 이행하려는 정치적 자유를 의미한다.

의식적 파리아로서의 삶은 단지 유대인에게만 적용되는 것이 아니라 한 공동체에서 소외당하고 있는 소수 집단이 자신들의 집단 정체성을 유지하면서 자신의 인간다운 삶을 지속시키기 위한 중요한 삶의 태도라 할 것이다. 그러나 공적영역으로의 접근 자체가 제한되어 있는 집단들, 예를 들어 여성, 성적 소수자, 외국인 노동자 등에게 있어 스스로의 의식적 변화가 공적영역으로의 접근을 가능하게 할 것이라고 말하는 것은 문제를 원점으로 돌리는 탁상공론에 불과하다. 아렌트가 제시하고 있는 파브뉴적 삶/의식적 파리아적 삶의 구분은—라헬 파른하겐이 여성이긴 하지만 살롱을 통해 이미 공적영역에 진입해 있는 상황이라는 점에서—공적영역에 이미 진입해 있는 사람들의 정치적 행위가 그 진정성을 획득하고 자기다움을 드러낼 수 있는 의식적 태도에 대한 비판이다. 또한 민족적 차별에서 출발하고 있는 이 구분은 정치적 행위가 가능한 남성의 의식적 변화의 문제로 생각될 수 있는 반면, 사적영역인 가정에 갇혀 공적영역으로의 진입 자체가 제한되어 있는 여성에게는 의식적 변화 이전에 먼저 법적 변화가 우선되어야 한다는 문제를 안고 있다. 삶의 태도를 변화시키는 것이 문제가 아니라 정치적 행위가 가능한가의 좀 더 절박한 문제를 안고 있는 것이 여성의 정치적 행위의 핵심이 아닐까 싶다. 그럼에도 의식적 파리아로서의 삶을 통한 의식적 자각의 중요성은, 정치적 해방이 스스로의 다름을 자각하고 그 자각에서부터 출발함을 의미한다는 것에 놓여 있다.[12]

모두 인간이라는 점에서 남성과 여성은 다르지 않다. 그러나 여성이라는 점에서 남성과는 다르다. 그 다름을 여성의 정치적 행위의 출발점으로 삼아야 하는 것이다. 남성 사회에 편입되어 그들과 같은 방식으로 생각하고 판단하여 행위 하는 것이 아니라 여성이기에 가능한 여성다움에서 출발하는 것이야말로 스스로의 존재를 자각하고 행위

---

[12] 이에 앞서 아렌트의 사적영역/공적영역의 이분법적 도식에 대한 논의가 있어야 할 것이다. 아렌트는 사적영역이 공적영역으로 편입되면서 정치성이 상실되었다고 지적한다. 그러나 현대 자본주의 사회의 발전 과정에서 주요한 정치적 문제는 사실상 경제적 문제가 대부분인 상황에서, 오히려 아렌트의 공적영역의 회복보다는 맑스주의가 논의하는 정치경제학적 시각에서의 경제적 해방이 필요할지도 모른다. 경제적 해방의 가능성은 사적영역에 갇혀 있는 여성의 정치성을 회복하는 데 오히려 이론적 토대가 될 수 있을 것이다. 경제적 영역을 사적영역에 가둬둔 채 이야기하기와 이해하기에 집중하고 있는 아렌트의 정치개념에 대한 비판은 반드시 있어야 할 것이다. 그러나 이 글은 혁명의 논의로부터 출발하고 있기에 그 부분에 대한 논의는 간단하게 언급만 하려고 한다. 자세한 논의는 윤은주(2007)의 「그람시의 실천철학에서 본 아렌트의 정치적 행위」의 3장을 참조하기 바란다.

하는 것이 될 것이다. 물론 여성다움이란 것이 무엇인지에 대한 논의는 다양한 방식으로 충분히 이루어져야 할 것이다. 또한 여성들과 다른 정치적 존재—대표적으로는 남성 집단이 될 것이겠지만 성 정체성의 견지에서 서로 다른 집단도 포함하여—들과 자유로운 이야기를 통해 서로의 다름을 인정하고 그것에서부터 출발하여 함께 정치적 행위를 수행하도록 하는 토대를 마련해야 할 것이다. 그것이 아렌트가 생각하는 올바른 정치의 장이며, 다양한 정치적 주체들의 대립이 아닌 포용을 통해 함께 나아가는 무대일 것이다. 그 무대 위에서 사람들은 서로가 다르다는 것을 인정하며 다양한 생각과 판단, 그리고 행위들을 통해 더 나은 정치가 가능하도록 노력해야 할 것이다. 그렇게 된다면 아렌트가 전체주의 사회에서 의식적 파리아로서의 삶을 사는 유대인의 정체성을 자각하고 그에 따른 정치의 능동성을 이야기했떤 것처럼, 여성이라는 자기 존재의 정체성을 인식하고 그것을 통해 정치적 행위자로서 주체적인 역할을 수행할 수 있을 것이다.

▣ 참고문헌

Hannah Arendt, 1958 *The Human Condition*, Chicago : University of Chicago Press.

______, 1963 *On Revolution*, New York : Viking Press.

______, 2005 *The Promise of Politics*, eds. Jerome Kohn, Schocken Books : New York(김선욱 옮김, 2007 『정치의 약속』, 푸른숲).

Machiavelli, 1999 *The Prince*, trans. George Bull, Penguin Books.

Margaret Canovan, 1992 *Hannah Arendt : A Reinterpretation of her political thought*, Cambridge University Press.

Maurizio Passerin d'Entrè, 1994 *The Political Philosophy of Hannah Arendt*, Routledge : London and New York.

강준민, 2004 『한국현대사 산책 1950년대편』 3, 인물과사상사.

김주현, 2010 「'의거'와 '혁명' 사이, 잊혀진 여성의 서사들」, 『4·19혁명과 여성』, 제3회여성주의인문학연합학술대회발표집.

리차드 번스타인(김선욱 옮김), 2009 『한나 아렌트와 유대인문제』, 아모르문디.

빌헬름 라이히(황선길 옮김), 2006 『파시즘의 대중심리』, 그린비.

연시중, 2001 『한국정당정치실록 2 : 6. 6·25전쟁부터 장면정권까지』, 지와 사랑.

윤은주, 2005 「인간의 정치적 자율성」, 『사색』 제21집, 숭실대학교 철학과.

______, 2007 「그람시의 실천철학에서 본 아렌트의 정치적 행위개념」, 숭실대학교 철학과 박사학위논문.

______, 2008 「다름의 인정과 차이의 지양」, 『철학』 제94집, 한국철학회, 2008.2.

칼 맑스(김세균 감수), 1991 「헤겔 법철학의 비판을 위하여」, 『칼 맑스 프리드리히 엥겔스 저작 선집』 제1권, 박종철출판사.

한국정치연구회, 2007 『키워드로 읽는 한국현대사』, 이매진.

제3장 (여)성과 정치의 딜레마

민주 정치개념의 인정이론적 재구성

이현재

1. 4·19혁명은 인정투쟁이었다

'자유'와 '민주주의'의 기치를 높였던 4·19혁명은 "인정투쟁(Anerkennung -skampf)"이었다.(김형수, 2007, 153쪽)[1] 학생과 시민들은 폭압적 독재 정권에 항거함으로써 무엇보다도 인간의 자유와 권리, 그리고 존엄성을 인정받고자 했다. 4·19혁명은 또한 민주주의의 토대이자 지향점인 상호인정의 이념을 실현하기 위한 투쟁이었다. 시민들은 자신을 노예로 간주하는 비민주적인 정권을 해체시킴으로써 사회를 상호인정의 민주적인 원리가 구현되는 장으로 변모시키고자 했다. 그러나 시인 김수영은 혁명이라는 이 정치적 행위에 있어 인간은 "고독한 것"일 수밖에 없다고 노래하였다.(김수영, 1995, 58쪽) 혁명은 인간에게 주어진 모든 사회적 관계를 버릴 각오를 할 것을 요구하기 때문이다. 그러나 자유를 되찾기 위해 나아가 민주주의를 실현하기 위해 우리는 모든 사회적 관계를 부정해야만 자유로운 주체가 될 수 있는가? 만약

---

[1] 여기서 김형수는 4·19혁명의 직접적인 동인이 되었던 3·15를 이승만 정권의 "일민주의"에 반대하여 "자유민주주의를 쟁취하기 위한 인정투쟁"으로 규정하고 있다.

고독한 존재만이 정치적 행위를 할 수 있다면, 이러한 존재에 도달할 수 없는 사람들은 정치적 행위자로서의 자격을 박탈당하게 되는 것이 아닌가?

우리는 4·19혁명의 정신을 계승했던 이후의 정치운동이 자유와 민주주의의 실현을 앞당기는 데 기여했다는 것을 부정할 수 없다. 그러나 우리는 또한 그 과정에서 만들어진 공론과 정치의 장으로부터 특정 집단이 배제되었다는 사실도 부정할 수 없다. 특히 여성들은 "공적"인 것으로 간주되는 정치나 담론의 장에서 항상 애매한 위치에 있었다. 4·19에 참여했던 많은 여성들, 그리고 그 과정에서 자식을 잃어버린 희생자로 재현되었던 어머니들은 혁명의 폭풍이 지나간 이후 정치적 담론의 장에서 사라졌다.(김주현, 2010, 40~46쪽)[2] 87년 민주화 투쟁에 참여했던 여성들이 지속적으로 "공적인" 담론과 정치의 장에 머무는 경우도 드물었다. 대부분의 여성들은 고독한 자유인으로서 공적 정치의 장에 머물기보다 가정으로 돌아가 일상의 관계에 몰두하거나 정치의 주변에 맴돌고 있다.(김은하, 2010, 99·101·103쪽)[3] 그렇다면 왜 여성들은 공론과 정치의 장에서 이러한 소외감을 맛보아야 하는 것일까? 왜 여성들은 민주주의를 위해 투쟁했으나 이후의 정치의 장에 지속적으로 참여하지 못한 채 자괴감에 시달려야 하는가?

---

[2] 김주현은 3·15에 참여했던 여성들을 세 그룹으로 나눈다. 데모에서 아들을 잃은 어머니 그룹, 여학생-엘리트 그룹, 그리고 윤락여성들이다. 그러나 혁명 이후의 정치의 젠더화는 여성들이 정치에 대한 회의를 느낄 수밖에 없게 만들었다. 예를 들어 엘리트 출신 백윤선은 1960년 12월 당시 재일동포애국부인회에서 마산에 세우겠다고 제안한 청소년 기술종합학교 설립 명의를 "부인회"로 할 것을 제안했지만 동지회가 이를 기각하자 모든 정치적 활동에서 손을 뗀다. 첫 번째와 두 번째 그룹의 여성들이 3·15국가유공자로 등록된 것도 최근의 일이다. 윤락여성들의 공헌도 의거 50주년을 기념하는 오늘에서야 조금씩 추적되고 있다.

[3] 김은하에 따르면 주변인으로서의 "여성 386세대들은 공식적 기록 혹은 기억 속에 제 이름을 올리지 못한 부재 혹은 결핍의 기호들이다." 그녀들은 사적인 세계에 묶여 있었기에, 그녀들의 후일담은 "우울과 부끄러움의 감정" 혹은 "센티멘탈리즘과 질투" 등의 동학에 사로잡혀 있다.

2. 대립적 이분법과 정치의 딜레마

이 문제에 답하기 위해 필자는 민주주의를 향한 정치운동이 현실적으로 성적 배제를 귀결하였으며 이것은 자유나 공론의 개념이 공/사, 자유/관계의 대립적 이분법을 전제했기 때문이라는 점을 지적하는 데서 시작하고자 한다. 즉, 민주주의를 지향하는 사상이나 진보적 정치운동에 전제된 주체 및 정치의 개념이 성적인 배제를 귀결하는 대립적 이분법을 전제했기 때문에, (여)성은 이러한 영역에서 불편함을 느끼는 이질적 존재로 남게 된다는 것이다.

● 성적 배제를 귀결하는 대립적 이분법이란?

대립적 이분법이란 인간과 세계를 독립/의존, 보편/특수, 공/사의 이원적 어휘로 구분하는 방법론을 의미한다. 예를 들어 베버는 정치를 "국가의 운영 또는 운영에 영향을 미치는 활동"(마스 베버, 2007, 20쪽)으로 정의함으로써, 맑스주의자들은 정치를 궁극적으로 시장경제와 관련된 보편적 계급활동으로 봄으로써 정치영역으로부터 특수한 관계와 맥락을 중시하는 사적인 활동을 구분하였다. 뿐만 아니라 위르겐 하버마스(Jügen Habermas)는 의사소통의 구성원들이 의존적·도구적 관계로부터 벗어나 보편적인 의사소통적 합리성을 회복할 때 자유로운 공론의 주체가 된다고 봄으로써, 한나 아렌트(Hannah Arendt)는 자유를 획득하고자 하는 모든 정치적 행위가 "사적영역에서의 안정을 토대로 공적영역에서 활동하는 것"(윤은주, 2010, 53쪽)을 의미한다고 봄으로써 부지불식중에 공/사의 이분법을 반복한다.

실천 과정에서 이러한 이분법은 사회 문화적으로 뿌리 깊게 각인되어 있는 성적 이분법과 공모관계를 이룬다. 즉, 그것은 의존성이나 관계 지향성을 여성적 정체성으로 자유 혹은 분리의 능력을 남성적 정체성으로 이해하는 방식뿐 아니라, (여)성적인 것을 사적인 영역에 남성적인 것을 정치적이고 공적인 영역에 속하는 것으로 간주하는 사고의 관습과 중첩된다. 여기서 이분법의 두 항은 대립된 것으로, 즉 하나를 선택하면 다른 하나를 배제해야 하는 관계로 설정되기 때문에 공적인 정치에서의 남성적 자유는 사적인 영역에서의 관계 의존성을 부정함으로써 얻어질 수 있는 것으로 인식된다. 이러한 맥락에서 사회주의 여성주의자 크리스틴 델피(Christine Delphy)는 결혼 생활 내에서 가사노동은 남편의 임금과 함께 가족 생존에 기여하는 중요한 요소인데도 불구하고 맑스주의자들은 가사노동이 잉여가치를 생산하는 상품생산과 관계없다는 이유를 들어 정치적으로 "가치가 없는 것으로" 취급했다고 지적한다.(Christine Delphy, 1986, p.26) 또한 니키 하트(Nicky Hart)는 1차 산업시기의 남성 노동자 계급 정치는 가정에서의 성적 불평등을 전제로 이루어질 수 있었던 정치였음을 드러내 준다.(Nicky Hart, 1989, p.33~39) 나아가 세일라 벤하빕(Seyla Benhabib)은 하버마스식의 상호작용론과 존 롤즈식의 정의론이 관계와 맥락, 그리고 감정을 고려하는 여성들의 구체적 상호관계를 고려하지 못하게 된다고 비판한다.(Seyla Benhabib, 1995) 다시 말해서 이러한 이분법하에서는 진보정치를 실현하려 할수록, 민주주의적 공론의 참여자가 되기 위해 고독한 자유인이 되어야 함을 강조하면 강조할수록, 일상의 사적 관계는 정치와 관련 없는 일로 치부되고, 관계성과 동일시되는 (여)성성은 정치영역에서 부정될 수밖에 없는 딜레마에 빠지게 된다는 것이다.

● 이분법적 정치의 딜레마

이분법하에서의 정치개념이 빠지게 되는 딜레마는 두 가지다. 첫째로 정치를 '사적인' 영역과 대립되는 보편적이고 '공적인' 영역에서의 활동으로 이해하게 되면, 양육, 우정, 사랑과 같은 사적인 혹은 성적인 관계 및 활동들은 정치적 영역에서 배제된다. 교회나 공동체를 중심으로 이루어지는 봉사활동이나 일상의 권력관계들을 해체하고자 하는 미시적 실천들도 정치의 영역에서 제외된다. 공적영역의 보편성을 주장하면 할수록 성적 관계를 포함하는 모든 여타의 인간관계가 갖는 정치적 영향력은 의미 없는 것으로 간주된다는 것이다.

둘째로 공론의 장, 정치의 장에 참여하기 위해 모든 사적인 관계로부터 분리된 자유로운 주체가 될 것을 강조하면 강조할수록 관계적인 주체성을 지향하는 많은 여성들은 이로부터 배제될 수밖에 없게 된다. 독립성과 관계성을 대립적으로 보는 이원론이 전제되는 한, 그리고 이러한 도식 속에서 여성들을 자신을 희생하는 의존적 존재로만 파악하는 한, 여성들은 민주주의를 위한 공론의 장이나 정치의 주변을 맴돌게만 된다는 것이다. 이러한 이분법하에서 정치적 장에 들어갈 수 있는 여성들이 있다면 그것은 오직 자신의 관계성을 부정해야만 실현될 수 있다. 모든 사적인 관계를 떠나 고독한 자유인이 될 수 있을 때라야 여성은 정치의 주체가 될 수 있는 것이다. 반대로 이러한 부정을 완수하지 못한 여성들은 정치를 자신과 무관한 것으로 간주하거나 부정을 수행하지 못하는 자신을 열등한 존재로 느끼면서 자괴감에 시달리게 될 것이다.

결국 대립적 이원론에 기반한 정치행위는 두 딜레마로 인해 궁극적으로 지향하고자 했던 민주적 상호인정의 이념을 실현하지 못하게 된다. 즉 정치적 참여를 주장하면 할수록 공적인 것보다는 일상의 관계들을, 절대적 자유보다는 관계성을 자기이해의 중요한 지점 중 하나로 인식하는 여성들은 정치영역에서 제외될 것이고, 결국은 민주적 공론의 장의 토대이자 지향점이 되는 상호인정의 이념을 성취할 수 없게 만드는 결과를 가져오게 될 것이다.

필자는 이러한 (여)성과 정치의 딜레마를 극복하기 위해서는 대립적 이분법, 성적 이분법을 벗어나는 새로운 민주 정치와 주체의 개념을 제시할 필요가 있다고 생각한다. 이를 위해 필자는 우선 민주주의 투쟁의 핵심적 동인이 되고 있는 분노, 모욕감, 무시감이 선취된 인정의 개념을 통해서 가능하다는 것을 보여주고,(3) 이러한 선취된 인정의 개념이 소위 "공적"인 관계가 아니라 유아기 초기의 아이―대상(어머니) 관계에서 형성될 수 있음을 밝힘으로써 가장 사적이라고 여겨지는 관계가 가장 정치적일 수 있음을 주장하고자 한다.(4) 나아가 정치성을 갖는 이 최초의 사회적 관계를 통해 획득되는 자기이해의 형식이 관계를 부정하는 고독한 자유인의 개념이 아니라 타자와의 관계를 인정하는 관계적 독립성의 개념을 포함한다는 것을 밝힘으로써 분리성과 관계성의 대립적 이원론을 해체하는 공론의 주체개념을 재구성하고자 한다.(5) 마지막으로 상호인정의 민주주의이념을 포함하는 이 관계가 유아기 초기의 특수한 관계에서만 작용하는 것이 아니라 이후에도 여타의 다른 보편적 사회관계나 정치행위의 핵심적 요소로 작용하고 있음을 보이고자 한다.(6)

3. 인정투쟁은 선취된 인정의 경험을 전제한다

● 무엇이 인정투쟁을 가능하게 했는가?

이분법을 넘어서는 새로운 정치의 개념을 마련하기 위해 필자는 4·19혁명을 추동한 정서적 동기, 즉 이승만 정권에 대한 불만과 분노가 어떻게 가능했는가를 묻는 데서 시작하고자 한다. 어떻게 한 번도 제대로 된 민주주의를 경험하지 못한 학생들이 이승만의 불법부정 정치에 불만(카지무라·히데키, 2007, 85쪽)[4]을 느낄 수 있었는가? 만약 당시의 시민들이 독재정권하에 노예로, 의존적이고 종속적인 인간으로만 취급되었다면, 어떻게 시민들은 독재를 비민주적인 것으로, 자신의 존재를 무시하는 부당한 것으로 인식할 수 있었는가? 물론 우리는 당시의 열악한 정치 경제적 상황이 시민들에게 무엇인가 부당하다는 인식을 불러일으켰을 것이라고 추측할 수 있다.(학민사편집실 편, 1984, 51~54쪽)5) 그러나 이것만으로는 충분하지 않다. 경제적 궁핍은 민주주의보다 계급혁명의 필요성을 절감하게 했을 수도 있으며 반대로 절대적 권력자 앞에서의 무력함을 강화했을 수도 있기 때문이다. 그렇다면 시민들은 이승만 정권이 표면적으로나마 강조했던 "자유와 민주주의의 구호를 통해"(카지무라 · 히데키, 2007, 76쪽)6) 자신이 자유로운 존재임을 인식하고 나아가 자유를 훼손하는 독재에 대해 저항할 수 있었던 것일까?

법적으로나마 마련되었던 자유와 민주주의에 대한 이념은 분명 이 개념을 접하고 있던 엘리트들에게 자유로운 존재로서의 자기인식을 가능하게 하는 계기를 마련해 주었다. 그들은 비록 개념적으로나마 자신이 주권을 갖는 존엄한 존재임을 선취할 수 있었고 따라서 자신의 주권이 침해될 때 부당함을 느낄 수 있었다. 그러나 역시 이것만으로는 불충분하다. 개념적으로 알고 있다고 해도 이것을 현실적으로

---

4) 이 논문에 따르면 당시 학생들이 데모에 참여하게 된 가장 큰 동기는 이승만의 불법부정 정치에 대한 불만(72%)이었으며 경찰의 폭악에 대한 분노(65%), 폭력지배 사회에 대한 격분(65%), 특권층의 농단에 대한 불만(64%), 사회부패에 대한 불만(65%) 등도 주요 동기였다.

5) 이 책에 의하면 이승만 정권은 임시 토지소득세, 인정과세, 잡부금 등 각종 세금으로 국민의 삶을 피폐화했을 뿐 아니라 비료가 인상이나 백미를 생산비도 안 되는 가격으로 매입함으로써 농민의 원성을 샀다. 뿐만 아니라 당시에는 약 2백만 명으로 추산되는 실업자가 있었다고 한다.

6) 여기서 카지무라 · 히데키는 "이 시기는 표면적으로 자유와 민주주의라는 구호를 부르짖고 있었지만, 그것과 완전히 거꾸로 억압과 독재의 권력구조가 매우 강력한 수단에 의해서 반복적으로 자행되고 있었다"고 쓰고 있다.

충분히 경험하고 있지 못했다면 시민들은 그 개념과 현실 사이의 모순을 운명적인 것으로 생각하고 정치적 허무주의에 빠졌을 수도 있었을 것이기 때문이다. 뿐만 아니라 이러한 설명방식은 자유나 민주주의의 개념을 알고 있지 못한 많은 사람들이 어떻게 독재에 분노할 수 있었으며 나아가 인정투쟁에 참여할 수 있었는가를 설명해 주지 못한다.

● 엉클 톰은 왜 투쟁하지 못했는가?

해리엇 비처 스토(Harriet Beecher Stowe)의 소설 〈엉클 톰의 오두막 이야기〉를 생각해보자. 톰은 배우지 못한 흑인 노예로 주인에게 일방적으로 봉사하는 삶을 살아왔으며, 법적으로 정초된 자기존중이나 인정의 권리와 같은 개념을 갖고 있지 않다. 그렇다면 그는 모욕감과 무시감(Verachtungsgefühl)을 전혀 느끼지 못했던 것인가? 이에 대해 아비쉬 마가릿은 『존엄성의 정치』에서 자기희생을 운명으로 받아들이는 톰 역시 실상은 모욕감을 느낄 수밖에 없다고 분석한다.(Avishai Margalit, 1999, P.53~58) 비록 그는 법적이고 제도적으로 인정된 자기존중의 개념을 가지고 있지는 않지만 종교 안에서 자신이 하나님의 형상에 따라 만들어진 존엄한 존재라는 것을 경험하고 있기 때문이다. 다시 말해서 톰은 제도적인 차원은 아니지만 적어도 종교적인 차원에서는 긍정적인 자기이해, 즉 자신의 존엄성과 동등성을 인식하고 있었으며, 따라서 그는 자신의 존엄성이 무시될 때 부당함을 느낄 수 있었다는 것이다. 이와 같은 맥락에서 악셀 호네트 역시 모욕이나 무시감을 일으키는 행위는 "각 주체의 행위 자유를 저해하거나 해를 입히기 때문에 부정의한 것이 아니라 오히려 각 개인이 상호 주관적인 과정에서 획득한 적극적인 자기이해를 훼손한다는 측면에서 해로운 것"(악셀 호네트, 1996, 222쪽)이라고 설명한다.

그렇다면 왜 종교를 통해 인정의 경험과 긍정적인 자아개념을 선취했던 톰은 무시감과 굴욕에도 불구하고 저항하지 않았던 것인가? 왜 그는 사회를 변혁시키기보다 자신의 주어진 역할에 스스로 복종하면서 "나는 내 주인을 사랑한다."고까지 말했는가? 마가릿은 톰이 저항하지 않는 이유 역시 종교적인 것이라고 보았다. 톰은 신으로부터 정당화된 긍정적인 자기이해가 이 세계에서는 실현될 수 없다는 또 다른 종교적 메시지를 받아들이고 있다는 것이다. 이와 더불어 필자는 톰이 종교적으로는 자신이 존엄한 인간임을 경험하고 있지만, 현실 사회에서 이것이 실현될 수 있다는 경험을 한 번도 하지 못했다는 것에 주목하고자 한다. 이를 경험하지 못했기에 그는 이념과 현실 사이의 모순을 신이 자신에게 부여한 또 다른 운명이라고 생각하면서 저항을 포기하게 된다는 것이다.

톰의 사례는 인정투쟁이 시작되기 위해서는 이미 주체가 자기존중과 인정의 개념을 선취하고 있어야 할뿐 아니라 현실 사회에서 이것이 이루어질 수 있다는 것을 충분히 경험하고 있어야 한다는 것을 보여준다. 그렇다면 긍정적인 자기이해 혹은 상호인정의 개념을 인식하고, 나아가 이것을 현실적으로 경험할 수 있게 하는 사회적 관계는 무엇인가? 법적인 개념을 알지 못하더라도 자기 자신을 인정받아야 하는 인격으로 이해할 수 있게 만드는 일상의 경험은 무엇인가? 이에 필자는 민주적 공론과 정치의 토대이자 지향점이 되는 상호인정의 경험이 최초의 사회적 관계, 즉 유아기 초기의 아이와 대상(어머니)의 사랑관계를 통해 선취될 수 있음을 보임으로써 소위 '사적인' 것으로 간주되던 관계에 내재한 정치성을 드러내 보이고자 한다. 만약 이것이 옳다면 사적인 관계와 공적인 관계, 성과 정치는 뚜렷이 분리되는 것이 아니며, 가장 (여)성적인 것은 오히려 가장 정치적일 수 있을 것이다.

4. 가장 사적인 관계가 가장 정치적일 수 있다

● 인정의 경험을 가능하게 하는 근원적 관계는?

아이가 최초의 사회적 관계에서 이미 긍정적인 자기이해와 상호인정을 경험할 수 있다는 것을 보여주기 위해 필자는 대상관계이론(프랭크 써머즈, 2004, 11~12쪽)[7]을 인정이론적으로 재구성하고 있는 제시카 벤자민(Jessica Benjamin)의 이론을 도입하고자 한다. 프로이트가 유아기 초기 전—오이디푸스 단계에서의 아이–대상(어머니)[8] 관계를 아이의 분리나 완전성에 대한 욕망을 충족시킬 수 없는 결핍된 관계로 본 것과 달리, 벤자민은 이러한 관계를 독립과 타자 관계 사이의 역설을 해소시키는 상호인정 관계로 재구성하고 있기 때문이다. 벤자민에게 전—오이디푸스적 아이—대상관계는 아이의 독립성 획득을 불가능하게 만드는 결핍된 관계가 아니라, 아이와 대상이 서로의 같음과 다름을 동시에 인정하는 규범적 관계이며, 타자를 노예로 만들지 않으면서도 자신이 주체가 될 수 있는 상호인정의 역학관계를 경험할 수 있는 장이다.

벤자민은 도널드 위니캇(D.W.Winnicott)의 이론에 따라 인간에 대한 설명은 고립된 자아가 아니라 대상과의 관계에서 시작되어야 한다고 본다.(악셀 호네트, 1996)[9] 처음에 아이는 어머니와의 공생관계 속

---

[7] 프랭크 써머즈에 의하면 '대상관계이론(Object Relations Theory)'이란 "타자와의 관계가 내재화되는 것을 토대로 인격발달과 병리를 설명하고자 하는 체계적인 노력"을 의미한다. 즉 처음부터 분리된 자아가 있다는 가정에서 출발하여 그 자아의 욕망을 설명하는 여타의 심리분석과 달리 대상관계이론은 처음에 있는 것은 타자와의 관계이며 이로부터 자아 기제가 발달한다고 본다.

[8] 여기서 최초의 대상과 어머니를 함께 놓는 이유는 그것이 보편적인 진리이기 때문이 아니라 프로이트의 분석이 가부장적 핵가족 구조를 중심에 두고 이루어지고 있기 때문이다.

[9] 악셀 호네트의 이론은 이를 좀 더 분명히 서술하고 있다. 즉 처음에 인간에게 주

에 놓이게 된다는 것이다. 절대적 공생기에 아이와 대상(어머니)은 실재적으로 구분되지 않는다. 대상은 아이의 의식과 지각 속에 있지만 아직 실재하는 것이 아니다.[10] 아이는 처음에 아직 "나"라고 할 수 없는 환상 속에서 아직 "너"라고 할 수 없는 대상과 관계한다. 그렇다면 이러한 관계는 어떠한 힘에 의해 추동되는가? 위니캇에 의하면 이 시기의 관계는 내재적인 공격성, 즉 "파괴"에 따라 진행된다. 그러나 여기서 파괴란 단순한 대상의 부정이 아니라 양가적인 힘을 의미한다. 즉 그것은 "사랑—충동(love—impulse) 안에 있는 타고난 공격성"(프랭크 써머즈, 2004, 208쪽)[11]이다. 크리스테바가 욕동을 "동화력이 있는 동시에 파괴적인"(줄리아 크리스테바, 2000, 28쪽) 힘으로 파악했듯이 위니캇 역시 그것을 "사랑"의 힘인 동시에 "파괴"의 힘으로 보는 것이다.(Jessica Benjamin, 1993, p.39)

6개월 정도가 되면 아이는 환상 속에서 아직 대상이 아닌 대상, 자신과 뚜렷이 구별되지 않는 지각으로서의 대상 그러나 자신이 너무도 만끽하고 있는 이 존재를 파괴하기 시작한다.(도널드 위니캇, 1997, 149쪽)[12] 벤자민의 용어를 빌려 설명하면, 아이는 이 시기에 대상에 대한 사랑, 즉 "타자인정" 속에서 역설적이게도 절대적 "자기주장"을 제기하고 있는 것이다. 아이는 유일한 세계인 자신의 지각 속에서 지각된 대상에 대한 자신의 절대적 권력을 주장하고 있다. 이때 대상이 아이의 환상에 따라 파괴된다면, 즉 대상이 아이의 파괴행위에도 불

어지는 것은 대상과의 관계나 상호작용이지 고립적 의식이 아니라는 것이다.

[10] 대상은 아직 아이와 뚜렷이 구분되는 독립된 실재로 존재하지 않는다는 의미이다.

[11] 프랭크 써머즈는 위니캇의 초기 이론에는 공격성이 사랑 충동 안에 본래 존재하고 있는 것으로 설명되고 있으며 따라서 유아는 흥분과 함께 파괴한다고 덧붙이고 있다.

[12] 위니캇은 아이가 어머니의 젖을 물어뜯는 행위가 바로 이 파괴행위의 하나라고 본다.

구하고 자신의 요구를 아이의 요구에 완전히 종속시킨다면, 아이는 대상을 자기의 주관적 의식의 일부로 간주하게 된다. 즉 아이는 사랑하는 대상을 외부에 실재하는 독립적 대상으로서가 아니라 자신의 의식 안에서 마음껏 지배하거나 통제할 수 있는 자신과 하나인 것으로 인식하게 되는 것이다. 그러나 시간이 지남에 따라 대상은 자기 고유의 요구와 권리를 아이에게 보여주게 된다. 상대적 공생기에 어머니는 아이의 욕망을 충족시켜주지만 그것을 완전히 충족시켜주지는 않는 것이기 때문이다. 이 시기에 어머니는 아이의 파괴환상에도 불구하고 실제로 파괴되지 않고 살아남아 자신의 독자적인 욕구를 지속적으로 제시하게 된다. 따라서 아이는 어머니를 자기의식으로부터 독립하여 존재하는 외부의 실재(reality)로 파악할 수 있게 된다. 어머니의 생존 및 자기주장과 더불어 아이는 대상이 자신의 심리적 통제하에 있지 않는 독립적인 존재임을 인정하게 되며 자신 역시 외부대상으로부터 독립된 존재임을 인식하게 된다.

● 유아기 초기의 대상관계와 인정 능력의 획득

여기서 필자가 무엇보다도 강조하고 싶은 것은 아이가 절대적 권력을 포기하는 이 과정은 벤자민에게는 좌절이 아니라 기쁨의 과정으로 구성되고 있다는 것이다. 아이의 '파괴'와 어머니의 "생존"으로 이어지는 이 과정은 오히려 아이가 "자기주장"과 "타자인정" 사이의 모순을 극복하는 기쁜 과정으로 그려지고 있다는 것이다. 아이는 어머니에게 공격적 파괴를 시도했지만 자신의 파괴를 극복하고 어머니가 살아남았을 때 환호성을 지르면서 기뻐한다. 자신의 절대 권력이 무너지는 순간에 아이는 어머니의 독립과 함께 자신의 독립성 또한 인정할 수 있게 되기 때문이다. 어머니가 외부에 있음을 발견함으로써 자신의 독립성까지도 발견하게 되는 것, 이것이 바로 대상을 "이용"하여 도달한 아이와 어머니의 "공동의 현실"인 것이다. 벤자민은 이것이 바로 위니콧의 이론에서 나타나는 헤겔의 인정의 역설이라고 보았다. 어머니가 자신의 권력을 포기하고 살아남지 못하면 어머니를 독립된 존재로 인정하지 못하게 되고 그것은 또한 자신의 죽음을 의미한다.(Jessica Benjamin, 1993, p.41) 아이는 어머니의 독립을 통해서만 어머니로부터 분리된 자신을 볼 수 있다. 따라서 아이는 절대적 권력이 무너질 때 환호하는 것이다.

나아가 필자는 여기서 아이가 단순히 대상을 소유하고 싶어 하는 것이 아니라, 자신과 타자의 존재형성을 둘러싼 인정을 원하고 있기도 하다는 점을 강조하고자 한다. 단순히 타자를 지배하는 것이 아니라 타자와의 인정관계를 원하고 있다는 것이다. 전—오이디푸스적 아이—대상의 관계는 사실상 자신의 절대적 권력 주장에 대립하는 타자의 또 다른 권력을 경험하는 데서 끝나는 것이 아니라, 상호인정을 통해 힘의 균형관계를 유지하는 방향으로 나아가고 있다. 이렇게 볼 때 이미 유아기 초기 단계에서 아이와 대상은 자기주장의 권리를 제기하는 존재이기도 하지만 동시에 자신과 타자의 존재를 가능하게 하는 인정을 수행하는 존재이기도 하다. 이와 같은 맥락에서 제시카 벤자민은 어머니와 아이의 사랑을 단순한 욕구나 충동의 만족이 아니라 "협력과 인정(Kooperation und Anerkennung)"((Jessica Benjamin, 1993, p.29)이라는 상호작용적 행위로 해석한다. 이 근원적인 사랑 속에서 아이는 단순한 욕구충족감을 얻게 되는 것이 아니라 독립적 자아와 타자와 협동적으로 하나가 되는 "역설적인 감정상태"(Jessica Benjamin, 1993, p.18)를 경험한다는 것이다.

벤자민은 유아기 초기에 아이가 어머니와의 관계 속에서 획득하게 되는 상호인정의 경험이 이후에 다른 사회적 관계를 형성하는 토대가 된다고 보았다. 만약 이 시기에 아이가 어머니와의 관계에서 상호인정의 경험을 하지 못하게 된다면, 다시 말해서 어머니가 아이의 파괴를 견디지 못하고 죽어버리거나 아이의 파괴에 지나치게 공격적으로 반응함으로써 아이의 욕구를 무시한다면 아이는 타자의 혹은 자신의 독립성을 확인할 수 없으며 따라서 타자를 지배하거나 혹은 타자에 의해 지배되는 주인과 노예의 관계에 빠지게 된다는 것이다. 따라서 벤자민은 아이가 자신의 독립성과 상호인정의 경험을 획득할 수 있도록 어머니는 자기주장과 타자인정 사이의 긴장을 유지할 필요가 있음을 강조한다. 즉 어머니는 자기를 포기하는 것이 아니라 자기주장과 타자인정 사이의 긴장을 지속시킴으로써 아이가 공존 속에서의 독립에 도달할 수 있는 사회적 관계를 맺을 수 있도록 유도해야 한다는 것이다.

이로부터 필자가 도출하고자 하는 것은 만약 유아가 어머니와 맺는 사회적 관계를 통해 상호인정의 관계를 경험하게 된다면 아이는 법적 제도적 관계에 들어서기 이전의 관계에서 이미 독립성과 같은 긍정적 자기이해나 상호인정의 개념을 선취하고 있는 것이며 따라서 이것이 무시될 때 모욕감과 부당함을 느낄 뿐 아니라 이에 저항할 수 있게 된다는 것이다. 만약 이러한 주장을 밀고 나간다면, 자유나 민주주의에 대한 개념적 인식을 접하지 못했던 시민들이 독재에 분노하고 이에 저항할 수 있었던 또 다른 이유가 설명될 수 있다. 그들은 이미 유아기 초기의 대상관계 속에서 상호인정이나 긍정적 자기이해의 이념을 획득하고 있기 때문에 그것이 훼손되는 상황에 대한 분노와 저항감을 분출할 수 있었다는 것이다. 상호인정의 원리를 통해 자신과 타자의 긍정적 정체성을 정립하는 경험은 이미 최초의 사회적 관계 안에서 실현될 수 있으며, 이렇게 볼 때 민주주의를 위한 정치적 투쟁의 정서적·인지적 조건은 이미 최초의 관계 속에서 획득될 수 있는 것이다.

만약 지금까지의 분석이 타당성을 갖는다면, 아이가 대상(어머니)

과 맺는 최초의 사회적 관계는 민주주의적 공론 혹은 정치와 완전히 분리되어 있는 사적인 관계가 아니다. 오히려 공적인 영역에서의 정치행위는 사적으로 간주되었던 관계 안에서 획득된 자기이해나 인정의 경험을 토대로 가능하게 된다. 가장 사적인 관계가 상호인정이라는 민주 정치의 핵심 원리를 포함한다면 이런 의미에서 푸코가 말했듯이 정치적이지 않은 사적 관계는 없다.

5. 최초의 독립성은 관계의 인정을 통해 실현된다

● 유아기 초기의 대상관계는 의존관계가 아니다.

필자는 또한 최초의 사회적 관계 속에서 인정을 통해 획득된 주체의 독립성이 대립적 이분법과 성적 이분법의 도식을 넘어서고 있음에 주목하고자 한다. 전—오이디푸스 단계에서의 대상(어머니)을 결핍된 것 혹은 주체가 아닌 것으로 보고 나아가 이 시기의 관계를 아이의 궁극적 개인화를 방해하는 것으로 거부했던 프로이드와 달리, 벤자민은 이 시기의 대상(어머니)을 단순히 아이의 요구를 반영하는 "거울"이 아니라 아이와 다른 것을 체현하고 있는 존재로도 재구성하고 있으며, 따라서 대상과의 관계는 독립적 주체성의 획득을 위해서라도 인정되어야 하는 것으로 그려진다.(Jessica Benjamin, 1993, p.27) 최초의 권력관계 속에서 획득된 독립성은 대상(어머니)과의 관계를 부정함으로써 얻어지는 절대적 분리성이나 고독한 자유를 의미하는 것이 아니라 사회적 관계를 통해, 인정이라는 힘의 균형관계 속에서만 성립될 수 있는 '관계적 독립성'이다.

그러나 오랫동안 정신분석은 의존/독립의 대립적 이원론하에서 유아기 초기에 대상과의 관계를 통해 획득된 자기이해가 의존적인 것이며, 따라서 이것을 거부함으로써만 아이는 분리된 자아를 발전시킬 수 있다고 보았다. 예를 들어 유아기 초기의 관계를 인정관계가 아닌 욕구 충족의 관계로 보는 프로이트는 아이가 오직 대상과의 관계를 거부함으로써 초자아를 형성할 수 있는 것으로 설명한다. 프로이트는 「유아기 생식기 형성(1923)」에서 유아기 성생활에서 중요한 것은 생식기가 아니라 "남근"이라는 점을 밝히고 있으며,(프로이트, 2004, 295~295쪽)[13] 아이의 발전과정을 "남근"을 획득하기 위해 어머니로부터 분리되는 과정으로 설명한다. 이러한 남근 일원론에 따르면 남아와 여아는 유아기 초기에 모두 어머니에 대한 사랑에서 시작하지만 어머니가 남근을 줄 수 있는 존재가 아니기에 어머니와의 관계를 포기할 수밖에 없다.[14] 여아는 어머니가 자신의 남근의 부재에 대해서 전적으로 책임이 있다고 생각하면서 어머니를 원망하게 되며 대신 아버지와의 사랑을 통해 남근 달린 아기를 갖기를 원하게 되는 방향으로 나아가게 된다.(프로이트, 2004, 307~311쪽) 남아 역시 남근을 지키기 위해 어머니와의 사랑을 포기하고 아버지의 권위를 자아에 유입하게 되며 이와 함께 초자아의 핵심을 형성한다. 이렇게 볼 때 대상, 즉 타자를 배제함으로서 획득되는 분리적 자아는 상호인정의 규범을 실천할 수 없게 된다.

● 유아기 초기의 인정관계는 의존/독립의 이분법을 넘어선다.

이러한 생각에 전환점을 마련하고 있는 것은 여성주의적 언어이론을 통해 아이와 어머니와의 관계를 재구성하고 있는 줄리아 크리스테

---

13) 프로이트, 프로이트에게 남근과 분리는 모두 오이디푸스단계 이후에야 획득될 수 있다.

14) 남아는 여아의 남근이 거세되었다고 생각하여 두려움에 빠지게 되며, 여아는 남아의 남근이 자기에게 이미 거세되었다는 콤플렉스에 따라 남근을 선망하게 된다.

바(Julia Kristeva)이다. 크리스테바는 멜라니 클라인의 주체이론을 도입하면서 주체, 아버지의 언어, 즉 "상징계"가 어머니의 몸(코라, chora)을 부정함으로써가 아니라 이를 매개로 성립될 수 있음을 보여주고자 하였다. 그녀에 따르면 아이는 어머니와의 관계에서 최초의 언어적 기능뿐 아니라 자아도 형성한다. 즉 오이디푸스 이전의 단계에서는 남자 아이 뿐 아니라 여자 아이 역시 "어머니의 몸에 자신을 투사함으로써" 형성되는데, 이것은 아직 자신으로부터 대상을 뚜렷하게 구분하지 못하는 주체가 대상이 아닌 그러나 대상의 집적소로 상상되는 어머니의 몸을 매개로 자신을 형성하게 됨을 의미한다는 것이다. 즉 어머니의 몸, "코라"에 대한 욕망을 토대로 아이는 아버지의 법에 복종하는 초자아의 조정에 앞선 주체를 발달시키고 있다는 것이다.(줄리아 크리스테바, 2000, 31쪽) 여기서 어머니와의 초기 관계는 아버지의 상징계 및 주체의 발전을 매개하는 것으로 따라서 거부되기보다 유지되어야 하는 것으로 묘사된다.

그러나 크리스테바는 이러한 자신의 견해를 이론 전반에 철저하게 관철시키지 못한다. 물론 크리스테바는 어머니(코라 기호계)와의 관계가 상징계를 중재한다는 것이 단지 발생적 설명에만 지나는 것이 아니라 공시적 설명이라고 주장하고 있으며,(줄리아 크리스테바, 2000, 30쪽)[15] 멜라니 클라인의 대상관계이론에 영향을 받아 어머니로부터의 분리가 아니라 어머니와의 관계 속에서 아이가 자아나 초자아를 발전시키게 된다는 점에 어느 정도 동의하고 있다. 그러나 그녀는 여전히 아이의 발전단계가 궁극적으로 "분리"를 향하고 있으며 어머니를 이 과정에서 단지 조정하는 역할을 맡고 있는 "아직 하나가 아닌

---

15) 홍준기 역시 라캉에 제시하는 상징적 어머니, 실재적 아버지, 상상적 아버지의 관계가 발생적 설명이 아니라 공시적/논리적 설명임을 주장하고 있다. 홍준기, 『오이디푸스 콤플렉스, 남자의 성, 여자의 성』, 아난케, 2005, 139쪽.

것(ce pas—encore—un)” 혹은 “대상이 아닌 것(non—object)”(줄리아 크리스테바, 2000, 31쪽)으로 간주하고 있다. 따라서 이러한 구조 안에서 아이는 완전한 하나가 되기 위하여, 분리된 주체가 되기 위하여, 어머니와의 관계 속에서 획득했던 비분리적 주체성을 거부할 수밖에 없게 된다.

그러나 크리스테바와 달리 제시카 벤자민은 최초의 사회적 관계를 인정(recognition)의 기제로 설명하고 대상의 인정을 통해 형성된 최초의 독립성이 이후의 단계에서도 지속적으로 유지되어야 함을 보여줌으로써 의존과 독립의 대립적 이분법을 극복한다. 다시 말해서 발전의 규범적 목적은 완전한 분리에 있는 것이 아니라 인정을 통한 독립성 획득에 있으며 따라서 초기의 관계나 독립성을 불완전하거나 결핍된 것으로 간주할 필요가 없다는 것이다. 아이는 상호 인정관계 안에서 이미 자신과 어머니를 서로 다른 욕망을 갖는 충분히 독립된 존재로 경험하기 때문에 아이는 발전과정에서 최초의 관계를 부정할 필요가 없다. 사랑, 즉 인정관계 안에서 아이는 자신과 대상(어머니)이 서로 관계를 맺음으로써 비로소 독립적인 존재가 되는 긍정적인 경험을 한다. 따라서 아이는 이후의 단계에서 어머니나 관계성을 부정할 필요가 없다.

여기서 필자는 인정관계에서 아이가 획득한 독립성은 모든 관계를 떠나 존재하는 완전한 ‘분리’, 타자의 배제를 통해서만 획득될 수 있는 고독성을 의미하는 것이 아니라 타자와의 관계 속에서 타자를 인정함으로써 비로소 보장되는 것이라는 점을 강조하고자 한다. 인정 관계 안에서는 어느 누구도 완벽하게 분리된 독립성을 갖지는 않는다는 것이다. 따라서 아이는 어머니가 자신과 다른 욕망을 가진 존재임에도 그녀를 원망하거나 그로부터 분리되려 하기보다 그녀와의 관계를 기뻐하게 된다. 즉 합일의 행복감은 오로지 어머니가 자신과는 다른 그러나 관계 속에서 나타날 수 있는 또 하나의 주체이기 때문에 가능한 것이다. 최초의 사회적 관계가 인정이라는 힘의 균형관계라는 점을 염두에 둔다면, 최초의 사회적 관계 속에서 형성된 주체는 이미 민주주의의 토대가 되는 상호인정의 관계를 실현함으로써 자신의 독립성을 획득하고 있으며 이것은 발전과정에서 나타나는 여타의 사회적 관계의 규범적 토대로 작용한다.

6. 정치개념의 인정이론적 확장

● 세 가지 인정형식의 구분

지금까지 필자는 가장 사적인 것으로 여겨지는 최초의 관계에서 이미 민주 정치의 핵심적 원리가 되는 상호인정과 관계적 독립성의 개념이 획득될 수 있다는 것을 논증하였다. 그렇다면 최초의 사회적 관계에서 획득된 자기이해와 인정의 방식은 이후에 조우하게 되는 사회적 관계, 소위 우리가 '공적'이라고 불렀던 영역의 사회관계에서도 그 효력을 발휘하는 것인가? 그것은 그 자체의 독특한 정치성을 담보하고 있지만 소위 '공적인' 담론이나 정치와는 상관없는 또 다른 정치성에 불과한 것은 아닌가?

이 문제에 답하기 위해 필자는 우선 사회적 관계의 영역과 인정의 방식을 삼분화하는 악셀 호네트(Axel Honneth)의 설명을 빌리고자 한다. 그는 사회적 관계를 원초적, 법적, 공동체적 관계로 삼분화하고 각각의 사회적 관계에서 "인정(Anerkennung)"의 의미는 다르다고 본다. 우리는 사랑이라는 정서적 관계를 통해 서로를 구체적 욕구를 갖는 개인으로 인정하고, 법적 관계 안에서 권리의 인지적 권리존중을 통해 서로를 형식적 사주성을 갖는 인격체로 인성하며, 가치 공동제

안에서 합리화된 정서를 통해 서로를 특수한 능력을 갖는 공동체의 가치로운 구성원으로 평가한다는 것이다.(악셀 호네트, 1996)[16] 각각의 영역에서 우리는 사랑, 법적 인정, 공동체적 연대라는 서로 다른 인정의 방식을 경험하게 되며 이를 통해 자신을 구체적 욕구를 갖는 개인으로, 법적 권리를 갖는 권리체로, 공동체에 기여하는 가치 있는 인간으로 이해하게 된다.

그러나 문제는 이러한 삼분법으로 구분되는 각 영역들을 뚜렷이 구분되는 독자적 원리에 따라 움직이는 별개의 영역들로 설명하게 되면 최초의 정서적 인정관계에서 성립되는 정치성은 법적인 관계에 효력을 발생할 수 없는 것으로 간주될 수 있다는 것이다. 만약 삼분법적 체계 안에서 정서적 인정 관계를 법적인 차원에서의 인지적인 관계와 상관없는 것으로 본다면, 그리고 민주적 공론이나 정치운동을 좁은 의미의 법적인 권리관계에 기반하는 장으로만 보게 된다면 최초의 사회적 관계에서 획득하고 발전하는 정치성은 공론과 정치의 영역에서 그 힘을 발휘할 수 없게 된다. 그렇다면 이제 검토해야 하는 것은 과연 각각의 관계가 뚜렷이 구분되는 원리에 따라 움직이고 있는지, 그리고 공론과 정치의 장이 법적인 관계를 토대로 하는 것인지의 물음이다.

이를 위해 호네트가 말하는 두 번째 인정형식, 즉 권리의 인정 형식을 좀 더 자세히 분석해 보자. 호네트는 "'권리인정'이라는 개념을 통해 묘사되는 관계가 무엇보다도 타인과 내가 공동체 내에서 권리와 의무를 정당하게 배분하게 하는 사회적 규범에 대한 공통의 지식을 가지고 있다는 점에서 서로를 권리 인격체로 인정하는 관계라는 점"(악셀 호네트, 1996, 190~191쪽)을 분명히 한다. 법적인 관계는 "일반화된 타자"의 관점에서 자신을 "권리"의 인격체로 인지할 것을 요구하는

16) 이 책의 1장, 63쪽과 220쪽의 표를 참고하시오.

것이다. 따라서 그는 구성원이 어떠한 개별적 욕망을 갖고 있는지 혹은 그 사회에서 어떠한 사회적 가치를 갖고 있는가의 정도와 무관하게 법적인 인정은 모든 인간에게 무차별적으로 적용되어야 한다는 점을 강조한다.

여기서 문제는 이러한 보편적이고 인지적인 관점을 갖고 있는 권리의 주체가 모든 구체적인 관계, 성적인 욕망, 감정 등을 부정해야 하는 것처럼 보일 수도 있다는 것에 있다. 호네트가 말하는 권리의 관계는 사랑의 관계와는 다른 주체성을 요구하며 따라서 전자는 후자를 포함할 수 없는 것으로 해석될 여지를 남긴다는 것이다. 그러나 우리는 현실의 법 관계에서 전자와 후자의 영역이 상호작용하고 있음을 볼 수 있다. 법은 이미 시장 경제나 선거권에 대한 문제뿐 아니라 가장 사적이고 정서적이라고 여겨지는 결혼, 양육, 가족관계, 가정 경제뿐 아니라, 동성애나 매춘 등 성애에 관한 권리들도 규정하고 있다. 나아가 권리의 주체들은 법이 모든 사람들을 똑같이 대하는 것을 넘어서 복지법이나 특별법을 통해 서로 다른 능력과 위치에 있는 사람들에게 서로 다른 대우를 해 줌으로써 좋은 공동체를 구현하기 위한 토대를 제공해야 한다고 요구한다. 권리의 주체들은 "일반화된 타자"의 관점 뿐 아니라 "구체적 타자"의 관점하에서 특수한 욕망과 구체적 관계를 갖고 있는 주체들이 어떻게 좋은 삶을 영위할 수 있는가의 문제를 함께 고려하고 있다는 것이다.

결국 이것은 법적 혹은 권리 관계에서 어떤 사람을 참여 능력이 있는 인격체로 인정할 것인가의 문제를 낳는다. 이제 법은 더 이상 좁은 의미의 무차별적 권리관계로 이해되어서는 안 되며 사적이고 성적인 관계를 배제하는 주체에게만 주어지는 특권적 장이어서도 안 된다. 이런 의미에서 호네트 역시 "여기서 판단 능력이 있는 인격체의 지위를 특징짓는 것들은 원칙적으로 규정될 수 없기 때문에, 근대법은 단계적인 확장과 정교화를 위한 구조적 개방성을 가져야 한다."(악셀 호네트, 1996, 193쪽)고 주장한다. 다시 말해서 법은 사적이고 정서적인 관계에서 요구되는 바를 통해 무차별적인 동등성의 의미를 반성함으로써 새로운 법적 주체의 개념을 모색해야 한다는 것이다.

그렇다면 호네트가 말하는 첫 번째의 인정형식, 정서적 인정은 어떠한 것인가? 과연 구체적 타자를 정서적으로 인정하는 관계는 보편성 혹은 이성과는 배치되는 원리에 따라 작동되는가? 호네트 역시 도널드 위니캇(Donald Winnicot)과 제시카 벤자민(Jessica Benjamin) 등의 이론을 도입하면서 사랑 관계를 상호인정의 관계로, 즉 타자 의존성과 독립성이, 자연적 욕구과 문화적 욕망이 교차되는 심급으로 재구성한다. 어린아이는 처음에 어머니와 자신의 욕구와 신체를 동일시하는 절대적 공생의 상태에 있지만 차츰 어머니와 자신이 같기도 하면서 다른 욕망을 갖는 존재임을 인정하게 되고 이를 통해 자신 역시 어머니의 공감적 사랑에 의존해 있지만 또한 어머니와 다른 욕망을 갖는 존재임을 알게 된다는 것이다.(악셀 호네트, 1996, 170~187쪽) 나아가 호네트는 이러한 관계가 최초의 어머니와의 관계 속에서만이 아니라 이후의 개인적 관계를 규제하는 원리로 작용한다는 입장을 취한다.

그러나 정서적 인정관계 또한 개인적이거나 특수한 측면만을 갖는 것이 아니다. 구체적인 관계에서 성립되는 정서적 상호인정의 구조는 형식적 보편성을 가지며, 정서적 인정관계에서 추구되는 규범들은 보편성과 인지성의 측면을 담보하기도 하기 때문이다. 이러한 맥락에서 캐롤 길리건(Carol Gilligan)은 정서적 인정 관계에서의 "상호성"이 보편적 형식임을 강조하고 이를 배려의 윤리의 토대로 삼는다. 정서적 인정이 특수함을 넘어 보편성의 요소도 갖는다는 것이다. 헤르타 나글—도체칼(Herta Nagl-Docekal) 역시 닐 노딩스(Nel Noddings)를 인용하면서 보살핌의 특징들, 즉 맥락 민감성, 관계 정향성, 감정과 같은 세 가지 특징들이 사실상 "보편주의적 함의"(Herta Nagl−Docekal, 1993, p.20)를 가지고 있다고 주장한다. 여성들은 일상적으로 아이들을 보살피는 양육 과정에서 인간성이라는 보편개념이나 "아이의 안전이나 건강을 지켜주는 근본원리"에 호소하는데 이것은 구체적인 상황을 넘어서 있다는 것이다.(Herta Nagl−Docekal, 1993, p.20) 나글−도체칼에 의하면 보살핌은 단순히 구체적인 인간관계에만 머무는 것이 아니라 전혀 알지 못하는 낯선 자에게도 이전될 수 있다. 예를 들어 기아에 허덕이는 사람들에 대한 보살핌은 배려의 주체가 "일반적 타자"의 관점을 가질 수 있다는 것을 보여준다.

● 각각의 인정 형식은 상호작용하고 있다.

이로써 필자가 분명히 하고자 하는 것은 정서적 인정이나 권리의 인정이 각각 구체성이나 보편성, 특수성이나 보편성의 원리에만 관계하는 것이 아니라 양자의 상호작용을 통해 내적인 발전을 이루고 있다는 것이다. 다시 말해서 원초적 관계와 법적 관계는 완전히 분리될 수 있는 개별적 영역이 아니라, 호네트가 사회의 궁극적인 규범으로 삼고 있는 공동체적 관계와 마찬가지로, 그 안에서 구체성과 일반성이, 관계성과 독립성이, 감정과 인식이 상호작용하고 있는 영역이다. 따라서 권리의 상호인정 관계를 현실 속에서 경험하지 못한 자들도 제대로 된 정서적 상호인정 관계를 현실 안에서 실현하고 있다면 일반성과 보편성의 관점을 가질 수 있다. 즉 주체는 정서적 인정관계로부터 일반성의 관점을 확장시킬 수 있으며 상호인정을 규범으로 하는 비판적 담론과 행위의 능력을 획득할 수 있다는 것이다.

이러한 의미에서 필자는 민주 정치의 개념을 확장시킬 필요가 있음을 주장하고자 한다. 만약 민주적 공론 혹은 정치를 좁은 의미의 권리

인정의 문제로 이해하지 않고 구체성과 일반성, 특수성과 보편성, 감정과 인식을 상호작용시키는 가운데 기존의 인정방식과 범위를 비판하는 행위로 규정한다면, 우리는 거리나 광장에서의 담론뿐 아니라 가족, 친구, 동료와의 개인적인 대화까지도 민주적 공론과 정치의 과정으로 볼 수 있게 될 것이다. 원초적 관계가 구체성이나 특수성 혹은 감정에만 머물지 않도록 반성하고, 법적인 관계가 추상적 보편성이나 인식적 태도만을 대변하지 않도록 비판함으로써 우리는 공적인 영역에서뿐 아니라 사적인 영역에서도 민주적 공론과 정치를 수행하고 있다는 것이다.

이렇게 개념을 확장시키게 되면 우리는 실제로 민주적 공론과 정치 속에서 양자가 어떤 방식으로 상호작용하고 있는지를 볼 수 있게 된다. 87년 민주화항쟁은 독재에 빼앗긴 주권을 되찾고자 하는 인식이 출발점이지만, 그것에 추동력을 부여한 것은 독재정권에 의해 나의 학우가, 나의 자식이, 나의 선후배가 죽어갈 수 있다는 것에 대한 공감이었다. 미국산 쇠고기 수입 반대를 외치며 많은 주부들이 결집했던 것도 자신과 사랑하는 사람들의 '먹거리'와 관련된 문제를 사적인 것으로 치부하지 않고 일반적인 관점에서 해결할 필요가 있다고 인식했기에 가능한 것이었다. 여성운동가들은 여성의 건강·재생산·낙태·육아 혹은 가정폭력이라는 소위 사적인 문제를 정체성 정치의 핵심 아젠다로 제기해왔다. 개인적 혹은 사적인 영역에서 개별적으로 수행된 출산파업은 법적이고 제도적인 변화까지도 가능하게 하는 정치적 행위였다. 레즈비언 축제는 동성애자들에 대한 사회적 낙인을 되돌아보게 만드는 일상의 정치적 실천이었다.

7. 여성적인 것과 정치적인 것

상호인정을 토대로 하는 민주 정치란 인식과 정서, 특수와 보편, 구체성과 보편성이 상호작용하는 가운데 상호인정의 범위를 넓혀가는 모든 활동들을 포함하는 것으로 이해되어야 한다. 공론과 정치는 인식적 관심에서 정서의 폭을 넓혀가는 주체뿐 아니라 정서적 관심에서 시작하여 인식의 폭을 넓히는 주체에게도 개방되어야 한다는 것이다. 정치가 이렇게 재구성될 때 우리는 법적인 자유나 민주주의의 이념을 알고 있지 못한 사람들이 어떻게 비민주적 행태에 분노하면서 인정투쟁을 수행할 수 있게 되는가를 설명할 수 있다. 사적인 혹은 개인적 관계에서 획득된 정서적 인정의 경험은 이미 "상호인정"이라는 보편적 형식과 "독립성"이라는 긍정적 자기이해를 가능하게 하며 따라서 이것이 훼손되는 경우 사람들은 정치적 행위에 돌입하게 된다.

이렇게 민주 정치의 개념이 확장될 때 우리는 또한 감정이나 개인적인 관계를 중시하는 경향의 사람들을 정치적인 영역으로부터 배제하지 않을 수 있게 된다. 사적인 관계를 일반적인 관점에서 반성하는 일상의 실천에서부터 공적인 관계에 인간의 감정과 특수성을 반영하고자 하는 법적인 투쟁에 이르기까지 모든 행위는 힘의 균형상태인 상호인정을 실현하기 위한 정치적인 행위로 읽혀질 수 있기 때문이다. 여성들 역시 정치적 주체가 되기 위해 자신의 삶의 방식을 거부한다거나 스스로를 정치에 적합하지 않은 존재로 규정할 필요가 없다. 감정과 관계로부터 분리되지 못하는 자신을 열등하거나 결핍된 것으로 규정한 채 자괴감에 시달릴 필요도 없다. 자신이 맺고 있는 관계와 감정에 체현되어 있는 상호인정의 원리를 실천하기 위한 그들의 일상적 노력은 이미 특수성과 보편성을 상호작용시키고자 하는 민주적 정치의 행위이기 때문이다. 일상의 관계를 변화시키든 아니면 일상의 관계 변화를 위해 법적이고 제도적인 변화를 요구하든 그것이 관계 속에서 자신과 타자를 구체적이면서도 보편적인 존재로 인정하기 위한 투쟁의 과정이라면 그것은 정치적이다.

▣ 참고문헌

김수영, 1995 「푸른 하늘을」, 『거대한 뿌리』, 민음사.

김은하, 2010 「386세대 여성 후일담과 주변인으로서 글쓰기」, 『4 · 19혁명과 여성』, 제3회 여성주의 인문학 연합학술대회 자료집.

김주현, 2010 「'의거'와 '혁명' 사이, 잊혀진 여성의 서사들」, 『4 · 19혁명과 여성』, 제3회 여성주의 인문학 연합학술대회 자료집.

김형수, 2007 「'인정투쟁'으로서의 1960년 3 · 15마산의거」, 『민주성지, 출렁이는 그 남녘바다』 제9호, 3 · 15의거기념사업회.

도널드 위니캇(이재훈 옮김), 1997 『놀이와 현실』, 한국심리치료연구소.

막스 베버(전성우 역), 2007 『직업으로서의 정치』.

악셀 호네트(문성훈 · 이현재 역), 1996 『인정투쟁 ─ 사회적 갈등의 도덕적 형식론』, 동녘.

윤은주, 2010 「정치적 행위 주체로서의 여성과 혁명」, 『4 · 19혁명과 여성』, 제3회 여성주의 인문학 연합학술대회 자료집.

줄리아 크리스테바(김인환 옮김), 2002 『시적 언어의 혁명』, 동문선.

카지무라 · 히데키(최광석 옮김), 2007 「일본에서 본 3 · 15의거, 4 · 19혁명 ─ 카지무라 · 히데키의 논문 〈역사로서의 4 · 19.〉」, 『민주성지, 출렁이는 그 남녘바다』 제9호, 3 · 15의거기념사업회.

프랭크 써머즈(이재훈 옮김), 2004 『대상관계이론과 정신병리학』, 한국심리치료연구소.

프로이트 · 지그문트(김정일 역), 2004 「성의 해부학적 차이에 따른 심리적 결과」, 『성욕에 관한 세 편의 에세이』, 열린책들.

______(김정일 역), 2004 「오이디푸스 콤플렉스의 해소」, 『성욕에 관한 세 편의 에세이』, 열린책들.

______(김정일 역), 2004 「유아기 생식기 형성」, 『성욕에 관한 세 편의 에세이』, 열린책들.

학민사편집실 편, 1984 『사월혁명자료집, 4·19의 민중사』, 학민사.

홍준기, 2005 『오이디푸스 콤플렉스, 남자의 성, 여자의 성』, 아난케.

Avishai Margalit, 1999 Politik der Würde : Über Achtung and Verachtung, Frankfurt am Main : Fischer 1999.(Original in English 1996)

Axel Honneth, 1994 Kampf um Anerkennung, Frankfurt am Main : Suhrkamp.

______, Das Andere der Gerechtigkeit, Frankfurt an Main : Suhkamp, 2000.

______, Verdinglichung, Frankfurt an Main : Suhkamp, 2005.

Christine Delphy, 1980 "the Main Enemy", in Feminist Issues, Summer 1980.

Herta Nagl−Docekal, 1993 "Jenseits der Geschlechtermoral, eine Einfuehrung" in Jenseits der Geschlechtermoral, Frankfurt am Main, Fischer Taschenbuch Verlag.

Jessica Benjamin, 1993 Die Fesseln der Liebe, Frankfurt : Fischer,

Nicky Hart, 1989 "Gender Justice and the Rise and Fall of Class Politics", New Left Review, 175(May/June).

Seyla Benhabib, 1995 Selbst im Kontext, Frankfurt : Suhrkamp.

제2부

4·19혁명과 여성에 관한 사실 탐구

제1장 '젊은 사자들'의 혁명과 증발되어버린 '그/녀들'*

4월혁명의 재현 방식과 배제의 수사학

김미란

1. '대한의 아들딸'이거나 '폭도'이거나

1960년 4월혁명에서 학생들이 담당한 중추적인 역할은 잘 알려져 있다. 4월혁명 직전까지도 학생들은 "입지안정만을 꾀하여 미국유학 아니면 하루의 향락을위해 이성과의 교제로 세월을보내거나 그도 아니면 자살『알바이트』타락을 한다"는 세평에 시달렸으나,(「해방10년의 대학변천」『대학신문』1955년 9월 5일자) 주권 회복이라는 기치 아래 비의회적, 비제도적인 '운동의 정치'를 하기 위해 거리에 집단적으로 나섬으로써 그동안의 무력한 개인주의 이미지를 불식시켰다. 당시 남한 사회에서뿐만 아니라 국제 사회에서도 "한국의 '말없는 세대'"가 "오랜 잠을 깨고 소생하였"다는 전언이 널리 퍼졌고(학민사편집실 편, 1984, 304쪽) 소생한 '젊은 사자들'(「젊은사자들 다시상아탑으로」『경향신문』1960년 4월 29일자 ; 김승태 외, 1960)[1]의 정치적 움직임은 국

---

* 이 논문은 같은 제목으로 『여성문학연구』 제23호(2010.6.)에 실린 글을 수정·보완한 것이다.

1) 혁명 직후 널리 쓰인 '젊은 사자들'이라는 수사는 1960년 4월 26일 개봉된 전쟁 영화 〈젊은 사자들〉에서 빌려 온 표현으로 보인다. 이는 「젊은사자들 다시상아탑으로」나, 「노한 사자들의 승언」에서저럼 대학생늘의 역할을 부각시키기 위한

내외의 각별한 주목을 받았다. 그리고 말할 것도 없이 이는 학생들을 중심으로 혁명을 재구성하는 담론작업의 일환에 해당할 터이다.

그런데 학생들을 혁명의 중심에 위치 짓는 이 담론화과정은 4월혁명에 참여한 수많은 민중, 특히 도시 빈민들의 역할을 공적 역사에서 삭제하는 과정이기도 하다. 물론 당시 도시 빈민들이 스스로 자신들의 권리를 내세우고 공적 발언을 할 수 있을 만큼 정치 세력화되지 못한 점은 분명하다. 하지만 그들의 정치 참여가 지닌 의미를 대폭 축소시키는 방향으로 혁명에 대한 담론화작업이 진행됨에 따라 그 가치는 더욱 불분명해졌다. 말하자면 혁명참여 세력에는 다양하고 이질적인 집단들이 끼어 있었으나 학생들, 특히 대학생들이 혁명의 중심세력으로 부각되는 과정에서 다른 집단들의 독자성이나 이질성은 주목받지 못했으며, 불특정 다수를 가리키는 데모 군중이라는 집단적 호명 방식을 통해서만 가까스로 존재를 인정받았던 것이다.(예를 들어 학민사편집실 편, 1984, 231·248쪽 ; 박태순, 1992)[2] 그 원인은 다양하겠으나 무엇보다도 국가 권력의 통제력이 가장 약하게 미친 학생 집단(사월혁명연구소 편, 1990, 124쪽)은 조직적이고 집단적인 활동을 전개하

표현으로 당시에 자주 채택되었다.

[2] 사회운동에서 학생들의 역할이 갖는 한계는 민중민주주의적 이념 지향에 따라 민중을 운동의 주체로 정립하려는 논의가 무성했던 1980년대에 본격적으로 거론된다. 이를 단적으로 보여주는 사례가 김주열과 오성원의 죽음에 대한 해석이다. 4월혁명 당시에는 고등학생 김주열의 죽음이 학생들의 희생을 상징하면서 크게 부각되었으나, 도시 빈민들의 적극적인 혁명참여를 상징하는 구두닦이 소년 오성원의 죽음은 전혀 주목받지 못했다. 그러다가 1980년대에 들어와서 오성원이 재발견되는 것은 1980년대 민중담론이 활성화되면서 운동의 주체에 대한 인식 변화가 있었기 때문에 가능해진 것이다. 박태순도 「4월혁명의 기폭제가 된 김주열의 시신」에서 오랫동안 잊힌 구두닦이 소년 오상원을 복권하고 있다. 올해 3·15의거 50주년 기념행사에서 오성원을 주인공으로 삼은 창작 뮤지컬 〈3월이 오면〉(극작 이윤택·연출 문종근)이 공연되었고, 4·19혁명 50주년을 기념하기 위해 오성원을 비롯한 도시 하층민들의 혁명참여를 다룬 드라마 〈누나의 3월〉이 방영된 것도 그간의 변화된 상황을 반영하는 것이라 하겠다.

는 것이 가능했지만, 이와 달리 노동자·농민들은 조직화 혹은 정치세력화를 이루어내기가 전혀 불가능했던 1950년대의 상황이 거론될 수 있을 것이다. 또한 국가 수립 이후 건설의 주체가 긴급히 요구되는 상황에서 지식인들이 대학생들을 비롯한 지식 계층을 역사의 주역으로 부각시키는 담론작업에 몰두하였다는 점도 중요하다. 주체화 작업 와중에 민중에 대한 논의도 간헐적으로 이루어졌지만 민중은 지식 계층에 의해 계몽되어야 할 대상에서 결코 벗어나지 못했다.

하지만 본고에서는 그보다 학생들이 자신들의 역할에 의미를 부여하고 정치적, 법적 정당성을 천명하는 언어를 확보할 수 있었지만, 폭도로 분류된 구두닦이 소년들이나 노동자, 실업자와 같은 도시 빈민들은 자신들을 정당화할 집단의 언어를 갖지 못하였다는 점에 주목하고자 한다. 예컨대 학생들은 혁명현장에서 외친 슬로건에서부터 병원에 입원해서 쓴 수기(사월혁명연구소 편, 1990, 63~64쪽 ; 한승주, 1983, 89쪽)3)에 이르기까지 다양한 방식으로 자기 표명을 지속적으로 수행하였다. 그런 점에서 언어보다는 행위로 자신들의 분한을 표출한 도시 빈민들은 애초부터 혁명의 주도세력과 정치적 경쟁을 할 수 없었다. 학생들은 이승만 정부의 '국민주권 강탈행위'(학민사편집실 편,

---

3) 혁명 당시부터 혁명 이후에까지 수기가 범람했지만, 수기를 쓴 사람들은 대다수가 대학생이었다. 더욱이 이들은 대개 서울대학교, 연세대학교, 고려대학교 학생들이었다.
　이와 관련하여 사학이 난립하고 교육적 부조리가 방기된 채 교육 팽창이 이루어졌으며 고학력 실업자군이 누적된 상황이 4월혁명의 한 계기가 되었다는 점이 상기될 필요가 있다. 하지만 혁명은 이른바 일류 대학교 학생들이 주도한 것으로 서사화되면서 대학 제도의 문제점이 혁명의 한 계기가 되었다는 사실은 표면에 드러나지 못하게 된다. 그런 점에서 대학의 위계화와 서열화는 혁명 과정에서 다시 한번 재확증되었다고 말할 수 있다. 참고로 4월혁명 전에 결성되었던 진보당은 젊은 당원이 많았고 그중 이류 학생 출신들이 다수를 차지했다는 한승주의 지적을 염두에 둘 때 대학차별과 지역차별이 당시 학생들의 이념적 지향에 무시할 수 없는 영향을 끼쳤음을 짐작할 수 있다.
　하지만 이 논문에서는 대학의 위계화와 서열화보다 계급차와 성차를 중심으로 한 혁명의 담론화과정에 초점을 맞추고자 한다.

1984, 62쪽)에 맞서 '주권쟁탈의 데모'(현역일선기자동인 편, 1960, 280쪽 ; 서중석, 2007, 269쪽)[4]를 감행할 것을 천명하는 자신들의 언어를 소유했지만, 민중은 아무런 슬로건도, 조직적인 움직임도 없이 무작위로 데모대에 뛰어들었던 것이다. 또한 사적 기록에든 공적 기록에든 혁명의 기록자들은 이 역사적 사건을 학생혁명, 시민혁명, 민주혁명으로 적어 넣었으며, 혁명의 성과를 민주주의의 승리로 해석함으로써 학생들의 언설을 지지했다. '민중의 승리'(현역일선기자동인 편, 1960, 29쪽 ; 박수만 편, 1965, 324·399쪽)[5]라는 진단이 존재하지 않은 것은 아니었지만, 여기서 '민중의 승리'란 이들의 대변자를 자처한 대학생들이 거둔 성과를 가리킴에 다름 아니었다.

해방기에는 "구체적인 정치적 슬로건을 앞에 걸고 거리로 나와" 자신의 정치적 요구를 명료하게 말할 수 있었던 다수의 노동자와 농민들이 존재했으며, 이 점에서 위로부터의 동원을 기획한 정치 엘리트뿐만 아니라 자발적으로 거리의 정치에 참가한 수많은 민중 역시 "정치적 주체"였음을 의심하기는 어렵다.(천정환, 2009, 96~97쪽) 그와 달리 4월혁명에 참여한 하층민들은 자신의 언어도, 슬로건도, 대변자도 갖지 못한 처지였다. 이 혁명참여자들은 대개 해방 이후 한국전쟁을

---

[4] 한편, 4월혁명은 '주권투쟁'이라는 판단은 서중석만이 아닌 정치학자들과 역사학자들의 공통된 의견이다.

[5] "청년학생 그리고 시민의 4·19, 4·26항쟁"은 "청년의 정의의 위력이 그 얼마나 크다는 것을 입증"했으며 "무지하다는 대중이 보다 현명하다는 것"을 깨닫게 했다는 진술에서 대중의 지적 능력이 존중되는 사례를 찾아볼 수도 있다. 하지만 이는 지성을 근대적 개인을 판단하는 최상의 척도로 생각했던 당대의 주체 인식 방법에 의한 설명이기 때문에 이 시기에 형성된 주체의 위계화 담론 자체를 건드리지는 못한다. 일례로 이어령은 「4·19혁명은 우리 문학에 무엇을 남겼나」에서 한국의 작가들이 4월혁명 전에는 "4·19혁명의 인간상을 계시할 수 있는 예언적 인물을 창조하지 못했"으며 "4·19혁명은 지성의 저항이었지만 지성인의 최전선에 있는 문인들은 간접적으로도 그에 참여하지 못했"음을 비판할 때, '지성'이 혁명의 성격을 규정하는 핵심어로 선택된다. 이것은 이미 구성되어 있는 주체의 위계화 담론 안에서 지식인의 참여를 논하는 일이다.

거쳐 4월혁명에 이르는 시기에 광범위하게 창출된 도시 빈민들이다. (이영환, 1999, 183~186쪽)[6] 이들은 주로 한국전쟁으로 유입된 월남인구와 농촌에서 이농한 도시 부랑자들,(「늘어가는 이농민 부산에 천여 명 부랑」『조선일보』 1954년 6월26일자) 1950년대 후반부터 도시로 유입되어 1960년에는 244만 명에 이른 제대군인들로 구성되었으며, 불안정한 고용구조하에서 저임금과 고실업 집단을 형성하였다. (이영환, 1999, 185~186쪽) 이 도시 빈민들이 혁명에 광범위하게 참여하였다는 것은 4월혁명 사망자 수에서도 입증된다. 하지만 이들의 죽음은 거의 주목받지 못했으며 '희생의 통계학'(조희연·조현연, 2002, 156쪽)[7]은 학생들의 고귀한 죽음만을 강조하였다.[8]

물론 당시의 수많은 기록에서 일체감과 공동체의식을 중심으로 한 학생과 민중의 연대가 드러나는 것은 사실이다. "이 순간은 강산이 다시 깃을 펴는 듯했고, 내 동포의 슬기로움이 자랑스러웠고, 전후좌우의 학우와 남녀노소들의 모습이 순교자들처럼 거룩할 뿐이었다. 일호

---

[6] 1950년대 도시 빈민이 형성된 구조적 요인으로는 통화 증발과 인플레이션(1955~1966년 사이의 평균 인플레는 10.4%), 농지개혁의 불철저성과 저곡가정책 등으로 인한 농촌의 몰락, 원조경제하의 종속적 자본주의와 공업화를 저해하는 종속적 산업구조, 1957년 미국의 대공황으로 인한 원조감축과 경제불황 등을 들수 있다. 이러한 요인들에 의해 1950년대 빈곤 민중은 매우 광범위하게 창출되었으며, 1957년도에 한국 정부가 추산한 요구호자 수는 446만 명에 달하였다

[7] 이 용어는 조희연과 조현연이 사용한 '희생의 통계학'을 차용한 것이지만 의미는 다르다. 두 연구자는 "한국현대사 속에서 권위주의정권과 국가폭력에 의해서 얼마만한 희생이 있었는가에 대한 전모를 파악하기 어렵"기 때문에 "각종 통계를 통하여 '간접적인 방식'으로 희생의 양적 규모를 드러낸다"는 의미에서 이 용어를 사용하였다. 그러나 본고에서는 4월혁명 당시와 그 후에 통계적 수치를 활용해 학생들의 희생을 부각시킨 '희생의 정치학'에 대해 말하기 위해 이 용어를 사용한다.

[8] 예컨대『동아일보』 4월 21일자에는 사망자 명단(97명) 기사가 제시되어 있다. 이중 학생이 20명(중·고등학생 포함)이며 소년 11명, 노동자와 무직자 청년 39명, 중장년 12명 등이지만, 사망자 명단과 함께 제시된 설명은 희생자 대다수가 학생이었다는 점을 강조한다. 실제 명단과 해석의 불일치가 바로 드러남에도 불구하고 학생들을 혁명의 전면에 부각시키는 기사는 계속 양산되었다.

의 사심도 일말의 두려움도 없이 자유·민주·조국에 대한 염원이 있었을 따름이다. 그래서 총구를 우리에게 겨눈 그들에게까지 나는 한 핏줄로 이어진 애정을 느꼈으며, 결국엔 그들도 우리 편으로 돌아와 '독재타도', '자유만세'를 불러줄 것이라고 확신했다."(학민사편집실 편, 1984, 242쪽)와 같은 일체감을 표현하는 대목들은 곳곳에서 발견된다. 하지만 이 일체감은 군중들이 폭도로 규정되는 순간 바로 붕괴된다. 계엄사령관 송요찬이 "4월 19일 평화적시위에 참가한 학생은 폭도가 아니다. 단 시위중 살인·방화·정부재산및 공공시설에대한 파괴를감행한자는제외된다."(「살인·방화·파양을감행한자이외   데모대는폭도가아니다」『동아일보』1960년 4월 22일자)는 경고문을 발표했을 때, 이 경고문은 "송계엄사령관이 말한대로 살인·방화·파괴를한 사람외에는 폭도가 아니며 이들 부상자 대부분이 억울하게 총에맞은 대한의 아들·딸이라는 점"을 강조하는 식으로 재해석되어 유포되었다.(『소년동아』1960년 4월 24일자) 이에 따라 시위대가 폭력과 비폭력을 중심으로 가해자와 피해자로 양분되는 사태가 발생한다.

이승만이 하야 성명을 발표한 뒤에도 계엄사령관은 학생들에게 보내는 성명서에서 "학생제군들의정의로운 대열에는 일부 불량배가섞여약탈 방화 파괴등의 난행을 일삼고있으니 이것은 제군들이 힘껏쟁취한 명예를더럽히는결과가되어 실로 안타깝기한정이없"다고 입장을 밝힌다. 또한 "본계엄사령부에서는 이러한불량배들을일소하여 학도제군들의 명예를손상시키지 않으려고 진력하고있으나 지금상태처럼 질서가혼란하여서야이어찌개탄하지않을수있겠"는가 묻고는 "친애하는학도제군"이 "이러한질서의 혼란을 바로잡기위해 적극적인협조"를 해줄 것을 당부하고 있다.(「질서바로잡자」『동아일보』1960년 4월 27일자) 시위대를 불량배와 학생으로 분할하면서 파괴와 질서의 이분법을 활용해 학생들을 공무에 동원하고 있는 것이다. 학생과 민중의 연대는 이로 인해 더욱 약화되었을 것이라 판단된다.

혁명의 처음부터 끝까지 학생들은 폭도들과 분리되어 이해되었지만,(「또7명에영장발부」『동아일보』1960년 4월 23일자 ; 「전국서62명」『동아일보』1960년 4월 23일자 ; "학생신분위협받을 수 없다"『동아일보』1960년 4월 26일자)(9) 당대의 기록에서 이 분리 작업에 대한 반발을 찾아내는 것은 거의 불가능하다.(백영철 편, 1996, 210쪽 ; 사월혁명연구소 편, 1990)[10] 간혹 학생들의 폭력행위가 거론될 때면 이는 고의성이 없는 예외적 사건으로 간주되기 십상이었다.(학민사편집실 편, 1984, 57쪽 ; 김주현, 2010, 38~39쪽)[11] 혁명에 대한 기록은 자유주

---

9) 이와 같은 기사는 자주 눈에 뜨인다. 4월 22일자 신문에는 "서울 지방법원이 「4·19」 사태의주모자로 검찰이신청한13명중7명에대하여 「소요」「방화」및「강도」혐의로 긴급 구속영장을 발부하였"는데 그 명단을 보면 학생이 1명, 무직이 5명, 노동자가 1명이었다는 내용이 제시되어 있다. 23일자에는 "「방화」또는 파괴행위를 한자로" 구속된 23명 중 학생이 5명, 무직9명, 기타(운전수, 상업, 노동자 등)가 9명이었다는 기사가 보인다. 또한 "부산에서 구속된시민은 12명으로 전부가 불량배이며 광주에서는 6명으로 그중 학생이 2명 불량배가 4명이다."는 내용도 찾아볼 수 있다. 학생의 구속이 적은 것은 무엇보다 송요찬 계엄사령관이 학생의 신분을 보장하는 정책을 썼기 때문이다. 그는 "계엄령아래에서는어떤종류의 「데모」도용인할수없다"고 경고하면서도 "그러나 누구든지 학원의 질서는 침해할수없으며학생의 신분은 위협할수없다."고 언명한 바 있다. 이러한 사정으로 학생은 구속되는 일이 드물었으며, 구속된 사람들 대다수는 '불량배'로 지칭되었다.

10) 게다가 당시의 신문과 논평 자료들, 소설 텍스트는 '긴 4월혁명'의 시기(박명림의 용어임)가 아닌 4월 19일에서 26일까지에만 집중함으로써 혁명의 의미를 크게 한정시켰다. 하지만 노동자와 농민들은 4월혁명 직후부터 5·16군사쿠데타가 일어나기까지 적극적으로 자신들의 권익을 지키기 위해 나섰다. 그러나 이는 4월혁명을 역사화하는 담론작업에서 전혀 고려대상이 되지 못했다. 차라리 군사 쿠데타를 유인한 사회적 혼란으로 취급되었던 것이다.

11) 3·15부정선거를 비난하는 학생 시위가 일어났을 때는 시위에 가담한 학생들이 '사이비 학도'로 취급되기도 했다. "지난 3·1절을 전후하여 일부 몰지각한 사이비 학도들이 모당의 사주를 받아 이성을 저버린 일시적 혈기와 감정으로 불순한 정치적 난동을 기도하"였다는 것이다. 또한 당국뿐만 아니라 시민들도 3·15부정선거 규탄대회에 참석한 시위자들을 "낮 데모=학생, 밤 데모=불량배(사이비학생 혹은 가짜학생)"로 구분하면서 폭력행사를 비지성적인 난동으로 규정하기도 하였다. 하지만 4월혁명에서는 학생과 사이비 학생 대신, 학생들과 불량배를 대비시키는 방식이 등장한다.

의적 정치의식을 지닌 지식인들이 독점하였으며, 이에 따라 학생들의 모든 행위가 정당화될 수 있는 여건이 충분히 조성되어 있었던 것이다. 따라서 당대의 혁명 기록물은 '민중의 정치'를 삭제하는 방식으로 '학생들의 정치'를 부각시키는 역할을 맡았다고 할 만하다. 그렇지만 민중의 정치를 삭제하는 방식이 혁명에 참여한 남성과 여성에게 똑같이 적용된 것은 아니다. 애초부터 여성은 남성들의 정치적 경쟁 상대가 아니었기 때문에 지식인들의 담론작업은 하층민 남성들의 역할을 제한하고 삭제하는 데 집중되었다.

4월혁명을 다룬 소설들 역시 대학생들의 역할을 강조하는 방식으로 혁명에 대한 당대의 담론화작업에 적극적으로 참여하였다. 물론 모든 텍스트가 그렇듯이, 4월혁명을 다룬 소설 텍스트들 역시 이질성과 복수성을 특징으로 하기 때문에 텍스트들에서 선택되고 재현된 혁명담론이 비록 동일한 대상을 다루고 있다고 할지라도 단일한 담론작업에 수렴되는 것은 아니다. 지배가 포착하지 못하는 어떤 잔여(殘餘) 혹은 끝내 넘어설 수 없는 임계점을 드러낼 가능성도 있는 것이다.(김택현, 2008, 650쪽) 그러나 앞으로 살펴보겠지만, 문학 텍스트에서는 담론 간 견제와 충돌보다는 상호 모방적 특질이 더 강하게 드러난다. 이 논문에서는 4월혁명을 다룬 당대의 기록물들과 소설들을 중심으로 혁명이 어떤 방식으로 서사화되면서 기록되었는가를 살피고, 이 과정에서 민중이 재현되는 방식은 어떠했는가를 고찰하려 한다. 이것은 여성과 남성 시민들의 혁명참여를 재현하는 방식에 어떤 차이가 있었는가를 살피는 것을 포함한다.

2. 세대론을 활용한 혁명사(史) 쓰기

혁명에 대한 당대의 기록물들은 혁명사를 구성하는 주요 원천이다. 4월혁명의 경위를 시시각각으로 보도한 신문 기사와 혁명 상황에 대한 갖가지 논평을 담은 사설뿐만 아니라 혁명 직후 속속 간행된 혁명사들, 혁명에 대한 개인적인 경험을 다룬 수기, 혁명을 서사화한 문학 텍스트 등이 모두 혁명의 기록물에 해당된다. 이 모든 기록행위는 혁명에 대한 공적 기억을 만드는 데 일조했으며, 앞서 지적했듯이 이를 통해 대학생들은 혁명의 중심에 굳건하게 자리잡게 된다. 이것은 학생들의 주체적 역할에 대한 광범위한 사회적 합의를 만들어냈다.

그런데 혁명사를 서술하는 방식은 거의 예외 없이 세대론에 입각해 있었다. 1950년대 대학의 양적 성장으로 인해 대학생 수가 급속하게 늘어난 상황은 4월혁명을 세대 대결적인 투쟁(강만길 외, 1983, 98쪽)으로 이해하는 것을 가능하게 했으며, 실제로 수만 명의 대학생들이 집단적으로 참여한 혁명은 세대론적 접근 방식을 이용한 해석을 범람케 한 가장 큰 원인이 되었다.

물론 4월혁명 전에도 세대론에 기반을 둔 대학생들의 사회적 역할에 대한 기대는 존재했다. 근대 국가 수립 후 국가와 사회 건설의 주체를 확정하는 담론작업에서 가장 중요하게 부각된 존재는 지식인과 미래의 지식인인 대학생이었기 때문에, 비록 4월혁명 전까지 "신문삼면은 젊은 세대의 비행과 부도덕으로 덮"(안병욱, 1959, 36쪽)였으며 대학생들은 "젊음의 표피를 뒤집어 쓴 사이비 젊은이들"(김동명, 1957, 228쪽)이라고 비난 받았지만, 그 비난이 청년들의 사회적 책무에 대한 강조나 그에 대해 기대와 분리되었던 것은 아니다. 1950년대에는 "우리나라에 희망이 있다면 이들 또는 여러분같이 교육받은 다음 세대의 사람에게 있"다(이양하, 1957, 225쪽)는 입장이나 "권위를 스스로 찾아

서 세워야 하니까 지금 청년들의 갈 길은 퍽 어렵"(함석헌, 1956, 145
쪽)다는 의견이 자주 제출되었던 것이다. 즉 청년들은 기성세대가 해
낼 수 없는 역할을 부여받았으며, 그 길 역시 자기 주도적으로 찾아
나설 것을 요청받았다.(김미란, 2005, 28쪽) 그러므로 4월혁명 이후 청
년세대의 활동을 정당화하는 세대담론이 광범위하게 유포된 것은
돌발적으로 일어난 사태가 아닌 것이다.(안병욱, 1960, 103~104쪽 ;
김미란, 2005, 28~29쪽)12)

4월혁명을 서사화한 소설들 역시 세대담론에 의거해 있는 경우가
상당히 많다. 그런데 혁명 서사의 생산에 참여했던 작가들 대다수는
당시 혁명에 가담한 청년들이 기성세대로 분류했던 집단에 속해 있기
도 하다. 예컨대 1960년대 신진 작가와 문학인들에 의해 '4 · 19세대'로
불린 박태순과 1950년대 기성작가로 분류된 이호철은 모두 4월혁명을
소설화한 작가들이다. 하지만 「무너진 극장」(박태순, 1968)에서 "새로
운 시대를 알리는 그 타종(打鐘)의 울림을 새로운 세대였던 우리가 거
느리고 나타날 수 있었음은 그 얼마나 행복하며 영광되며 축복스러웠
던 것인지?"라고 적고 있는 박태순의 태도는 이호철과 달리 '4 · 19세
대'의 세대감각과 주체의식, 시간 감각에 의거해 있다. 또한 이러한 의

---

12) 물론 혁명에 주도적으로 참여함으로써 이들의 역할은 더욱 중요해졌다. "독재와
관권의 아성을 무너뜨리고 진정한 자유와 민주주의의 터전을 확립하는 과업이
부과"된 "오늘날의 젊은 신세대는 내일의 역사의 주체가 될 것이요, 내일의 사회
의 담당자가 될 것이요, 내일의 문화의 창조자가 될 것"이라는 주장이 혁명 직후
부터 본격적으로 등장하였던 것이다. 청년들의 사회적 역할을 적극적으로 옹호
하고 권장한 이와 같은 주장들은, "오늘날의 기성의 구세대는 젊은 신세대에 대
하여 이 책무를 다하지 못하였을뿐더러 오히려 마이너스의 방향으로 끌고 갔다"
는 평가를 동반하기가 예사였다. 그리고 이것은 기성세대가 청년세대를 지도할
자격을 갖추지 못한 존재로 표상되었음을 의미하는 것이기도 하다. 이는 당시의
세대담론이 기성세대의 사회적 죽음을 공공연하게 선언한 것으로 해석할 수 있
다. 이 시기 청년들은 기성세대의 권위에 순종하고 그들의 교육에 의존하여 삶의
기준과 방향을 정할 것을 권장 받지 않았다. 오히려 해방 후 민주주의 교육을 받
아 근대화된 그들이 자발적으로 기성세대의 한계를 넘어설 것을 요구받았던 것
이다.

식하에 텍스트에서 4월혁명의 정치적 공간을 재구성해내고 있다는 것이다. 반면, 도시 하층민의 삶을 주로 다룬 이호철이 이례적으로 「용암류」(이호철, 1960)에서 불러낸 대학생들은 박태순의 대학생들과 동일한 시기에 존재한 인물들일지라도 그와는 다른 세대에 속한 작가에 의해 호출되었다는 점에서 발생하는 효과가 상이하다.[13] 그렇다면 박태순과 이호철의 주체 구성 방식의 차이는 세대의식과 크게 관련되어 있을 터임을 짐작하기 어렵지 않다.

4월혁명 당시 29세의 사회인이었던 이호철은 「용암류」의 등장인물을 기성인이 아닌 학생으로 설정한다. 이 소설에는 세 대학생이 등장한다. 애인 수경이 자신의 아이를 낳기를 원하면서도 끊임없이 삶에 대한 "지독한 무위와 권태"를 느끼는 동훈, 유한마담들에게서 "학비나 뜯어 쓰"는 태규, "현실의 진수 내음새를 번뜩"이면서 학생 시위를 기획하는 석주가 그들이다. 동훈은 석주를 통해 자신이 매달리고 있는 "사변"적이고 "추상화된 현실"이 아닌 "이상하게 강인하고 집요"하며 "비린 내음새"를 풍기는 "북적거리는 동대문 시장"이라는 구체적인 현실을 본다. '비린내'는 "살고 있다는 사실에 대한 엄청난 긍정"인바, 바로 "석주에게서 그 비린내가 나"는 것이다. 이 비린내를 맡아 버린 동훈은 출산을 원하지 않는 수경에게 아이를 낳을 것을 요청하고, 석주가 주선한 모임에 참석하기 위해 길을 나선다.

「용암류」에 등장하는 세 인물들 중 동훈과 태규는 현실에 편승하거나 사변에만 몰두하는 1950년대의 대학생상에 부합한다. 이와 달리 석주는 "지금이 어느 때"인지 알고 불필요한 사변 없이 상황에 적합한 행동을 취하는 4월혁명의 대학생상의 모습을 보여준다. 그 점에서 「용암류」는 기성세대가 기존의 대학생상을 비판하는 동시에 새로운

---

[13] 물론 발표 시기의 차이에서 발생하는 상이점 역시 존재하며 본문에서는 이에 대해서도 언급할 것이다.

대학생상을 승인하는 한 장면에 해당한다.(김지미, 2003, 404~405쪽)[14]

그런데 기성세대 작가들과 '4·19세대' 작가들의 가장 큰 차이점은 세대론을 활용하더라도 전자는 기성세대와의 대비를 통해 대학생들을 역사의 주체로 인정하거나 기성세대에 의해 그들이 성인임을 인정하는 데 초점을 맞추고 있는 반면, 후자는 기성세대를 아예 삭제해 버리면서 스스로 주체되기에 초점을 맞추고 있다는 것이다. 전자를 가장 잘 보여주는 텍스트는 유주현의 「밀고자」(유주현, 1961)와 한무숙의 「대열속으로」,(한무숙, 1961) 이광숙의 「어머니」(이광숙, 1961)이며, 후자를 가장 잘 드러내는 텍스트는 박태순의 「무너진 극장」이다.

유주현의 「밀고자」는 기성세대와 청년들의 세대 구분 담론에 입각해 있다. 작가는 명구의 아버지를 "행정부에서 악명을 떨치고 있"는 고위 공무원으로 설정함으로써 대결의 대상이 부정부패를 일삼는 이승만 정권과 정부 관료임을 명료히 한다. 반성적 인물 명구가 "아버진 아버지, 나는 나, 독립된 인격이"라는 판단 아래 "실신한 낡은 세대와의 대결"을 꿈꾸기 때문이다. 아버지와 아들의 대립 구도라는 관계 설정을 통해 부각되는 것은 새로운 세대란 혈연적 관계를 중시하기보다

---

[14] 김지미는 한무숙의 「대열속에서」, 유주현의 「밀고자」, 이어령의 「환각의 다리」 "모두 4·19과정에서 나타난 기득권세력과 민중의 대립의 구도를 아버지와 아들/딸의 대립 구도로 치환하여 다루고 있"으며, 이는 "기성세대와의 단절을 표방한 '4·19세대'의 무의식과 일맥상통"한다고 주장한다. 그러나 '아버지와 아들/딸의 대립 구도'가 '기득권세력과 민중의 대립의 구도'라는 지적은 불완전한 해석이다. '아들/딸'이 민중을 상징하는 근거를 찾기 어렵기 때문이다.
하지만 이보다 중요한 것은 '4·19세대'에 속하지 않는 이 작가들이 4월혁명을 통해 부각된 청년들을 어떻게 이해하고 재구성하면서 정치적, 사회적 위치를 설정해주는가를 살피는 일이다. 더욱이 한무숙과 유주현은 아직 '4·19세대' 문인들이 등장하기 전에 작품을 발표하였으므로, 이들의 텍스트와 1970년대에 발표된 이어령의 「환각의 다리」는 서로 다른 맥락에서 독해되어야 한다. 그래야 기성세대에 포함되는 이들이 시기에 따라 청년들을 어떤 구도로 이해하였으며 어떠한 문학적, 정치적 발언을 통해 혁명의 재구성 작업에 참여했는가가 밝혀질 수 있는 것이다. 다만 본고에서는 발표 시기의 면에서 이어령의 작품은 한무숙, 유주현의 작품들과 함께 다루는 것이 부적절하다고 판단하여 분석에서 제외한다.

는 이성적 판단 아래 행동하는 존재라는 점이다.

한편 「대열속으로」는 계급 갈등에 대한 한무숙의 정치적 상상력을 잘 드러낸다. 명수와 창수의 계급적 차이는 부정한 기성세대를 대표하는 아버지와 구질서를 해체하고자 하는 아들이라는 세대론적 대립 구도를 통해 해소되는 바, 계급차라는 절대적인 벽은 두 청년의 공유된 정신으로 마침내 허물어지는 것이다. 4월혁명 당시 계급 문제는 사회적 의제가 되지 못했다는 점에서 이 텍스트는 세대론이 계급 문제와 결부된 드문 사례에 해당한다.

이광숙의 「어머니」는 청년세대인 아들을 성인으로 인정하는 담론을 생산해내고 있다. “무슨 까닭으로 이날밤 욱은 여지껏 돌아오지 않는 것일까?” 하며 전전긍긍하던 어머니는 정의로웠던 죽은 남편을 떠올리며 “인류의 역사는 용감한 청년들의 모험과, 의협심과 자기 희생에 의해서 창조되었”음을 깨닫게 된다. 또한 “아버지를 쏙 뺐는” 아들이 “물에 빠진 여자, 도탄에 빠져 해매는 겨레”를 구출하기 위해 나섰다고 결론내림으로써 아들이 알려주지 않았던 그 “까닭”을 스스로 짐작해낸다. 그리고 욱이가 “예전과 달라, 무슨 일을 어머니에게 애기하기 전에 저 혼자 처리해버리”는 것은 “자신의 독자적 의견, 독자적 세계”를 만든 “어른”이 되었음을 의미하는 것이라고 해석한다. “어른같이 자신만만한 욱의 모습”을 떠올리며 어머니는 자신은 “제 할 일을 끝낸 사람”이니 “욱의 존귀한 자유의사”를 “자기본위로 침범하”지 않아야 한다고 결심하기에 이른다. 이는 어머니와 아들간의 정신적 분리 즉, 아들이 성인이 되었음을 선언하는 일이다. 이 과정에서 ‘겨레’와 ‘어머니’는 남성들에 의해 구원받아야 할 존재로 그려진다는 점에서 젠더화된 역할 구분이 드러나는 것은 분명하다. 그러나 이것이 청년이었던 아버지와 청년이 된 아들을 이어주는 방식으로 서사화되기 때문에 기성세대의 재회복이라는 의미로 해석하기는 어렵다. 오히려 이는 기성세대 중 일부와 청년과의 연계를 상상하면서 청년세대의 정치적 역할을 강화시키는 방식이라고 해석해야 할 것이다.15) 특히 아버지는 이미 죽은 존재이기 때문에 양자간의 연계는 청년들의 저항행위에 정통성을 부여하는 역할을 맡는다.

물론 기성세대는 일반적으로 대결의 대상으로 간주되었지만, 혁명이 이들에게 재생의 기회를 제공하지 않는 것은 아니다. 송병수의 「장인(掌印)」(송병수, 1960)이 그 사례이다. "산 것도 아니고 죽은 것도 아닌 상태"에 빠져 통 그림을 그리지 못하던 화가 민은 거리를 배회하다가 "어느 힘에도 굴하지 않을 요동치는 격류"에 휩쓸리게 되며 주동자로 몰려 경찰에 잡혀가기에 이른다. 그리고 유치장 안에서 그는 "대부분이 스무살 안짝의 학생들"과 함께 "우리는 인간이다"라는 구호를 외치면서 어느덧 자신을 회복한다. 집으로 돌아온 그는 "온갖 부당한 손바닥들에 굴할 수 없는 인간은 살아 있음을 증인(證印)하"고자 예전에 자신이 그린 화면의 공백에 "붉은 장인"을 찍는다. 여기에서 민의 재생은 청년세대의 정치적 역할이 없었다면 불가능했다는 점에서 이미 권위를 잃은 존재의 힘겨운 자기 회복에 불과하다. 따라서 이 역시 세대론을 통해 청년세대를 승인하는 담론작업의 일환이라고 평가할 수 있을 것이다.

그런데 세대론적 관점을 취한 기성작가들은 대체로 혁명의 장소인 거리를 학생들의 활동 무대로 재구성하는 방식을 택함으로써 혁명에 참가한 다수의 하층민들을 후경화한다는 점에서 공통점을 보인다. 이와 달리 박태순의 「무너진 극장」에서는 학생들이 주요 인물로 등장하기는 하나 관찰자의 역할을 새로 부여받는다. 소설은 "1960년에 접어

---

15) 선우휘 역시 「유서」(선우휘, 1961)에서 "작년 사월의 학생「데모」에 몸을 다치고 입원"했으나 아직 "집에 돌아오지 못하고 있"는 석에게 석의 아버지 현수인이 "얼마나 진실"한 삶을 산 청년이었던가를 알려주는 방식으로 청년세대와의 연계를 시도하고 있다.

들자마자 일어났던 4·19사태에 대하여 우리가 갖는 정직한 느낌은 과연 무엇이었을가? 우리는 그것을 알지 못했다"는 주요 인물 나의 진술로 시작되며, "4월 19일의 데모가 일어난 지 벌써 엿새가 흐른 4월 25일"에 이 인물이 보고 겪는 일이 상세히 기록되면서 완성된다. 그런데 "앞으로 어떻게나 될 것인지" 알지 못하는 대학생 나와 친구 광득이는 일반적인 혁명 기록물에서의 청년들과는 다른 방식으로 거리에 서 있다. 말하자면 일반적인 혁명 서사에서 대학생들이 민중을 대변하면서 자유민주주의 승리를 획득하는 것으로 그려지는 것과는 달리, 「무너진 극장」에서는 "인파로 가득히 메워져 있"는 "큰거리"에서 "부정부패와 학정에 대한 씻을 수 없는 혐오가 한 덩어리로 뒤엉"킨 "거대한 힘의 무게"에 휩쓸려 버리는 존재로 묘사된다. 주요 인물 나는 이 힘에 압도되어 "사람들의 성난 대열에 가입돼 버리"고 이들과 함께 "평화극장을 향하여 맹렬한 속도로 달려"가는 것이다. 사람들은 "사슬에서 풀려 나온 짐승처럼 으르렁거리"면서 극장을 "닥치는 대로 부수"고, "눈앞에 닥친 무질서에 환장해 버려서, 마치 사회와 인습과 생활규범을 몽땅 망각한 것"처럼 행동하면서 "동물이나 내는 기괴한 탄성을 지"른다. 나 역시 "고고한 승리를 목전에 두고 있는 사람만이 가질 수 있는 크낙한 쾌감, 기막힌 흥분이 엄습해" 오는 것을 느끼며 "무의식중에 앞에 보이는 물건들을 부수기 시작"한다.

나는 이와 같이 관찰하면서 참여하는 이중적 존재이다. 게다가 나의 참여는 주체적이고 선도적인 의식 아래 이루어지는 것이 아니라 집단이 만들어내는 거대한 힘에 압도되고 그 대열에 "가입돼 버리"면서 이루어진다. 이것은 기성작가들이 기성세대를 비판하면서 대학생들을 역사의 새 주체로 부각시키거나, 대학생들이 주도한 혁명으로 인해 기성세대가 재생할 기회를 얻는 것으로 해석하는 것과는 다른 방식이다.

또한 이것은 시간에 대한 감각차를 발생시킨다. 기성작가들은 과거를 부정하고 현재를 승인하는 서사 전개를 채택하지만, 박태순은 "인생과 사회와 역사에 대한 우리의 시련이 도리어 그때로부터 출발되고 있었던 듯한 느낌으로" 혁명이 "의연히 계속 진행중임"을 확인하면서 미래의 시간성 안에 혁명의 시간을 밀어 넣는 것이다. 그 점에서 혁명은 1960년 4월 26일에 완결된 것이 아니라 지금도 진행 중이다. 그리고 진행 중인 혁명을 주도하는 자들은 학생이 아니라 학생을 포함한 유동적이고 미확정적인 집단이다. 따라서 관찰자인 나가 "고귀한 무질서가, 미래에 있어서는 고귀한 자유, 고귀한 행복, 고귀한 가치로 축조 건설되리라고" 생각하면서 "새로운 시대를 알리는 그 타종의 울림을 새로운 세대였던 우리가 거느리고 나타날 수 있었음"을 감격스러워할 때, "새로운 세대였던 우리"에는 당시의 대학생들만 포함되는 것이 아니다. 즉 박태순의 세대감각은 자기 자신을 포함한 대학생들뿐만 아니라 역사에 주체적으로 개입한 다수를 향해 열려 있다. 그 점에서 작가는 4월혁명기에 대중화된 '세대'라는 어휘를 재개념화하려고 시도했지만, 이것은 혁명의 참여자들을 모두 포괄할 수 없는 제한적인 개념이라는 점에서 그의 세대의식은 착종되어 있다. 역사의 주체를 민중 속에서 발견하고 이들과 연대하려는 의식 및 자신을 포함하는 새로운 세대의 역할에 대한 긍정이 중재되지 못하고 뒤섞여 있기 때문이다. 그리고 「무너진 극장」이 1968년에 발표된 소설이라는 점에서도 짐작할 수 있듯이, 이것은 4월혁명에 대한 해석 방식이 재검토되는 상황을 반영하고 있는 것이자 그에 대한 답변의 하나라고 할 만하다. 요컨대 이 소설은 세대론을 활용한 대학생 중심의 혁명사가 민중들의 혁명사로 재해석, 재구성되는 과도기의 상황을 반영하고 있다.

3. '그/녀들'이 소거되는 방식

1) 폭동과 평화 시위의 대비와 도시 하층민 남성의 배제

앞에서 살펴보았지만 대학생들을 혁명사의 중심에 놓는 작업은 청년들의 대립항(타자)을 설정하는 방식으로 이루어졌으며 대표적인 대립항은 기성세대였다. 그렇지만 대학생들이 거리 곳곳에서 주도한 혁명의 특성을 부각시키기 위해서는 또 다른 대립항이 요청될 수밖에 없으며 시위에 참가한 군중은 손쉬운 선택 대상이 되었다. 이것은 익명성과 소극적인 참여를 강조하는 방식으로 군중을 청년들의 배후에 위치 짓거나, 평화(비폭력)와 폭력, 합법성과 불법성을 둘러싼 담론화 작업을 통해 혁명의 이념을 훼손시키는 군중을 혁명사에서 배제하는 방식으로 이루어졌다.

사실 당시의 대학생들은, "국공립사립대학으로부터 사회에 진출하는 대학졸업생수 17,329명 중 1만4천여명이 군입대"하였고, "여자졸업생 약2천명을 제외"한 "사회진출인원수 2천여 명의 취직은 상당히 곤란할것이예상되고있다."(「금년도 대학졸업생 거의 입대하고 실제사회진출은 2천명 내외」『조선일보』1958년 1월 24일자)는 기사처럼 심각한 생활난을 겪고 있었기 때문에, 경제면으로나 외관상으로나 도시의 하층민들과 쉽게 구분되기 어려운 경우가 대다수였다. 그렇기에 학생들과 도시 빈민들을 분리시키는 가장 손쉬운 방법은 교복을 입고 거리에 나선 청년들과 남루한 옷차림을 한 빈민들을 대조시키는 것이었다. 가장 두드러지게 선택된 방법은 교복을 입은 학생들이 평화적 시위를 내세운 반면 "남루한 의복"을 입은 도시 빈민들은 파괴행위를 일삼았던 것으로 묘사함으로써 무지하고 빈곤한 자들의 참여를 혁명의 오점으로 형질 전환시켜 공적 역사에 기록하는 것이었다.

학생들은 기성세대의 비판자이자 민중의 대변자로 자처했지만, 민중들의 요구를 실제로 반영하지는 않았다. 학생들이 내세운 4월혁명의 가장 대표적인 의제인 부정 선거 규탄과 재선거 요구는 국민국가가 국민주권에 입각해 채택하는 근대적인 대의제의 전제, 즉 1인 1표라는 정치적 평등(황병주, 2007, 7쪽)을 재확인하는 일이기도 하였지만, 모든 사회 구성원들에게 등가의 권리를 보장해주는 듯한 이 형식적 평등 속에는 실질적 불평등이 내재해 있었다. 즉 혁명의 주도세력이 대의제 민주주의라는 제도적 합법성이 유지되는 영역에 머무는 것은 근대 정치가 작동되는 바로 그 방식, 즉 국민주권이라는 가정이 실제 현실처럼 보이도록 대중을 훈육하고 규율화함으로써 대중 스스로 현실적 불평등을 민족/국민 속의 평등으로 상상/치환하게 하는 방식(황병주, 2007, 38쪽 ; 김명재, 2006, 95~96쪽 ; 김성보, 2009, 76~82쪽 ; 김미란, 2006, 261쪽)[16)]에 부합되는 것이다. 혁명을 주도한 대학생들

---

16) 단, 황병주는 인민주권론에 따라 인민주권이라는 표현을 사용했지만, 대한민국에서는 인민주권 대신 국민주권이라는 용어를 선택하였기 때문에 인용하면서 국민주권으로 표현을 바꾸었다.

참고로, 국민주권론과 인민주권론은 주권적인 공동체와 공동 의사의 구성 및 형성면에서 서로 상이한 세계관에 기초해 있다. 국민주권론은 추상적이고 이념적인 전체가 대표를 통해서 스스로 현상하는 과정으로 국가를 이해하고, 인민주권론은 개별이고 구체적인 개인들이 자신들의 고유한 권리를 보유한 상태에서 전체에 통합되어 가는 과정으로 국가를 상상한다. 전자에서 개인은 전체의 부분으로서만 이해되지만, 후자에서 개인은 능동적 시민으로서 단체의사를 형성하는 주체로 인정받는다. 그 점에서 인민주권론에 기초한 헌법은 기본권을 참여권적 성격으로 이해한다.

그러나 남한에서는 인민주권론이 아닌 국민주권론을 채택하였다. 서구에서 국가에 선행하는 인간 보편개념으로서의 '인민(people)'과 국가를 매개로 재규정되는 '국민(nation)'개념은 공존하는 것이지만, 1945년 해방 후 한반도에서 좌우대립이 심화되면서 인민 또는 인민과 연관된 용어는 금기어가 되었다. 헌법 제정 과정은 이것을 가장 극적으로 드러낸다. 헌법을 만드는 과정에서는 '인민주권론'의 영향으로 국가권력의 원천을 '국민'이 아닌 '인민'으로 보는 견해가 우세하였으며 헌법 초안에는 "국가의 권력은 인민에게 있고 모든 권력은 인민으로부터 발한다(총강 제2조)"고 명시하였다. 국가에 선행하는 권력의 원천을 '인민'으로 파악하되, 그 국가에 의해 규정되는 '국민'은 법률에 따라 요건을 정하는 논리적 수순을 밟

의 선언에 나타나는 이념적 기조는 명백히 자유민주주의였으며 이들의 선언문 어디에도 정치, 사회, 경제의 개혁 방향에 대한 주장은 나타나지 않는다(백영철 편, 1996, 165쪽)는 지적처럼, 국민주권의 형식은 민주주의 실현의 기본으로 인식되었지만 그 실제적인 내용에 대한 고민은 불충분했던 것이다. 물론 1950년대 지식인들의 논의에서 가장 큰 비중을 차지한 민주주의담론이 오직 형식적, 절차적 민주주의에 한정되었던 것은 아니다. 하지만 이 시기에 경제적 불평등으로 고통받는 하층민들은 국민, 공민, 인민, 민중, 백성 등으로 불리면서 지성으로 무장한 근대적 개인들인 지식인들의 계몽 대상으로 규정되었을 뿐, 사회경제적 불평등을 스스로 해결할 수 있는 역량은 좀처럼 인정받지 못하였다. 그 점에서 혁명의 주동세력들이 민중의 이름을 빌리면서도 민중적 원칙에는 무관심한 것을 모순으로 느끼지 않았다는 사실을 지적하는 것은 중요하다. 이들에게 민중은 동원과 해석의 대상이지 행위의 주체는 아니었던 것이다.

이러한 상황에서 도시 빈민들은 당면한 민생 문제가 아닌 공정 선거와 민주주의의 회복이라는 자유주의적 정치담론 속에 휩쓸렸고(학민사편집실 편, 1984, 255 · 265~266쪽)[17] "못 살겠다 갈아보자"라는 민

았던 것이다. 하지만 결국은 헌법에서 '인민'은 배제되고 '국민'개념이 채택되었다.

그 점에서 4월혁명 당시 정치적 의사를 표현할 때 국민보다는 시민이 더 선호되었던 것은 당시 주체구성담론에서 국민은 국가에 종속된 인간으로 표상되는 것이 일반적이었기 때문으로 보인다. 당대의 지식인들은 법적 규정으로만 보면 의미상 차이가 크지 않은 국민과 시민을 분리하려고 애썼다. 이들이 시민에 부여하고 싶었던 것은 국가의 구성원으로서 의무를 수행하는 주체이면서도 국가와 분리되어 국가의 규제에 저항하는 자율적 존재인 근대적 개인의 상이었기 때문이다. 그리고 국가와 협상하거나 국가 정책을 비판하고 그에 저항할 수 있는 주체이자 국가와 사회 발전을 책임진 존재로서의 시민에 대한 관심이 이들로 하여금 고등교육을 받고 있는 청년들인 대학생을 특별히 주목하게 만들었던 것이다.

[17] 주체화되지 못한 기층민들은 4월혁명 당시뿐만 아니라 사후에도 자신들의 언어를 남기지 못했다. 혁명의 와중에 희생된 덕성여중 2년 최신지양의 어머니 오준

주당의 선거 구호를 혁명의 거리에서 제창하는 수준에서 자신들의 경제적 요구를 가까스로 틈입시킬 수 있을 정도였다. 다만 이들은 자신들의 설명할 수 없는 분노를 파괴적 행위로 표현했으며 경찰의 과잉 진압은 경찰서와 관공서를 주요 공격 대상으로 삼게 된 원인이 되었다.

습격 대상이 경찰서와 관공서라는 것은 국가 폭력에 대한 저항의 의미를 띤다. 이러한 도시 빈민들의 폭력은 수시로 학생들의 평화 시위와 비교되었다. "학생들의 흥분은 절정에 달하고 대렬은 결사적인 전진을 계속하여 마침내 경찰방어선을 뚫고 2만여명의 학생이 노도와 같이 경무대쪽으로 밀려 들어갔다."와 "이무렵 데모대에 섞였떤 남루한 의복을 입은 청소년 약 3천명이 갑자기 중앙청 돌담을 뛰어 넘어 문교부와 부흥부 청사를 마구때려 부수는 한편 부흥부 앞에 세워놓은 차량 10여대를 부수어서 엎어놓고 뒤뜰에가서 문교부장관차등 6대를 파괴하였다. 완전히 폭력화한 이들은 「중앙청등사실」을 부수고 수만 매의 종이를 뿌려 던졌으며 문교부 「영화검열실」도 때려엎었다"(현역 일선기자동인 편, 1960, 91쪽)와 같은 자극적인 대비 방식의 서술을 통해 군중들은 시위 기간 내내 파괴적인 폭동자로 부각되었던 것이다.

때로는 학생들의 폭력이 부랑자들의 행위로 의도적으로 오역됨으로써 은폐되기도 하였다. 당시 고려대학교 총장이었던 유진오는 4월 18일 밤 고려대학교에 모인 시위대들이 "소규모의 무장기동대화"한 것에 대하여 "이날밤 데모대속에 학생은 섞여 있지 않았다"고 사실과

선은 회고록에서 "3·15선거가 있기 훨씬전부터 시장의 화제거리는 장사일을 빼놓고는 온통 선거에 관한 것이었"으며 "각자마다 말하는 내용이나 이야기거리는 달라도 일치하는 점은 이대로는 못살겠다는 것이"었다고 당시 상황을 떠올린다. 이처럼 4월혁명에 대한 회고는 당대의 정치적 쟁점인 부정 선거를 중심으로 이루어지는 것이 일반적이었다. 김주열의 형인 김광열처럼 "아직도 이 사회에는 부정부패가 비일비재하"고, 현 박정희 정부는 "대중을 위한 정치"가 아니라 "특권만을 위한 정치"를 하고 있으며 "하층시민은 굶주림에 허덕"이고 있다고 비판하는 회고록은 매우 드물다.

다르게 진술함으로써 학생들의 행위를 폭력과 구분하고자 했던 것이다.(현역일선기자동인 편, 1960, 105~106쪽) 그런 점에서 폭력적인 도시 하층민들이 배제되는 방식은 르네 지라르의 '희생양 메카니즘'을 충실히 따른다.(르네 지라르, 1988) 하층민들을 위기를 창출하는 도시의 불량배들로 타자화하고 폭력을 이들의 존재론적 속성으로 만드는 것은, 혁명기에 형성된 정치적 공동체에서 이들을 추방시킴으로써 지식 청년들의 행위를 합법적이며 정당한 것으로 만들기 위한 전략이다. 곧 위기담론을 창출함으로써 청년세대들이 강조한 시위의 정당성이 한층 더 부각되는 셈이다.

반면 대학생의 행위가 폭력임을 불가피하게 인정해야 할 때는 정당성을 결여한 폭력(질서를 교란하는 불법적 행위)과 정당성이 있는 폭력(법적 인정이 가능한 행위)을 구분하는 방식으로 청년들의 행위를 합법화하였다. 평화적 시위와 폭력이 분리되면서 폭력의 경계가 설정되었으며, 학생들 역시 이를 전적으로 수용함으로써 국가 폭력에 반대하는 저항의 규칙에 합의한 것이다.(조희연·조현연, 2002, 49쪽)[18] 결과적으로 이것은 국가가 폭력을 구분하는 권한을 독점해야 한다는 것을 인정하는 일에 해당할 터이다.

4월 26일 이승만의 하야 발표 직후부터 시작된 학생들의 질서회복 운동은 도시 빈민들을 '공공기물의 파괴자'로 공공연하게 낙인찍는 데 한몫하였다. '4·19의 영웅들'은 "「데모의 깃발을 거두고 내일을 생각하자」는 냉정하고도 정열적인 판단아래 거리마다「국가재산을 보호하자」는 스로간을 내걸고 마이크선전차를 몰고다녔으며 데모군중의 전부를 저물기전에 모두 집에가도록" 조치하였다. 또한 이들은 계엄사령부의 요청에 따라 헌병들과 함께 26일밤 각 경찰기관에 배치되어

---

18) 조희연·조현연은 폭력의 국가 독점과 저항의 규칙에 대한 합의를 근대 민주주의의 특징으로 설명하고 있다.

"마비상태에 빠진 서울시내 경찰치안"을 돕는 데 적극적으로 나섰다. "자발데모에 자율수습으로 종시 유종의 미를 거둔 대학생들"에 의해 27일밤에는 "잡음이 깨끗이 씻겨지고 말쑥이 차려진 거리를 거닐" 수 있게 되었다(현역일선기자동인 편, 1960, 202~203쪽)는 진술에서 우리는 폭력배들이 청년세대가 지키고자 하는 민주주의적 질서를 '위협'하고 '국가'를 파괴하는 무법자들로 규정되어 있음을 확인할 수 있다. 비제도적 차원에서 저항이 일어난 정치적 공간은 보호해야 할 국가 재산이 있는 공공의 공간으로 순식간에 전환되었으며, 공간의 의미 전치를 통해 저항의 한계선이 확정됨으로써 '불법적인' 폭력은 철저한 거부 대상이 되었던 것이다. 그리고 폭력성을 결정하는 것은 폭력의 사용자가 아니라 폭력의 대상이며, 인간은 폭력이 마치 자기에게 가해지는 것처럼, 즉 자신을 피해자처럼 연상할 수 있어야 비로소 폭력으로 인식될 수 있다면(공진성, 2009, 23쪽) 당시에 하층민들의 폭력에 희생되는 피해자로 상상된 것은 국가와 국민이었다.

그 점에서 국가 재산을 보호하자는 구호는 당시 학생들과 치안 유지자들, 이를 유포하고 담론화한 신문기자와 같은 당대 지식인들의 이념적 지향을 뚜렷하게 보여주는 것이기도 하다. 경찰서와 관공서가 더 이상 분노의 표출 대상이 아닌 국가 재산이라고 인식하는 것은 국가의 공적 권위 회복의 욕망을 암시한다. 이로 인해 공공영역은 더 이상 시민들이 정치적 의견을 표출하면서 국가와 충돌하고 협상하는 공간이 아니라 국가의 공권력에 의해 지배되고 규율되는 공간으로 재영토화되는 것이다. 폭력에 기초한 국가의 강제력인 공권력은 원리적으로 전사회의 이익을 실현하기 위해 필요하다는 국민 동의에 기초해야 한다는 점에서 국가 재산인 경찰서와 관공서는 '공'의 구체적, 사회적 표현(황병주, 2007, 27쪽)에 해당한다. 또한 바로 이 점에서 공공시설을 파괴하는 자는 국민의 재산을 파괴하는 범법자일 뿐만 아니라 시민들의 삶을 위협하는 비시민이 되는 것이다. 사회적 소유로서의 공유와 국가의 소유로서의 국유는 확연히 구분되지만,(황병주, 2007, 19쪽) 혁명의 주도세력은 국가의 소유를 대중의 사회적 소유와 통합시켜 이해함에 따라 결과적으로 공적 질서의 회복이라는 이름으로 국가에 자신들의 권한을 반납하였다고 말할 수 있다.

이처럼 무지한 하층민들에 대한 불신뿐만 아니라 이들이 정치적으로 활성화되는 것에 대한 경계심이 혁명 서사의 한 축을 형성한다. 그 사례는 「무명기」에서 만날 수 있다. 이 소설은 신문기자들이 혁명의 전야에 깡패들이 고려대학생을 습격한다는 정보를 입수하고 청계천의 한 대포집에서 대기하는 상황에서 "하루 품팔이에 지친 막벌이군들"이 대화를 주고받으면서 시작된다.

> 「자네, 우리같은 막벌이 노동군들에게 산다는게 뭔지 아나? 다만 컬컬하게 목을 추겨주는 대포 한잔에 그날 그날을 걸고 살아가는 거라네.」
> 「글세 그날 그냥 대포 쌌거리라도 있기만 하다문야 오즉 좋겠나.」
> 「미친 소릴랑 좀들 작작하게. 지금 마산에선 어떤 일이 벌어지고 있는 줄이나 아나?」
> 「제기랄! 밤낮 속아산 우리넨데 선거를 올바로 하면 누가 우릴 공으로 멕여준다던가?」
> 「잔말 말고 자네들 손이나 믿게. 우리를 버리지 않는 건 우리들 손 뿐이라네. 거칠대로 거칠어지고 못이 박혔어도 이 놈의 손이 그래도 여직껏 내입에 풀칠을 해준걸세.」(오상원, 1961,328~329쪽)

텍스트에서 이 대화는, "그 어디선가 알 수 없이 깊은 심연으로부터 있어야 할 세계가 피어오르는 그 벅찬 숨결 소리를 견딜 수 없이 조마로히 기다리고 있"는 두 명의 젊은 신문기자들과는 달리, "정체된 공간"에서 "변한 것은 아무것도 없"이 술만 들이켜는 '막벌이 노동군들'이 니누는 두서없는 이야기로 의미화된다. 이 삽화 이후에 전개되는 서사의 초점은 "불법, 공갈, 협박, 사기가 뒤범벅이 친 3·1정부통령선거를 규탄하는 제1마산사건에 뒤이어 제2마산사건이 터지자 정부가 취한 민중 적대시정책과 야수적인 보복정책에 분격한 학생"들이 "빼앗긴 자유와 권리를 다시 되찾기 위하여 교문을 박차고 가두로 진출"해 시위를 벌이는 긴 과정에 맞추어져 있다. 사건의 관찰자이자 기록자인 신문기자 최준은 종로에서 광화문, 경무대에 이르는 학생들의 시위 경로만을 좇으며, 이로 인해 혁명의 서사는 학생들의 투쟁의 서사로 고착된다.(신동문, 1960, 353쪽)[19] "정치적인 광장"에서 데모대원들이 "성난 물결과 같이 뽀얗게 먼지를 날리면서" 경무대로 밀려가자 "연도에 늘어선 수만 군중들"은 "갈채를 보내고 정차한 버스와 전차 그리고 고층건물의 창가"에서 시민들은 "격려의 박수"를 터뜨린다. 시민들은 청년들의 배후에서만 존재하는 것이다. 하지만 "시내의 전대학생들"이 밤이 되자 "내일을 기하여 대대적인 데모로 돌입할 기세"를 보이며 흩어지는 것과는 달리 "하루살이에 허덕이는 서민들"은 "누가 맞아죽건 누가 집권을 하건 아랑 곳이 없이" 혁명의 거리를 순식간에 좌판을 늘어놓은 길거리 시장으로 변모시키고 만다. 이것은 작가가 최준을 통해 "그들에겐 자유니 인권이니 하는 따위보다는 오히려 그들의 생활에 직결된 산생활"이 중요하다는 것을 발견하는 방식으로 도시 빈민들이 혁명의 주체로서 자격을 상실하였음을 선포하는 장면

---

[19] 당시 신문 기사나 수기 같은 혁명 기록물들과 문학 텍스트들은 거의 대부분 학생들의 이동 경로에 따라 혁명의 서사를 전개했다. 이는 신동문이 "서울도/ 해솟는 곳/ 동쪽에서부터/ 이어서 서 남 북/ 거리 거리 길마다/ 손아귀에/ 돌 벽돌알 부릅쥔 채/ 떼지어 나온 젊은 대열/ 아! 신화같이/ 나타난 다비데군들"에서처럼 서울의 전시가지를 모두 혁명의 거리로 표상하는 방식과 차이가 있다. 소설에서도 매우 드물게 예외적인 경우가 발견되는데, 김정한의 「지옥변」이 그것이다. 대부분의 소설에서 공간은 대학생들의 활동범위 혹은 시위 경로를 중심으로 배치되지만(신동문의 시도 거리를 대학생들의 활동의 장으로 재현한다는 점에서는 동일하다), 「지옥변」의 공간 배치 방식은 이와 다르다. 도시 빈민들의 거리 진출을 다룬 이 소설에는 익명의 소도시 거리만이 등장한다.

에 해당한다.

그 점에서 작가가 시위가 과열됨에 따라 학생 데모대에 "일반 시민들, 구두닦이 꼬마들, 허름한 옷차림의 실업자들"이 끼어들어 데모대가 "혼돈"되어 버리는 장면을 그리는 것은 자세히 논의될 필요가 있다. 이것은 데모대가 '혼돈'되면서(현역일선기자동인 편, 1960, 131~132쪽)[20] 발생하는 폭력적인 상황을 4월혁명사에 끼워 넣는 방식으로 학생들의 정치적 목표를 이들의 분한과 선명하게 분리시키는 서사 전략이다.

이때 청년 몇이 달려오며 이들을 급히 제지하였다.
「우리는 파괴를 위하여 데모를 하는 게 아니란 말이요!」
학생데모대원들인 모양이었다. 그러나 부수던 측은 그게 아니었다.
「우리가 낸 세금이란 말야. 제놈들 이따위 차타고 다니리 세금을 낸줄 아나. 그러니까 상관 없단 말야.」
「그렇다고 부숴야 한다는 법이 어디 있오. 곧 이것은 우리의 재산인 동시에 국가의 재산이란 말이요. 타고 다닌 놈이 나뿐 놈이지 이 차를 때려 부숴서 그래 어떻게 하잔 말이요? 더욱이 이 속엔 ⑤인 외국인 차들이 있지 않나 말이요. 외국인에 대한 우리의 위신을 생각해야 될게 아니요.」
「외국인이고 뭐고 말야. 원조물자 가져다 놓곤 고관들과 끼고 자기네 끼리 다 해먹었지 우리한테 손바닥만한 밀가루 떡 하나 줬나 말야. 얻어 먹었다는 건 먹다 담배 꽁치가 기어나오는 꿀꿀이 죽 뿐이 아니었난 말야.」
「그러나 그러한 화풀이를 하자고 우리가 데모를 하는 건 아니란 말요.」
「제기랄! 그럼 요담 누가 대통령이 되면 우리를 공으로 먹고 살게 해준다던가? 배고픈 놈에겐 감정밖에 남을게 없단 말야.」(오상원, 1961, 416~417쪽)

---

[20] 당시에는 '혼성데모대', '혼합데모대'라는 표현이 쓰였으며 이 표현은 대체로 학생들의 시위에 일반 시민들이 가담하였음을 가리키는 데 사용되었다. 그 점에서 학생 중심의 시각이 반영된 표현이라고 하겠다. 하지만 이 표현은 때로 순수한 학생들의 평화 시위와 난폭한 군중들의 폭력행위를 구분하는 데 이용되기도 하였다.

당시 시위 상황에서 정부의 강경 진압에 흥분한 학생들 역시 무작위로 공공기물을 파괴하였지만, 파괴행위는 "감정밖에 남을게 없"는 도시 빈민들의 "화풀이"로 해석된다. 이를 통해 이성적인 학생들의 평화적인 투쟁과 몰지각한 하층민들의 폭력행위가 극명하게 대조되는 것이다.

극히 이례적으로, 도시 빈민인 신문사 소제부가 주인공으로 등장하는 박연희의 「개미가 쌓은 성」(박연희, 1962)에서도 장서방이 외치는 것은 "경무댈 가자⋯⋯. 폭정은 이적이다"라는 학생들의 구호이다. 하지만 "데모가 우리안테 무슨 소용이"냐는 아내의 말에 "삼일오 부정선 걸 다시 하라는 거요. 정 · 부통령을 새로 뽑자고⋯⋯. 이건 이승만과 이기붕이 물러나라는 말이오.⋯⋯그놈들이 물러나면 민주주의가 잘 돼서 우리도 잘 살 수 있단 말오"라고 하는 장서방의 발언이나, 이승만의 하야 성명을 듣고 자신이 일하는 신문사의 기자에게 그가 "인제 없는 사람도 잘 살게 될 것 같소?"라고 묻는 데서 이 소설이 하층민의 요구를 미약하게나마 반영하고 있음을 짐작할 수 있다.

다만 폭력 혹은 무질서에 대한 깊이 있는 사유는 1960년대 후반부터 등장하기 시작한 민중담론의 영향을 받은 박태순의 「무너진 극장」에서 유일하게 나타날 따름이다. 2장에서 지적하였듯이 이 소설에는 "사슬에서 풀려 나온 짐승처럼 으르렁거리"고 극장을 "닥치는 대로 부수"며 "눈앞에 닥친 무질서에 환장"한 사람들이 등장한다.(「종로일대 경관철수」『동아일보』1960년 4월 26일자 ; 이만갑, 1960)21) 텍스트에

---

21) 평화극장이 누구에 의해 어떻게 파괴되었는지에 대한 당시 기록은 찾기가 쉽지 않다. "「평화극장」에 불을지르려는 「데모」대를막기위하여 이중삼중으로방어선 을치고있는 군인들에게물결같은 「데모」대가닥치자 공포에질린 농촌출신군인들 은 「탱크」로「데모」대를밀면서 기관총을발사 마침내는 일명이 「탱크」에깔려 머 리가파열되고 최소한5명이관통상을입었다."처럼 시위대와 군인들의 충돌은 심각 한 결과를 초래했지만, 이를 간략하게 보도한 기사만 드물게 눈에 뜨일 뿐이다. 따라서 군인들이 극장 안으로 들어와 시위대를 진압했는지는 확인하기 어렵다.

서 이들의 극장 파괴행위는 "관람석을 분해시켜 그곳의 효용가치를 파괴시키는 무질서에의 작업을 열렬한 흥분 속에서 감행하"는 것으로 설명된다. 또한 이것은 "정권유지에 급급하여 제멋대로 부정을 자행하던 지도자들이 만들어 놓은 그러한 질서를 인정할 수가 없었"기 때문에 일어난 것으로도 해석된다. 나아가 이들의 "원시인들과도 같이 깩깩 고함을 지르며 제멋대로 날뛰"는 행동은 "원시적이고 본능적인 무질서에로의 해방상태"로까지 이해되는 것이다. 해방상태는 "이런 도취, 이런 공동 무의식이 잠재되어 있"는 "데모의 다른 한쪽 면"이자 "연극놀이"이다. 그리고 이는 "비참한 상처"와 "파괴된 폐허"에서 "우뚝 그 밝음을 드러내"는 "새날의 출발"을 위한 것이다.

박태순은 의식과 무의식의 영역, 이성과 비이성의 영역을 구분하면서 폭력을 '무의식'의 영역 안에서 설명하려고 시도하고 있다. 이것은 폭력을 불법행위로 낙인찍으면서 폭력배들을 규탄하고 공적 역사에서 이들을 제거하고자 하는 담론작업과는 매우 다른 방식이다. 폭력이 합법성과 정당성을 상실한 행위가 아니라 새로운 질서 수립을 위해 필요한 불가피한 요인 중 하나로 인정된 것이다. 그렇기 때문에 여기에는 "국가에 의한 물리적 힘의 행사와 대항적 힘의 행사"라는 구별, 즉 "힘의 행사를 질적으로 구분하고자 하는 비판적 의도"(사카이 다카시, 2007, 7쪽)가 담겨 있다. 하지만 작가가 폭력을 무의식적인 행위로만 이해하고자 함에 따라 지배의 유지를 위한 강제력에 반발하는

그리고 비록 군인들과의 충돌이 있긴 하였지만, 당시 시위대에게 공권력을 폭력적으로 행사한 자들은 경찰이었지 군인이 아니었다. 게다가 군인들은 시위대를 보호하는 행동을 취하거나 시위를 방관하기도 했기 때문에 혁명 당시 시민들은 이들에게 상당히 큰 호감을 보였다. 이만갑의 「군인=침묵의 데모대」가 대표적이다. 그 점에서 극장 안에 숨어 있던 주요 인물 나가 군인들에게 "사살되어 버리고 말 것"이라는 공포를 느끼는 것은 사실적인 접근이라고 보기 어렵다. 다만 이것은 박정희 정권의 등장 후에 군인에 대한 재해석이 이루어지게 되는 상황을 반영하고 있는 것이라고 하겠다.

계획적인 힘의 행사(사카이 다카시, 2007, 8쪽)에 대해 사유하는 것이 어려워진다는 한계 역시 드러난다.

2) 혁명의 삽화 : 여성 참여자들의 재현 방식

저항의 주체를 확정하고 시위에 합법성을 부여하는 당대 지식인들의 담론작업에서 경쟁 상대는 항상 도시 하층민 남성들이었다는 점은 모든 혁명 기록물에서 확인할 수 있는 사항이다. 소설 텍스트도 마찬가지여서 기성세대 작가들의 소설과 박태순의 「무너진 극장」은 혁명을 서사화하는 방식에서 큰 차이를 드러내지만, 시위의 적극적인 참여자들을 예외 없이 남성으로 설정하고 있다는 점에서는 동일하다.

이것은 당시 시위에 참여한 여성들의 폭력행위가 남성들의 폭력과는 다른 방식으로 처리되었다는 점을 암시한다. 이들의 폭력행위는 거의 보도되지 않았으며 당연히 이들은 폭도로도 간주되지 않았다. 혁명의 기록자들은 독자의 시각을 붙잡기 위해 단발머리, 흰 한복 등과 같은 여성의 외양 묘사에 주력했으며, 이들의 행위를 늘 개인적이며 개별적인 현상으로만 취급하려 했다.(현역일선기자동인 편, 1960, 127·931쪽)[22] 여성들의 참여는 혁명을 장식하는 삽화로 고정되어 있

---

[22] "국회의사당 정문앞에서 단발머리를한 숙명대학교학생 「김종자」양이 앞으로 뛰어나와「선거를 다시하자」는 푸라카드를 양손에 쳐들고 목메게 외쳤다. 데모 대는 김양을 하늘 높이 치켜들고 만세를 부르고, 연변 시민들은 박수를 아끼지 않았다."나 "이리저리 탱크를 피하면서 비켜서지를 않고 있던 군중은 갑자기 소복여인이 탱크 위에 기어올라 「만세」를 부른것을 계기로 삽시간에 탱크에 기어올라 탱크의 자유를 묶어버렸다. 수만 군중으로 부터는 우뢰같은 박수와 환호성이 터져나왔다."가 그 예에 해당한다.
혁명의 과정을 신속하게 보도한 신문 역시 여성 참여자들이 집단적으로 저항하는 행위보다는 눈에 뜨이는 개별적인 행위를 부각시켰다. 일례로 1960년 4월 20일자 『동아일보』 기사인 「학생데모화보」에는 여학생이 플래카드를 들고 선두에 나선 사진이 실려 있다. 사진에는 "정·부통령선거다시하라"는"푸라카드"를든 여학생을 선두로"데모"하는서울대학교학생들"이라는 설명이 달려 있다.

었다는 점에서 혁명은 남성들의 정치였던 셈이다. 4월혁명 당시 소녀들의 과격한 시위행위도 있었지만, 신문에서는 3면의 하단에 「소녀 등 5명 광주서 구속」이라는 제목을 단 1단 기사로 이 사실을 매우 간략하게 취급하고 있을 뿐이다. 기사 제목만으로는 소녀들이 왜 구속되었는지 파악하는 것이 불가능하다. 또한 "이십이일 광주경찰서는 김숙양등 오명을 소요 및 계엄법위반으로 정식구속할 영장을 발부받았는데 지난 19일 「데모」에 참가하여 기물을 파괴한 혐의라고 한다." 가 기사의 전문(全文)이다. 기사의 내용상 소녀들은 학생이 아닌 것으로 추정된다. 따라서 기사에서 읽어낼 수 있는 점은 학생들과 달리 이 소녀들은 사회의 보호를 받지 못했다는 것과 이들의 폭력행위는 위험한 것으로 간주되지 않았다는 것뿐이다.

부산 데레사여자고등학교 학생들의 격렬한 시위 역시 아예 기사화되지 않거나 예외적으로 기사화되었다 하더라도, "19일상오 「경남공고」 「부산상고」 학생들의평화적인 「데모」가끝난후 하오에다시감행된「경남공고」 생들과「데레사」여고생들은 경찰관의 실탄발포에격 노하고 수개처의경찰관서를 돌팔매질로 파괴또는 방화하다가 경찰발포로 10명이 사망하고 52명이거의총상을입고 시내4개병원에입원가료중"(「부산서도 10명이ㅁㅁ」『동아일보』 1960년 4월 20일자)[23]이라고 간략하게 처리되었을 뿐이다. 이날 일어난 시위 중 사망자수와 부상자수가 압도적으로 많았던 사건이었음에도 불구하고 비중 있게 다루어지지 않았던 것이다. 경남공업고등학교와 더불어 "가장 봉기의 우려가 큰" 학교였기 때문에 "형사들이 학교 주위를 둘러싸고 철통같은 경비를 하고 있었"지만, 거리로 달려가 봉기에 적극적으로 참여하였으며 경찰의 찝차를 탈취해 시위의 "선도 역할을 하"였다는 진술은 데레사여고 학생회가 직

---

[23] 기사 제목에서 두 자가 삭제되어 있는데, 이것이 검열의 결과인지는 확인하기 어렵다.

접 작성한 수기 외에는 찾아보기 힘들다.(이강현 편, 1960, 100~105쪽)

여학생들의 참여를 기록한 신문기자들은 광주고등학교 학생들이 "광주여고에 가서「데모」참가를 소리 높여 부르짖었"으며 이러한 "광고생들의 활약은 연약한 여학생들에게 큰 힘이 되었다"고 적음으로써 여학생들의 자발성을 훼손하였으며, 경찰이 "연약한 여학생들의 머리채를 잡아 흔들"었으나 "기가 성한 여학생들은 돌을 집어 물을 뿌리는 소방차에 사정없이 던져 차체 일부를 부셔버렸다"고 기록함으로써 적극적인 저항행위를 기가 센 여학생들의 예외적인 행위로 치부하였다. 이것은 여학생들의 참여를 혁명의 부수적이고 우발적인 사건으로 재현함으로써 거리의 정치를 남성들의 영역으로 확증하는 사례이다.

학생들이 수기에서 채택한 서술 방식도 성별에 따라 큰 차이를 보이며 이것은 거리의 정치에 대한 그들의 이해 방식을 잘 드러낸다. 여학생들은 남학생들과 함께 봉기를 주도하거나 시위에 공동 참여한 것으로 자신들의 행위를 재현한 반면, 남학생들은 여학생들의 참여를 최소화해 기록하면서 혁명의 거리를 남성들의 연대를 확인하는 장으로 재현하였다. 혁명 직후 작성한 남학생들의 수기에서 "사나이들 사이의 굳은 악수, 뜨거운 피가 오고가는 것을 느"끼며(이강현 편, 1960, 128쪽) 시위에 나섰고, 거리에서 다른 학교 학생들과 합류하면서 동지의식을 확인했다는 진술은 흔하다. 그렇지만 거리에서 함께 행동한 여학생들은 "한 가지 지금도 생각하면 눈물겨운 것은 가로에서 두드려 맞는 남학생들을 바라보던 여학생들이, 순경에게 달려들어 결사적으로 비난하며 말리던 모습"(이강현 편, 1960, 24쪽)으로 회상되거나, 시위에 앞장을 선 "몇개의 젊은 꽃봉오리가 또 흉탄에 꺾어지고 말"자 "백여명이나 될 연세대학교 여학생「데모」대의 울음이 시위의 구호모양 한참 동안이나 그 근처를 울렸다"(조화영 편, 1960, 96쪽)처럼 연약한 여성의 이미지를 부각시키는 방식으로 처리되기 마련이었다.

당대의 혁명 기록물에서 여성들의 참여가 주목받고 자세히 기록된 사례는 위문행위 외에는 찾아보기 힘들다. 당시 톱기사로 다루어진 것은 여학생들과 주부들의 부상 학생들을 위한 위문행사뿐이었다.(「4·19 희생자에 눈물어린동족애」『동아일보』1960년 4월 22일자) '혁명투쟁사'의 이름으로 간행된 한 책자에서도 여학생들이 선두에 나선 사실은 몇 줄로 간단하게 요약되었지만, "어머니나 누나"들의 헌신적인 모금운동은 "결코 의거를 방관하"지 않은 사례이자 동족애를 보여주는 대표적인 사례로 특별히 상술되었다.(조화영 편, 1960, 97·126~129쪽)

여성들의 정치참여 행위는 성차뿐만 아니라 계급차에 따라 다르게 처리되었다는 점도 주목되어야 한다. 이것은 매매춘여성들의 시위를 다루는 경우에 가장 잘 드러난다. 3·15의거 당시 마산에서는 "뜻있는 여학생들"이 시위에 "자발적으로 참여했으며 특히 홍등가의 여인들도 합세했"다는 진술을 참조할 때,(3·15의거기념사업회, 1994, 36쪽) 4월혁명에서도 매매춘여성들의 참여가 있었을 것으로 짐작된다. 그러나 3·15의거나 4월혁명을 다룬 당대의 기록물에서는 이 같은 사실을 확인하는 것이 불가능하다. 여성들의 정치 참여는 결코 중요한 사실로 부각되지 않았으며 특히 하층민 여성들의 참여는 혁명사에서 철저하게 배제되었던 것이다.

혁명 후에도 매매춘여성들은 자신들의 권리를 주장하며 시위를 벌였으나 이것은 결코 진지하게 다루어지지 않았고 때로는 그 진의마저 의심받았다. 예컨대 한 기자는 "모든유행이 「파리」에서 시작되듯 「데모」의 발상지 대구에서는 지난 6일 홍등가의 아가씨들 7, 8명이 떼를 지어역전 파출소로 몰려들"어 고향으로 보내달라면서 "악질 포주의 착취밑에 억눌린지 수개성상 이젠 혁명도 끝났으니새출발을 하겠다고 하는 바람에 순경아저씨들은 호주머니를 털어노자를 마련해 주었다"고 적으면서 말미에 "헌데과연 「내고향」으로 갔는지 「남의고향」으로갔는지?"라는 말을 덧붙인다.(「귀향가부른여인데모」 『경향신문』 1960년 6월 10일자) 말하자면 이들의 행위는 사회의 웃음거리에 불과한 것이다. 물론 한 기사는 비록 「가두에 나선야녀들」이라는 자극적인 제목을 달고 있지만, "부산 시내 초량동에있는 세칭 「텍사스」(일명 양아가씨촌)마을의 오백윤락여인들은 "사람위에 사람없다"는 인권표어를내어들고 「데모」「삐라」살포등방법으로 그들의인권옹호투쟁을일으켰다"(「가두에 나선야녀들」 『경향신문』 1960년 7월 23일자)는 사실을 객관적으로 알리고 있다. 그런데 이 기사는 신문의 제일 하단에 1단으로 처리된 반면 신문의 상단에는 「규탄의 횃불전국에!」라는 제하에 "반혁명세력규탄「데모」"의 경위를 구체적으로 설명하는 6단 기사(「규탄의횃불전국에!」 『경향신문』 1960년 7월 23일자)가 실려 있어 대조적이다. 이를테면 전자를 특정한 지역의 특수한 행위로, 후자를 전국적이고 보편적인 행위로 설명하는 기사가 함께 배치됨으로써 매매춘여성들의 시위는 혁명의 일부가 아닌 '그들만의 시위'로 전락되어 버리는 것이다. 그것은 혁명의 현장을 남성들의 정치 무대로 한정시키는 방식이다. 따라서 이는 혁명담론이 성차와 계급차에 기반한 여성과 남성의 역할 차이를 전제하고 있음을 재확인해 준다.(김미란, 2005, 53~54쪽)

하지만 소설 텍스트는 신문 기사나 수기 등과 같은 혁명 기록물보다도 더 인색했다. 여성 인물들의 혁명참여는 좀처럼 찾아보기 어려운 것이다. 가령 「용암류」에 등장하는 여대생 수경은 4월혁명에 참여하러 떠나는 동훈에게서 "무엇인가 요긴한 것을 피하지 말자 수다한 여자들이 애기를 낳고 애기를 기르며 그렇게 살아 가고들 있다. 너도 그런 여자의 범주에 불과하다. 추호도 다르지는 않다, 나를 보고 아버지라고 부르고 너를 보고 어머니라고 부를 것이다"라는 말을 남긴다. 시위에 나서는 것은 아버지의 삶을 위해서이며 아이를 낳는 것은 어머니의 삶을 위해서인 것이다. 여성의 역할을 가정의 영역에 한정시켰던 1950년대에 일반화된 성적 역할 분담론이 혁명의 시기에도 반복되고 있는 셈이다.

남정현의 「너는 뭐야」(남정현, 1961)는 여성에 대한 그보다 더 심한 비하를 보여준다. 집안 누구에게도 인간 대접을 받지 못해 결국 집을 버리고 나온 "대학 출신 지식인" 관수는 "상점은 상점대로 공장은 공장대로 좌우간 눈에 보이는 문(門)이란 문은 모조리 단결한듯 한뜻으로 꽉 닫"고 "집을 나"온 사람들이 네거리에 모여 "피를 토하는 듯한 아우성"을 치는 시위 현장을 목격한다. 하층민으로 추정되는 이들은 "사람 대접을 해라! 너만 살면 제일이야!"라는 구호를 외쳤고 "원시적인 사자후의 함성"을 따라 그는 저도 모르게 대열에 끼어든다. 그리고 시위대에 가담하면서 관수는 자신의 인간됨을 되찾는바, 이 과정은 회사의 여비서로 있는 아내와 중학교를 졸업하고 상경한 식모를 속물로 격하시키는 방식을 통해 이루어진다. 상점과 공장의 문을 닫고 거리로 나온 노동자들과 노동의 가치를 알지 못하는 아내 및 식모를 대비시킴으로써 당대 여성의 삶이 허영과 무위에 가득 차 있음을 부각시키는 것이다.

매매춘여성의 시위 참여에 대한 혐오감을 드러내는 소설도 존재한다. 혁명의 후일담에 해당하는 한문영의 「움직이는 창」(한문영, 1970)에서 주요 인물 나는 4월혁명 당시 "새롭고 진정한 자유민주주의를 성취하"기 위해 적극적으로 시위에 나섰으나, "새 공화국은 출범부터 난항이었다." "하루가 데모에서 시작되어 데모로 저물어 갔"고 "직공들의 스트라이크는 학생에서 간호원들에게까지 번져갔"으며 "첩들에게 남편을 빼앗긴 부녀들마저 광화문 네거리에서 치맛바람을 날렸." 이것은 내가 "점점 데모를 기피하고 현실을 회의하기 시작"하게 된 원인이다. 그런 나에게 "나도 데몰 해봤어요. 참 재미 나더군요. 왜 한줄

아세요?「우리도 사람이다. 비록 웃음을 팔고 살지만 우리도 사람이다. 남자들은 지나치게 육체적으로 우릴 강요하지 말아라!」어때요? 재미나죠?"라고 묻는 매매춘여성은 혁명의 이상을 가장 극심하게 훼손하는 여성에 다름 아닌 것이다.

당대의 성차와 계급차에 기반한 혁명의 담론화작업이 미친 사회적 영향은 오래 지속되었다. 이는 저명한 여성 사회학자 이효재의 글을 통해서도 확인된다. 혁명이 25년이나 경과한 시점에서 그녀는 당시 "부정선거와 이승만 정권을 타도하는 데모대열에 일부 여학생들이 참여, 사상자 명단에 소수가 끼긴 했지만 이것은 여성계의 집합적 의지를 대표하는 입장이기보다 개인적 참여에 불과해 보인다"고 평가하면서, 여성들이 '4·19의 방관자'였다고 결론 내리는 것이다. 그리고 "70~80년대를 통하여 대학, 길거리, 노동현장, 감옥 등에서 인권·민권을 주장하며 투쟁해온 젊은 여성세대"가 "4·19정신과 궤를 같이"한다고 주장함으로써(이효재, 1985, 306~307쪽) 의도적인 것은 아닐지라도 4월혁명에 참여한 수많은 여대생들과 하층민 여성들을 역사에서 소거시키는 담론작업에 참여하게 된다.

요컨대 혁명사는 이름 없는 '그들과 그녀들'의 참여행위를 삭제하는 방식으로 기록되었으며, 이를 통해 청년세대는 1960년대의 주역으로 호명되었던 것이다.

4. 그/녀들은 어디에 있는가 – 민중의 발견

당대의 정치 엘리트들과 지식인들이 대학생들을 혁명사의 중심에 위치 짓고자 한 것은 혁명의 성격을 규정하고 그 한계를 설정하려는 노력의 일환이다. 그런데 혁명의 목표를 국민주권의 회복에 맞추는 것은 학생만이 아닌 대한민국 국민 전체를 '주권 행사의 주체'로 상상했을 때 가능하다. 하지만 주권 실현의 유일한 방법으로 재선거를 요청하는 것은 실제적인 동등한 시민권을 열망하는 것이라기보다 형식적 평등의 제도적 실현을 추구하는 일이다.(찰스 테일러, 2010, 177쪽)

물론 당시가 한국사회 변혁운동의 과정에서 주체 형성의 초기 단계(정기영, 1990, 110쪽)였으므로 민중은 겨우 학생들의 시위에 동원될 준비만 되어 있었다고 말할 만하다. 하지만 상황에 대한 인식과 요구가 학생들과 동일하기 때문에 이들이 혁명에 '자발적으로 동원'될 수 있었다고 짐작하는 것은 무리한 일이다. 오히려 실상은 하층민이 통제 불가능하고 위험한 존재로 상상되었기 때문에 이들이 일으킬 수 있는 폭동에 대한 공포는 만연해 있었으며,[24] 정치 엘리트들과 지식인들은 폭력과 비폭력의 이분법을 적극적으로 활용해 이들을 통어하면서 혁명의 방향을 조절해 나갔다고 보아야 할 것이다. 그럼에도 불구하고 대학생들이 사회질서의 회복을 호소한 4월 26일 이후에도 도시 하층민들의 '일탈'은 계속되었다. 시국대책위도 "공공기관이나 시설및사유재산을파괴하는자는 신생자유대한을파괴하는 범법자요반역자"(「파괴행동의중지」『동아일보』1960년 4월 29일자)라고 비판하면서 이들의 '난동'을 저지하려고 하였으며, 이후 시경에서도 "평화적 시위는경찰이 보호할것이나 관공서에 난입하는등 난동을 부리는자는 현장에서 체포할방침"(「난동하면 체포」『경향신문』1960년 6월 1일자)임을 밝혔지만, 여전히 폭력을 동반한 시위는 빈발하였던 것이다. 비록 이들은 "26일부산에서 「데모」대에가담하였다가 마산까지몰려갔던 「깡패」"로 규정되고, "마산밀양창녕등지를휩쓸어각경찰서와자유당사

---

[24] '비엘리트층의 분출하는 열정'에 대한 '이미 형성된 사회적 불안'을 지적하면서 '혁명과 혼란의 경계'에 대해 논하고 있는 흥미로운 글로는 권명아의 「죽음과의 입맞춤─혁명과 간통, 사랑과 소유권」을 들 수 있다.

옥및여당인사집들을 무차별파괴방화및 약탈행위를 감행"하다 "출동한 군인에게 일당타진되어 부산지구로 압송중에있다"(「86명을압송중 데모편승한깡패들」『동아일보』1960년 4월 29일자)는 기사처럼 군인들에게 일망타진되는 '적'처럼 묘사되었지만, 지식인들의 담론통제 작업에 붙박이지 않고 주저 없이 자신들의 분한을 표출하였던 것이다. 그리고 이승만이 하야한 지 10여 일 만인 1960년 5월 1일에, 거창양민학살사건(1951년)의 유족들이 당시의 면장을 타살하여 불태워 죽인 사건이 발생했는데,(사월혁명연구소 편, 1990, 173쪽) 이것은 하층민들의 분한이 절정에 도달했음을 보여주는 대표적인 사례라고 하겠다. 이후 쏟아져 나온 수많은 노동쟁의와 농민운동은, 1960년대 후반 '민중의 발견' 작업을 통해 자신들의 주체적 역량을 인정받는 길을 여는 데 이바지하게 되는 것이다.

건국 이래 처음으로 민중개념이 정립된 것은, 4월혁명의 성과를 전유한 억압적인 박정희 정권에 맞서 민중주의를 내세운 저항세력이 등장하면서부터이다. 이는 비록 산업화 초기의 사회경제적 문제를 해결하고자 하는 온건한 개념 범주 및 내용을 담고 있었고, 1970년대에 급속한 산업화 과정을 겪으면서 비로소 정치사회적 의미연관을 갖는 정치사회적 범주로 재구성되지만,(박명림, 2008, 249~250쪽) 4월혁명 직후부터 쏟아진 민중의 다양한 정치적 움직임이 없었다면 그와 같은 변화는 가능하지 못했을 것이다.

반면, 이승만이 하야 성명을 발표하자마자 질서 회복을 부르짖으며 폭력적인 시위대를 적극적으로 해산시키고자 했던 대학생들은 5·16 군사혁명 후 더 이상 성인이 아니라 "거리에서 설치고 돌아다니던" 미성년자로 낙인찍힌다. 이들은 "사회를 익숙히 알지 못하고 능난히 적응치도 못하면서 자기간에는 완숙된 어른으로 자처하고 청신한 신세대로서 자기 주장을 고집하"는 청년기에 속하는 존재로 간주되었고, 4월혁명과 같은 "공격적 행동"은 "그들 특유의 정서적 불안정성이며 긴장"을 "해소하기 위"한 것으로 담론화되었던 것이다. 이처럼 청년기에 있기 때문에 생겨나는 이들의 "억눌릴 대로 억눌린 감성"은 "4·19라는 법석소동으로 출구를 찾았"지만, "무절제하게 법석을 부리게 된 책임"도 지지 못하다가 5·16으로 안정감을 얻"고 학원으로 돌아가게 되었다(김성태, 1962, 217~219쪽 ; 장준하, 1972, 80쪽 ; 장준하, 1960, 36쪽)[25]는 식의 해석을 통해 4월혁명과 대학생들의 정치 참여가 갖는 의의는 철저하게 짓밟힌다. "혁명정부의 경제개발이란 과업은 전국민의 비장한 각오없이는 성취될 수 없"으므로 "도농을 막론하고 전국적인 국민 재건운동"을 통해 "국민의 각성을 촉구하는 정신운동"을 실시할 것을 주장하는 것처럼(성창환, 1962, 210·214쪽) 이 시기에 새로 수립되었던 주체는 산업화에 동원될 '국민'이었으므로 혁명의 위상을 깎아내리는 담론작업의 수행은 필수적이었다. 그리고 4월혁명을 주도한 '젊은 사자들'은 이 시기에 중산층이 되어 조용히 기존 질서에 흡수되었다. 하지만 노동자, 농민들은 사회경제적인 문제들을 중심으로 자신들의

---

[25] 학생들을 미성년으로 격하시키는 논의는 박정희 정권을 강하게 비판했던 장준하에게서도 발견된다. 장준하는 「죽음에서 본 4·19」에서 "수유리의 4·19묘지에 갔"다가 "그 185위의 묘중 어찌 단 하나의 어른의 묘도 없이 한결같이 모두 젊은 학생들의 묘뿐인가 하는 것"을 새삼스럽게 느꼈음을 토로한다. 또한 "죽은 학생들의 수효만큼 어른들-소위 지도자, 교수, 정치인-도 죽을 수가 있었던들 오늘날의 이 나라 형편이 이렇게까지야 될 것인가"라는 느낌이 들 때 "지금 이 글을 쓰고 있는 필자 자신을 포함하여 이 나라의 어른들이란 사람들이 얼마나 후안무치의 철면피들인가 하는 생각마저 든다"고 고백한다. 장준하가 이 글에서 말하고자 하는 바는 4월혁명이 장기간에 걸친 투철한 민중혁명이 아니라 단기간에 발생한 학생혁명이었기에 완전한 혁명이 되지 못하였다는 것이다. 그런데 '참 민중의 혁명'을 주장하기 위해 동원하는 서술 전략은 김성태와 크게 다를 바가 없다. 4월혁명 직후에 발행된 『사상계』의 「권두언」에서는 "4월혁명은 자유와 민권의 선각인 이땅의 지식인들의 손에 의한 혁명"이었다고 서술하면서 대학생을 지식인으로 격상시켰지만, 이제는 "어린 학생들만을 제물로 바친 절름발이 혁명이었기 때문에 참 혁명"이 되지 못하였으며 "어른들은 마땅히 죽음으로 그 어린 자식들의 핏값을 찾을 줄 알아야 된다"고 주장함으로써 이들을 성인에서 미성년으로 격하시키고 있는 것이다.

집단적인 언어를 만들어나가기 시작했으며, 이를 바탕으로 1970~80년대에 폭발적인 정치력을 보여주게 된다. 여성들의 정치적 역할 역시 이 시기에 와서 비로소 주목되고 발견되는 것이다.

▣ 참고문헌

강만길 외, 1983 『4월혁명론』, 한길사.

공진성, 2009 『폭력』, 책세상.

권명아, 2010 「죽음과의 입맞춤—혁명과 간통, 사랑과 소유권」 『4·19와 모더니티』 (우찬제·이광호 엮음), 문학과지성사.

김동명, 1957 「상실된 젊음」 『사상계』 제46호.

김명재, 2006 「헌법상의 국민주권의 개념」 『공법학연구』 제7권 제1호.

김미란, 2006 「'시민—소시민 논쟁'의 정치학—주체 정립 방식을 중심으로 본 시민·소시민의 함의」 『현대문학의 연구』 제29권.

______, 2006 「김승옥 문학의 개인화 전략과 젠더」, 연세대학교 박사학위논문.

김성보, 2009 「남북국가 수립기 인민과 국민개념의 분화」 『한국사연구』 제144호.

김성태, 1962 「5·16 이후의 청년심리」 『사상계』 제107호.

김수진, 1996 「제2공화국의 정당과 정당정치」 『제2공화국과 한국민주주의』(백영철 편), 나남출판.

김승태 외, 1960 「노한 사자들의 증언」 『사상계』 제83호.

김주현, 2010 「'의거'와 '혁명' 사이, 잊혀진 여성의 서사들」 『제3회 여성주의 인문학 연합학술대회 자료집 : 4·19혁명과 여성』(한국여성문학학회 외).

김지미, 2003 「4·19의 소설적 형상화」 『한국현대문학연구』 제13집.

김택현, 2008 「다시, 서발턴은 누구/무엇인가?」 『역사학보』 제200집.

르네 지라르(김진석 옮김), 1988 『희생양』, 민음사.

박명림, 1996 「제2공화국 정치균열의 구조와 변화」 『제2공화국의 한국민주주의』 (백영철 편), 나남출판.

______, 2008 여름호 「박정희 시대의 민중운동과 민주주의」 『한국과국제정치』 제24권 제2호.

박수만 편, 1965 『사월혁명』, 사월혁명동지회출판부.

박태순, 1992 봄호 「4월혁명의 기폭제가 된 김주열의 시신」 『역사비평』 통권 18호.

사월혁명연구소 편, 1990 『한국사회변혁운동과 4월혁명 Ⅰ』, 한길사.

______, 1990 『한국사회변혁운동과 4월혁명 Ⅱ』, 한길사.

사카이 다카시(김은주 옮김), 2007 『폭력의 철학 : 지배와 저항의 논리』, 산눈출판
　　　　사.

서중석, 2007 『이승만과 제1공화국 : 해방에서 4월혁명까지』, 역사비평사.

성창환, 1962 「계획성패의 관건은 내자조달에 있다」 『사상계』 제105호.

신동문, 1960 「아ー신화같이 다비데군들」 『사상계』 제83호.

안병욱, 1959 「기성질서에 대한 레지스탕스의 구조」 『사상계』 제69호.

이강현 편, 1960 『민주혁명의 발자취-전국각급학교학생대표의 수기』, 정음사.

이만갑, 1960 「군인=침묵의 데모대」 『사상계』 제83호.

이양하, 1957 「나라를 구하는 길ー모 대학교에서의 강연」 『사상계』 제50호.

이어령, 1965 「4·19혁명은 우리 문학에 무엇을 남겼나」 『사월혁명』(박수만 편),
　　　　사월혁명동지회출판부.

이영환, 1999 봄호 「해방 후 도시빈민과 4·19」 『역사비평』 통권 46호.

이효재, 1985 여름호 「여성과 4·19」 『실천문학』 통권 7호.

장준하, 1960 「권두언」 『사상계』 제83호.

______, 1972 「죽음에서 본 4·19」 『기독교사상』 통권 제167호.

조화영 편, 1960 『4월혁명투쟁사 : 취재기자들이 본 4월혁명의 저류』, 국제출판사.

조희연 편, 2002 『국가폭력 민주주의 투쟁 그리고 희생』, 함께읽는책.

찰스 테일러(이상길 옮김), 2010 『근대의 사회적 상상』, 이음.

천정환, 2009 「해방기 거리의 정치와 표상의 생산」 『상허학보』 제26집.

특집 좌담, 1994 「3·15 당시의 학생들에게 듣는다」 『3·15의거』 제2호, 3·15의거
　　　　기념사업회.

학민사편집실 편, 1984 『4월혁명자료집 : 4·19의 민중사』, 학민사.

한승주, 1983 『제2공화국과 한국의 민주주의』, 종로서적.

함석헌, 1956 「좌담회 : 건전한 사회는 어떻게 건설할 것인가」 『사상계』 제38호.

현역일선기자동인 편, 1960 『4월혁명ー학도의 피와 승리의 기록』, 창원사.

황병주, 2007 「식민지 시기 '공'개념의 확산과 재구성」 『사회와역사』 제37집.

『경향신문』, 『동아일보』, 『조선일보』, 『소년동아』, 『대학신문』.

제2장 '의거'와 '혁명' 사이, 잊힌 여성의 서사들

김주현

1. 혁명에서 의거로

1960년 4·19의 불씨를 지핀 3·15는 곧 국가기념일이 된다. 마산의 정치적 유산이자 '민주' 마산의 기원인 3·15를 국가기념일로 만드는 데 50년이 흐른 셈이니 결코 빠르다고는 할 수 없겠다. 저간의 사정이 어떻든 이로써 마산은 4·19의 도화선인 3·15가 아니라, 4·19를 끌어낸 독자적 역사로서 3·15를 기념하게 되었다.(3·15의거기념사업회, 1990, 128쪽)[1] 적어도 마산시민들에게 4·19 50주년은 먼저 3·15

---

[1] 문민정부 출범 후 기념 사업회가 본격적으로 활동하기 전 3·15 당시 주역들의 심경은 당시 마산의료원 간호사였던 정성자의 인터뷰 참조. "아쉬운 것은 3·15가 민중항쟁의 시초임에도 불구하고 부각되지 못하고 그동안 침체되어 있었다는 점입니다. 그래도 지금이라도 이 사업이 진행되고 있으니 정말 다행이라는 생각이 듭니다. 4·19나 광주사태 이런 일들은 상당히 사람들이 관심을 가지고 점차 부각이 되고 있는데, 정작 크게 부각되어야 할 3·15는 사장되어 있었던 것은 아닌가 하는 생각에 이 사업이 시작되기 전까지는 항상 아쉬웠었습니다." 3·15 50주년을 맞아 마산은 지금 분주하다. 몇 년 전부터 지역 국회의원들이 합심해 발의한 3·15 국가기념일 제정사업은 얼마 전 국회 본회의를 통과했다. 또 올해는 해마다 진행해왔던 백일장, 마라톤, 음악회 같은 기념사업 외 시민교육 아시아대회(10.20~23)와 3·15 50주년 기념 학술대회가 예정되어 있다. 특히 지역방송사에서 3·15 특집 드라마(「누나의 3월」)를 자체 제작해 방영했고 지역 연극인들이 기념 뮤지컬(「3월이 오면」)도 선보이는 등 명실공히 마산을 대표하는 축제로 격상한 3·15의 위상을 느낄 수 있다.

50주년인 것이다. 마산이 굳이 3·15를 4·19로부터 떼어내 기억/기념하고자 하는 데에는 5·18처럼 한국 정치사에 민주주의를 위해 싸운 지역사 자체로 남지 못하고 4·19에 흡수되어 시나브로 탈지역화해버린 이 마산 '의거'에 대한 안타까움이 크게 작용할 것이다. 허나 4·19를 국민적 공유 기억으로 만들어온 4·19 당시 주역들이 그랬듯 3·15 기념사업을 만들고 이끌어온 핵심 인자들은 3·15 당시 현장에 있었던 1960년의 열혈 청년들로, 이들은 이른바 '4·19세대(3·15세대)'들이다. 지금 이들은 한국과 마산의 원로가 되어 있다.

4·19세대. 이 특별한 용어의 헤게모니는 60년대 이후 폭발적으로 성장했고, 학문의 전영역에서 기성세대와 자신을 구분하는 강력한 힘을 지니게 된다. 문학사를 보더라도 4·19세대만큼 선명하게 세대론을 주장하고 세대교체의 필연적 당위성에 입각해 신세대의 입지를 구축해가는 사례는 드물다.(김주현, 2006)[2] 그런데 이는 또한 '혁명'이 그렇듯이, 세대론의 전개과정을 통해 남성적으로 젠더화한 세대론이기도 하다. 허나 여태껏 그 젠더화의 자명성에 대한 의문이 제기되지 않은 채로 연구, 좌담, 증언, 인터뷰 등에서 4·19 당시 여성의 수난은 '가녀린 여성'마저 무차별로 짓밟은 공권력의 폭압을 드러내는 사례로 제시되어 왔다.

이러한 논법은 문학에서도 예외는 아니다. 그럴 것이 4·19세대의 문학행위를 연구대상으로 삼은 4·19문학 연구는 4·19에 대한 사회 정치사적 분석이 상당히 축적된 90년대 후반에 시작되었으므로 젠더적 관점과 같은 다양한 방법론이 적용될 소지가 적었다. 여기에 혁명의 남성성을 입증하기라도 하듯이 4·19를 소재로 한 여성 작가들의 작품이 드물고, 김승옥, 이청준 등 4·19세대 남성 작가들도 작품에서

---

[2] 1960년대에 김현 등이 주도한 4·19세대론이 당시 신/구 세대논쟁의 담론지형에서 어떻게 헤게모니를 획득하는지는 김주현(2006)을 참고.

4·19를 직접 그리기보다는 자유, 개인주의 같은 4·19의식을 바탕에 깔고 있는 작품들이 많다.

1980년대에 들어 4·19의 전개 과정을 본격적으로 형상화한 김춘복의 「꽃바람 꽃샘바람」(1986)은 소설은 주목을 받지 못했고, 4·19후일담인 박범신의 「그들은 그렇게 잊었다」(1983)에는 90년대 후일담 소설의 전조가 어른거린다. 사정이 이러니 중심 소재로 4·19를 부각할수록 4·19문학의 범주는 도리어 축소되고, 상대적으로 이에 부합하는 「무너진 극장」과 같은 특정 작품에 매달리게 된다. 이를 피하려면 60년대 이후 문학 전체를 4·19의 영향력으로 보는 '해석의 자유'를 수용해야 하는데, 4·19문학 연구의 한계는 여기서 비롯하는 게 아닐까. 즉 현재까지 4·19문학 연구는 근대시민혁명에 준해 4·19를 파악한 사회과학적 연구의 자장 안에서 관련 작품을 정리·해석하거나, 4·19세대의 발언에 적절한 주석을 다는 식으로 진행되어왔다. 그러나 어떤 방식이든 이는 남성적으로 젠더화된 '대문자 4·19'를 부동의 진리로 전제하고 있다. 실제로 60년대 이후 민족문학론에서 민족 문학의 연속성을 논할 때 4·19는 중요한 출발점이지만 이 때문에 혁명의 복수성(複數性)이 간과되어 온 것도 사실이다.

이 글이 굳이 4·19가 아니라 3·15를, '혁명' 전 '의거'에 주목하는 까닭이 여기에 있다. 역설적이지만 기존의 연구들은 4·19를 1960년 3, 4월을 전국적으로 뒤흔들었던 대구, 부산, 마산 등 수많은 지역의 서사들을 '피의 화요일'에 봉기한 서울지역 대학생의 수난으로 초점화하고 통합하여 단일한 혁명으로 자리매긴다. 이 집중화로 4·19의 역사적 의미가 치열하게 토론되고 평가되어 정당한 이름을 얻었다면 혁명 50주년을 맞이하는 지금은 오히려 집중화에 묻히고 잊힌 서사들을 복원해 4·19혁명의 전지역적 의미를 지역 내 소수자의 것으로 돌려주어야 할 때다. 그렇기에 이 글은 혁명 이전의 의거, 4·19문학 이전

특정 지역—3·15의 역사적 사실(fact)로부터 소수자 여성의 경험을 재구성하고자 한다. 젠더의 위계 구도에서도 가장 낮은 자리에 있었던 늙은 어머니로서, 선택받은 여학생으로서, 자신을 드러내기 어려웠던 윤락 여성으로서 이들은 어떻게 의거에 개입했던가. 그 과정에서 의거의 주역 자리를 포기하고 소문으로 남게 된 여성이 있는가 하면, 50주년을 맞이해 혁명의 거친 농도를 순화시키는 따뜻한 누나로 소환되는 계층이 있다.

갓 기록되고 채집되기 시작한 지역사로서 이 대상들은 아직 본격적인 연구의 대상이 되지 않았다. 당연하지만 이렇게 재구성한 역사적 사실과 이후의 관련 소설, 또 최근 제작된 기념 드라마에 재현된 젠더 문제를 살피는 것은 단순히 4·19문학의 한계를 재확인하려 함이 아니다. 사실 혁명과 같은 거대한 역사적 경험을 재현하는 문학의 행보는 여러모로 더딜 수밖에 없고, 형상화 성공의 관건 중 하나가 충실한 자료 수집에 달려 있을 때, 기존의 4·19문학 텍스트가 놓치고 있는 혁명의 지역적 전개 과정이나 혁명의 복수성을 실증으로 제시하는 글은 오늘날 문학뿐 아니라 점점 더 아스라하게 '기념'의 대상이 되어가는 혁명을 기억하는 방식에 관한 생산적 논쟁으로 이어져야 한다. 혁명에서 의거로. 이 점에서 3·15의 여성들은 1960년 3, 4월 동안 운명적으로 생애의 전환점을 밟은 후 그 후 오랫동안 잊힌 지역사가 되어버린 지역 내 소수자의 다른 이름이기도 하다.

2. 청년의 문장과 소년의 어법

1960년 6월과, 61년 3·15 1주년을 기념하여 마산에서는 신속하게 기념책자를 펴낸 바 있다. 3·15뿐 아니라 4·19와 관련해서도 각종

매체에 실린 상당한 자료를 모았다.(지현모, 1961 ; 3·15의거기념사업회, 1960) 그중에서도 단연 눈에 띄는 것은 시위에 참가했던 대학생과 중고생들이 남긴 생생한 기록물들이다. 이 기록의 많은 장은 김주열에 관한 것이다. 3·15가 일어나기 전 이 16세 소년이 마산에 머무른 시간은 불과 7일 남짓이지만 얼마 후 그는 2차 봉기(4.12)를 촉발하며 어머니와 마산 시민의 슬픔 속에 안장됨으로써 불멸의 마산인이 되었다. 마산 시민들은 총탄에 스러진 소년들을 대표해 남원 출신 소년 김주열을 기꺼이 '민주주의의 꽃'으로 불렀다. 훼손된 소년(들)의 육체로부터 받은 공분─짓밟힌 순수에 대한 분노─때문이었다. 베고니아 꽃잎을 빌어 "마산 사건에 희생된 소년들의 영전"에 시를 바친 김춘수(3·15의거기념사업회, 1960)[3]가 아니라도 이러한 소년의 피에서 민주주의의 승리를 본 시인과 소설가, 아마추어 문인들은 적지 않다.

그런데 책자를 검토하다 보면 4·19와 3·15를 구성하는 대조적인 언설 형태를 보게 된다. 4·19가 서울지역 대학생들의 순교의 날이라면 3·15는 채 이십대가 못 되어 희생당한 소년들을 기리는 날이라는 것. 기실 3·15의 문학적 언설들에서 소년은 매우 독보적인 기표이다. 일차적으로 이는 수도 서울과 남녘의 작은 항구 도시였던 마산의 차이, 또 소년(녀)과 청년이라는 시위 구성원들의 차이에서 비롯하지만 의거에서 혁명으로 가는 도정에서 이 차이는 그대로 소년이 성숙하여 아버지와 맞서게 되는 과정이기도 하다.(김미란, 2005)[4] 예컨대 고등

---

[3] 3·15기념 책자에 어김없이 등장하는 김춘수의 시 전문이다.
南城洞派出所에서 市廳으로가는 大路上에/또는/南城洞派出所에서 北馬山派出所로 가는 大路上에/너는 보았는가…… 뿌린 핏방울을/베꼬니아의 꽃잎처럼이나 선연했던 것을……/一九六十年 三月 十五日/너는 보았는가……/夜陰을 뚫고/나의 고막도뚫고 간/그 많은 銃彈의 行方을……/南城洞派出所에서 市廳으로 가는 大路上에서/또는/南城洞派出所에서 北馬山派出所로 가는 大路上에서/이었다 끊어졌다 밀물치던/그 아우성의 怒濤를……/너는 보았는가……그들의애띤 얼굴 모습을……/뿌린 핏방울을/베꼬니아의 꽃잎처럼이나 선연했던 것을…….

[4] 김미란은 김승옥 문학과 4·19를 유사한 구도에서 해석하고 있기도 하다.

학생이 선두에 선 3 · 15 데모에서 마산의 소년들은 자신들을 정치적 주체로 인정하지 않고 어린애 취급하는 학교당국의 처사에 분노하지만 그것을 표현하는 방법에서 4월 19일, 역사에 남을 선언문을 낭독하고 거리로 나섰던 서울지역 대학생들의 지적 · 의식적 수준을 따라가지 못한다. 정치판을 성토하고 자유당의 잘못을 조목조목 늘어놓는 서울의 대학생들이 타락한 아버지의 권위에 도전하는 성숙한 아들의 의식 수준을 보여준다면 이들의 즉자성은, 소녀가 그렇듯, 아직 기성의 젠더 질서에 편입되기 이전의 미성숙한 존재를 환기시키기 때문이다.

(1) 상아의 진리탑을 박차고 거리에 나선 우리는 질풍과 같은 역사의 조류에 자신을 참여시킴으로써 이성과 진리 그리고 자유의 대학정신을 현실의 薄土에 뿌리려 하는 바이다.
오늘 우리는 자신들의 지성과 양심의 엄숙한 명령으로 邪惡과 잔학의 현상을 규탄 匡正하려는 주체적 판단과 사명감의 발로임을 떳떳이 宣明하는 바이다.(……)나이 어린 학생 김주열의 慘屍를 보라, 그것은 가식없는 전제주의 전횡의 발가벗은 裸像밖에 아무것도 아니다. 저들을 보라. 비굴하게도 威壓과 폭력으로써 우리들을 대하려 한다. (……) 보라. 우리는 캄캄한 밤의 침묵에 자유의 종을 난타하는 타수의 일익임을 자랑한다. 일제의 철퇴하에 미칠 듯 자유를 환호한 나의 아버지 형제들과 같이—양심은 부끄럽지 않다. 외롭지도 않다. 영원한 민주주의 사수파는 영광스럽기만 하다.(서울대 문리대 4 · 19선언문 : 『마산의 혼』, 102~104쪽.)

(2) 한마디로 대학은 반항과 자유의 표상이다. 이제 질식할 듯한 기성독재의 최후적 발악은 바야흐로 전체 국민의 자유와 생명을 위협하고 있다. 그러기에 역사의 생생한 증언자적 사명을 띤 우리들 청년학도는 이 이상 역류하는 피의 분노를 억제할 수 없다. 만약 이와 같은 극단의 악덕과 패륜을 포용하고 있는 이 탁류의 역사를 정화시키지 못한다면 우리는 후세의 영원한 저주를 면치 못하리라. (하략) (4 · 18고려대 선언문 : 『마산의 혼』, 96~97쪽.)

(3) 천년을 울어주는 종이 되련다

시간이 없는 관계로 어머님 뵙지 못하고 떠납니다. 끝까지 부정선거와 싸우겠습니다. 지금 저의 모든 친구들 그리고 대한민국 모든 학생들은 우리나라 민주주의를 위하여 피를 흘립니다. 어머님 '데모'에 나간 저를 책하지 마십시요. 우리들이 아니면 누구가 '데모'하겠습니까? 저는 아직 철없는 줄 압니다. 그러나 국가와 민족을 위하는 길이 어떻다는 것을 알고 있습니다. 저의 모든 학우들은 죽음을 각오하고 나간 것입니다. 저는 생명을 바쳐 싸우려고 합니다. '데모'하다 죽어도 여한이 없습니다. 어머님 저를 사랑하는 마음으로 무척 비통하게 생각하시겠지요. 민족의 자유를 위하여 기뻐해 주십시요. 이미 저의 마음은 거리로 나가있습니다. 너무도 조급해서 손이 잘 놀려지지 않는군요. 부디 몸 건강히 계세요. ① 저는 이 '데모'에서 분노와 슬픔으로 자유를 외치다 죽어도 이 나라의 자유와 행복을 위하여 저승에서 천년이나 만년이나 두고두고 울어주는 종이 되겠습니다.

1960년 3월 10일 불효자 주열 올림(『마산의 혼』, 90~91쪽)

(1)과 (2)는 각각 서울대 문리대 4·19선언문, 4·18고려대 학생 선언문이며, (3)은 한성여중 2학년이었던 진영숙의 유서다. 선언문과 유서라는 차이를 감안해도 역사의식, 용어 선택, 수사법의 수준 등 모든 면에서 비교되지 않을 정도로 청년과 소년의 차이가 확연하다. 또 서울지역 대학생들의 경우 데모가 격렬해지면서 선언문이 더 대담해지고 역사적 정당성을 갖추어 가는 데 비해 마산의 소년들은 시위가 격해지면서 오히려 청년과 자신을 구분하고, 자신들의 데모를 학생 신분에 맞는 이성적 데모로 정리한다.

1960년 4월 14일, 한국일보 마산 특파원이 주재한 현지 좌담회를 보자. 이 좌담회에는 남녀학생, 교육자, 시민, 상인 등 모두 17명이 참석했다. 여학생도 5명이나 참석했지만 여학생들은 이 자리에서 자신을 특별히 '약한 여성'으로 구분하지 않는다. 좌담은 자유로운 분위기에서 진행되고 있는데, 서두에서 학생들은 데모 참여 이유를 교실에서 배운 대로 민주주의를 실천하려 했다고 주장한다. 교육자와 시민들이 이를 지지함은 물론이다. 여기서 학생들은 데모의 주역으로서 사뭇 당당하다. 그런데 시간이 흐르면서 누가 먼저랄 것도 없이 데모 유형을 낮/밤으로 나누어 정의하는 태도를 취한다. 한 교육자는 낮의 데모가 정연한 학생 데모인 반면 군중심리에 휘말려 몰려다니는 밤의 데모는 "변태 데모"라고 말하며 낮의 데모의 주인공인 학생(소년)을 비폭력적이고 질서를 지키는 훈육된 존재로 제한하고 있다.

> 회사원 B : 낮에하는 學生 '데모'를 보면 比較的 秩序整然합니다. 지난 11日 밤에 보니 그속에 所謂 깡패 구두딱이라든지 말하자면 社會的으로 不遇한 處地에 있는 아이들이 많았습니다. 아이들이품고 있는 不平이 이런 기회에 폭발한 것이 아닌가 이렇게도 보입니다.
> 학생 A : 事實 馬山에는 學生이 아닌 말하자면 가짜 學生도 많습니다. 이번에도 이런 似而非學生들이 끼어있지 않을까도 생각됩니다.
> 교육자 B : '데모'者의 性分이 3·15 때는 民主黨員과 그리고 學生 또 學生身分 아닌 社會人으로서 不平을 품은 사람들로 區分해볼 수있는데 낮에 한 것은 學生이지만 밤에 한 '데모'는 不良輩가 主動이된 目的이다른 것이므로 學生 '데모'와는 關聯시킬 수가없다고 봅니다. 이것은 性格을 完全히 달리 하는 것입니다.(3·15의거기념사업회, 1960, 76쪽)

이렇듯 회사원, 학생, 교육자가 한 목소리로 밤의 데모로부터 학생들을 구분하는 까닭은 물론 마산 데모의 성격을 어디까지나 도에 어긋나지 않는 의로운 행위로 보려는 심리에 기인한다. 이들의 주장에 따르면 3·15는 교육받은 학생들이 배운 대로 실천하다가 불의한 공권력에 희생되었다는 요지로 선명하게 정리된다. 흠잡을 데가 없는 논리인 것이다. 그런데 뒤집어보면 이는 밤의 데모 구성원들에 대한 일정한 편견 위에서 만들어진 논리이다. 즉 참석자들은 으레 그렇기 마련인 데모의 성격을 어쩐 까닭에서인지 무시하고, 파괴적인 밤 데모 때문에 약화된 학생들의 입지를 우회적으로 드러내면서 낮 데모=학생, 밤 데모=불량배라는 등식을 적극 수용하고 있다. 여러 기록을 참고할 때 1차 데모 이후 비학생 그룹이 늘어나면서 데모의 성격이 변한 것은 사실로 보인다. 그러나 적극적으로 데모에 참여했으리라 짐작되는 건전한 세 시민이 이렇듯 이구동성으로 낮과 밤의 데모를 굳이 나누고 있는 데는 이유가 있을 터인데, 여기에는 이른바 '적색분자'로 몰리는 데 대한 두려움이 크게 작용했던 것으로 보인다. 이후 국회 조사단의 활약으로 마산 시민들의 적색 혐의는 풀리지만 일단 이렇게 정리된 관념의 영향은, 4·19와 비교할 때 뚜렷하게 다가온다.

　예컨대 인용문 (1)과 (2)에서 혁명은 광기와 혼돈을 필연적으로 수반한다. 서울의 청년들은 혁명에 따르는 분노와 광기를 부정적으로 보지 않는다. 이미 '마산 사건'을 목도한 청년의 모든 피흘림은 "정의의 분화구"(잉그릿드 노렌, 1961, 183쪽)로서 정당한 용기의 다른 이름이다. 이렇듯 서울의 청년들이 '피의 화요일'을 거대한 혁명으로 확장하면서 스스로 혁명의 주체로 등극했다면 마산의 소년들은 적색 혐의 속에서 어쩔 수 없이 그들 자신을 '학생'으로 한정해야 했던 상황에 몰리면서 마산의거의 폭발적인 에너지를 역설적으로 순화시킨 측면이 있다. 공식적으로 마산에서 해인대학(현 경남대학) 학생들의 집단 데모는 4월 13일에야 일어났으니(『승리의 기록』, 61쪽) 좌담회에서 학생과 비학생을 굳이 구분하는 이들의 방어적 어법은 성인으로 취급받지 못한 소년들의 불안, 그들을 보호해야 하는 교육자의 자의식, 반공이라는 자기검열에 부딪친 시민의 정치적 무의식이 만들어낸 공동 작품이라고 보아도 좋겠다.

　따라서 이렇게 본다면 3·15에서 소년은 소녀와 크게 구별되지 않는다. 후술하겠지만 적어도 3·15의 경우는 여학생의 참여가 특별한 일도 아니었기에, 일부 기록에서 '여학생에게도 갖은 폭언'을 가했다는 식의 언설이 없지 않지만 이는 젠더적으로 의미심장한 표현이라기보다는 폭압적이었던 당시 공권력의 행태를 강조하는 사실 서술에 가깝다. 소녀와 소년이 나뉘는 순간은 3·15가 4·19로 이행하여, 서울 지역 청년들의 죽음이 혁명을 남성적으로 젠더화한 이후, 요컨대 3·15를 4·19를 끌어낸 독자적 전사(前事)가 아니라 4·19에 딸린 역사로 재인식해야 하는 혁명 이후에 이르러서이다.(「조국아 붓이 통곡한다」『부산일보』1960년 4월 24일자 ; 3·15의거기념사업회 편, 2004, 633쪽에서 재인용)5)

구체적으로 인용문 (3)에서 알 수 있듯 진영숙의 유서는 김주열로 추측되는 '주열'의 유서로 소개되어 있다.(「고맙습니다 진 영숙 언니」『조선일보』1960년 5월 1일자)6) 사정을 추측하자면 3·15 1주년을 기념해 자료를 모으던 중 편집인 중 누군가가『조선일보』에서 실린 유서를 보고 나이가 비슷했던 김주열의 유서로 표기했던 것으로 보인

---

5) 예컨대 4·19 직후『부산일보』에 실린 작가 김정한의 글에서도 희생자 소년들은 "버들가지를 좋아하고" "버들피리를 불며 봄을 즐기는" 등 남성이 아니라 소녀에 가깝다. 그의 글에서 소년들은 "진달래 붉게 피는 산과 언덕"을 뛰노는 순진무구한 존재들이다.
"그래서 소년들은 버들피리를 불며 산으로 올라갔다. 버들가지가 하늘거리는 강가며 냇가, 진달래가 붉게 피는 산과 언덕과 거기서 소년들은 조국의 은혜를 비로소 느끼고 조국애의 사랑이 싹트기 시작했던 것이다. 고사리같은 손에 붉은 진달래가 쥐어지고 앵두빛 입술에 버들피리가 널리리거리면 어느 나라 소년도 부럽지 않던 그들이었다."

6) 4·19 당시 진영숙에 관한 기사는『동아일보』와『조선일보』에서 확인할 수 있다. 『조선일보』는 1960년 5월 1일 신문에서 진양에게 보내는 후배들의 편지를 싣고 유서의 전문을 공개했다. 그러나 오늘날과 달리 지난 신문을 확인하기 쉽지 않은 때였으므로 이러한 바꿔치기가 가능했던 것으로 보인다. 또『조선일보』에 공개된 원문은 인용문의 ① 부분이 "거듭 말씀드리지만 저의 목숨은 이미 바치기로 결심하였읍니다. 시간이 없어서 이만 그치겠읍니다."로 되어 있다. 마지막 부분을 수정한 것이다.

다. 이미 혁명의 꽃이 된 김주열이니 그에 어울리는 유서 한 장쯤 필요하지 않았을까. 4·19를 겪으며 김주열과 한국 민주주의는 불가분의 관계로 맺어졌고, 그러니 잘 알려지지 않은 여학생보다 김주열의 이름을 붙이는 편이 어울린다고 판단했을 것이다. 명백한 도둑질이지만 한편으로 여기서는 김주열과 3·15 1주년을 단순히 4·19의 도화선이 된 마산의거로만 기념할 수 없었던 지역운동가의 고민이 읽힌다. 이제 3·15는 명백히 4·19의 과정 속에서 존재해야 했고, 그 한 방법으로 그는 차라리 무성적 존재에 가까웠던 김주열에게 의식 있는 소년-남성의 목소리를 부여한 것이다. 그런데 이 경우 당시 많은 여학생들의 시가 그랬듯이(한은순, 1960)⁷⁾ 진영숙의 유서가 좀처럼 소녀의 것으로 보이지 않는다는 점, 다시 말해 흔히 말하는 '소녀다운' 어법이 보이지 않는 데서 오히려 4·19의 젠더화는 자유당 정권이 무너진 후 권력이 재편성되면서 일어나기 시작했다는 시각이 가능해진다. 이는 예컨대 4·19희생자를 꽃에 비유하고 있는 60년대 4·19기념 시집의 압도적 시편들이 꽃에 여성성을 부여하지 않으면서 청년이 되지 못하고 스러진 소년들을 애도하는 문학적 표상으로 극히 자연스럽게 꽃을 채택하고 있는 것과 유사한 맥락에서, 4·19 당시 산화한 소년이란 어쩌면 혁명에 참여했던 대학생 누나들이나 어머니들보다도 훨씬 여리고 순결한 무성적 존재로 인식되고 있었다고도 볼 수 있다. 즉 이렇듯 순결한 소년(녀)의 애국적 열정이 정치적 주체로 성장하는 남성：

---

7) 이는 당시 여학생들이 쓴 시를 보아도 마찬가지이다. 그들 역시 기꺼이 데모에 희생당한 친구와 동생들을 '꽃'으로 의인화하면서 시적 대상으로 애도한다. 대표적으로 다음 시를 참고.
천만년 사랑하여 함께 살곺던 님들은/자유의 꽃봉오리를 울분에 맺혀두고/영영 떠나신 날 四月十九日/적혈을 뿌린/님들의 자취가 따뜻한 체온속 깊이/파고들어 오고 있소//아쉽게 저버린/四月十九日의 꽃봉오리여!/지금은/어느 다사로운 태양 아래 새카만 눈동자들을 굴리며/휘감겼던 그물을 벗고/감미로운/영광의 꿈을 간직하고 있을 상비의 닢들이여.

사적영역으로 회귀(해야)하는 여성으로 다시 나뉘어 표상되는 때는 혁명의 열매를 순조롭게 꽃 피우지 못한 채 표류하게 되는 혁명 이후였다는 것. 주열의 유서로 바뀐 진영숙의 유서는 이에 대한 증거라 하겠다.

3. 복수로서의 혁명 : 3 · 15의 여성들

그렇다면 실제로 3 · 15에서 여성들의 활약은 어떠했던가. 3 · 15에 참가한 여성층은 다양한데, 편의상 몇 개의 그룹으로 나눌 수 있다.

첫째 모델은 데모에서 아들을 잃은 어머니 그룹이다. 김주열이 마산 시민들의 가슴을 울린 데는 그 모친이 사흘간 아들을 찾아 맨발로 거리를 헤매다가 남원으로 돌아간 날 참혹한 시신으로 떠오른 것이 결정적이었다. 마산 도립병원 시체 안치실에서 시신을 본 부녀자들이 "누구나 자식 키우는 사람들은 들어가봐라. 눈으로는 차마 못 보겠다. 천하에 죽일 놈들……"이라고 울부짖음으로써 시민들의 감정은 격앙된다. 이후 "김군의 사체! 그도 눈에 못을 박은 참혹한 사체를 보았을 때 제일먼저 일어난 것은 부녀자층이었습니다. 도립병원 같은 데는 어머니들이 더 많이 왔습니다."(『승리의 기록』, 67쪽)와 같은 증언은 어렵지 않게 찾을 수 있다. 운명의 장난처럼 끝내 만나지 못한 모자. 그런데 공교롭게도 3 · 15 당일 희생자 10명 중 4명이 이러한 편모 가정이거나 결손 가정의 소년들이다. 우연의 일치로 몰기에는 숫자가 적지 않다. 당시 기자는 희생자 유가족을 인터뷰해 이를 밝혀놓았다. (김성득, 1960)[8]

---

8) 현재 공식적으로 집계된 3 · 15 당일 희생자는 12명(김영효(18), 김용실(17), 김주열(16), 김효덕(18), 김삼웅(18), 오성원(19), 김영준(19), 전의규(17), 김영길(17), 김종술(16), 김평도(37), 조현대(20))이나 이 기록에는 부상 후 사망한 것으로 추정되는 강용기(19)가 순국소년 명단에 올라있고 김종술과 김평도가 빠져 있다.

희생자	취재대상	내용
김삼웅	조재근 (母, 46)	밤을 새우다시피 허둥지둥 헤매이다가 비로소 병원에 있다는 것을 알았다. 내가 보았을 때는 벌써 중태였다. 총알이 왼쪽허리에서 바른쪽 허리를 뚫고나갔다. 그날 저녁 충분히 치료만 했어도 죽지않고 살았을게다. **애비없이 키우느라고 고생도 많았고 눈물도 많이흘렸다.** 누가 돈을 가지고 왔다고하여도 하나도 반갑지 않다. 어떤놈이 내자식을 죽였는지 알고 싶다. 그놈을 죽여도 한이 남을것 같다.
김영준	주경옥 (母, 53)	나는 아무런 잘못이 없다. 돈도 필요없다. **큰자식은 대위로 전사하였다.** 그동안 큰자식의 연금을 받아서 살아왔다. 영준이가 금년도에 졸업을 하였기에 좀 주름을 펼가 하였더니 그만 죽고 말았다. 돈도 무엇도 아무것도 반갑지 않다.
김효득	남금순 (母)	**2대 독자로 정신병자가 된 애비 곁에서 그 애를 키우기에 고생도 많았고 눈물도 많았다.** 우리 모자는 서로 없으면 못사는 사이다. 이제 막 철이들어 서로 뜻을 나누며 살려고 하였는데 그만 맞아죽고 말았다. 총알에 맞은것이 아니라 때려죽이고 말았다. 이왕에 돌아오지 못할 자식이라면 그이름이나마 청사에 빛나도록 세상사람들에 높이 알려주었으면 마음이나마 좀 편안하겠다.
오성원		**4세때 부친을 사별하고 그후 모친은 개가하였다.** 할 수 없이 숙부 오점작(40)씨 밑에서 14세가 되도록 살았다. 15세 때는 홀로 숙부 곁을 떠나 '구두닦이'를 하여 자립했다. 죽은 시체도 동료들의 손에 의해 처리됐다. 그후 오군의 동무들은 오성원 추모동지회를 결성하고 불우한 구두닦기와 담배장수들의 선도에 힘쓰게 되었다고 한다.

　다른 희생자들도 비슷하게 집안 형편이 어렵지만 특별히 이러한 편모 가정은 태평양—한국 전쟁을 거치며 근대사의 부산물로 만들어진 가족 모델을 연상시킨다. 일본과 가까웠던 마산 일대는 강제 징용의 피해가 컸던 곳으로, 40년대 초반에 태어나 편모 가정에서 자란 소년들의 처지를 설명할 수 있는 이유가 되는데, 부상자까지 합치면 그 수는 훨씬 늘어날 것이다. 그러니 3·15에 참여한 여성들의 첫 번째 그룹은 졸지에 유족회 어머니들이 된 이들에게 초점이 맞춰져야 옳다.

전의규도 김의규로 오기했다.

통곡하는 이들의 존재는 4월 25, 26일 의거의 불길이 전국으로 확대된 후, 한복을 입고 마산 시내에 등장한 할머니·할아버지들의 시위에 영향을 주었음에 틀림없다. 이날 할머니들은 "죽은 학생 책임지고 리 대통령 물러가라"는 피켓을 드는 것으로 아들을 잃은 어머니의 깊은 슬픔을 마산시민의 보편적 정서로 표출했다.

〈사진 출처 : 『3·15의거사』, 52쪽〉

　물론 이것이 전부는 아니다. 어머니들 중에는 안전을 위해 자식을 말리러 나갔다가 시위에 가담한 사례도 적지 않다. 앞의 좌담회에서 "아들 보고 미친놈이라고 하던 어머니가 거리에 나가보니 '자연히 공명선거 다시하자'고 외치게 되었다는 상인의 증언(『승리의 기록』, 68쪽)에서는 모성애의 발로와는 다르게 민주당의 선거 포기에 반응한 정치적 주체로서 유권자 의식이 읽힌다. 이것이 '야당 기질'이 농후했던 마산시의 분위기와 특별한 관계가 있는지는 단정하기 어려우나, 적어도 "어버이들의 합세"가 의거 내내 늘어났을지언정 줄어들지 않았던 것은 확실하다.

둘째 모델은 의거에 참여했던 여학생–엘리트 그룹이다. 의거에 참여했던 마산 시내 8개 고교 가운데 수백 명의 4개 여학교(마산여고/마산제일여고/성지여고/간호고) 학생들은 시가를 행진하며 구호를 외치거나 현장에서 자갈을 날랐다. 이들의 시위는 남고 대표들과 지속적으로 연락하는 가운데 자발적으로 일어났다. 특히 간호고등학교 학생들은 진압군에 쫓기는 시위대 일부를 기숙사에 숨겨 응급처치를 하고 김주열의 시신이 안치된 도립병원에 100여 명이 몰려와 데모를 하는 등 3·15 당시 가장 적극적으로 활약했던 여학생 그룹에 속한다.(3·15의거기념사업회, 『3·15의거사』, 2004, 361~376쪽 ; 3·15의거기념사업회, 『3·15의거사』, 2004, 125쪽)[9] 이 놀라운 역사적 경험에서 여학생들은 어떤 심경이었을까. 성지여고 학생회장이었던 안명희처럼 부산방송국 기자에게 3·15의 정당성을 말하고 전국적 유명세를 탄 경우도 있지만 대개 여학생들의 구호는 "김주열을 살려내라", "부정선거 다시 하라" 등 마산 시민들의 일반적인 감정을 그대로 반영하고 있다. 남아 있는 기록을 토대로 당시 데모에 적극 가담했던 여학생의 명단을 정리해 보았다.[10]

---

[9] 정성자 기숙사 수석 간호원은 3월 15일 부상당한 시위대를 기숙사에서 응급처치하고 김주열의 시신 부검에도 입회했다. 당시 간호학교의 분위기에 대해서는 1999년 『3·15의거』 제7호에서 편집인과 나눈 대담 참고. "간호학생들이 어떤 지시가 내려져서 동참한 것은 아니고, 학생들 스스로 나갔습니다. 그 때 3회 학생들이 3학년이었는데 그 학생들 모두가 다 데모했습니다. 앞장서서 나갔기 때문에 아마 그 당시 뉴스에 보면 앞부분에 그학생들이 나올 것입니다. 학교학생들 모두가 나갔다고해도 과언이 아닙니다."

[10] 이 명단은 『3·15의거』에 기고된 기록을 토대로 필자가 정리한 것이라서 모든 면에서 불완전하다. 향후 지속적인 보완이 필요하다.

번호	이름	출신 학교	당시 활동	특기사항	비고
1	김정희 (15세)	성지 여중·고	3·15일 오빠를 찾으러 나 갔다가 시위대 합류 후 진 압군에 두부 관통	오빠 김정세—당시 마산고 2학년 시위 참가	주부
2	안명희 (19세)	성지여고	성지여고 학생위원장 시위 주도 〈부산일보〉인터뷰	부친—한전공무원 고모부—동네방장 숙명여고에서 전학	'4·19동지' 회원. 주부
3	김미령 (19세)	마산여고	학생운영위원장	편모슬하 당시 집중 감시대상	마산삼정약국 운영 1996년 작고
4	김계자 (19세)	마산여고	자갈 낭자군 3월 12일 거리 행진		
5	차순자 (19세)	마산여고	시위 참가		
6	김송자 (19세)	제일여고	시위 참가		
7	이영자 (19세)	성지여고	학도호국단 대대장 마산고와 연합시위 주도		
8	정성자 (21세)	간호 고등학교	도립마산의료원 간호사로 부상자 치료	부친—야당 정치인	3·15의거기념사업회 이사
9	백윤선 (20세)	마산 여고 중퇴	'마산의 유관순'으로 불리 며 시위 주도	편모슬하. 모녀 동시 시위 참가 적색분자로 검거됨	주부

　　표에서 알 수 있듯 1을 제외하고 2부터 7까지 여학생들은 학교 간 부였던 3학년생들로, 시내 남고 학생들과 일정한 연락 통로가 있었다. 전국에 이름을 알린 안명희의 경우는 고모부가 친여당 인사로 일찍부 터 집안이 자유당 말기의 정치적 분위기에 노출돼 있었다고 고백한 바 있다. 또 여고를 다닐 정도면 가정 형편이 중류 이상은 되었을 터 이니, 이들의 시위주도는 앞서 보았던 순국 소년들이 시사하듯 불우 한 가정형편에서 자극받은 울분의 표출과는 다르다. 이들의 경우는 학생 데모를 이끌면서 정치의식이 성장했다고 보아야 옳다. 민주당의 선거 무효 선언에서 김주열의 죽음으로 이어진 일련의 사태가 이들의 정치의식을 순식간에 고양시켰다고도 볼 수 있을 것이다.

고백에 따르면 처음에 데모에 소극적이었던 안명희는 4월 12일까지도 "언니! 다른 학교는 일제히 데모를 하고 있다는데 우리들만 가만히 있으면 어떡해요!"라는 후배의 질책을 받고 머뭇거린다. 그러나 4월 13일에 거리에서 경찰이 쏜 진압용 염색수를 맞고 15일 데모에 참가한 후 부산방송국 기자와 인터뷰를 하게 된다. 여기서 안명희는 "3·15의거가 발생한 원인은 바로 부정선거 때문이다. 학생인 내가 봐도 얼토당토않게 숱한 부정을 저질렀다. 자유당원은 국민을 위한 정치보다 이 대통령 영구집권에 앞장섰기 때문에 마땅히 자유당과 이 대통령은 물러나야 한다"(3·15의거기념사업회편, 『3·15의거사』, 369쪽)는 발언을 하고, 이어 국회조사단 청문회 자리에서도 유사한(3·15의거기념사업회, 1997, 74쪽)[11] 발언을 해 큰 화제를 불러일으킨다. 그 일로 안명희는 전국적 유명세를 치르고 마산 시민들에게 칭찬받는 스타가 된다.

그런데 당시 마산의 상황을 보면 사실 이 발언은 적잖은 용기가 필요했다. 4월 14일 경찰이 학생 주동자를 포함한 시민 37명을 주모자로 연행한 후, 2차 마산의거에 적색 혐의를 씌우는 분위기 속에서, 15일에는 '마산사건은 해·내외의 소식에 의거할진대, 공산당의 조종혐의가 있다'는 대통령 담화의 파장이 커지던 상황이었기 때문이다. 따라서 안명희의 발언은 발언 장소가 국회조사단의 공식적인 청문회 자리였고, 은근히 데모를 지원해준 성지여고 교사들의 비호가 있었다고는

---

11) 4·19 이후 학생 간부 모임에 한 차례도 빠지지 않고 참석했다는 김양부(당시 마산상고 학생회장)의 증언도 이를 뒷받침한다.
　김양부 : 우리 안명희씨는 당시만 해도 얼굴이 하얗게 참 순정파였어요. 지금은 37년이란 세월이 흘러 이렇게 뚱보가 되었지만 당시만 해도 정말 예뻤어요.
　안명희 : 내가 그때 예뻤어요? 표준말을 썼기 때문이겠지요.
　김양부 : 서울말도 서울말이지만 얼굴도 참 복스럽게 잘 생겼어요. 말도 잘하고 얼마나 안명희씨가 순정파냐하면 말을 하다 울분이 받쳐 말이 막히면 눈물부터 흘렸어요.

해도 썩 대담한 발언이다. 더욱이 자유당을 지지했던 집안 분위기를 감안하면 의거와 혁명을 겪으며 그녀의 정치의식이 비약적으로 성장했다고 보인다. 기타 사례들을 비교하면 3·15 당시 여학생 그룹의 정치의식의 변화를 유형화할 수 있을 것이다.

허나 보다 관심을 끄는 이는 3·15주동자로 두 차례 옥고를 치른 백윤선(3·15의거기념사업회, 1997, 74쪽)[12]이다. 취조경찰관 앞에서 「나의 양심고백」을 써 데모의 정당성을 역설했다는 백윤선(백영선)에 관한 기록은 그녀가 왜 '마산의 유관순'으로 불렸나를 짐작하게 해준다. (『국제신보』1960년 4월 15일자) 백윤선 의거담은 마산뿐 아니라 4·19 전체를 통틀어 여성들의 정치의식의 최고봉이라 할 만한데, 흥미롭게도 백윤선은 부정선거에 대한 어머니의 분노로부터 자극 받아(3·15 의거기념사업회, 1997, 35쪽)[13] 투표소로 달려가 그날로 데모 주도자가 된다. 다음은 시위를 주도했던 백윤선의 심경이 드러나는 기록들이다.

(1) 시위 군중들은 물결처럼 남·파(남성동파출소 ─ 인용자)쪽으로 흘러 갔다. 나는 처음에는 그동안의 사정상 시위군중들을 따라만 다녔다. 어디를 어떻게 다녔는지 기억도 어슴프레하다. **지금 생각하면 꿈길과 같은 내 인생의 가장 행복했던 순간이었는지 모르겠다.(……)오로지 치밀어 오르**

---

[12] 『국제신보』에 기록된 3·15당시 백윤선은 20세이나 1997년에 기념사업회 인터뷰를 거쳐 재구성한 의거담에서는 24세로 정정했다. 그러나 다음호(『3·15의거』 제5호) 독자투고란에서 본인이 다시 20세였다고 정정했다. 엄밀히 말해 당시 백윤선은 학생 신분이 아니었고 기타 의식의 수준을 따져도 20세와 24세는 큰 차이가 있지만 이 글에서는 본인의 마지막 증언을 존중해 20세로 표기했다.

[13] 백윤선의 모친은 3·15일 마산상고에 마련된 투표소에서 경찰관이 대리 기표한 투표용지에 몰래 손가락으로 구멍을 내 무효표를 만들고 집에 돌아와 백윤선에게 이 사실을 말하며 통곡했다고 한다. 의거 후 37년 만에 사업회에서 어렵게 본인을 만나 재구성한 기록이므로 기억의 미화가 없다고 보기는 어렵겠으나 『국제신보』기사 이후 본인이 유일하게 자신과 관련한 전모를 밝힌 기록이므로 충분히 가치 있는 증언이다.

**는 분노가 나의 행보를 결정하였으니까. 사실 3·15의 밤도 꿈길만 같았
다.** 당시 경찰서에서 쓴 자술서에는 분명 어디서 어디로 갔다고 쓰기는
했지만 모든 것이 가물가물하기만 하다. 특히 머리를 많이 다쳤기 때문에
그런지도 모르겠다. (……) **우리들은 경관이 도망가버린 텅빈 파출소를
쳐들어가 무조건 파괴하였다. 책상을 비롯한 집기들은 무조건 창밖으로
던져 버리고 서류뭉치는 구름처럼 흩날렸다. 당시 나는 얼마나 흥분했던
지 목재 책상다리가 부러지며 내 팔뚝에 찔려 있었는데도 그냥 모르고 돌
아다녔다.**(『3·15의거』 제4호, 1997 봄, 37~38쪽)

　(2) 정신을 차려보니 바로 우리집이었다. 아마 경찰서와 연락이 되었던
모양이었다. 연행자를 석방시켜라고…… 그런데 그날 오후였다. 딸이 또
만신창이가 된 모습을 본 어머니가 12일의 데모에 참가했다가 자산동 철
길에서 굴러 떨어져 실신했다는 것이다. 그로 인해 우리집은 초상집 분위
기가 되어 버렸다.(……)이틀 후 나는 다시 오·파(오동동파출소)로 연행
되었다. 가족들이 보는 앞에 수갑에 채워져 끌려갔다. 마산의 2차 봉기가
4월 11, 2,3일 연 3일간 계속된 후 마산에는 대규모 검거선풍이 불었다. 나
도 거기에 희생양이 되었던 것이다.(『3·15의서』 제4호, 1997 봄, 39쪽)

(1)에 나타난 1차 봉기 당시 심경은 박태순의 「무너진 극장」(196
8)[14]을 연상시킨다. 광기에 휩싸여 파괴하는 가운데 해방감을 느끼고
공동체적 동질감을 느낀다는 것. 충격에 흥분한 「무너진 극장」의 군
중들이 (1)과 같은 태도로 극장을 파괴하고, 이를 말리는 주민들과 충
돌했듯 (1)의 군중들 내부에서도 동일한 충돌이 일어나고 '혁명의 광
기'는 카니발의 혼돈 (오창은, 1998, 86쪽)속에서 불타오른다. (1)의 전
후는 이 과정에 대한 기록이다. 그러니 대열의 선두에서 치마 저고리

---

[14] 박태순의 「무너진 극장」은 4·19를 형상화한 수작으로, 특히 혁명을 바라보는 작
　가의 시각이 흥미롭다. 이후 개작을 하게 되지만 1968년에 나온 원작에서 그는
　지식인에게조차 혁명은 빛/어둠, 선/악, 질서/광기의 공존 속에서 예상치 못하는
　방향으로 진행된다는 것을 솔직하게 밝히고 있다.

를 입은 20세 처녀는 얼마나 눈에 띄었을 것인가. 더욱이 (2)에서 그녀의 모친은 딸을 만류하리라는 일반적 예상을 깨고 오히려 2차 봉기에 나갔다가 부상당한다. 이쯤 되면 모전여전(母傳女傳)이 아닐 수 없다. 하략된 부분에는 백윤선이 다시 취조를 받던 중 문제의 기사가 나가게 되는 경위와 4 · 19 이후의 에피소드들이 요약되어 있다. "죽도록 얻어맞"으면서도 취조 경찰에 당당하게 맞서는 태도와 유치장에서 겁먹은 여학생을 격려하는 언니다운 면모, 이승만이 하야한 후 극적으로 출옥하는 결말에 이르면 백윤선 의거담은 3 · 15에서 4 · 19로 종료되는 한 편의 드라마이다. 그런데 이렇듯 놀라운 의거담의 뒤는 깔끔하지 못하다. 백윤선은 혁명 이후 결성된 3 · 15의거 부상동지회에서 부녀회장과 재정부장을 맡지만 몇 간부들이 단체의 이름을 팔아 이권사업을 벌이는 것을 목도하고 환멸에 빠진다.[15]

특히 1960년 12월의 '동지회' 명칭에 얽힌 사건은 혁명의 젠더화가 실제로 어떻게 진행되었던가를 선명하게 보여준다. 사건의 전말은 이러하다. 백윤선은 당시 3 · 15부상자들을 위로차 방문한 재일동포애국부인회로부터 마산에 청소년 기술종합학교를 세워주겠다는 제안을 받는다. 그러나 학교 설립 명의를 놓고 동지회와 갈등 상황에 놓이게 된다. 총 인원 150명 중 부녀회원 숫자가 20명이니 설립 명의를 부인회가 아니라 동지회로 해야 한다는 남성 회원들의 주장에 일리는 있었다. 그러나 설립 비용을 대는 재일동포부인회 쪽에서 부인회 명칭을 요구한 만큼 형식적으로 이를 수용하되 실질적으로는 동지회 참여 사업으로 하자는 백윤선의 절충안은 명분과 실리를 살리는 제안이었던 것으로 보인다. 허나 남성 동지회의 거절로 계획은 무산되었고 백

---

15) 4 · 19 이후 마산에는 3 · 15의거기념사업회, 3 · 15청년동지회, 3 · 15의거부상자회, 3 · 15유족회, 애국노인회, 한얼동지회 등의 3 · 15관련 단체가 있었고 여기에 1961년 2월에 또 3 · 15의거기념사업협회가 출범해 기념사업 관련 이권분쟁이 일어났다. 현재의 사단법인 3 · 15의거기념사업회는 1993년에 설립되었다.

윤선은 이후 동지회 사업에서 일절 손을 떼게 된다.(3·15의거기념사업회, 1997, 42쪽) ; 3·15의거기념사업회, 1997, 75쪽)[16]

여기서 백윤선 의거담이 특별한 사례일 수 있음을 부인하지 않겠다. 모전여전의 내력도 그렇거니와 여느 4·19관련 소설에도 이러한 여성 인물은 드물다. 더욱이 스스로 긴 은둔생활에 들어가면서 백윤선이란 이름도 소문으로 남게 되었을 때, 그 영향은 혁명에 환멸을 느낀 문제적 개인의 거취로 국한될 수 없다. 그녀의 활약상으로 보건대 백윤선의 선택은 곧 혁명 이후 지역의 중요 단체로 성장하는 동지회에서 사실상 입지를 잃고 이름이 남는 것을 택한 여성 회원들을 상징하는 비근한 본보기이기 때문이다. 이렇게 공적 잔치는 끝나고 사적 상처가 남는다. 물론 여학생–엘리트 그룹에서 백윤선의 위치는 독특하다. 기록을 살펴보면 대개의 여학생들은 의거 체험에 그다지 부정적 영향을 받지 않고 기성세대로 성장한 듯하다. 백윤선의 문제는, 아버지가 없는 여성으로서 지나치게 깊이 혁명에 개입한 데 있었다. '동지회 명칭 사건'은 국부를 끌어내린 후 필연 예정되어 있었던 아들들의 헤게모니 쟁탈전이었던 것. 의거에 깊숙이 개입한 대가로 그녀는 지역사회의 차세대 정치적 주체로 받아들여졌으나, 순진하게도 그녀가 딸로서의 정체성을 주장한 순간[17], 혁명의 동지들은 본능적으로

---

16) 안명희의 발언에서도 이와 비슷한 내용이 확인된다.

  "저는 개인적으로 4·19동지회 회원이기도 해요. 하지만 전혀 관여를 하질 않아요. 왜냐하면 거기에 관여하는 사람들 중 대부분이 진정으로 4·19정신을 계승하고 그 업적을 기리려는 것이 아니고 개인의 사욕이나 정치적 목적이 다분한 것 같아서죠. 3·15의거도 이러한 사리사욕 없이 정말 3·15 그날의 정신과 업적을 기리는 사업을 했으면 하는 바램입니다."

17) 이 무렵 발간된 『부대신문』은 혁명 이후 부산대학교 학생들의 젠더 의식을 보여준다. 4·19가 지나고 가장 눈에 띄는 기사는 학원자주화 문제로, 학도호국단 폐지와 직접 선거에 의한 학내 대표 선출은 4·19의 직접적인 영향이라 할 수 있다. 그런데 한 좌담회에서 단대 대표들의 성별 문제가 나오자 여학생 대표는 드디어 기회를 잡았다는 듯, 간부 중에 여학생 인원수를 늘려야 한다고 주장한다. 이와 비교하면 동지회 명칭 사건이 얼마나 예민한 사안이었는지 알 수 있다.

그녀를 남성이 아닌 '여성'으로 구분했던 것이다. 혁명이 끝났으니 의거에 참여했던 여학생-엘리트 그룹의 고양된 정치의식도 다시 시작된 일상의 메커니즘 안에서 서서히 움직여야 했는데도 백윤선은 그러지 않았다. 그녀는 여태껏 남성화된 공공 기관이 해온 일을 여성화된 혁명의 이름으로 시도했고, 그것은 아직 재학 중인 19세 여학생들이 볼 수 없었던 현실의 장—혁명이 완수된 후 젠더 질서가 구축되어가던 (아들들의) 혁명 이후의 일상이었던 것이다.

셋째 모델은 적잖은 수가 참여했던 윤락여성들이다. 그런데 이에 대해서는 구체적인 기록이 드물고 몇몇 사람들의 기억으로만 남아 있어(3·15의거기념사업회, 1996, 36쪽)[18] 확인이 쉽지 않다. 이 여성들은 사회적으로 떳떳하지 못한 신분으로, '자기 목소리'를 갖지 못한 하위 주체들이었기에 문민정부 출범 후 기념사업회로서도 찾아내기 어려운 존재들이었다. 그런 까닭에 이들의 서사는 당시로부터 50년이 지나 이제 그들에 주목한 3·15 50주년 기념 문화 텍스트들에서 특별한 방식으로 살아나게 된다.

4. 다방의 '누나'들 : 그 복권이 의미하는 것

3·15 50주년 기념 특별 뮤지컬 「3월이 오면」(이윤택 대본, 문종근 연출)과 드라마 「누나의 3월」(김운경 대본, 전우석 연출)은 지금껏 주목받지 못한 이들이 주인공이다. 「3월이 오면」은 구두닦이 오성원이 주인공이되 누나처럼 그를 보듬어주는 다방 마담이 등장하고, 「누나

---

[18] 이영자 : 예 맞아요. 당시 뜻있는 여학생들을 중심으로 남학생들이 저렇게 싸우는데 우리 여학생들이 이렇게 구경만 해서야 되겠느냐며 자발적으로 참여했던 걸로 알고 있어요. 특히 홍등가의 여인들도 합세를 했었어요.(하략)

의 3월」은 주인공인 다방 레지 윤양미의 주변에 권찬주(김주열의 母),
오성원, 김용실 등 실존 인물들이 얽히며 서사가 진행된다. 의거 50주
년을 기념하는 오늘, 왜 이런 현상이 일어난 것일까. 잊혀졌던 '홍등
가' 여성들은 왜 지금 새삼스럽게 의거의 주역으로 복권되고 있는가.

　사실 여기에는 3·15를 "시민 의견수렴과 시민참여를 위한 다양한
자리를 준비, 3·15의거의 숭고한 정신과 의로운 뜻을 함께 경험하는
소중한 체험의 장으로 만들 것"(3·15의거기념사업회, 2009, 230쪽)이
라는 사업회와 자치 단체의 구상이 일정하게 작용하고 있다. 기존의
3·15행사를 반성하고 3·15의거정신을 마산정신으로 승화시켜 국가
기념일에 맞는 시민 행사로 치르겠다는 것. 2009년 새해를 앞두고 기
념사업회의 신임 회장은 취임사에서 3·15를 "마산을 넘어 우리나라
의 대표적인 문화축제로 만들"겠다는 의지를 분명히 밝힌 바 있다.(백
한기, 2008, 27쪽)[19] 더욱이 마산이 통합 창원시로 개편되면 앞으로
3·15는 경남 도민의 축제가 될 것이다. 취임사에서도 지적하고 있듯,
혁명의 축제화, 혹은 혁명과 축제의 밀접한 관계는 이미 여러 경로로
논의되어왔고, 이전에도 매년 3·15기념행사를 진행해왔던 만큼 50주
년을 기념해 대대적으로 펼쳐지는 3·15의 축제화가 특별히 이례적인
것은 아니다. 오히려 어떤 측면에서 보면 기존 3·15 기념사업은 마산
시민이 3·15정신이라는 시민의식을 공유하고 있다는 획일적인 전제
아래서, 의거 공간을 3·15거리로 조직하고 각종 상징물을 만들면서
시민의 통합적 정체성을 확인하는 지자체의 '규율'된 기념행사였다.

---

[19] 혹자는 3·15의거는 민주주의를 지키다 돌아가신 분들을 추모하는 날로만 생각
　　하는데 3월 15일 그분들의 희생으로 민주주의를 지켜낸 자랑스러운 날입니다.
　　이것은 우리가 3월 15일을 축제의 날로 만들어야 하는 이유인 것입니다. 프랑스
　　혁명을 기념하는 축제는 프랑스인들에게는 최고의 명절입니다.(……)이 시기에
　　외국 관광객이 최고의 정점에 이른다고 합니다. 우리 3·15의거 기념일도 그 이
　　상 가는 축제로 만드는 것이 얼마든지 가능하고 그렇게 만드는 것이 우리 마산을
　　살리는 길이기도 할 것입니다.

(에밀 뒤르케임, 1992)

이를 생각하면 이러한 방식이 기존의 관 주도 행사나 기념식보다는 한 단계 진보한, 혁명의 민중 축제적 성격을 살리는 문화 기획이라는 데 생각이 미친다. 무엇보다도 홍등가 여성은 이 작품들에서 거의 최초로 4·19라는 혁명의 장에 진입하고 있다. 기존 4·19소설에서 여성은 대체로 카오스의 동의어거나, 혁명의 본질에서 비켜선 존재, 그도 아니면 정치적 선택의 기로에 선 남성 주체의 갈등과 대조되는 비정치적 순수성의 소유자이다. 그러나 어디에도 홍등가 여성의 자리는 없었다. 따라서 이 여성들을 내세우고 있는 것만으로 의의가 있지만 이들의 역할은 거기서 그치지 않는다. 혁명의 축제화에서 이들은 훨씬 중요한 역할을 수행한다. 그것은 이들이 문서 형태로 기록된 의거에서 혁명까지의 딱딱한 공적기억을 사적 추억의 공간으로 끌어와, 대중이 그날의 투쟁을 특정한 방식으로 배우고 추체험하게 만들기 때문이다.

두 작품에서 민주당이라는 정치 집단의 투쟁사를 비롯해 19세로 산화한 '슈사인보이' 오성원의 죽음이라는 3·15의 공식적 기록은 가상으로 창조된 다방 레지의 개인사 속으로 부드럽게 흡수된다. 따라서 이러한 공적기억의 사적 추억화는 남성적으로 젠더화된 의거/혁명을 일부나마 여성적으로 재조정하는 역할을 하고 있다. 작품의 첫머리에서 두 여성이 내레이터로 등장하는 대목부터가 그러하다. 기본적으로 두 작품은 모두 혁명이 끝난 시점에서 서마담(「3월이 오면」)과 허양미(「누나의 3월」)가 과거를 회상하는 형식인데, 발화 주체의 진실성을 전제로 하는 고백의 형식은 물론이거니와 두 극에서 이들의 주거지인 다방은 관객과 시청자의 감각을 공권력과 대치하는 긴박한 마산 시내로 흩다가도 이내 아리따운 여성이 있는 내밀한 공간으로 모음으로써 '거대한 투쟁'으로만 형상화되었던 3·15에 일상적인 긴장과 이완의 리듬을 불어넣는다. 예컨대 이 공간에서 일정하게 되풀이되는 유머는 작가와 연출자가 혁명의 카니발적 성격을 의식하고, 그것이 대중에 미칠 영향까지 세심하게 고려하고 있다.

더욱이 서마담과 허양미는 공통적으로 오성원과 허양철이라는 문제적 동생을 둔 누나인데, 이 관계는 앞에서 살폈던 편모 가정 모자 관계의 변이형이다. 여기에 김주열을 찾는 권찬주까지 합세하면 이 여성들의 모성애는 매우 중요한 장치가 아닐 수 없다. 그 덕분에 3·15는 관객에게 위험하지 않은 공유기억으로 받아들여진다. 만약 혁명의 기억이 항거와 저항, 분노 등 공적 기록이 환기시키는 반항적인 언어로만 구성된다면 이는 혁명이나 항쟁을 문화콘텐츠로 만들어내는 생산자와 향유자 모두에게 부담스러운 일이다. 5·18을 다룬「꽃잎」이나 90년대의 민주화 후일담과 같은 소설에서 사랑은 혁명에 인간적인 숨결을 부여하는 훌륭한 완충제이다. 이런 방식으로 시간이 흐른 후 혁명에 관한 사회적 합의가 이루어지고, 그에 따라 적절하게 승화되고 정화된 기억—주로 사랑을 매개로 하는—을 추체험하는 과정을 통해 혁명은 시민들에게 시민적 공유 기억으로 무리 없이 수용된다. 이 점에서 두 작품이 홍등가 여성을 내세운 것은 공적 기록에서 누락된 여성들을 복권시키는 작업이자, 동시에 공적 기록의 구속력을 벗어나 작가의 상상력을 타고 젠더의 관점에서 혁명(의거)의 과정을 다시 쓰는 중요한 실천행위이다. 다만 이러한 의의에도 불구하고 두 작품이 기획 단계와 달라진 점을 지적할 수 있다.

　이 : 또 주인공의 중심축에는 오성원과 그 친구들인 슈샨보이들을 놓고 중요한 조연급에는 오군에게 장사터를 마련해준 다방마담을 배치시킬 것입니다. 대단한 인물로, 여걸형으로 그려보고 싶은 이유는 그 마담이 거리의 아이들인 슈샨보이의 삶의 고통을 다독거려주는 큰누나의 정서가 있기 때문이죠. 누나의 정서를 절묘하게 살려내면 훌륭한 작품이 탄생될 것 같은 예감도 듭니다. 사건의 재현은 스펙타클한 방식이 아니므로 직접

적 방식보다 간접적 방식으로 예시하려 합니다.(이윤택 · 문종근 뮤지컬 대담, 2009, (65쪽)

「3월이 오면」의 극작가 이윤택은 애초 서마담을 극 전개에서 비중이 높은 여장부로 그리려 했던 것으로 짐작된다. 그러나 실제 공연에서 서마담은 교양 있고 우아한 '누나'로 오성원에게 모성애를 표하고 다방의 분위기를 조절하는 내레이터에 그친다. 오히려 그가 사랑하는 여주인공인 여공 송이의 정치의식이 오성원에게 미치는 영향이 강조된다. 「3월이 오면」에서 줄곧 방관자였던 오성원은 결국 송이를 지키기 위해 시위에 앞장섰다가 총탄에 스러진다. 그러니 이 작품에서 서마담은 관객이 구두닦이 오성원의 비극을 모성애적 사랑과 동정으로 수용하도록 이끄는 안내인 정도일 따름이다.[20] 반면 「누나의 3월」에서 허양미는 이른바 의식이 변화, 발전하는 인물로 선명하게 그려져 있다.

양미는 고등학생 양철의 보호자이며, 서울에서 온 엘리트 민주당원 이한수와 연인관계지만 "자유가 뭔지도 모르고 민주가 뭔지도 모르는" 평범한 다방 레지이다. 이렇듯 평범한 양미가 시민의 대표로 일어서게 되기까지 양미 – 양철, 양미 – 권찬주라는 두 개의 축이 마련되어 있다. 양철이 고등학생 시위주동자로 구속되자 그를 빼내기 위해 양미는 이한주의 청혼을 거절하고 전 순사 출신 경비 주임 박주임의 동침 요구에 응한다. 이 시점까지 양미는 도덕적이지만 스스로를 정치

---

[20] 「3월이 오면」의 사건 전개는 매우 빠르다. 오성원을 일관되게 '구두닦이'로 그리려다 보니 그의 정치적 각성도 송이에 대한 사랑에서 나온 우발적 행위로 형상화되어 있다. 애초에 이윤택은 슈산보이들의 민중적 자각을 오성원이 총에 맞기 직전의 의식변화로 집중시키겠지만 그를 영웅화하거나 모범생으로 미화시키지는 않겠다고 밝혔다. 민중의 지나친 영웅화를 경계하는 입장에 동의하지만 그럼에도 오성원의 자각은 설득력이 부족할 정도로 우발적이었다. 특히 「누나의 3월」에 등장한 오성원과 비교하면 도리어 여기서는 완충제로서 '사랑'이 꼭 필요했을까 싶다. 송이의 비중이 늘어난 만큼 서마담의 역할이 줄었기 때문일 것이다.

적 주체로서는 인식할 수 없는 다방 레지이다. 이런 양미를 변화시키는 이는 권찬주이다. 양미의 잘못된 선택을 꾸짖고, 아들의 죽음을 예감하면서도 결연하게 민주주의 승리를 말하는 권찬주의 모습은 작가가 그동안 '아들을 잃은 불쌍한 어미'로 각인되어 온 권찬주를 전면적으로 재해석하고 있는 부분이다. 양미는 그녀를 보고 강한 영향을 받는다. 이미 양미와 권찬주는 다방에서 일종의 자매애를 나누게 된 관계이며, 박주임의 과거를 일러준 이도 권찬주이기에 양미는 권찬주와 함께 김주열을 찾는 데 앞장서면서 정치적 주체로 일어나게 된다. 김주열의 실종 소식이 퍼진 후 양미가 시청 앞에서 "야 박시장님 못나오십니까"로 시작해 "시장 나온나"로 국가 권력을 대하는 태도는 양미의 변화를 알리는 결정적인 장면이다.

결국 양미는 2차 봉기에서 겁먹은 시위대를 독려하며 박주임과 진압 경찰 앞에 나섰다가 다리를 다친다. 여기에 이르면 양미의 모습은, 극중에서 제일여고 학생회장으로 1차 시위를 이끈 당찬 여고생 노원자와 다를 바 없다. 이렇듯 「누나의 3월」은 "레지 출신으로 본의 아니게 민주투사가 된" 다방 레지 양미의 의거담을 김주열, 권찬주, 오성원, 민주당원, 김용실 등 실재 사실을 배경으로 촘촘하게 엮어 의거에 관한 공적 기록 안에서도 잊힌 홍등가 여성의 서사를 화려하게 부활시키고 있다.[21]

---

[21] 「누나의 3월」은 3월 말에 경남에서 먼저 방송했고, 4·19를 전후해 전국에 방송되었다. 100분 분량에 의거의 전 과정을 소화하려다보니 극 전개가 매우 빠르고, 50주년 기념을 의식한 '해피엔딩'이 눈에 띈다. 3·15 부상자가 된 양미는 민주당원 이한수와 결혼하고 무사히 귀가한 양철과 함께 3·15에 관한 인터뷰를 마치고 행복한 가족사진을 찍는다. 혁명이 의식 있는 다방 레지와 순수한 엘리트 청년의 결혼을 가능하게 했다는 결말이다.

5. 4·19의 젠더 — 지역 서사화를 제안하며

4·19의 도화선이 3·15라 했지만 엄밀히 말해 3·15 앞에는 또한 대구의 2·28학생시위가 있다. 1960년 2월 28일 대구 경북고 학생들은 민주당 선거 유세장에 가는 것을 방해한 학교 당국의 일요일 등교조치에 항의하며 800여 명이 모여 결의문을 낭독했다. 대구고, 경북사대부고, 경북여고 등 대구의 주요 고등학교 학생들은 경북 도청 앞에서 "학원의 자유를 달라", "민주주의를 살리자" 등을 외치며 경찰과 대치하다가 해산당했다. 뒤를 이어 서울, 전주, 광주, 부산, 대전, 수원, 인천 등지에서도 학원 자유와 공명선거를 요구하는 고등학생들과 일부 시민들의 시위가 줄을 이었다. 규모는 작지만 주요 도시의 고등학생들이 동시적으로 움직인 셈이다. 그러니 어쩌면 3·15는 고등학생들의 이 같은 외침에 마산 시민이 대규모로 응답했기에 벌어진 사건인 셈인데, 하필 마산에서만 그랬던가에 대해서는 명쾌한 결론을 내리기 어렵다. 당시 마산에 형성되어 있었던 도시 빈민 공동체와 마산의 열악한 정치, 경제 상황에 대한 시민들의 불만, 전통적인 야당 기질이 어울려 폭발했다는 해석(이은진, 1998)이 있지만 비단 마산만이 그런 상황이 아니었던 것도 사실이다.

특정한 역사적 결과에 대한 원인을 찾는 작업은 필요하다. 기존의 4·19연구들도 다양한 각도에서 이를 밝혀왔고 정권이 바뀌며 부침을 겪으면서도 적지 않은 연구 성과를 축적해왔다. 그렇다면 이 시점에서 어떻게 다시 4·19를 사유할 수 있을까. 냉정하게 말해 4·19 50주년은 물리적 시간의 흐름에 부치는 '사실'일 뿐, 49주년이나 40주년에 비해 질적인 차이나 변화가 있는 것 같지는 않다. 저 프랑스혁명 이후 공화당의 혁명 기념축제 기획이 알려주듯, 국민 국가에서 매끈하게 조직된 추억으로 경화되어가는 혁명(홍태영, 2005)이 아니라, 프로이

드와 바흐친이 말하는 전복시키고 탈권위적인 민중의 에너지로 가득한 혁명의 얼굴, 난장을 4·19 50주년이라 하여 전국적으로 보게 될 것 같지도 않다. 이 점에서 3·15아트센터에서 성악가가 노래하고 3·15 당시를 재현하는 등 규모를 키운 3·15 50주년 사업 역시 기존 기념사업의 틀을 혁신하는 것은 아니다. 오히려 이런 사업들은 관이 주도하지 않으면 혁명의 시민 축제화 자체가 어려운 지역의 ‘현실’을 반영하고 있다. 혁명을 축제로 즐기는 데 소요되는 예산, 인력 등은 지역단위에서 4·19를 기념해야 한다는 명제의 당위성을 자주 학문의 영역으로 한정짓는다. 그런 탓인지 올해 인문학계의 화두는 ‘4·19 50주년’으로 굳어진 듯하다.

젠더사나 지역사의 시각에서 혁명연구는 이제 출발점에 있다. 그러나 여성의 이름들이 기입되고, 그 행적들이 복원되어 지역사로서 비어 있는 4·19의 역사를 채워나가는 것은 진작 진행되었어야 할 연구의 초보적 단계에 지나지 않는다. 문제는 그 이후이다. 해마다 4월이면 관습적으로 호명된 시민으로서, 혹은 확장된 시민의 몸인 국민으로서 기념식 중계방송을 지켜보는 데서 그치지 않고 4·19를 기억/기념하는 해당 지역만의 특별한 방식이 필요하다. 지역 고등학생들이 주체적으로 참여하는 거리 행진이나 마당극, 혁명 참가자들과 함께하는 좌담회, 혁명 기념담 공모 등이 한 방법이 될 수 있다. 그리하여 궁극적으로 이는 혁명 후 반세기를 지나 잊힌 여성들과 지역 내 소수자, 이미 작고한 이들의 하찮은 무용담에까지 깊은 애정을 표하는 방식이어야 할 터이다.

▣ 참고문헌

3·15의거기념사업회 편, 2004 『3·15의거사』, 휘문출판사.

3·15의거기념사업회, 1960 『승리의 기록』, 마산일보사.

「3·15당시의 학생들에게 듣는다」, 1996, 3·15의거기념사업회, 『3·15의거』 제2호.

「3·15의거 당시 학생회장들에게 듣는다」, 1997, 3·15의거기념사업회, 『3·15의거』 제5호.

「백윤선의거담」, 1997 『3·15의거』 제4호.

강만길, 1999 「3·15항쟁의 역사성과 민주주의적 성격」 『3·15의거』 제7호(3·15의거기념사업회).

김미란, 2005 「김승옥 문학의 개인화 전략과 젠더」, 연세대학교 박사 학위 논문.

김주현, 2006 「1960년대 '한국적인 것'의 담론지형과 신세대의식」 『상허학보』 제16집.

민유기, 2008 「국가기억 대 민간기억의 갈등과 대안적 기념문화의 모색」 『사회와 역사』 제78집.

백한기, 2008 「3월 15일을 세계적인 축제의 날로 만들자」 『3·15의거』(3·15의거기념사업회) 제10호.

에밀 뒤르케임(노치준 외 역), 1992 『종교생활의 원초적 형태』, 민영사.

오창은, 1998, 「1960년대 소설의 4·19혁명 관련 양상 연구」, 중앙대학교 석사 학위 논문.

유럽사회문화연구소, 2006 『축제와 문화적 본질』, 연세대학교 출판부.

이윤택·문종근 뮤지컬 대담, 2009 「마산의 슈산보이 오성원이 의거 50년만에 다시 살아난다」, 『3·15의거』 제11호(3·15의거기념사업회).

이은진, 1998 「3·15마산 1차 의거, 누가 왜 참가하였는가」 『3·15의거』 제6호(3·15의거기념사업회).

이학렬, 2003 『간추린 마산 역사』, 경남.

정성자, 1999 「3·15증언대 : 최류탄 뽑을 때 모두 피신했죠」 『3·15의거』 제7호.

지현모, 1961 『마산의 혼』, MCY.

최원식·임규찬, 2002 『4월혁명과 한국문학』, 창작과비평사.

『학생혁명시집』, 1960, 효성문화사, 1960.

홍태영, 2005 「프랑스 공화주의 축제와 국민적 정체성」 『정치사상연구』 제11집 1호.

『조선일보』, 『동아일보』, 『부산일보』, 『국제신보』

제3장 혁명, 시, 여성(성)

1960년대 혁명시에 나타난 여성성

박지영

1. 1960년대 혁명시와 여성

이 논문은 4·19혁명 이후 혁명시에 나타난 여성표상에 대하여 살펴보는 데 그 목적이 있다. 특히 김수영과 신동엽 등 1960년대 한국의 소위 참여시인들에게서 드러나는 혁명의 의미가 여성에 대한 인식과 어떠한 방식으로 연관되는가를 살피도록 한다.[1] 잘 알려진 대로 김수영과 신동엽은 대표적인 4·19혁명 체험세대로 혁명에 대한 열망이 남달랐던 시인들이다. 그것은 혁명이 성공하지 못하고, 5·16군사정변으로 실패했기에 더욱 강렬해진지도 모른다. 그들에게 혁명은 미완이었으며, 이를 완수하는 것을 그들의 시적 사명으로 삼았다. '혁명은 상대적 완전을, 그러나 시는 절대적 완전을 수행하는 게 아닌가.'(김수영, 2001, 332~333쪽)라는 김수영의 『일기』의 한 구절은 이러한 점을 잘 설명해 준다. 그는 4·19혁명의 실패로, 현실 속의 혁명은 늘 끊임없이 유보될 수밖에 없는 것이라는 진리를 깨닫고 대신 시에서 혁명

---

[1] 김수영과 신동엽은 흔히 참여시인으로 명명되지만, 실제로 김수영은 자신이 참여시인으로 지칭되는 것을 원하지 않았다. 본고는 이러한 점을 존중하여, 이들 시를 4·19 이후 혁명의 완성을 지향하는 시, 혁명시로 명명하고자 한다.

을 꿈꾸었던 것이다.

그런데 주목해야 할 점은 이러한 혁명시인들의 시와 산문에서 '여성'이 매우 중요한 키워드라는 점이다. '김수영의 시작 생애야말로 여인천하'(유중하, 2006)라는 말을 가능하게 한 이 시인에게, 특히 부인은 '아내', '여편네'의 칭호로 텍스트에 자주 등장한다. 신동엽의 경우도 혁명시의 제목은 '아사달'이 아니라 「아사녀」이다. 그리고 그의 서사시 「금강」의 주인공은 신하늬이지만, 마지막까지 살아남은 주체는 하늬가 아니라 여주인공 인진아이다.[2] 이외에 그에게는 「향아」, 「여자의 삶」 등 여성을 주제로 한 시가 많다. 이러한 점은 그들의 시적 사유에서 여성이 차지하는 비중이 큰 것이었다는 점을 알려주는 것이다. (최하림, 2001)[3]

물론 이렇게 혁명을 지향했던 두 참여시인의 시적 지향은 다르다. 김수영은 시적 혁명(Modernity)을 추구하고 시가 혁명이라는 형상 그 자체가 되길 원했고, 반면 신동엽에게 '혁명'은 시에서 그가 추구하는 가장 중요한 주제였다. 여성성을 전유하는 방식 역시 그들의 시적 지향성 내부에서 각기 다른 방식으로 이루어진다. 그러나 중요한 것은 공통적으로 이들이 지향하는 시적 궁극 혹은 유토피아적 전망에 여성성이 자리잡고 있다는 것이다. 그렇다면 이러한 여성성의 전유는 1960년대 혁명 이후의 시적 사유, 대사회적 유토피아적 전망의 한 특수성이 될 수 있는 것이다.

---

[2] 이 두 주인공의 이름은 시인 자신 신동엽과 부인 인병선 여사의 성을 따고 동학의 이념을 이름으로 붙여 만든 것이다.

[3] 이러한 점은 실제로 이 두 시인에게 가장 큰 영향력을 끼친 여성인 부인들이 당대에는 드문 인텔리 여성으로 그들의 시작 활동에 매우 적극적인 후원자이자, 동지였던 점과도 관련이 깊은 문제이다. 김수영의 부인인 김현경 여사는 미군정기에 이화여전을 나온 재원으로 당대 최고의 문인인 정지용에게 수제자로서 인정받으면서 사사를 받을 정도로 높은 학문적 실력을 겸비한 지식인이다. 신동엽의 부인인 인병선 여사는 월북한 경제학자 인정식의 딸로, 결혼 당시 서울대학교 가정학과를 다녔던 재원이다.

이미 이들 시인의 여성상에 대한 연구는 진행 중이다.(이동하, 1989 ; 김옥희, 1997 ; 조항순, 2006 ; 정상미, 1998 ; 문수명, 2009 ; 김상주, 2004 ; 박재선, 2001 ; 정효구, 1996 ; 한명희, 2002 ; 김용희, 2001 ; 문혜원, 1998 ; 김정석, 2009) 김수영의 경우는 '여편네'라는 호칭이 주는 비하적 어조에서 출발하여, 그에게 여성이, 남성주의적 시각에서, 속물성의 표상으로 주조되는 관점을 주목하여, 이를 '반여성주의적 시각'이라고 비판하는 논의가 일반적이다. 그러나 이에 반해서 최근에는 그의 시에 나타난 여성상이 여성을 비하하기 위한 것이 아니라, 스스로의 속물성을 경계하게 만드는 매개체 혹은 시적 인식 변화에 가장 큰 영향을 끼치는 매개체로 작용한다는 관점이 나와 주목을 요한다. 이는 기왕의 김수영의 시를 여성주의적 시각에서 비판하는 관점이 표피적인 의미 해석에서 출발한 것임을 밝히고 이를 극복한 것이다.(유중하, 2009 ; 조영복, 2001)4) 김수영의 시세계 전반을 살펴볼 때, 그에게 여성, 특히 부인은 그의 시적 사유의 발전 과정을 함께하는 매개체이자 동반자였기 때문이다. 신동엽 역시 마찬가지이다. 신동엽의 경우는 시인이 지향하는 유토피아상이 여성적인 것, 특히 모성적 유토피아임을 주목하면서 논의가 전개된다.5) 그가 지향하는 혁명의 세계는 궁극적으로는 여성적인 것이며, 이를 향하여 움직인다.

그리고 또 한 가지, 이러한 관점에 첨가해야 할 것은 이들 시인의 여성성에 대한 관점에는 '전통'이라는 근대적 개념이 함께한다는 것이

---

4) 특히 유중하와 조영복의 연구는 김수영의 시적 어법이 기본적이고 반어적이며 역설적인 데 착안하여, 그의 여성관이 '반여성주의적 시각'이 아니라, 오히려 자신의 속물성을 경계하게 하는 거울 같은 타자이고, '죽음을 통해 영원성에 도달하는 시적인 경지', '초월적이고 종교적인 시적대상'이라는 점을 밝혀 주목된다.

5) 이러한 논의에도 크게 두 가지 결론이 존재한다. 여성주의적 관점에서 볼 때, 이러한 관점은 여성을 역사의 주체로서가 아니라, 단지 생산의 도구로서 간주하는 태도라고 하여 비판하는 입장과 에코 페미니즘적 관점에 입각하여, 모성성을 혁명적 유토피아의 주요 성격으로 제안하는 그의 태도에 긍정적인 동의를 표하는 입장이 그 두 예이다.

다. 김수영에게 '거대한 뿌리'의 자각은 일상에서 혁명을 완성하는 방도를 깨닫게 하며, 특히 신동엽에게 혁명적 유토피아는 원시적 전통사회로 순회(巡廻)하는 것이다. 이처럼 '전통'이 시에서 주요 쟁점이 되는 것 역시 1960년대 시의 혁명적 사유 방식 중 하나인 것이다.

주지하다시피 전통론은 1960년대 지식계의 핵이었다. 1960년대 지식인들은 '한국적인 것' 찾기를 통해서 정체성 탐색에 열중했고, 그것은 전통을 통해서 조국 근대화를 실현하려는 정부정책과 보조를 맞추며 실행된다. 그러는 한편, 문학계에서는 우익계와 민족문학계열의 전통론이 서로 힘겨루기를 진행하고 있었던 시대이기도 하다.(김주현, 2007) 우익계열에서는 서정주, 김동리를 중심으로 '화랑도'가 호명되고, 이를 중심으로 부르주아적인 신라의 전통이 부각된다. 민족문학계열에는 신동엽, 김지하, 조동일 등을 중심으로 민중 주체의 전통론이 서서히 그 이론적 맥락을 만들어간다. 특히 신동엽을 통해서는 '혁명으로 기능하는 전통', 그리고 다시 전통으로 회귀하는 혁명이라는 새로운 전통개념이 정착하게 된다(오문석, 2010, 26쪽 ; 강계숙, 2004)고 평가되기도 한다.

이러한 전통에 대한 사유는 이들이 1960년대 4·19혁명과 5·16군사정변으로 국가관에 혼란을 겪으면서,(이경수, 2005) 새롭게 사회·국가관을 정립해야 했기 때문에 제기된 문제이다. 그들은 혁명적 근대·합리적인 근대 사회를 꿈꾸었으나, 그것이 좌절된 것이다. 그러나 이들은 '홍익인간'이나, '화랑도'의 이념이 말해주는 대로, 국가 기획의 전통론이 태곳적부터 지속된 영원불멸의 성화된 가치 혹은 단일민족의 신화를 지향하는 데 대항하여, 나름의 정치적 유토피아상에 맞추어 전통을 사유하게 된다.

이러한 상황이니 김수영과 신동엽의 전통에 대한 의식은 중요한 논의 대상이 될 수밖에 없으며 이를 통해서 그들의 혁명적 의식이 분석될 수밖에 없는 것이다. 이들은 국가 주도의 정치 시대에 각기 자유주의적 시민사회와 아나키스트적 공동체 사회라는, 당대로서는 급진적인 정치 지향을 가지고 있었다. 그리고 이러한 정치적 지향성을 모색하면서 그들은 여성성을 사유하기 시작한 것이다.

물론 그들은 온전한 의미의 여성주의자라고 볼 수는 없다. 이들에게 여성은 숭배의 대상이기도 했지만, 천사/악마의 구도에서 벗어나지 못하는 존재였다. 이후에는 변모하지만, 김수영은 '여자의 본성은 에고이스트'(시 「여자」)라고 했고, 신동엽에게 여성은 긍정적인 존재이면서도 동시에 탐욕스러운 민비, 점령군에게 아부하는 여대생(시 「금강」)의 형상이기도 했다.(최정무, 2005, 44쪽)[6]

그러나 그럼에도 불구하고 그들은 왜 전통을 거론하면서 여성을 논할 수밖에 없었는가는 매우 중요한 문제이다. 이는 4·19혁명의 실패로 남성 중심의 수체성이 훼손된 자리에서 혁명시가 출발하는 것과 관련이 깊은 문제이다. 또한 전통론이 국가의 출발 혹은 사회적 의식의 구성과 깊숙이 관련되어 있는 정치적 의식이라고 한다면, 그들의 사회적 의식의 지향성에 분명 여성성이라는 사유가 개입될 수밖에 없는 사회역사적 맥락도 존재하는 것이다. 이 논문의 문제의식은 여기서 출발한다.

2. 1960년대 혁명시에 나타난 여성성의 양상

1) 김수영 — 혁명(남성성)/일상(여성성)의 도식 넘어 혁명시로

4·19혁명을 겪으면서 김수영은 왜 '자유에는/피의 냄새가 섞여 있

---

[6] 이 연구에 의하면 신동엽은 해방 후 일제 식민지 교육 제도의 잔재 위에 덧씌워진 미 군사 정부가 부과한 미국식 교육을 받은 여대생들을 고급 창녀의 이미지로 비하했다고 비판한다.

는가를./혁명은/왜 고독한 것인가를.//혁명은/왜 고독해야 하는 것인가를.'(시「푸른 하늘을」)이라고 시를 쓴다. 혁명이 그만큼 끔찍하게 어려운 과제라는 것을 이보다 더 잘 드러낸 시 구절은 드물 것이다.

김수영은 혁명 실패 이후 시「그 방을 생각하며」에서 '혁명은 안 되고 나는 방만 바꾸어버렸다'고 쓴다. 아직 '싸우라 싸우라 싸우라는 말이/ 헛소리처럼 아직도 어둠을 지키고 있'지만, 그 방을 나와야 살 수가 있다고 얘기하는 듯하다. 그러나 그 방을 나와 그는 '인제 녹슬은 펜과 뼈와 광기/실망의 가벼움을 재산으로 삼을 줄 안다'고 했다. 그리고 '실망의 가벼움'이 '혹시나 역사일지도 모'른다는 점을 깨닫는다. 즉 늘 역사는 실망과 환희를 반복하면서, 그렇게 진창길을 걸어가는 것이라는 점을 깨달은 것이다. 그리고 대신 '펜과 뼈와 광기'라는 힘을 얻는다. 그것은 시를 쓸 수 있는 진정성, 몰입의 태도이다. 그래서 그는 '방을 잃고 낙서를 잃고 기대를 잃고/노래를 잃고 가벼움마저 잃어도', '이제 나는 무엇인지 모르게 기쁘고 나의 가슴은 이유 없이 풍성하다'라고 한 것이다. 실망을 가볍게 여기는 방법, 그리고 또 다른 시작을 준비하는 것, 그것이 혁명의 정신임을 깨달은 것이다.

김수영은 혁명의 경험으로 혁명적 근대를 꿈꾸었다가 실망했다. 그는 혁명 실패 이후「히프레스 문학론」에서 이 사회에는 '자유가 없고 민주주의가 없다'고 그 절망을 표현한 바 있다. 그가 꿈꾸었던 사회는 '삼팔선이 없는 사회', 즉 완벽한 언론의 자유와 정치적 민주주의가 실현된 사회이다. 그러나 김수영은 이상주의자이다. '시인의 정신은 미지(未知)'라는 유명한 구절이 설명하듯, 그는 절망적 현실 속에서도 혁명적 미래를 꿈꾸었으며, 동시에 시에서도 혁명을 이룩하고자 애썼다.

혁명 후 그가 새롭게 맞닥뜨린 대상은 바로 일상이다. '혁명'은 순간적으로 경험되는 숭고하고 전율적인 체험이다. 그러나 늘 혁명이 끝난 자리에는 늘 지루하게 반복되며 지속되는 비루한 일상이 자리 잡게 된다. 문제는 이러한 일상적 시간을 어떻게 혁명적 순간을 바꾸느냐인 것이다. 그리하여 그는 시와 산문에서 혁명 이후에 비루하게 남아 있는 일상 속에서 새로운 이상적 근대 사회를 모색하였다. 그리고 이러한 혁명적 근대를 모색하는 도정에 늘 여성이 존재한다는 것은 매우 중요한 사실이다.

시 「금성 라디오」는 과감하게 새로운 살림살이를 들여오는 아내의 '결단'에 대해 쓴 작품이다. 아내의 결단 덕분에 새 책, 새 이불이 승격해 들어온다. 그러나 점점 생활이 윤택해질수록 시인은 '그만큼 손쉽게/내 몸과 내 노래는 타락'해 간다고 생각한다. 배의 기름기와 싸워야 하는, 영혼의 순수성을 지향하는 예술가적 자의식 때문이다. '생활'은 곧 근대 자본주의의 속물성의 상징이며, 이러한 적과의 싸움은 그의 시 인생을 건 새로운 작업이다. 그러므로 결국 윤택함은 적이 되고, 그것을 가져오는 존재인 아내와의 싸움은 곧 '돈' 혹은 그로 인한 '안락함'과 싸움이다. 그러나 역시 적은 단순히 '적'일 뿐일까?

이처럼 여성이 적으로 표상되는 이유는 여성은 그가 끊임없이 혁명적인 것으로 전환하고자 했던 '일상성'의 표상이기 때문이다.[7] 이러한 적의 이미지가 표상된 대표적인 시와 산문인 시 「적(敵) 2」와 「시작노트」를 살펴보면, 그에게 부인은 단순한 '적'이 아니라는 점을 발견할 수 있다. 이야말로 그의 남성적 주체성의 위선을 풍자해 주는 중요한 매개체인 것이다.

여편네를 욕하는 것은 좋으나, 여편네를 욕함으로써 자기만 잘난 체하고 생색을 내려는 것은 치기다. 시에서 욕을 하는 것이 정말 욕이 되는 것은 아니지만, 하여간 문학의 악의 언턱거리로 여편네를 이용한다는 것은 좀 졸렬한 것 같은 감이 없지 않다. 이불 속에서 활개를 치거나 아낙군수

---

7) 이에 대한 논의는 김수영의 여성성에 관한 거의 모든 논의에서 발견한 바이다.

노릇을 하기는 싫다. 대개 밖에서 주정을 하는 사람이 집에 들어오면 얌전하고, 밖에서는 샌님 같은 사람이 집안에 들어오면 호랑이가 되는 수는 많다고 하는데 내가 그 짝이 아닌지 모르겠다.(김수영, 2001, 142쪽)

시 「적 1」, 「적 2」, 「절망」에 대한 「시작 노트」에서 나온 한 구절이다. 그는 이 글에서 가부장제를 비판하면서도 자신도 가부장이 되어 갈 지도 모르는 자신에 대해 비판한다. 그는 '이불 속에서 활개를 치거나 아낙군수 노릇을 하기는 싫다'고 하면서 '대개 밖에서 주정을 하는 사람이 집에 들어오면 얌전하고, 밖에서는 샌님 같은 사람이 집안에 들어오면 호랑이가 되는 수는 많다'며, 혹 자신의 모습일 수 있는 이러한 모습을 경계한다. 이처럼 김수영이 근대를 모색하는 데 투여된 치열함은 그 자신의 남성적 주체성을 부정하는 데서 출발한다. 즉 그의 시에는 근대의 이성적 사유, 그리고 근대적 주체, 특히 남성적 주체에 대한 환멸이 존재하고 있다.

그리고 그의 시에서 이러한 남성적 주체성을 깨닫게 해 주는 존재가 바로 여성인 것이다. 시 「이혼취소」에서 부부싸움 후 이혼을 결정하고 김수영이 바라본 아내는, 위선적인 자신과 대척점에 서 있는 순수한 인물이기도 하다. 그래서 오히려 '선'하다. 대개 일상은 '선/악'의 구별이 모호한 회색지대, 위선적인 세계이다. 이곳에서 아내는 이러한 위선이 없기 때문에 '피를 흘리'는 존재이다 "상대방이 원수같이 보일 때 비로소 자신이 선(善)의 입구에 와 있는 줄 알아라"라는 블레이크의 시구는 위선적이지 않은 악의 태도가 오히려 선이라는 진리를 알려주는 것이다. 순수한 악이 오히려 곧 선인 것이다. 그래서 아내는 '天使같은 女流作家의 냉철한 지성적인/눈동자'나 '피를 안 흘리려고/피를 흘리되 조금 쉽게 흘리려고' 잔머리를 굴리는 나, 즉 지성적인 체하는 나의 위선을 깨닫게 해 주는 존재가 된다. 즉 그에게 아내는

자신의 위선을 드러낼 때 사용할 매개체이지, 진짜 적은 아닌 것이다.(조영복, 2001)

앞서 인용한 「시작노트 4」에서도 그가 아내를 '적'으로 설정한 것은, 정말 경멸하는 대상이 아니라, 이 글에 나와 있는 대로, '문학의 악의 언턱거리'이기 때문이다. 그는 이러한 실험조차도 '좀 졸렬한 것 같은 감이 없지 않다'고 하며 자신의 시적 성취를 위해 아내를 악처로 이용한 것에 대해 고백하고 반성한다.

김수영은 '성속이 같다는 원효대사'(시 「원효대사」나 시 「성(性)」)에서 에로티즘을 표출하고, 이를 통해서 금기를 위반하는 '문학의 악'을 실험한다.(이미순, 2007) 조르주 바타이유에 따르면 쾌락 속에서 행해지는 성적 금기에 대한 위반은, 자신의 무화(無化), 의식의 무화 직전까지 가며, 종종 죽음에 이르기까지 한다. '역설적이게도 신성(神聖)—이 절대적 정신성—은 그 정반대의 극에 있는—인간이 동물성과 무(無) 속으로 침몰하는 자리인 정념과 통한다는 것'이다.(카트린 클레망·줄리아 크리스테바, 1993, 47쪽) 이러한 경지는 김수영이 추구했던 죽음의 경지이며, 이는 '신성과 세속의 일치'라는 시적인 경지이다. 이를 추구하는 데 그는 아내를 악처로 이용했던 것이다. 그러므로 그의 아내는 만약에 적이라도 선과 악의 기묘한 긴장 속에서 결국은 '선'함으로 귀결되는 기묘한 역설을 만들어내는 존재, 문학의 악, 즉 새로운 모더니티를 실험할 때 기꺼이 악역을 해 주는 고마운 적인 것이다.

물론 이러한 실험은 그가 생활의 전선에서 싸우는 아내의 강인한 존재성을 인정하였기에 가능한 것이다. 다른 시 「여자」에서 표현한 '여자란 집중된 동물'이라는 비유는 이러한 여성의 현실적 강인함에 대한 경멸과 동경의 복합적 표현인 것이다.

그런데 그의 사유에 주요 결절점을 제공하는 존재가 또 하나 있다. 그것은 김수영의 집에 들어온 식모, 순자이다.(유중하, 2006)[8]

순자야 너는 꽃과 더워져가는 화원(花園)의
초록빛과 초록빛의 너무나 빠른 변화에
놀라 잠시 찾아오기를 그친 벌과 나비의
소식을 완성하고

우주(宇宙)의 완성을 건 한 자(字)의 생명의
귀추(歸趨)를 지연시키고
소녀가 무엇인지를
소녀는 나이를 초월한 것임을
너는 어린애가 아님을
너는 어른도 아님을
꽃도 장미도 어제 떨어진 꽃잎도
아니고
떨어져 물 위에서 썩은 꽃잎이라도 좋고
썩는 빛이 황금빛에 닮은 것이 순자야
너 때문이고
너는 내 웃음을 받지 않고
어린 너는 나의 전모(全貌)를 알고 있는 듯
야아 순자야 깜찍하고나
너 혼자서 깜찍하고나

네가 물리친 썩은 문명의 두께
멀고도 가까운 그 어마어마한 낭비
그 낭비에 대항한다고 소모한 그 몇갑절의 공허한 투자(投資)
대한민국(大韓民國)의 전재산(全財産)인 나의 온 정신을
너는 비웃는다

너는 열네살 우리집에 고용을 살러 온 지

---

8) 이 식모의 존재성에 처음으로 주목한 연구자도 유중하 선생님이다. 그는 아내와
순자가 김수영이 '자신의 허위성을 발견하고 그 허위의 허울을 벗'게 하는 존재
라고 분석한다.

삼(三)일이 되는지 오(五)일이 되는지 그러나 너와 내가
접한 시간은 단 몇분이 안되지 그런데
어떻게 알았느냐 나의 방대한 낭비와 넌센스와
허위를
나의 못 보는 눈을 나의 둔갑한 영혼을
나의 애인 없는 더러운 고독을
나의 대대로 물려받은 음탕한 전통을
—「꽃 잎(三)」 중 일부

순자는 역시 '문학과 악'을 실험하는 시 중 하나인 「식모」에서 '그녀는 도벽이 발견되었을 때 완성된다'고 했던 존재이다. 악의 자질인 도벽이 있는 존재이지만, 그녀의 이러한 자질 때문에 김수영네 식구들은 위선의 가면을 벗을 수 있었다고 한다. 그러면서 그녀는 이 시에서는 '내 웃음을 반지 않고, 어린 너는 나의 전모를 알고 있는 듯'한 존재, '열네살', 시인과 '접한 시간은 단 몇분이 안되지 그런데', '나의 방대한 낭비와 넌센스외/허위를' 알이낸 존재가 된다. 그녀는 '썩은 문명의 두께/멀고도 가까운 그 어마어마한 낭비/그 낭비에 대항한다고 소모한 그 몇갑절의 공허한 투자/대한민국의 전재산인 나의 온 정신을' 비웃는다. 이처럼 순박한 식모 아이는 '어린애'나 '어른'이라는 성장의 도식 자체가 무색한 순수한 존재인 것이다.

본래 순수함이라는 성질에는 악과 선이 기묘하게 공존하는 것이 아닌가. 그리하여 그녀는 역시 근대적 이성이 만들어낸 선과 악이라는 도식도 무색하게 한 것이다. 반문명적 존재, 자연의 존재로 이성적 논리 대신 본능적 직관의 논리에 충실하다. 그리하여 이러한 순수 직관의 감각은 시인이 그간 문명에 대항한다고 소모한 몇 갑절의 투자를 단숨에 허물어트린다. 결국 순자와의 대결을 통에서 그는 문명에 대항하는 방법은 학습된 것들, 특히 서구적 이성의 논리로는 찾아질 수

없는 것이라는 점을 깨달은 것이다. 이처럼 김수영에게 '여성'은 시적 인식 변화에 가장 큰 영향을 끼치는 대상인 것이다. 다음 시에서도 마찬가지이다.

삼복(三伏)의 더위에 질려서인가 했더니
아냐
아이를 뱄어
계수가 아이를 배서 조용하고
식모(食母)아이는 사랑을 하는 중이라네.

나는 어찌나 좋았던지 목욕을 하러 갔지.
개구리란 놈이 추락하는 폭격기처럼
사람을 놀랜다.
내가 피우고 있는 파이프
이건 이년이나 대학에서 떨어진 아우놈 거야

너무 조용한 것도 병이다
너무 생각하는 것도 병이다
그것이 실개울의 물소리든
꿩이 푸다닥거리고 날라가는 소리든
무슨 소리는 있어야겠다.

여자(女子)는 마물(魔物)이야
저렇게 조용해지다니
주위(周圍)까지도 저렇게 조용하게 만드는
마법(魔法)을 가졌다니

나는 더위에 속은 조용함이 억울해서
미친놈처럼 라디오를 튼다
지구(地球)와 우주(宇宙)를 진행시키기 위해서

　　어서어서 진행시키기 위해서
　　그렇지 않고서는 내가 미치고 말 것 같아서

　　아아 ! 벌
　　소리야 ! ― 복중伏中
　　　　　　　　　　　　　　―「신귀거래 6」 전문―

　이 글에서 여성은 삼복더위에 '주위까지도 저렇게 조용하게 만드는 마법'을 지닌 존재이다. 주위가 조용해지는 이유는 '계수가 아이를 배서 조용하고/食母아이는 사랑을 하는 중이'기 때문이다. 그리하여 김수영이 이 시에서 '여자는 마물'이라고 표현한다. 여기서 '마물'이라는 시어는 '사람의 정신을 홀리는 요사스러운 물건'이라는 비하적인 표현만은 아니다. 적대감이 다소 내포되어 있기는 하지만, 사랑을 나누고 아이를 잉태하는 존재라는 신비스러움을 더욱 강조하기 위해 '女子는 魔物'이라고 표현한 것이다. 즉, 오히려 '주위까지도 저렇게 조용하게 만드는 마법'을 가진, 시간을 중지시킬 수 있는 존재라고 하니, 여자는 인정하기 싫어도 매우 신성한 존재인 것이다.

　시적 화자가 '미친 놈처럼 라디오'를 트는 것은 이러한 점을 인정하기 싫어서, '지구와 우주를 진행'시키는 주체를 여성에서 남성인 자신으로 바꾸기 위한 몸부림이다. 하지만, 결국 이는 실패한다. '라디오' 소리가 이를 이길 수 없기 때문이다.

　본래 '성스러움'은 시간과 공간을 사라지게 한다. 성(聖)은 규칙도 제한도 없는 무한 속으로 '넘어간다. 질서를 뒤엎는 것이 성스러움의 속성이니까.(카트린 클레망·줄리아 크리스테바, 1993, 59쪽) 이것이 바로 혁명의 시간인 것은 아닌지. 여성의 시간은 곧 혁명이 시간이 될 수 있는 것이며, 이 역시 남성들은 생성해 낼 수 없는 것이다. 여기서 남성 주체는 여성 주체에게 K.O.패를 당하고 만다. 이러한 통찰 속에 그는 점차 남성/여성의 이분법적 도식을 뛰어넘는다.

> 아무튼 여자를 그냥 여자로서 대할 수가 없다. 남자도 그렇고 여자도 그렇고 죽음이라는 전제를 놓지 않고서는 온전한 형상이 보이지 않는다. 그리고 이러한 눈으로 볼 때는 여자에 대한 사랑이나 남자에 대한 사랑이나 다를 게 없다. 너무 성인 같은 말을 써서 미안하지만 사실 나는 요즘 이러한 운산에 바쁘다. 이런 운산을 하고 있을 때가 나에게 있어서는 가장 행복한 시간이다. 나의 여자는 죽음 반 사랑 반이다. 나의 남자도 죽음 반 사랑반이다. 죽음이 없으면 사랑이 없고 사랑이 없으면 죽음이 없다. ……자식을 볼 때에도 친구를 볼 때에도 아내를 볼 때에도 그들의 생명을, 그들의 생명만을 사랑하고 싶다. 화가로 치면 이제 나는 겨우 나체화를 그릴 수 있는 단계에 와 있는지도 모른다. 잘하면 이제부터 정말 연애시 다운 연애시를 쓸 수 있을 것 같다.(김수영, 2001, 133~135쪽)

이 글은 그가 '여자를 그냥 여자로 대할 수 없는' 경지가 되었다는 점을 알려준다. 그는 '나의 여자는 죽음 반 사랑 반', '나의 남자도 죽음 반 사랑반'이라고 한다. 죽음이라는 전제를 놓고 보는 존재, 즉 여성도 남성과 마찬가지로, 성적 차별의 시각을 벗어나서 하나의 인간으로 바라보는 시각을 선취한 것이다. 드디어 그의 내면에서 남성/여성의 도식적 이분법이 깨진 것이다. 그리하여 단순한 연애시가 아니라. 진정한 인간에 대한 사랑을 형상화할 수 있는 연애시를 쓸 수 있다고 한 것이다. 이는 동시에 일상(여성)/혁명(남성)의 이분법적 도식 또한 깨졌다는 것을 의미하는 것이다. 그 결과 그는 시적 궁극에 가 닿은 것이다.

> 사십대까지는 여자와 돈의 유혹에 대한 조심을 처신의 좌우명으로 삼고 있던 것이 요즘에 와서는 오히려 그것들에 대한 방심이 약이 되고 있다. 되도록 미인을 경원하지 않으려고 하고 될 수만 있으면 돈도 벌어보

려고 애를 쓴다. ……미인과 돈은 이것이 따로따로 분리되면 재미가 없다. 미인은 돈을 가져야 하고 돈은 미인에게 있어야 한다. ……대부분이 돈이 미인을 갖게 되는 수가 많지 미인이 돈을 갖게 되는 일이 드물다. 말할 필요도 없이 자본주의 사회에서는 돈이 없이는 자유가 없고, 자유가 없이는 움직일 수가 없으니, 현대미학의 제1조건인 동적(動的)미를 갖추려면 미인은 반드시 돈을 가져야 한다. 그리고 이 돈 있는 미인을 미인으로 생각하려면 있는 사람의 처지에 공감을 가질 수 있을 만한 돈이 있어야 한다……〈현대시〉를 쓰려면 돈이 있어야 한다. 이런 만각(晩覺)은 나로서는 만권의 책의 지혜에 해당하는 것이다. 바로 이런 〈미인이 돈을 갖게 되는〉 미의 교훈을 나는 요즘 어떤 미인을 통해서 배웠다.(김수영, 2001)

이 두 산문은 모두 그가 죽기 직전 1968년에 씌어진 글이다. 특히 앞의 산문 「미인」은 그의 시 「미인」과 「반시론」이라는 텍스트와 거의 동시에 씌어진 글이기에 그 중요성이 더하다. 이 글의 핵심은 그가 이제 '여자와 돈의 유혹에 대한 조심'에서 벗어나 '돈과 여자'에 대해 방심하고자 한다는 것이다. 그것은 이제 '현대시를 쓰려면 돈이 있어야 한다'는 만각 때문이다. 이는 그가 말한 대로 속화(俗化)에 해당하는 행위로, 이전에 「금성 라디오」에서 나온 것처럼, 자본과 그로 인한 속물성을 경계하던 그의 태도와는 판이하게 달라진 태도이다. 그렇다면 여기서 그의 속화는 무엇을 의미하는 것일까?

그것은 '현대시를 쓰려면 돈이 있어야 한다'는 진리와 관련이 깊다. 그는 이 글과 관련이 깊은 「반시론」에서 새벽 거리의 청소부의 노동과 농장을 하는 어머니의 거친 손을 말한 바 있다. '언제 어머니의 손만 한 문학을 하고 있을는지 아득하다'(김수영, 2001, 409쪽)고 한다. 그는 노동의 신성성과 자신의 '되지 않는 문학행위'를 비교하면서, 술값만 낭비하는 자신의 오만에 대해서 반성한 바 있다.

그런데 이러한 자각은 자본, 즉 돈에 대한 인식의 변화와 연결된다.

그는 노동을 통해 얻은 '돈'의 신성성을 깨달은 것이다. 그리고 그 순간, 자본주의의 본질을 뚫고 나갈 방도를 얻는다. '돈'은 자본주의의 핵심적인 악적 존재이지만, 그것을 어떻게 만드느냐에 따라서 오히려 그 본질적인 악과 대결할 역설적 힘을 얻을 수 있는 것이다. '돈이 미인을 갖게 되는 것'은 자본주의의 논리이지만, '미인이 돈을 갖게 되는 것'은 그 벽을 뚫는 것이다. 그야말로 본질적인 모순으로 본질적 벽을 뚫는 역설, 정면승부인 것이다.

그리고 이러한 점을 깨닫는 순간 '시를 쓴다는 것'을 노동으로 인정하게 된다. 여기서 일상/혁명/시의 낡은 경계선마저 무너져 버린다. 그래서 그는 시 「성(性)」을 쓴 다음에 '도봉산 밑의 농장에 가서 부삽을 쥐어보았다', '부르주아적인 〈성〉을 생각하면서 부삽의 세계에 그다지 압도당하지 않을 만한 자신을 갖는다'고 한 것이다.(김수영, 2001, 411쪽)[9] 여기서 그의 시적 경지가 열린다. 그것이 바로 '반시론의 반어'(김수영, 2001, 416쪽)의 경지인 것이다.

그는 '이런 〈미인이 돈을 갖게 되는〉 미의 교훈을 나는 요즘 어떤 미인을 통해서 배웠다'고 한 바 있다. 시 「미인」에서 나온 대로, 미인의 훈기를 내보내려고 창문을 열면서, 그는 미인에 대한 욕망은 결국 미인과의 대결을 통해서만 극복, 변증법적으로 지양될 수 있다는 것을 알게 된다. 즉 그는 모든 모순은 그 내부의 본질과의 정면대결을 통해서 지양된다는 점을 지각한 것이다.

그 결과 '시와 반시의 대극적 긴장'이라는 구절이 암시하는 대로, '시가 되려는 열망과 시가 되지 않으려는 열망 사이의 긴장', 즉 '의미

---

[9] 김수영은 「반시론」에서 '「성」이라는 작품은 아내와 그 일을 하고 난 이튿날 그것에 대해서 쓴 것인데 성 묘사를 주제로 한 작품으로는 처음이다. 이 작품을 쓰고 나서 도봉산 밑의 농장에 가서 부삽을 쥐어보았다. 먼첨에는 부삽을 쥔 손이 약간 섬뜩했지만 부끄럽지는 않았다. 부끄럽지는 않다는 확신을 가지면서 나는 더욱더 날쌔게 부삽질을 할 수 있었다.'

를 구하려는 시어'와 '의미를 배제시키려는 시어'의 싸움, '시와 반시'
의 긴장 사이에서 탄생하는 '시'라는 참다운 시적 경지로 나아간 것이
다.(박지영, 2002, 281~305쪽)

　결국 그의 시적 자각에는 많은 여성들이 기여한 것이다.(조영복,
2001)[10] 이들 적(여성)과의 대결을 통해 얻은 여성성에 대한 참된 자
각이 그의 시적인 경지를 더욱 넓힌 것이다. 혁명을 노래한 그의 마지
막 시에도 여성(순자)이 등장한다.

> 꽃과 더워져가는 화원(花園)의
> 꽃과 더러워져가는 화원(花園)의
> 초록빛과 초록빛의 너무나 빠른 변화에
> 놀라 오늘도 찾아오지 않는 벌과 나비의
> 소식을 더 완성하기까지
>
> 캄캄한 소식의 실낱같은 완성
> 실낱같은 여름날이여
> 너무 간단해서 어처구니없이 웃는
> 너무 어처구니없이 간단한 진리에 웃는
> 너무 진리가 어처구니없이 간단해서 웃는
> 실낱같은 여름바람의 아우성이여
> 실낱같은 여름풀의 아우성이여
> 너무 쉬운 하얀 풀의 아우성이여
>
> 　　　　　　　　　　　　　－「꽃 잎(三)」 중 하단

　이 시는 앞서 인용했던 순자에 관한 시의 후반부이다. 앞에서도 논
했듯, 이 시에서 중요한 것은 식모를 통해서 '방대한 낭비와 넌센스와

---

10) 이미 조영복의 논의에서도 김수영의 반여성주의적 어법이 그의 비약적 사유를
　　향해 가는 데 중요한 동기가 된다는 점이 밝혀진 바 있다.

허위', '썩은 문명의 두께'를 던지고 나서 김수영이 깨달은 것이다. 그것은 '너무 간단해서 어처구니없이 웃는/너무 진리가 어처구니없이 간단해서 웃는' 깨달음이다. 문명의 때가 묻지 않은 순자의 순수성과 진리의 간단함은 동질의 것이다. 그는 썩은 문명의 두께, 서구적 이성의 논리로는 찾을 수 없었던 자연의 진리가 순자와의 싸움을 통해 순수한 직관의 감각을 얻는 순간, 단숨에 시인에게 다가온다.

그리하여 김수영은 '꽃'이라는 '캄캄한 소식의 실낱같은 완성'은, '실낱같은 여름풀의 아우성'을 통해 이루어진다는 진리를 얻는다. 자연의 순리는 존재들의 아우성 속에서 이루어지듯, 그 카오스적 운동을 통해서 여름풀이 만들어지는 것이다. 그것은 존재 내부의 순환론적 운동의 힘이며, 이를 통해서 꽃이 피는 것이다.

그런데 이 과정은 바로 '여자는 마물'이라는 표현에서도 인정한, 사랑과 잉태의 주체인 여성들의 시간과 유사한 것은 아닌가 한다. 여성은 이처럼 자연, 혁명, 시적인 존재인 것이다. 이도 역시 너무나 당연시해서 진리로 의식하지 못했다. '너무나 간단해서 어처구니 없이 웃는'다는 것을 바로 이러한 의미이다.

여기에 그의 유작 '풀'이 오버랩되는 것은 물론이다. '풀'이 '누웠다', '일어선다'는 역동적 운동은 존재 만물이 서로 어울리며 움직이는 카오스적 움직임을 표현한 것이다. '누웠다가도 다시 일어서는', '일어섰다가는 다시 눕는' 그러한 운동을 통해 조금씩 자연의 만물들은 변화하며 존재성을 완성해 간다. 생명을 잉태하고 쓰러져 간다. 시「풀」은 바로 생명을 창조하는 숭고한 운동, 혁명이라는 카오스적 운동의 메타포인 것이다. 그리고 여기서 남성적 근대, 서구적 근대가 아닌, 그가 평생을 사유했던 근대, 혁명이라는 새로운 사유가 꽃을 피운 것이다.

2) 신동엽 – '알맹이'의 표상, 자궁에서 부활하는 혁명

김수영에게 '여성성'이 권력지향적이고 가부장적인 남성적 근대를 극복하기 위해 참조할 타자적 존재였다면, 신동엽에게 '여성성'은 그가 등단할 때부터 유토피아적 전망 아래서 탐구되었던 주제이다. 그는 「껍데기는 가라」에서 반제국주의적인 시각으로 중립의 초례청이라는, 통일된 유토피아를 꿈꾸며, 4월혁명의 알맹이만을 지향했던 시인이다. 과연 그의 시세계는 이 알맹이가 무엇인가를 탐구하고 호명하는 데 바쳐진다. 그런데 알맹이의 탐색에는 반드시 '여성'의 표상들이 함께한다.

그의 초기 대표작인 시 「향아」에서 향이는 '고은 얼굴 조석으로 우물가에 비최이던 오래지 않은 옛날', '병들지 않은 젊음', '전설 같은 풍속', 즉 유토피아적 공간의 상징이다. 그리고 그의 등단작 「이야기하는 쟁기꾼의 대지」에서 '대지'는 신성한 노동의 터전이요, 공동체, 그리고 '여성성'의 상징이다.

없으려나 봐요. 사람다운 사낸. 어머니, 어쩌면
좋아요. 이 숱 많은 흰 가슴, 텃집 좋은 아랫녘,
꽃닢 문 입술…… 보드라운 대지 누워 허송
세월하긴, 어머니 차마 아까와 못 견디겠네요.
황원 말 발굽 달리던 황하기 사내 찰코 그립어요.
어데요? 그게 어디 사람이예요? 기술자지.
어데? 그건 뭐 또 사람이예요? 제2급치차(齒車)라고
명패까지 붙어 있지 않아요? 어머니두.

저건 꼬두각시구, 저건 주먹이구, 저건 머리구.
별 수 없어요, 어머니, 저 눈먼 기능자들을
한 십만개 긁어 모아 여물 솥에 쓸어 넣구

푹신 쪼려 봐 주세요. 혹 하나쯤 온전한
사내 우려날지도 모르니까.

해두 안되거든 어머니, 생각이 있어요.
힘은 좀 들겠지만 지상에 있는 모든 숫들의 씨
죄다 섞어 받아 보겠어요. 그 반편들 껄.
욕하지 마세요, 받아 넣고 정성껏 조리해 보겠어요.
문제 없어요, 튼튼하니까!
　　　　　　　－「이야기하는 쟁기꾼의 대지」 제6화 중 일부

　이 시에서 남성은 '꼭두각시', '주먹', '머리'만 있는, '기술자', '기능자'일 따름이다. 이 역시 이 기능자들의 씨는 받을 수 없다는 여성의 목소리는, 분명 정치모리배(꼭두각시), 권력과 폭력(주먹), 서구적 이성(머리)만 살아있는 남성적 근대에 대한 저항이다. 심지어는 '힘은 좀 들겠지만 지상에 있는 모든 숫들의 씨/죄다 섞어 받아 보겠어요. 그 반편들 껄.'이란 언사는 모성의 전능성을 표현한 것이다.

　서구적 근대에 대한 증오는 그것이 제국주의이기 때문이며, 이러한 점 역시 그의 데뷔작인 「이야기하는 쟁기꾼의 대지」에서부터 잘 드러나는 점이다. 그는 이 시 제5화에서 '보다 큰 집단은 보다 큰 체계를 건축하고/보다 큰 체계는 보다 큰 악을 양조한다//조직은 형식을 강요하고/형식은 위조품을 모집한다'라고 한다. 이 구절은 국경, 집단, 체계, 조직, 형식을 거부하는 그의 세계관을 잘 드러내 주는 것이다.(박지영, 1999) 그래서 이러한 근대적 인식 체계를 거부하고 그의 시에서 등장하는 유토피아는 문명 이전의 저 너머 과거의 원시 공동체 사회이다.

반도는
평화한 두레와 평등한 분배의
무정부 마을

능력에 따라 일하고
필요에 따라 분배,
그 위에 청춘들의 축제가 자라났다.
우리들에게도 생활의 시대는 있었다.
―서사시 「금강」 제6장 중 일부

그는 혁명 이전부터 무정부주의적인 유토피아를 꿈꾸었다고 한다. 이 시에 나타난, '무정부 마을'이라는 거의 직접적인 언술은 이러한 점을 증명한다. 능력에 따라 일하고, 필요에 따라 분배하는 축제의 시대, 그 시대로 회귀하는 것을 꿈꾸었던 것이다. 그러던 공간이 '萬主義', 즉 '體系'와 '組織'의 상징인 서구적 근대에 의해서 파손된 것이다. 그렇다면 그가 제시한 이러한 공동체로 돌아가는 길은 무엇인가? 그는 그 길에 여성을 세우고자 한다.

여자는
집.
집이다, 여자는.
남자는 바람, 씨를 나르는 바람.
여자는 집, 누워있는 집.

빨래를 한다, 여자는 양말이 아니라 남자의 마음.
전장에서 살육하고 돌아온
남자의 마음.
그 피묻은 죄까지
그 부드러운 손길로
그 신비로운 늪에서
빨래를 시켜 준다.

쇠붙이도

탄도탄도
그녀의 무릎 밑에 와선 흐물흐물
녹아나리는 물.

여자는
물.
갈대가 아니라, 물.
있을 것이 없는 자리에 자기를 적응시켜
있을 것으로 충만시켜 주는 물

껍질만 벗겨 던지면
여성은 신,

껍질만 벗겨 던지면
여성의 알몸은 평화.

껍질이여
여인을 질식시키고 있는
껍질이여,
……

―서사시 『여자의 삶』 중 일부

껍데기와 알맹이의 이분법, 껍데기가 '쇠붙이, 탄도탄' 등 전쟁을 몰고 오는 서구적 근대의 상징이라면, 알맹이는 이에 대응하는 평화의 상징이다. 껍데기가 전장의 살육, 피 묻은 육체를 상징하는 남성적인 것이라면, 알맹이는 이를 씻어주는 여성적인 것이다. '껍질만 벗겨 던지면 여성의 알몸은 평화'라는 구절은 이러한 점을 알려주는 것이다. 그는 이러한 혁명의 역사성과 신성성을 여성의 목소리를 통해 표현한다.

1960년 4월
우리의 남이는 소방차 앞에서
허리를 꺾었다.

유에스의 상표 찍힌
탄환이 그의 어깨를 쪼갰다.

26일,
옆에 라이락가지 들고
낯선 소녀가 서 있었다,
남이는 꽃에 손을 뻗치며
입을 열었다,

하늘을 보았죠? 푸른 얼굴.
영원의 강은
쉬지 않고 흐르고 있었어.
우리들의 발 밑에,
너와 나의 가슴 속에.

우리들은 보았어. 영원의 하늘,
우리들은 만졌어 영원의 강물, 그리고 쪼갰어,
돌 속의 사랑, 돌 속의 하늘.
우리들은 이겼어.

─「금강」 제22장 중 일부

이 시에서는 4·19혁명의 주체가 현생에서 소멸할 때, 한 낯선 소녀가 등장한다. 여기서 이 여성의 목소리는 '영원의 하늘', '영원의 강물'로 그의 시선을 인도하는 신성한 것이다. 그리고 미래의 약속, '영원성' 혹은 재생을 약속하는, 예언자적 목소리이다. 이처럼 신동엽의 시에서 '여성'은 신성한 존재이며, 이 현세의 껍데기들을 벗어나 알맹이,

본질로 인도하는 예언자의 표상인 것이다. 이러한 여성 표상은 지속
적으로 그의 시 속에서 재현된다.

나는 밭,
누워서 기다리고 있어요
씨가 뿌려질 때를.

하늘 나르는 구름이든
여행하는 씀바귀꽃이든
나려와 쉬이세요.
씨를 뿌려 보세요

선택하는 자유는 저한테 있습니다.
좋은 씨 받아서
좋은 신성(神性) 가꿔보고 싶으니까.

……

여자여, 신성(神性)의 늪을 기르는 여자여.
그대 호수가 흐려지면
사내들은, 전쟁을 장사하는
미치광이가 된다.

여자여,
신성의 늪을 기르는 여자여.
그대 호수가 맑으면
사내들은 구도하는
성자가 된다.

— 「여자의 삶」 중 일부

이 시에서는 여성들의 자궁이 '신성(神性)의 늪'으로 격상한다. 그는 이 세상 만물을 생명의 소멸과 생성의 순환으로 바라보는 유기체적 세계관을 갖고 있다.(박지영, 1999)[11] 그 세계관에서 생명을 생성하고 키우는 모성은 중심적 키워드가 될 수밖에 없다. 모든 생물의 근원은 자궁이기 때문이다. 그야말로 자궁은 '부활의 동굴'이며, 혁명의 공간인 셈이다. 혁명적 주체를 탄생시키는 생산의 공간, 자연의 공간, 생명의 공간인 것이다.

물론 '자궁'이 해야 할 바는 남성 주체를 생산하는 것이다. 서사시 「금강」에서 진아가 한 일이 '또 하나의 하늬(제25장)'를 낳는 일이었던 것처럼, 그리고 그 아이가 다시 후화의 「종로5가」의 소년으로 다시 환생한 것처럼, 신동엽이 보기에 여성은 이 세계를 변혁시킬 주체가 아닌, 주체를 생산하는 주체인 것이다. 아쉽지만, 아직 이들에게 여성은 혁명적 주체로서는 비날이었던 섯이다.

또한 그는 여대생과 민비라는 여성의 현실적 존재는 분명 인정하지 못한다. 그래서인지 「금강」에서도 '훌륭하다면/한없이 훌륭/못됐다면 한없이 못된건/여자,'(제25장)란 이분법적 관념 도식이 나온다. 이를 볼 때에도 그가 인정하는 것은 이러한 실체적 존재가 아니라, '여성성'이라는 성스러운 본질적 관념이다.

그러나 이러한 인식에도 '귀족/민중'의 이분법적 도식이 작용하고 있다는 점은 고려해야 한다. 그에게 '신라·이조/백제'의 등식은 '귀족/민중'의 도식이기도 한 것처럼 '여대생'과 '민비'는 그가 이상적인 존재성으로 세운 '아낙'이라는 민중적 여성상은 아니었기 때문이다. 이러한 민중지향적 도식이 그에게 여성에 대한 관념적 인식을 가져온 것

---

11) 신동엽은 「시인정신론」에서 이 세계를 '원수성－차수성－귀수성'이라는 유기체의 순환논리로 설명하며 혁명의 당위성을 문명사적인 견지에서 증명하려고 한다.

이다.

그리고 그의 말기 시에서는 이러한 여성 주체 '아낙'을 역사의 주체로 세우려는 의식적 변화가 엿보이기도 한다.

　(상략)
　언제이던가 빛나는 여름
　지리산 산저 꽃밭 위에도
　너는, 서 있었지.

　언제이던가 빛나는 여름
　경부선 가로수 총 메인 소녀
　언제이던가 빛나는 여름
　미국으로 서독으로 품팔이 떠나던
　내 소녀야.

　언제이던가 빛나는 여름
　강강수월래 대열에 끼여
　조국을 돌던 내 소녀.
　그때 네 뒷꿈치에선
　선혈이 흐르고 있었지.

　……

　마을마다
　빠알간 호이감이 익어나갈 때
　붉은 벽돌담이 이는 도시
　그 도시로 가는 길가에서
　나는 보았지
　고개마다
　옥바라지 보짐, 그 옷보자기 속에서

나는 보았지.

남편의 것이었을까
아니면 오빠의 것이었을까
누럭누럭 기운
두툼한 솜바지 두툼한 솜저고리
못쓰게 된 꼬마들 옷조각으로 기운
다스운 속 내의.

그리고 나는 보았지
그녀가 쉬었다 일어서면서
허리띠 조르는 것을.

그리고 나는 보았지.
착가이었을까, 그녀의 쉐타 안섶에
꽂혀있던
한 권의 문화사개론 책.
……

그리고 나는 보았지
진달래는 피는데
벌거벗은 산과 들
가마니 속에
솔방울 고지배기 따 이고
한 손으론 흐는 젖 싸안으며
맨발 길 삼십리
울렁이며 뛰던
아낙네의 종아리.

―「여자의 삶」 중 일부

1969년 『여성동아』에 실려 있던 시이다. 여성지에 실린 시라서 그런지 이 시에서 여성은 단지 자궁을 빌려주는 존재만은 아니다. '허리 띠를 조르고 일어서는' 존재이기도 하다. '진달래는 피는데/벌거벗은 산과 들/가마니 속에/솔방울 고지배기 따 이고/한 손으론 흐는 젖 싸안으며/맨발 길 삼십리/울렁이며 뛰던/아낙네의 종아리'는 생존의 현장에서 생명을 지키려 투쟁하고 있는 여성의 주체성을 형상화한 것이다. 드디어 여성이 '문화사개론'을 읽고 문화혁명, 즉 정신혁명을 실현할 주체로 선 것이다. 이는 서사시 「금강」에서 '동학군의 밥/나르고 있었'던 여성, '부상병을 치료하던' 아낙네들(제21장)보다는 좀 더 주체적인 형상이다.

그러나 안타깝게도 여성들이 투쟁의 주체로 인식되는 순간, 시인은 죽고 1960년대는 저물어 간다. 결국 여성이 혁명적인 주체로 완성되는 순간은 또 한 번 유예된 것이다.

3. 전통과 여성성 – 혁명, 국가, 민족, 전통, 여성성의 상관성

두 시인의 여성상은 혁명 실패 후 남성들의 훼손된 주체성에 대한 대타항으로 사유된 것이다. 그런데 중요한 것은 이러한 여성상은 그들의 전통에 대한 인식과 함께 사유되고 있다는 사실이다.

보편적으로 전통은 국가의 수립을 전제로 한다. 일반적으로 전통이란 국가의 수립 이후 제반 성원들의 의식적 통합을 위해 주조된 이념이다.(에릭 홉스봄 외, 2004) 그리하여 전통은 영원한 것, 지속적으로 계승되어 온 것으로 시간적 연속성을 담보로 하는 것이다. 그러나 이들에게 전통에 대한 의식은 혁명에 대한 기억을 기반으로 이와 다르게 형성된다.

김수영은 여성성의 성스러움을 자각해가는 한편, 시 「만주의 여자」

에서 그녀의 무식한 사랑을 통해서 '경험과 역사'를 배운다고 한 바 있다. 해방 전 징용을 피해 건너갔던 만주에서 18년 전 연애편지를 써주었던 그녀를 서울에서 다시 만나면서, 그는 '경험과 역사를', '배운다', 즉 민족과 국가의 경계를 무시했던 그도 '민족사의 경험과 역사'는 피해갈 수 없는 것이라는 점을 깨달았던 것이다.

또한 그는 「사랑의 변주곡」에서 '내가 묻혀사는 사랑의 위대한 도시', '도시의 끝' 그 일상 속에서 '사랑을 발견하였다'고 한 바 있다. 이 역시 '일상성/혁명성'의 경계선을 허물었기 때문에 가능한 결론인 것이다. 일상에서의 혁명은 '사랑'이라는 관념적 형상으로 다시 현현한다. '혁명'의 정신이 곧 '사랑'이기 때문이다.[12] 그리하여 그는 일상에서 사랑, 즉 혁명을 전취하는 방법을 배우고, '만주의 여자'에게서 '역사'를 배운 자리에서 '전통'을 고민하게 된다.

나는 아직도 앉는 법을 모른다
어쩌다 셋이서 술을 마신다 둘은 한 발을 무릎 위에 얹고
도사리지 않는다 나는 어느새 남쪽식으로
도사리고 앉았다 그럴 때는 이 둘은 반드시
이북 친구들이기 때문에 나는 나의 앉음새를 고친다
8·15 후에 김병욱이란 시인은 두 발을 뒤로 꼬고
언제나 일본 여자처럼 앉아서 변론을 일삼았지만
그는 일본 대학에 다니면서 4년 동안을 제철회사에서
노동을 한 강자(强者)다

나는 이자벨 버드 비숍 여사와 연애하고 있다 그녀는
1893년에 조선을 처음 방문한 영국 왕립지학협회 회원이다

---

[12] 혁명이 보편적 의미의 '사랑'이라는 단어로 치환되는 것은 일상 속에서도 혁명을 갈구하는 당대 주체들의 열망 때문이다. 그러나 '사랑'이라는 단어는 '휴머니즘'이라는 매우 광범위한 의미망을 갖고 있는 것이다. 이는 그만큼 혁명에 대한 인식이 추상적이고 관념적이었음을 보여주는 것이다.

그녀는 인경전의 종소리가 울리면 장안의
남자들이 모조리 사라지고 갑자기 부녀자의 세계로
화하는 극적인 서울을 보았다 이 아름다운 시간에는
남자로서 거리를 무단통행할 수 있는 것은 교군꾼,
내시, 외국인의 종놈, 관리들뿐이었다 그리고
심야에는 여자는 사라지고 남자가 다시 오입을 하러
활보하고 나선다고 이런 기이한 관습을 가진 나라를
세계 다른 곳에서는 본 일이 없다고
천하를 호령한 민비는 한번도 장안 외출을 하지 못했다고……

전통은 아무리 더러운 전통이라도 좋다 나는 광화문
네거리에서 시구문의 진창을 연상하고 인환(寅煥)네
처갓집 옆의 지금은 매립한 개울에서 아낙네들이
양잿물 솥에 불을 지피며 빨래하던 시절을 생각하고
이 우울한 시대를 패러다이스처럼 생각한다
버드 비숍 여사를 안 뒤부터는 썩어빠진 대한민국이
괴롭지 않다 오히려 황송하다 역사는 아무리
더러운 역사라도 좋다
진창은 아무리 더러운 진창이라도 좋다
나에게 놋주발보다도 더 쨍쨍 울리는 추억이
있는 한 인간은 영원하고 사랑도 그렇다

비숍 여사와 연애를 하고 있는 동안에는 진보주의자와
사회주의자는 네에미 씹이다 통일도 중립도 개좆이다
은밀도 심오도 학구도 체면도 인습도 치안국
으로 가라 동양척식회사, 일본영사관, 대한민국 관리,
아이스크림은 미국놈 좆대강이나 빨아라 그러나
요강, 망건, 장죽, 종묘상, 장전, 구리개 약방, 신전,
피혁점, 곰보, 애꾸, 애 못 낳는 여자, 무식쟁이,
이 모든 무수한 반동이 좋다
이 땅에 발을 붙이기 위해서는

　　─제3인도교의 물속에 박은 철근 기둥도 내가 내 땅에
　　박는 거대한 뿌리에 비하면 좀벌레의 솜털
　　내가 내 땅에 박는 거대한 뿌리에 비하면

　　괴기영화의 맘모스를 연상시키는
　　까치도 까마귀도 응접을 못하는 시꺼먼 가지를 가진
　　나도 감히 상상을 못하는 거대한 거대한 뿌리에 비하면……
　　　　　　　　　　　　　　　　　　　─「거대한 뿌리」 전문

　　김수영에게 '거대한 뿌리'를 인식하게 한 것은 여성인 비숍 여사가
쓴 책이다. 이 책을 번역하면서(박지영, 2009)[13] 그는 이 텍스트에서
비숍 여사가 애정 어린 시선으로 묘사한 수많은 여성들을 발견한다.
그들은 이자벨라 버드 비숍 여사가 조선에서 발견한 가장 소중한 마
이너리티, '무수한 반동'들이기 때문이다. '요강, 망건, 장죽, 종묘상,
장전, 구리개 약방, 신전, 피혁점, 곰보, 애꾸, 애 못 낳는 여자, 무식쟁
이' 등 무수한 반동이 있지만, 그 무수한 반동의 중심에 '민비', 비숍여
사, 빨래하는 아낙네, 애 못 낳는 여자가 서 있었다.

　　또한 그가 가장 신기하게 생각했던 광경은 인경전의 종이 울리면
펼쳐지는 여자들의 시간이다. 권력자 '남자들이 모조리 사라지고 갑자
기 부녀자의 세계로/화하는 극적인 서울'을 그는 주목해 보았던 것이
다. 대신 여성과 '교군꾼, 내시, 외국인의 종놈, 관리들'이라는 마이너
리그의 남성들만의 세상이 펼쳐지는 것이다. 그는 이 시간을 '이 아름
다운 시간'이라고 했다. '아름다운 시간'은 사랑의 시간이고, 혁명의 시
간이다.

─────────────

13) 김수영이 거대한 뿌리를 인식하게 되는 과정은 이사벨라 버드 비숍 여사의 책을
　　번역하게 되면서부터이다. 그가 번역하기 위해 읽은 이 텍스트에는 비록 오리엔
　　탈리즘적 시각이 느껴지지만, 특별히 조선 여성들의 고달픈 삶에 대한 연민과 동
　　정의 시선이 두드러진다. 비숍 여사가 여성인 까닭이다.

그리하여 김수영에게 '거대한 뿌리'는 현실의 '사랑'을 승인하는 혁명적 순간, 즉 무수한 반동들, 특히 약자인 여성들의 시간에 관한 파편적인 기억이, 현실에 뿌리를 내린 것이다. 그리하여 그만의 전통에 대한 사유방식을 마련한다. 그에게 전통은 결코 기왕의, 국가가 승인하는 영원불멸의 지속성을 갖는 현실 밖의 그 무엇이 아니라, 혁명처럼, 반동들의 현실적인 아름다운 시간들이 현실 속에서 다시 재현되는 것이다. 그리고 그 섬광은 시 속에서, 혁명적 일상 속에서 계속 유예될 것이다.

이를 볼 때 이 시에서 '전통'은 '전통'이라는 명칭 자체가 무색한 용어이다. 본래 전통은 고래로부터의 지속적인 시간성을 가장 중요한 속성을 가지고 있는 항목이기 때문이다. 더구나 이 시에서 '전통은 아무리 더러운 전통이라도 좋다'는 구절에는 기왕의 성스러운 전통론에 대한 조롱의 어조도 들어 있는 것이다. 이를 볼 때에도 그는 당대의 전통론의 영원성에 대한 집착을 조롱하면서 혁명적 시간 의식을 전통론 속에서 재전유하여 '거대한 전통'이라고 하지 않고 '반동적', '거대한', '뿌리'라고 명명한 것이다.

그가 추구하는 근대적 사회상도 이 지점에서 형상화된다. 이 시에서 김수영은 '비숍 여사와 연애하는 동안', 즉 무수한 반동들과 만나는 동안은 '進步主義者와/社會主義者는 네에미 씹이다 統一도 中立도 개좋이다'라고 말한다. 진보주의, 사회주의, 통일, 중립은 모두 서구의 정치적 이념이나 민족주의적 관념과 관련된 용어들이다. 이 역시 그의 서구적 관념에 대한 반발과 민족주의에 대한 반감이 드러나는 대목이다. 거기다가 '은밀도 심오도 학구도 체면도 인습도 치안국으로나 가라'고 한다. 이 모두 점잖은 체 위선을 떠는 학자, 지식인, 권력자들의 용어이다.

게다가 '동양척식회사, 일본영사관, 대한민국 관리, 아이스크림은 미국놈 좆대강이나 빨'라고 한다. 이들은 제국주의, 식민주의, 국가주의, 서구중심주의, 자본주의의 상징들이다. 이들에 대한 노골적인 경멸의 시선과 '요강, 망건, 장죽, 종묘상, 장전, 구리개 약방, 신전, 피혁점, 곰보, 애꾸, 애 못 낳는 여자, 무식쟁이'라는 '무수한 반동'들에 대한 옹호는 그가 지향하는 세계가 어떠한 사회인지 알려주는 것이다.

유중하는 이 시에서 '여성/남성', '음/양'의 전도, '동서문명 전환의 그림'이 그려진다고 한 바 있다.(유중하, 2006) 이 시에는 분명, 서구중심주의, 제국주의, 식민주의를 비롯한 여러 서구적 근대의 여러 코드가 단호하게 거부된다. 대신 무수한 무식자들, 마이너리티들의 귀환은 그가 지향하는 사회가 서구적 근대 담론 혹은 이를 추종하는 당대의 국가주의, 식민주의적 담론과는 방향을 달리하는 것이라는 점을 알려주는 것이다. 그리고 그 유토피아적 비전의 중심에 여성들의 소외된 시간늘도 당당하게 자리잡고 있는 것이다.

한편 신동엽 역시도 기왕의 전통론에 대한 반감을 노골적으로 드러내고 있다.

하여, 전통은 궁궐 안의 상전이 되고
조작된 권위는 주위를 침식한다.

국경이며 탑이며 일만년 울타리며
죽가래 밀어 바다로 몰아 넣라.
　　　　　　　　　　　　－이야기하는 쟁기군의 대지 중 제5화

그는 역시 무정부적 유토피아를 전통으로 삼고자 했다. 그가 보기에 현재의 전통은 '궁궐 안의 상전이 되고, 조작된 권위는 주위를 침식한다'고 한다. 당대의 전통 논의는 귀족적인 문화 중심으로 이루어져 있다고 보기 때문이다. 이는 당대 관주도로 이루어지는 신라 중심의 전통 문화론에 대한 간접적 비판이기도 하다.

실제로 그의 시 「금강」에서는 신라에 대한 비판이 직접적으로 진술된다. 「금강」의 제6장에서 '신라왕실이/백제, 고구려 칠 때/당나라 군사를 모셔왔지'라고 한 바 있다. 또한 '이조 5백년의 왕족'은 '중앙에 도사리고 있는//만 마리 낙지'로 표현했다. 신동엽에게 신라와 조선은 왕족의 나라이다. 반면 백제는 어떠한가.

밀알 한 알이 썩지 않으면
언제까지나 한 알로 있을 뿐이나
땅에 떨어져 썩으면
더 많은 밀알 새끼 치느니라.

백제,
예부터 이곳은 모여 썩는 곳,
망하고, 대신
거름을 남기는 곳,

금강,
예부터 이곳은 모여
썩는 곳,
망하고, 대신
정신을 남기는 곳

바람버섯도
찢기우면, 사방팔방으로
날아가 새 씨가 된다.

그러나
찢기우지 않은 바람버섯은

하늘도 못보고,
번식도 없다.

-「금강」 제23장 중에서

이곳 백제는 수탈의 가해자인 신라나 이조와 달리, 수탈의 대상자로 존재한다. 백제는 잘 알려져 있다시피 우리문학사에서 몰락과 상실의 표상(허병식, 2009)이기도 하다. 식민지 시대 고중세사가 건국사가 아닌 멸망사로 구성된 이후, 백제는 1960년대 혁명 이후 이러한 식민주의적 전통 창출에 저항하여 새로운 민중사로 복원된다.(김성경, 2005)[14] 신동엽의 고향 백제의 수도 부여도 식민지 시대부터 실현된 패전국, 수탈의 희생자의 표상으로 민족적 고통을 재현하는 공간이다.

그의 시 「아사달」과 오페레타 「석가탑」에서도 백제의 유민은 이루어질 수 없는 비극적 사랑의 주체로 재현된다. 그러나 그렇기 때문에 역으로 이곳은 부활의 공간이 될 수도 있는 것이다.

신동엽은 주체, '정신을 남기는 곳'으로 백제를 제시한다. 신동엽은 이곳을 '씨를 남기는 곳, 번식의 표상'으로 삼는다. 그런데 '씨', '번식'이란 키워드야말로 여성성의 표상이 아닌가. 그에게 백제라는 역사적 수난의 공간, 부활의 공간은 곧 여성성의 공간인 것이다.

그의 대표작 「금강」에서도 이러한 점이 구체적으로 드러난다. 「금강」은 잘 알려져 있다시피 동학농민전쟁과 3·1운동, 그리고 4·19혁명이라는 역사적 시간을 메시아적 시간으로 재구성하는 작업이었다. 서사시 「금강」의 서화 2장에서 그는 1960년 4월, '영원의 얼굴을 보았고, 이는 1894년, 1919년에 보았던 하늘, 닦아놓았던 얼굴이었다고 한다.

---

[14] 1970년대 이청춘의 소설 「춤추는 사제」를 분석한 논문에서도 백제사가 새로운 전통으로 부활하는 과정과 그 맥락에 대해서도 밝혀진 바 있다.

신동엽은 이러한 혁명적 순간들을 전통적 시간으로 전유하고, 향후 역사적 시간 속에서 재현하고자 했던 것이다.

신동엽이 존경하여 마지않던 김수영은 그의 산문「참여시의 정리」에서 신동엽의 유토피아적 전망을 일컬어, '〈동학〉, 〈후고구려〉, 〈삼한〉 같은 그의 고대에의 귀의는 예이츠의 〈비잔티움〉[15]을 연상시키는 어떤 민족의 정신적 박명 같은 것을 암시한다. 그러면서도 서정주의 〈신라〉에의 도피와는 전혀 다른 미래에의 비전과 연관성을 제시해 주는 것이다.'(김수영, 2001, 395쪽)라고 한 바 있다.

김수영이 신동엽의 시적 공간을 예이츠의 '비잔티움'에 비유한 것은 신동엽의 혁명적 비전이 말 그대로 '미래에의 비전과 연관성을 제시해 주는 것'이라는 점을 알고 있었기 때문이다. 본래 예이츠의 '비잔티움'은 상상력으로 주조된, 영원성이 보장된 완벽한 미적 공간이다. 그야말로 시인들이 추구하는 '시적인 것'의 상상적 구조물인 것이다. 김수영은 이미 예이츠 시에서 영혼과 육체가 혼연일체된 경지(D. Donoghue, 1966, 262쪽 ; 박지영, 2002)[16]를 시적인 것으로 전취한 바 있다. 이를 볼 때, 김수영은 신동엽이 추구한 '동학, 후고구려, 삼한'과 같은 고대의 공간에 대한 동경이 신성성과 영원성을 추구하는 시적 경지라는 점을 알아챈 것이다. 그래서 그것이 '민족의 정신적 박명', 즉 민족의 성스러운 시적 재현체로서, '미래에의 비전', 영원성을 제기해 준다고 한 것이다. 이를 볼 때 이 두 시인은 서정주의 〈신라〉가 현실의 '도피'임을 명민하게 깨닫고 있었던 것이다. 왜냐하면 서정주의 '신라'라는

---

[15] 이 시는 예이츠의「비잔티움으로의 항해」(Sailing to Byzantium)로 볼 수 있다.

[16] 김수영이 번역한 예이츠의 관한 도나휴의 글에 의하면 그는 '인간의 행동의 이미지를 통해서 예이쓰는 '모든 사상이 影像으로 화하고 영혼이 육체로 화한다'는 경지에 다다른 시인이다. 도나휴는 예이쓰의 이러한 '影像의 추구 그 자체가 행동이며, 훈련이며, 환영이다'라고 말하면서 이 글을 끝맺는다. 이처럼 도나휴에 의하면 예이츠는 인간의 영혼과 육체가 합일되는 경지에 다다랐던 시인이다. 이러한 육체성에 관한 자각 역시 김수영 시에 영향을 끼쳤다고 할 수 있다.

공간은 시간과 주체가 부활하는 공간이 아니라 소멸되는 곳이기 때문이다. 이러한 의식을 보았을 때, 그의 전통에 대한 관념은 관념적인 것, 성스러운 것이고, 이것이 바로 여성성이 그의 유토피아적 비전에 자리잡게 된 이유인 것이다.

사실 이들 두 시인에게는 국가에 대한 유토피아적 선명한 기획이 존재하지 않는다. 신동엽은 대신 '우리' 혹은 '민족'이라는 공동체를 인정하지만, 김수영은 이 민족주의마저도 혐오한다. 김수영은 신동엽의 「참여시의 정리」에서 그의 시를 높이 평가하면서도 신동엽의 시세계가 혹시라도 '쇼비니즘으로 흐르지 않을까' 우려한 바 있다. 이는 신동엽 시에 흐르는 과도한 민족주의적 열정을 걱정한 것이다. 그러나 신동엽에게도 유토피아는 원시공동체의 사회를 기반으로 한 다소간 아나키한 것이었다는 점은 기억해야 할 것이다. 즉 그는 '민족'이라는 혈연적 관념은 소중히 여기지만, 국경은 혐오했다. 이러한 점은 그의 내부에서 일어나는 민족과 국가라는 관념의 분열을 상징하는 것이기도 하다. 사실 1960년대는 민족이라는 관념이 전통론을 통해서 국가라는 개념과 합치되어 가는 과정이기도 하다.(마리아 미스·반다나 시바, 2000, 161~162쪽)[17] 1960년대 지식인인 신동엽의 내부에서 일어난 분열은 이 과정에 대응하는 지식인들의 논리적 혼돈을 상징하는 것이다.

그러는 동시에 이들이 국가 주도의 정치적 과정을 그대로 승인하지 않았다는 점을 보여주는 것이기도 하다. 이 두 사람은 모두 국가의 건

---

17) 민족이라는 용어와 관련된 정서는 '국가'라는 용어에 연관된 정서와는 다르다. 전자의 특징은 따스함, 공동체, 개인적·비공식적인 관계, 자유, 친밀함, 아늑함, 자연과의 친화 등 요컨대 유년기와 관련된 기억들이다. 이러한 정서들에는 공동의 언어, 문화, 그리고 반드시 국가사만은 아닌 역사에 의해 형성된 공동체가 포함된다. 근대 자본주의 민족국가는 아버지 국가가 어머니 민족과 결합해서 만들어진 형태이다.

설기에 개인사적인 상흔을 얻었던 경력을 갖고 있다. 한국전쟁기에 김수영의 의용군 체험, 포로수용소 체험, 신동엽의 국민방위군 체험은 이들에게 국가의 건설 과정이 매우 폭력적인 것으로 다가왔으리라는 점을 알려주는 것이다. 게다가 믿었던 혁명의 좌절은 곧 국가의 기획 자체에 대한 환멸을 가져오게 된다.

또한 이들은 세계사적 동시성을 지향하는 해방기와 1950년대를 거쳐왔던 세대이다. 연이어 4·19혁명의 체험은 혁명을 통해 그들이 세계사에 참여하고 있다는 자부심을 느끼게 해주었다. 시「세계일주」에서 '모든 세계일주가 잘못된 출발'이라면서, '二十一개국의 정수리에/사랑의 깃발을 꽂았던 것처럼, 김수영은 세계주의를 내면화한 자유주의자였다. 김수영은 물론이고, 신동엽에게도 아나키즘적 세계관이 국가주의를 부정하고, 끊임없이 민족주의적 인식도 흔들고 있었던 것이다. 이들은 한국전쟁 이후 국가주의적 기획에 대항하여 새로운 공동체의 이념을 고민할 수밖에 없었다.

그리하여 신동엽은 시간의 연속성 대신 순환적 시간을 택한다. 혁명은 연속성이라는 시간을 단절시킬 때 가능한 사건이기 때문이다. 시간적 단절을 추구하는 혁명을 전통의 연속적 시간 의식과 결합시키는 것, 이러한 모순을 극복하기 위해 그가 선택한 것이 바로 메시아적 시간이다. 그리하여 신동엽에게 전통적인 것은 혁명적인 것, 신비로운 경이로운 광채하에 만들어진 하나의 미래로 유예된 시간의 선물이 된다.

모든 전통은 신성화되지만, 이 역시 어떤 면에서는 이성적인 유토피아의 기획이 불가능한 데서 온 것이다. 국가주도의 자본주의 경제국, 교과서적인 서구적 민주주의 개념 이외에는 더 이상 어떠한 논리적이고 이념적인 사회상을 상상하는 것이 불가능했던 시기에 출현한 유토피아는 분명 역으로 미적인 것, 신비로운 것, 과거의 것, 초월적인 것, 신성한 것으로 기울 수밖에 없는 것이다. '여성적인 것'을 혁명적 지식인, 신동엽이 전유한 것도 이러한 상황에 기초한다.

　여성들은 논리적인 것을 표방하고, 권력적인 것을 표방하는 국가주의의 남성성에 대항하는 신비로운 것, 과거의 것, 공동체, 초월적인 것이기 때문이다. 이것이 1960년대 혁명담론에서 여성성이 출현하게 된 이유이다. 여성적인 공간은 신동엽이 시에서 '죽 가래로 밀어 바다로 몰아 넣'고 싶어했던 '국경이며, 탑이며, 일만년 울타리'[18]가 없는 곳이다. 제국주의적 경계의 대타항으로 이만한 것이 없었던 것이다.

4. 1960년대 혁명시에 나타난 여성성의 의미와 한계

　지금까지 김수영과 신동엽의 시에 나타난 여성표상을 분석하면서 1960년대 혁명과 시, 그리고 여성성의 상관관계를 살펴보았다. 김수영의 경우는 여편네라는 비하적 표현을 통해서 부인을 경계하는 듯하지만, 실은 그에게 부인은 '사랑하는 적'으로 오히려 문학의 악을 실험하고, 자신의 위선을 깨닫게 하는 '선'한 존재이다. 또한 아내와 식모 순자는 위선을 모르고 위악적인 이성으로 대상을 재단하지 않는 순수직관의 표상이기도 하다. 이들의 존재성에 대한 통찰을 통해 김수영은 '너무나 간단해서 어처구니없는' 대자연의 순리를 깨닫게 된다. 그리고 이러한 단순한 진리가 곧 혁명의 진리임을 깨닫고 이를 시적인 경지로 승화시킨다. 이 과정에서 여성은 그에게 '무수한 반동'으로서 '거대한 뿌리'를 인정하게 하고, '만주'라는 역사를 기억하게 하는 깨달음을 주는 존재가 된다. 그 안에서 그는 여성을 남성과 동등하게 '죽

---

18) '조작된 權威는 주위를 侵蝕한다//국경이며 탑이며 一萬年 울타리며/죽 가래 밀어 바다로 몰아 넣라.'(「이야기하는 쟁기꾼의 대지」 제5화 중에서)

음 반 사랑 반'의 존재로 자각하게 된다. 선/악의 이분법적 도식을 뛰어넘어 진정한 '선'의 경지에 도달했듯, 그는 여성이라는 적과의 대결을 통해서 혁명(남성성)/일상(여성성)의 이분법적 도식을 뛰어넘는 존재론적 인식을 이룩한 것이다. 이를 볼 때 그에게 여성은 자연의 순리에 가까운 생산적 존재, 사랑의 존재이자, 혁명의 경지, 시적 모더니티의 성질과 가장 가까운 존재이며, 이러한 여성성을 전유하여 그는 시를 통해 혁명을 완수하게 된 것이다. 그의 시의 궁극에는 일상성(여성)/혁명성(남성), 그리고 시의 단절적 도식은 존재하지 않는 것이다.

신동엽의 경우는 모성적 유토피아를 실패한 혁명적 미래의 대안으로 제시한다. 이는 서구적 이성에 의해 시행된 제국주의와 전쟁, 그리고 기만과 독재라는 남성적 근대에 대한 반발로 이루어진 것이다. 이러한 모성성은 백제라는 수난과 부활의 공간의 표상으로서도 등장하며, 폭력적인 남성성을 순화시켜 줄 성스러운 존재로서 제기되기도 한다. 그에게 여성적인 것(모성성)은 곧 이 민족이 이룩해야 할 유토피아적 전통의 상징이 된다.

이처럼 김수영에게 '여성'은 그들의 시에서 혁명의 경지에 다다르는 데 많은 깨달음을 전해준 매개적 존재이다. 신동엽에게는 혁명적 미래를 계시하는 메시아적 존재이다. 이들은 '여성성'을 사유하면서 새로운 근대를 모색할 수 있었다. 그리하여 1960년대 혁명시에서 여성은 유토피아적 전망이자, 혁명의 시적 실현체로도 존재한다.

이는 이들이 남성 중심적인 근대의 기획, 국가의 기획에 대한 회의를 바탕으로 '남성성'에 대한 반성을 할 수 있었기에 가능한 것이다. 이들에게는 서구적 이성, 제국주의, 국가주의에 대한 환멸이 자리잡고 있었던 것이다. 이러한 점은 이 두 시인의 시에서 남성성을 경멸하는 태도에서도 드러난다. 김수영의 시에서는 끊임없는 자기 반성을 통해서 위선적이며, 가부장적인 남성성을 공격한다. 신동엽에게 남성은 탐욕스러운 전쟁광, 폭력적인 존재로 어디 하나 거둘 만한 씨들이 아니다. 그래서 이러한 남성성에 대한 반성과 안티테제로 여성적인 것을 요청한 것이다.

이러한 점이 이 두 시인의 날카로움인 것이다. 물론 김수영에게서는 '남성/여성'의 이분법적 도식을 넘어서려는 인식적 과정이 존재하지만, 신동엽에게는 끝까지 이 이분법적 인식의 벽은 허물어지지 않았다는 점은 아쉬운 점이다. 그가 비록 여성 주체를 혁명의 주체로 인정하려는 도정에 서 있었다고 하지만, 이는 그에게 여성은 동지가 아니라 여전히 남성의 대타항일 뿐이었다는 점을 알려주는 것이다.

그리고 가장 근본적인 한계는 신동엽에게 여대생은 혐오의 대상이었고, 김수영에게 부인이 이성적인 존재로서 호명된 적이 없었던 것이다. 결국 그들에게 중요한 것은 관념적인 사유의 결과물인 '여성성'이었지, 실제 여성 수체는 아니었을지도 모른다. 그들의 시에서는 여성성과 전통은 신성한 것으로 기억될 것이지만, 대부분 실제적인 여성 주체를 기억하지는 않을 것이다.

서구에서도 보편적으로 혁명의 경험과 이에 대한 집착은 시에서 블레이크나 위고의 경우처럼 환시적 예언주의와 혼합되거나 에리파스 레비의 경우처럼 비교(秘敎)의 재활성화와 혼합될 수 있다고 한다.(피에르 고디베르, 1993, 168)[19] 그리고 혁명의 실패 이후에 주체들은 자연의 시간에 기대어 혁명적 시간을 재현하고자 한다. 김수영과 신동엽이 추구한 자연의 시간성, 시의 신성성, 영원성 역시 혁명 체험에 대한 그들의 기억, 재현과 관련이 깊은 것이다. 그리하여 1960년대는 여성적인 것이 '자연', '산문이 아닌', '시적인 것', '진리' 혹은 '신성한 것'으로 등장하는 시대가 된 것이다.

---

[19] 혹은 몇몇 '세기아(世紀兒, enfants de siècle)'들에게는 흐느낌과 탄식의 낭만주의로 후퇴할 수도 있다고 한다.

혁명 직전에 쓰여진 소설 「광장」에서 주인공 이명준은 현실에는 어떠한 유토피아도 존재하지 않는다는 것을 깨닫자, 어머니의 자궁, 바다로 회귀한다.[20] 이명준이 어머니의 자궁, 바다로 회귀한 것은 현실을 떠나 평온을 찾는 것, 곧 죽음을 의미한다. 이 같은 비극성은 물론 혁명 직전의 사고 체계를 반영하는 것이기도 하지만, 산문의 세계가 우선 리얼리티를 기반으로 하고 있기에 발생한 결론이기도 하다. 그러나 '신성성'을 표방하는, 메시아주의적 관념을 꿈꾸는 데 상대적으로 수월한 '시'라는 장르는 다르다.

혁명을 겪은 후에, 적어도 1960년대 혁명시, 김수영과 신동엽의 시에서 '자궁'은 신성한 공간이고, 재생의 공간이다. 혁명 이후의 남성은 죽지 않고 자궁으로 회귀하면서 다시 부활을 약속받았다. 이 역시 혁명 체험의 덕이다. 그러나 이는 또한 남성 스스로가 온전히 주체로 설 수 없다는 점을 의미하는 것이기도 하다. 혁명이 좌절되었기 때문이다. 그러면서 여성성이 새롭게 역사에 등장한 것이다. 이것이 바로 '여성성'의 자각이라는 1960년대 시의 진보성이자, 정치적 한계인 것이다.

---

[20] 1960년대 혁명 직전에 창작되었다고 하는 최인훈의 소설 『광장』은 아버지의 '부재'로부터 출발한다. 주인공 명준의 월북한 아버지는 남한에서는 적어도 죽은 아버지이다. 그리고 이 소설은 명준이 부재하는 아버지를 찾아 떠나는 일종의 여행기이다. 그러나 명준은 이 과정에서 그가 원하는 '아버지'를 찾지 못하고, 은혜라는 여성과의 순수한 사랑에서 구원을 찾는다. 그러나 은혜의 죽음으로 이마저도 불가능해지고 그는 결국 바다, 어머니의 자궁으로 회귀한다. 대개 국가가 아버지, 남성성을 상징한다고 할 때, 주인공 명준이 찾는 아버지를 '국가'로 치환한다 해도 이 『광장』의 역사성은 소거되지 않는다. 해방과 전쟁, 분단으로 얼룩진 대한민국의 국가의 건설사는 결코 온전한 의미의 아버지, 국가를 주체들에게 세워주지 못한다. 결국 그가 선택한 것은 바다로 뛰어드는 것, 즉 어머니의 자궁으로 회귀하는 것이다. 그리고 이것은 결국 이 시대, 이 땅에서는 온전한 의미의 아버지가 존재하지 않으며, 그리고 그 아버지가 될 남성 주체가 성장할 수 없는 것을 보여주는 것이다. 그렇다면 4 · 19혁명 이후의 남성 주체들의 남성성은 온전하게 복원되었는가? 그리고 그들은 어머니의 자궁으로 회귀하지 않고 온전한 남성 주체로서 구성되어 살아갈 수 있었을까? 이 글의 문제의식은 여기에서 출발하였다.

▣ 참고문헌

김수영, 2001 『김수영 전집1-시』『김수영 전집2-산문』, 민음사.

신동엽, 1980 『신동엽 전집』, 창작과비평사.

강계숙, 2004 「신동엽 시에 나타난 전통과 혁명의 의미」『한국근대문학연구』제5권 제2호, 한국근대문학회.

권명아, 2010 봄호 「죽음과의 입맞춤 ; 혁명과 간통, 사랑과 소유권」『문학과 사회』89호, 문학과 지성사.

김성경, 2005 「지역주의와 만들어진 전통」『한국근대문학연구』제6권 2호, 한국근대문학회.

김주현, 2007 「1960년대 소설의 전통 인식 연구」, 중앙대학교 박사 학위 논문.

박지영, 1999 「유기체적 세계관과 유토피아 의식」『민족시인 신동엽』(구중서 외 편), 소명.

______, 2002 「김수영 시에 나타난 '몸'과 '자연'에 관한 사유」『민족문학사연구』.

______, 2009 「김수영의 문학과 번역」『민족문학사연구』39호, 민족문학사학회.

오문석, 2010 「전통이 된 혁명, 혁명이 된 전통」『상허학회, 2010년 전국학술대회-〈4·19, 낯선 혁명-역사의 풍경과 문학의 기억」 자료집』.

유중하, 2006 「베이징과 서울을 오가며 읽은 〈거대한 뿌리〉」『김수영 40주기 추모 학술제-김수영, 그후 40년 자료집』.

이경수, 2005 「'국가'를 통해 본 김수영과 신동엽의 시」『한국근대문학연구』제6권 제1호(통권 제11호)(한국근대문학회).

이미순, 2007 「김수영 시에 나타난 바타이유의 영향」『한국현대문학연구』제23집(한국현대문학회).

조영복, 2001 「특집 여성의 눈으로 정전 다시 읽기 : 김수영, 반여성주의에서 반반의 미학으로」『여성문학연구』, 한국여성문학학회.

최하림, 2001 『김수영평전』, 실천문학사.

허병식, 2009 「폐허의 고도와 창조된 신도」, 『한국문학연구』제36집, 동국대학교 한국문학연구소.

마리아 미스·반다나 시바(손덕수·이난아 역), 2000 『에코 페미니즘』, 창작과 비평사.

리타 펠스키(김영찬·심진경 역), 1998 『근대성과 페미니즘』, 거름.

에릭 홉스봄 외(박지향 외 옮김), 2004『만들어진 전통』, 휴머니스트.
일레인 김(최정무 편저), 2005『위험한 여성 ─ 젠더와 한국의 민족주의』, 삼인.
카트린 클레망·줄리아 크리스테바(임미경 역), 1993『여성과 성스러움』, 문학동네.
피에르 고디베르(장진영 역), 1993『문화적인 것에서 신성한 것으로』, 솔출판사.

제4장 4월혁명과 여성들의 참여 양상

여성신생활운동과 장면정권과의 갈등을 중심으로

윤정란

1. 4월혁명기 여성들은 어디에 있었나?

4월혁명에 대해서는 항쟁 직후부터 연구가 진행되었다. 시대적 변화에 따라 연구성과에서 자이를 보이는데, 국내와 국외의 정치적인 상황을 고려하면 5시기로 구분할 수 있다.(윤정란, 2005, 442~449)

첫 번째 시기는 1960년대를 들 수 있다. 이 시기의 연구는 주로 현상적인 분석을 통해 4월혁명의 발발 배경에 대해 설명하고 있다. 대표적인 연구성과로는 김성태의 「4·19학생 봉기의 동인에 관한 연구」를 들 수 있다. 이 논문에서는 사회심리학적인 분석 방법을 사용하여 논지를 전개키고 있는데, 부패집권층과 함께 깡패들의 고대생 습격에 격분하여 4월혁명이 발생한 것으로 진단하고 있다.

두 번째 시기는 1970년대 연구를 들 수 있다. 1970년대에 들어와서는 한국학생운동사의 하나로서 4월혁명을 파악하고 있다. 대표적으로 한상진의 「한국학생운동에 대한 사회학적 접근―이론적 설명에의 시도」, 이해영, 「한국학생운동의 사적 전개―일제하에서부터 한일회담 반대까지」 등을 들 수 있다. 이러한 연구성과는 1960년대보다 조금 더 나아간 것으로 볼 수 있다. 그동안의 연구에서 한 걸음 나아가 4월혁명의 원인을 현 체제에 대한 학생들의 분노라는 시각에서 벗어나 국제정치적 조건과 국내정치적 조건의 객관적인 배경을 분석하면서 그 배경하에서 학생운동이 전개된 것으로 보고 있다.

세 번째 시기는 서울의 봄, 5·18광주민주화항쟁 등 민주화운동이 활발해지는 1980년대 후반기까지다. 4월혁명이라는 과거 역사를 통해 1980년대 민주화운동의 방향성을 모색해보겠다는 의지가 남긴 연구 성과가 대부분이었다.

네 번째 시기는 1980년대 후반기부터 세계냉전체제가 종식되는 1990년대 중반기까지다. 이 시기에는 다양한 연구가 진행되었다. 4월혁명에서 5·16군사정변 직전까지 혁신세력의 움직임, 사회경제학적인 분석, 4월혁명의 변혁론적인 의미, 구조적 분석을 통한 4월혁명의 이념, 그리고 노동운동과 농민운동과의 관련성 등 1980년대 중반 이후 제기된 문제들은 당대의 문제점을 해결하기 위한 방편으로 4월혁명을 조명하였다.

마지막 시기는 1990년대 중반에서 현재까지다. 그동안 주로 정치학, 사회학, 경제학 등의 접근 방법을 통해 4월혁명을 연구하고 평가하였다면, 이 시기부터는 역사학에서도 4월혁명을 다루기 시작하였다. 변혁운동의 차원이 아니라 좀 더 4월혁명을 객관적인 관점에서 보고자 하였다. 이후 많은 자료를 발굴하고 이러한 토대 위에서 연구가 진행되고 있다.

4월혁명 직후부터 오늘날까지 이 주제를 둘러싼 연구는 다양하게 진행되었다. 그러나 아쉽게도 지금까지 한 번도 4월혁명과 여성에 대해서는 관심을 두지 않았다. 당시 "이번 의거에는 남학생과 더불어 여학생들도 가담했다. 또 여학생들도 많은 희생을 무릅쓰고 학생혁명의 선두에 나섰으며, 또 남학생들의 숨가쁜 고비에 좋은 격려도 해 주었던 것이다"(강상운, 1960, 90~91쪽)라는 기록과 같이 4월혁명에 여성들, 특히 여학생들의 참여가 높았다.

그런데도 지금까지 4월혁명 소용돌이 속에서 여성들은 무엇을 하고 있었는지, 무엇을 지향하고 있었는지에 대해서는 우리의 기억 속에 남아 있지 않는다. 이에 본 연구는 당시 많은 여성들이 4월혁명 이후 이를 계승하기 위해 어떤 방식으로 이 혁명에 참여했으며, 무엇을 지향했는지 등에 대해서 살펴보고자 한다. 특히 일제강점기부터 여성운동을 이끌던 세력들이 어떤 방향으로 여성운동을 결정하고 나아가는지에 대해서 다루고자 한다.

2. 계몽운동으로서 여성 신생활운동의 대두

여성들의 신생활운동은 서울내학교 여학생회와 일반 여성들의 모임인 겨자씨회에서 주도적으로 전개하였다.(『동아일보』 1961년 4월 12일자) 여성난체임시연합회와 여성단체협의회에서도 이 운동을 단체활동의 주요한 사업으로 상정하였다. 신생활운동은 한국전쟁 때 잠시 나타나기는 했지만 여성단체들이 나서서 이 운동을 전개하게 된 것은 이번이 처음이었다.(『조선일보』 1960년 12월 21일자)

4월혁명 이후 신생활운동은 혁명을 주도했던 학생들에 의해 시작되었다. 이승만의 대통령 사임 이후 학생들은 학원민주화운동을 전개하였는데, 5월 한 달 동안 자치학생회 건립, 어용교수 축출, 부패재단 정화운동을 벌였다. 학원민주화운동은 32개 대학에서 전개되었으며, 그중 여자대학교로는 수도여자사범대학, 숙명여자대학, 효성여자대학 등을 들 수 있다. 여학생들이 학교 당국의 부정에 대해 과감하게 문제를 제기할 수 있었던 것은 4월혁명에 직접적으로 참여함으로써 얻은 경험에서 나온 것으로 볼 수 있다.

4월혁명 당시 많은 여학생들과 여성들이 참여하였다. 여학생들은 선두에 서서 부정선거를 해명하라는 구호와 함께 발사 자세를 하고 있는 경관들을 향해 태극기를 높이 쳐들면서 '이 태극기는 대한민국의 국기다', '총을 겨누는 자는 반역자'라고 외치며 잠시 총대를 세우게 하기도 하였다.(『한국일보』 1960년 5월 13일자) 전남 광주에서는 민주부인부대가 시위에 앞장섰다. 그중 일부 여성들은 총탄에 맞아 세상을 떠났는데, 신원이 밝혀진 여성으로는 무학여중생 서영자, 덕성여중생 최신자와 구순자, 한성여중생 진명숙, 미용사 안부자, 양재사 박순희, 원기약업주식회사원 이효희, 서울대 미대생 고순자 등이었다. 양재사 박순희는 선두에 서서 시위를 하다 광주 법원 앞에서 왼편 가슴에 총을 맞아 세상을 떠났다.(『여원』 1960년 7월호)

여학생들의 4월혁명 참여경험은 자연스럽게 학원민주화운동으로 나아가게 하였다. 수도여자사범대학에서는 5월 12일 1천여 명의 학생들이 강당에 모여 학교 당국의 경리부정을 규탄하는 학생회의를 소집하고 학생 대표 10명이 주영하 학장에게 1학기 등록금에 포함시켜 징수한 시설비 사용내역 공개를 요구하였다.(『동아일보』 1960년 5월 13일자) 시설비 유용 사실이 있다면 전액을 학생들에게 반환할 것을 주장하였다. 숙명여자대학에서는 5월 9일 약 400명의 학생들이 3·15부정 선거 관련, 독재적인 학교 행정 등을 비롯한 8개 항목을 주장하면서 총장 김두헌의 사퇴를 요구하였다. 이에 총장은 수습을 위해 약속한 후 지키지 않자 학생들은 맹휴에 돌입하였다. 결국 5월 31일 총장은 이사회에 사표를 제출하였다. 이사회에서도 이에 책임을 지고 총사퇴하였다.(숙명여자대학교오십년사 편찬위원회, 1989, 107쪽) 효성여자대학에서는 200여명의 학생들이 불법적인 경리 처리와 정실 인사 등 학교 당국의 비민주적인 행태를 비난하며 전석재 학장의 사퇴를 요구하였다. 이를 위해 학생들은 철야 단식 투쟁까지 감행했다.(『동

아일보』 1960년 10월 3일자)

학원민주화운동은 7월 29일 총선을 앞두고 국민계몽운동으로 확대되어 나갔다. 국민 전체의 계몽 없이는 학원민주화운동도 불가능하다는 인식하에 학생들은 국민계몽운동을 전개하였다. 신생활운동은 이러한 국민계몽운동의 일환으로 전개되었다. 이러한 과정에서 서울대학교 여학생회에서 여성들의 신생활운동에 앞장섰다. 6월 3일 서울대학교 12개 단과대학의 여학생회장이 모임을 가지고 신생활운동을 전개하기로 결정하였다. 여학생들은 총 4개 반을 조직하여 여름방학 동안 적극적으로 이 운동을 전개시키고자 하였다. 제1반은 약대, 치대, 문리대 여학생 60여 명이 7월 12일부터 운동을 시작하고 그다음 사대 여학생 120여 명이 제2반으로 7월 14일부터, 제3반은 농대, 치대 여학생 70여 명이 7월 21일부터, 제4반은 법대, 미대 여학생 40여 명이 8월 1일부터 8월 7일까지로 계획을 세워서 실천에 옮기려 하였다.(좌남회, 1960, 224~230쪽)

여학생들은 시내 각 극장, 백화점, 과자점, 관공서, 은행, 회사, 버스 정류소, 미장원, 다방 등을 찾아다니며 현수막 걸고, 호소문 낭독, 실천 요강 표어 등의 인쇄물 배부, 표어 포스터 음식점에 붙이기, 국산품애용이라는 리본 시민들에게 달아주기 등의 방법으로 신생활운동을 전개하였다. 관공서에 가서는 '당신은 양담배를 피워야만 합니까? 그래서 60억 환을 외국에 지불해도 좋습니까?'라고 쓴 인쇄물 나누어 주기, 호소문 낭독하게 하기, 국산품애용이라는 휘장 달게 하기 등의 활동이었다.(좌담회, 224~230쪽)

겨자씨회는 일반 '상류층' 여성들 30여 명이 모여 조직한 단체였다. 회원은 가정부인들의 자각을 촉구하고 겨자씨처럼 숨어서 작은 힘이나마 남을 위해서 일해 보자는 어머니들을 회원으로 하였다. 모임의 목적은 첫째 가난한 나라의 어머니다운 살림을 하자, 둘째 불운한 겨레를 돕는 일에 성심껏 힘을 합하자 등이었다.

주로 하는 일은 매월 정기회비 1천 환과 끼니마다 몇 숟가락씩 모은 쌀과 헌옷가지를 모아 4월혁명 희생자 어머니 생활 보조, 부상자 치료비 보조, 소년보호소와 양로원에 성금 보내기 등이었다. 이외에 여성의 사치부터 근절시켜야겠다는 생각으로 각 장성급의 부인들을 방문하고 생활의 혁신을 호소하였다. 그리고 서울대학교 신생활운동반을 격려하고 물심양면으로 도와주는 것 등이었다.

일반 사회에서는 이러한 여성들의 신생활운동에 많은 관심을 가지고 논의했다. 신생활운동이란 무엇인가라는 개념정리에서부터 방법까지 다양하게 논의되었지만 구체적인 실천 방법에 대해서는 합의에 이르지 못하였다. 여학생들의 신생활운동이라는 것은 국가 자립 경제를 위한 국산품애용운동이었다. 이를 위해서 수입보다 지출이 많지 않도록 수입 이상의 지출을 막고, 자기 분에 넘치는 허영, 사치를 배격하자고 주장하였다.

당시 보건사회부의 부녀국에서 한 달에 한 번씩 각계인사를 초청해서 좌담회를 개최하였는데, 여학생들도 회의에 참석해서 자신들의 의견을 밝혔다. 주로 국산품애용과 관련된 이야기였는데, 치마를 짧게 입자, 옷고름을 없애자, 밥을 먹지 말고 빵을 먹자, 여성들에게 국민복을 입게 하자는 등의 이야기가 나왔다고 하면서 자신들은 이들과 견해가 다르다며 다음과 같이 주장했다.(좌담회, 224~230쪽)

金(秀子) 국산품을 쓰더라도 개성미를 살릴 수 있지 않느냐, 무조건 강압적으로 해서 되는 것이 아니고 한국의 어려운 형편을 생각하면서 양심에 호소해서 할 수 있지 않느냐 하는 것이 저희들의 생각입니다.

韓(順玉) 그 분들이 하는 방법을 가만히 보니까 국민복을 입히는 식으로 똑같은 것을 강제로 입히려고 하는 그러한 짓을 했으니 누가 따르겠어요. 신생활운동을 좀 더 잘하기 위해서는 여성의 개성미를 살리도록 하

고, 색깔이나 디자인은 자기 마음대로 하게 맡기고, 국산품을 이용하도록
하는 것이 빨리 될 것 같애요.

　趙(正和) 우리가 미에서 떠날 수 없어요. 그것을 무시한다면 인간의 본
능에 어긋날 것 같애요. 개성미 고유한 민족문화적인 것을 말살해가면서
합리화할 것 까지야

국산품을 애용하면서도 각자의 개성에 맞는 방법을 사용해야 한다
는 것이 여학생들의 신생활운동에 대한 관점이었다. 특히 여성들의
옷, 화장품 등의 외제품 사용에 대한 자제를 촉구하였다. 일반 여성들
의 신생활운동에 대한 관점도 마찬가지였다. 국산품애용과 분수에 맞
는 생활을 하자는 것이었다. 여류평론가로 활동하던 정충량은 여성들
의 신생활운동이란 다음과 같은 활동이어야 한다고 주장했다.

　신생활운동이란 말은 8·15해방 후부터 오늘날까지 활논의되어 왔다. 우
리의 생활을 어떻게 합리화시키느냐 하는 이 문제는 일부층에 의해 말로만
주장되어 왔지 실제로 우리 생활속에 침투되지는 못했던 것이다.
　나는 신생활운동의 방향을 두 가지로 들고 싶다. 하나는 헐벗고 굶는 생
활 속에서 남을 도와줄 줄 모르는 극단의 이기주의적인 이 사회의 질서를
잡는 것이 신생활이며, 또 하나는 흐린 물이 일정기간이 지나면 맑아지듯
이 이 혼탁한 생활을 정화하자는 것이다.(『동아일보』 1961년 4월 12일자)

여성 신생활운동은 이와 같이 추상적인 논의에 그치고 있었으며,
대체적으로 당시 여학생들과 여성들이 주장했던 신생활운동은 자립
경제를 위한 국산품애용운동이었다. 국산품애용운동은 미국의 원조
경제와 밀접한 관계에 있었다. 한국전쟁 이후 원조에 의존하고 있던
한국 경제는 1950년대 말 미국에 대한 원조 감소로 큰 타격을 입는다.
1957년을 정점으로 급격하게 감소하는데, 1959년에는 1957년의 58퍼
센트 수준으로 줄어들었다. 이에 정부 당국에서는 재정 위기를 보충

하기 위해 세율인상, 새로운 세목 확대, 각종 공과금 인상 등의 방법을 사용하였다. 간접세의 비중도 급격하게 증대되었다. 이와 같이 미국의 대한원조 감소로 인한 한국경제의 변화는 한국인들에게 중요한 경제적 압박으로 작용하였다.(공제욱·노중기, 1993, 41~44쪽) 이러한 경제적 압박이 4월혁명 이후 국산품애용운동으로 나타났다고 볼 수 있다. 전술한 바와 같이 서울대학교 여학생회와 겨자씨 모임에서는 여성들을 계몽하기 위한 운동에 전력하였다. 여성단체임시연합회에서는 이를 정치적 운동으로 상정하고 활동을 벌여 나갔다. 여성단체협의회에서는 여성단체임시연합회의 활동이 중단된 후 이를 계승하여 지속적으로 신생활운동에 앞장서기로 계획하였다. 신생활특별위원장을 선출하고 구체적으로 이 운동을 벌여나갔다. 가장 먼저 한 일은 강연회였다. 1960년 12월 토요일 오후 3시 YWCA 강당에서 공동사회와 공동책임, 국제정세와 한국의 장래, 여성의 사회적 보장이라는 주제로 강연회를 개최하였다.(30년사 편찬위원회, 1993, 60쪽) 그 이후에는 특별한 활동을 한 기록은 없다.

3. 정치운동으로서 여성 신생활운동의 확대

여성단체임시연합회에서는 신생활운동을 정치운동으로까지 확대시켰다. 7·29총선을 앞두고 여성단체들은 여성단체임시연합회라는 잠정적인 연합체를 조직하였다. 신생활운동이라는 목적하에 가장 먼저 실천에 옮긴 일은 축첩반대와 부정축재자 국회 진출을 반대한다는 궐기대회였다. 두 번째로는 이러한 일을 제도적으로 할 수 있도록 박순천을 보사부장관, 이태영을 법무부 장관으로 임명해달라는 청탁운동이었다.

1) 여성단체임시연합회의 활동

1960년 6월 24일 전국 여성단체들은 YWCA회관에 모여 전 여성단체가 결속하여 다음과 같은 내용의 국민운동을 일으킬 것을 결의하였다.(『새가정』 1960년 7월호)

축첩자는 우리의 대변자가 될 수 없다.
모든 지도자는 가정생활서부터 남의 본이 되자.
건실한 가정생활을 하는 지도자만이 우리의 대변인이 될 수 있다.
여성은 첩없는 지도자만을 세우자.

대변인 되기 전에 내 생활 돌아보자.
내 집안 다스리고 정치로 나아가자
우리의 대변인은 축첩자가 될 수 없다
건실한 가정생활에서 바른 지도자는 나온다

우리가 만든 물품 쓰도록 국산품의 신용을 높이자
생활의 사치는 국가경제를 파괴한다
사치품 사용은 생산 능력을 저하시킨다
우리의 손으로 만든 것을 우리의 생활에서 즐기자
품질좋은 국산품에 외래품은 울고간다
남의 것 부러워하지 말고 내것부터 잘 만들자
국산품 싫다 말고 품질부터 고쳐가자
국산품애용으로 생산 능력 올려보자

이어 동년 7월 2일 여성단체임시연합회에서는 YWCA 회관에 모여 약 2시간 동안 총선을 앞두고 토론을 벌였다. 이 회의에는 전국 30여 개의 여성 단체 대표들이 참가하였다. 이들은 4·19혁명을 계승한다는 의미에서 7·29선거를 올바르게 하자는 국민운동을 전개하기로 결정하였다. 이 자리에서 ① 우리는 축첩자에게 투표하지 않는다, ② 우리는 반혁명자에게 투표하지 않는다, ③ 우리는 국산품애용으로 애국심을 발휘한다는 원칙을 세우고 실천에 옮기기로 결정하였다. 강연회, 방송을 통하여 전국 여성들을 계몽시킨다는 것을 우선 과제로 삼았다. 방송은 KA방송에서 7월 4일부터 3주간 주부시간에 최이순, 7월 5일 여성과 정치에 대해 이태영, 7월 6일에는 여성들의 할 일은 무엇인가에 대해 고황경이 출연하기로 계획을 세웠다. 그리고 구호로서 '첩 둔 남편 나라 망친다', '아내 밟는 자 나라 밟는다', '억울한 가정 자손 망친다', '가정의 독재자 국가의 독재자다', '썩은 가정 나라 썩힌다', '아부한 자 결사 배격', '아내 배반자 민주 배반자', '사치품은 백주강도', '특산애용은 경제 촉발' 등으로 결정하였다.(『조선일보』 1960년 7월 5일자)

이러한 계획에 의해 동년 7월 19일 여성단체임시협의회의 주도로 8백여 명의 여성들이 시공관에 모여 '가정에 충실하지 못한 자는 나라를 다스릴 수 없다'는 내용의 결의문을 채택하고 '축첩자는 우리의 대변자가 될 수 없다', '술고래는 뽑지 말자' 등의 플래카드를 들고 시가행진를 했다.

여성단체임시연합회에서 신생활운동 중 가장 우선적으로 해결되어야 할 문제는 축첩문제라고 보았다. 축첩문제는 가정을 파괴시키고 자손을 망쳐 결국 망국의 길로 가는 길로 인식하였다. 이 문제는 4월 혁명 이후 제기된 것은 아니었다. 1945년 해방 이후 여성들이 최우선으로 해결되어야 할 문제가 공창문제와 아울러 축첩문제라고 보았다.

2) 축첩문제 해결을 위한 여성들의 활동(1945~1960)

축첩문제는 개화기 이후부터 여성문제와 관련해서 지속적으로 제기되어 온 문제였다. 1945년 해방 이후 축첩문제는 공창제와 더불어 새로운 국가 건설을 위해서는 청산되어야 할 사회적인 악으로 규정되었다. 여성단체에서는 축첩문제를 해결하고자 지속적으로 노력하였다. 과도입법의원이 개원된 후 전국여성단체총연맹에서는 '친일파 민족반역자 모리배로 한 가지로 가정을 파괴하고 건국의 기둥을 좀 먹는 창기를 농락하고 축첩하는 자는 의원 중에서 제거할 것은 물론이고 행정기관 교육가 정당 및 각계 지도층에서 축출시킬 것을 갈망함' 등을 박현숙, 박승호, 신의경, 황신덕 등을 통해 과도입법위원 앞으로 제출하였다.(입법의원의회국, 1947) ; 윤정란, 2006, 231쪽 재인용)

여자국민당 중앙집행위원회에서는 5회에 걸쳐 여성들의 법률적 지위 개정안을 토의 결정한 후 과도입법의원에 제출하였는데, 그중에 '내연관계' 즉 축첩제 폐지 등이 포함되어 있었다.(『동아일보』 1947년 4월 17일자) 간통죄 항복에 남편의 간통도 벌해야 한다는 것과 첩을 둔 자는 5년 이상의 징역에 처할 것을 건의하였다.(『조선일보』 1947년 4월 27일자 ; 이임하, 2006, 291쪽 재인용) 과도입법의원에서는 여성단체의 제출안을 토대로 '축첩 제도를 법으로 금할 것'을 주장하며 법안 통과에 노력했으나 남성 대의원들의 여성에 대한 편견으로 무산되었다.(박승호, 1947)

1948년 7월에는 여권옹호연맹에서 ① 천륜을 범하여 가며 자기 본처를 유린 압제하는 부덕한(不德漢)이 국민의 영도자의 한 사람으로 나오는 것은 1천5백만 여성 더 나아가서는 민족 전체의 치욕이다. ② 축첩자는 가사나 국사보다도 향락생활에 정신이 흡수될 것을 필연한 일이므로 사리사복만 채우기에 열중하여 부패했다는 세평을 피할 수 없어 국민과 열국의 신임을 잃게 될 것이다. ③ 영도적 입장에 축첩자가 뻔뻔스럽게 나서는 것은 축첩만풍을 조장하는 것이므로 국민교화상 용서할 수 없다는 등의 이유를 들어 독립정부를 수립하는 데 여권을 유린하는 축첩자가 각료에 포함되어서는 안 된다는 성명서를 발표하였다.(『경향신문』 1948년 7월 23일자)

1949년에는 국회에서 공무원법안 중에 '첩을 얻은 사람은 공무원이 못된다'는 조항을 포함시키자는 안이 부결되자 대한부인회가 앞장선 가운데 800여명의 여성들이 모여 '축첩은 여권의 무시다', '여인의 정조가 아름다우면 사나이도 지키라'는 등의 구호를 외치며 궐기대회를 열었다.(『경향신문』 1949년 7월 29일자) 1950년 제2대 국회의원 선거를 앞두고 축첩자에 대해서는 투표하지 말자는 운동이 일어났다.(『동아일보』 1950년 2월 15일자)

계몽, 청원운동에서 나아가 여성운동가들은 여성의 법적인 지위를 구체적으로 개선하기 위해 1952년에 여성문제연구원을 조직하였다. 이러한 결과로 1953년 간통죄에서 남녀쌍벌주의가 채택되었다. 여성문제연구원에서 공청회, 법률, 연구검토회를 통해 입법부에 건의하여 이 항목을 통과시켰다. 당시 국회의원이던 박순천, 이예행, 표경조 등의 이름으로 국회에 제출했던 것이다.(여성문제연구회 50년사 편찬위원회, 2002, 120~121쪽) 그러나 여전히 축첩문제는 해결되지 않고 여성들에게 큰 문제로 남았다. 1954년 대한부인회에서는 이 해의 당면 과제로 공무원 축첩 반대를 선언하였다.(『조선일보』 1954년 8월 28일자 ; 이임하, 2006, 291쪽 재인용) 1960년도 여성법률상담소에서 상담한 여성들의 총 건수는 370건이었는데, 이 중 축첩관계를 비롯한 혼인관계로 취급된 수가 60퍼센트를 차지하였다.

3) 『여원』 특집 기사로 본 혁명기 축첩문제에 대한 인식

여성계에서 축첩문제를 정치운동으로까지 확대하자 『여원』에서 이를 특집 기사로 다루었다. 『여원』 편집부에서는 「그늘진 여자의 일생

-첩」이라는 주제로 '첩은 여성의 비극이오 사회의 악이다. 첩을 아주 추방할 수는 없을까'라는 문제를 제기하며 특집을 꾸몄다. 필자와 주제는 박종화의 「흥망에 얽힌 첩의 역사」, 주미의 「첩이라는 이름의 여성」, 박남수의 「쎄컨드, 써어드의 취첩심리」, 이태섭의 「첩가진 마음의 그늘」, 은인자의 「여성의 적은 여성」, 권정순의 「본처대 첩의 사랑 다툼」, 이정희의 「법률도 여성엔 불공평」, 이외에 일반 여성들에게 '남편이 첩을 가진다면'이라는 일반 여성들을 대상으로 한 앙케트 조사 자료 등으로 꾸며져 있었다. 이들이 인식한 첩의 존재에 대해 몇 가지로 정리하면 다음과 같다.

첫째는 첩의 존재는 망국의 원인이라고 주장하였다. 과거 역사를 보면 흥하는 역사나 망하는 역사 모두 여성 중에서 특히 첩과 관련된 일이 많았는데, 특히 첩이 관련되었을 때는 망하는 역사가 더 많았음을 강조하였다. 그 이유로는 첩이 남자의 사랑을 확보하기 위해 온갖 '교태', '수단', '미모'로서 남자를 유혹하기 때문이라고 했다.(박종화, 1960, 162~165쪽)

둘째는 첩이 되는 여성들은 소질을 타고났다는 것이다. 특히 노처녀와 남성에게 혼인 사기를 당한 여성들을 들었다. 노처녀는 어린 시절에 이상이 높아서 사랑할 수 없는 남성을 발견하지 못하다가 혼인을 한 남성이라도 자신의 이상형과 부합되면 적극적으로 덤벼들기 때문이라고 했다. 노처녀들은 경제적으로 어려워도 옷을 화려하게 입고 그 남자를 자신의 소유로 만들 수 있는 날을 향하여 돌진한다고 했다. 그 다음으로는 문제가 있는 남성과 한 번 이별한 여성들이 복수심에 불타서 첩이 된다는 것이다. 곧 남성에게 사기를 당한 후 복수심 때문에 모든 남자들을 대상으로 가정불화를 일으킨다는 설명이었다.(주미, 1960, 166~167쪽) 셋째로 축첩의 원인은 여성들의 경제적 약점 때문이라는 설명이었다. 첩이 생겼을 때 여성들은 서양 여성들처럼 결단력이 없어 문제를 해결하지 못하고 넘어가고 마는데, 그 원인은 재정적인 뒷받침이 없기 때문이라는 지적이었다. 남성들은 봉건적 여성관으로 인해 한 아내로 만족할 수 없어 더 많은 여성들과 함께 살고 싶어 하는데, 이에 대해 여성들은 남성들의 일시적인 잘못을 잘 처리할 줄 알아야 한다고 주장했다. 즉 남편의 잘못을 비난하면서 다시 애정을 바란다는 것은 잘못된 일이라고 했다.(박남수, 1960, 170~173) 마지막으로는 첩을 둔 남편을 다스리는 방법에 대해서 소개하였다. '아름다움을 잃지 않는 꽃'이 되어야 한다고 했다. 여성들은 남편에게 많은 관심을 가지고 의심도 심하면서 자신의 차림에 대해서는 무관심하다는 것이다. 남편의 사랑을 받기 위해서는 언제나 남자의 눈에 비치는 꽃이 되도록 노력해야 한다고 주장했다. 상대방 여자보다도 사랑의 두 배, 세 배 더 깊고 진정한 사랑을 해야만 남편은 아내에게 다시 돌아올 수 있다고 했다. 바람난 남편을 다루는 유일한 무기는 오직 사랑의 힘뿐이라고 강조했다.(권정순, 1930, 182~185쪽)

『여원』의 특집 기사에서 다루는 축첩에 대한 인식은 사회 전반적인 문제보다는 개인의 문제로서 보고 있었다. 첩은 망국의 원인이라는 주장에서부터 첩을 둔 남성의 심리와 첩이 되는 여성의 심리, 그리고 바람난 남편을 대처하는 법에 이르기까지 처첩간의 갈등 문제는 여성들이 개인적으로 풀어야 할 문제라는 것이다. 그러나 실제로 축첩은 다음과 같은 동기에 의해서 이루어졌다. ① 생계해결을 위한 방편으로 경제력있는 남성의 첩이 되는 경우, ② 전쟁으로 인한 적령기 남성의 부족, ③ 부권적 대가족제도와 혼인제도의 불비, ④ 남성의 폭력 또는 사기에 의해 첩이나 내연의 관계가 되는 경우 등이었다.(이임하, 2006, 260~263쪽)

여성연구원의 이정희는 법적으로 축첩자인 남편을 재판하는 방법은 거의 이혼을 전제로 한 것이라고 하면서 남편의 축첩 사실만으로 취급되어 있는 법은 아직 현행법에 없다고 설명했다. "민법 84조를 보면 부부일방이 부정한 행위가 있었을 때와 또 형법 241조에 배우자 있는 자가 간통한 때에는 2년 이하의 징역에 처한다는 법 규정이 있지만 실제로 이것은 남편의 부정이라든지 간통이란 명목으로 본처에게 이혼 원인의 권한으로 부여"했을 뿐이라는 것이다. 그녀는 안타까운 사례를 들어 설명하면서 축첩에 대한 법 규정이 반드시 있어야 한다고 강조했다.(이정희, 1960, 188쪽)

그 사례는 다음과 같았다. 1남 1녀를 가진 가정의 남편이 직장관계로 별거하게 되면서 첩을 얻은 경우였다. 본처는 시부모를 모시며 살고 있었는데 혼인신고는 하지 않은 상태였다. 1960년 신민법 시행 이후에도 혼인관계는 혼인신고에 의해 보호받는다는 의식이 확산되지 않고 있었다. 대부분 결혼식과 동시에 결혼이 성립되는 것으로 알고 있었으며, 특히 혼인신고를 하여야 법률상 부부가 된다는 사실을 모르는 사람이 많았다. 이 여성도 마찬가지였다. 남편은 새로 사귄 여성과 결혼식, 혼인신고를 마친 상태였다. 본처가 되는 여성은 법률상의 아내가 될 수 있는 방법을 문의하기 위해 여성연구원에 상담을 했던 것이다.(이정희, 1960, 188쪽)

이정희는 이러한 여성이 법의 보호를 받으려면 형법상 무거운 가형을 할 수 있는 법조문이 요구된다고 주장했다. 이러한 행위는 도의적으로 보았을 때 살인죄 이상의 범죄행위라고 했다. 그녀는 "국가의 사회단위가 되는 가정이 한 남성의 난폭한 행위로 생기는 불화와 사회 혼란을 방지하는 일에 적극 협조하는 방안으로서 정부 기타 각 사회기관에서 사람을 채용할 때 이유여하를 막론하고 축첩자는 등용하지 않는다는 법규를 내정하여 그러한 자의 사회진출을 금지하는 것이 퍽 효과적인 것 같다"며 대안을 제시하였다. 아울러 여성단체에서 '기생충' 같은 역할을 하는 첩들의 범죄를 방지하기 위해 지도 보호할 수 있는 사회시설기관의 설립도 함께 제안하였다.(이정희, 1960, 186~189 쪽) 결국 여성들의 축첩 문제를 해결하기 위해서는 7·29선거에서 여성들의 투표가 얼마나 중요한지가 주장되었다.

4) 여성 선거 참여의 강조와 여성 관료 기용에 대한 청원운동

여성단체임시연합회는 신생활운동의 하나로서 4월혁명을 계승한다는 의미에서 축첩제 청산에 가장 중점을 두었다.

> 축첩자에게는 투표하지 말자
> (상략)제2공화국은 우리의 바람이요 피로 찾은 복지여야 한다. 축첩을 하고 아내를 학대하고 여성을 모멸한 자가 입후보 하였거던 즉시로 양심을 찾아서 입후보를 사퇴하라 그렇지 않으면 우리 여성들은 그들을 끝까지 규탄하고 깨달아 물러서기까지 투쟁할 것이다. 또 남성들의 첩의 위치에 서서 또는 그와 동류의 입장에 서서 깨닫지 못하고 머뭇거리고 그 동물의 입장을 감수한 여성들이여! 스스로 당신들의 신성한 인간의 권리를 찾고 하늘 아래 부끄럼없는 떳떳한 여성으로 돌아가라
> 이것은 우리가 흘려야 할 피를 우리가 바쳐야 할 생명을 대신 흘려주고 대산 바쳐준 차대의 주인공이어야 할 지하의 넋들이 당신들에게 주고 간 뜨거운 훈계요 절규이다.(『조선일보』 1960년 7월 12일자)

경향신문 논설위원으로 재직하고 있던 강영수는 사회생활에 있어서 여성과 남성은 이해가 상반되는 경우가 많음에도 불구하고 국회의원을 선출할 때 아버지나 남편 혹은 아들의 의견에 추종하는 것은 어리석은 짓이라며 여성들을 비난했다. 선거권을 행사할 때는 여성의 대변자인 여성을 가능하면 많이 선출해야 한다고 주장했다. 미군정 시기부터 제4대 국회까지 여성 당선자는 보잘 것이 없었는데, 이러한 원인은 한국여성의 동성에 대한 불신감 내지는 남존여비의 사상이 마

음속에 있기 때문이라고 지적했다. 여성이 아닌 남성을 선출할 때는 그 인품이나 능력이 엇비슷한 경우라면 여성 문제를 이해하는 사람을 선택해야 한다고 강조했다. 곧 축첩자와 같은 여성의 적을 절대 지지해서는 안 된다며 이번 총선에서 여성들이 각성해서 자주적인 선거권을 행사하길 바란다며 여성들을 향해 충고했다.(강영수, 1960, 82~85쪽)

7·29선거의 입후보로 나선 박순천은 지금 여성들에게 귀중한 것은 독자적인 인간 행세이며, 축첩을 하고 여성을 짓밟은 남성입후보자에게 투표해서는 안 된다고 주장했다. 만 20세 이상으로 선거법이 개정되어 종전보다 1년 더 빨리 선거권을 가질 수 있어 오십만이 더 선거권을 행사하게 되었다면서 이번 선거에 여성들의 선거권 행사 수효는 6백만 명으로 추산된다고 설명했다. 6백만 여성 유권자 모두가 자신의 독자적인 의견을 발휘할 수 있는 이번 선거는 4월혁명만큼 중요하나고 강조했다. 축첩을 믹고 어싱들의 지위를 향싱시키기 위해시는 무엇보다 투표가 중요하다는 이야기였다. 남성에게 합법적으로 저항할 수 있는 길은 선거를 통해 여성문제를 해결해 줄 수 있는 인물을 선출하는 것뿐이라고 강조했다.(박순천, 1960, 86~89쪽)

이러한 주장에 비해 여성의원으로서 당선된 인물은 민의원 박순천뿐이었다. 여성단체에서는 궐기대회, 방송을 통해 선거의 중요성 등을 강조하면서 축첩문제를 해결하려 했으나 큰 성과를 내지 못하였다.

여성계에서는 여기서 멈추지 않았다. 이번에는 여성 관료의 기용 청원운동을 벌이기로 했다. 1960년 8월 18일 최은희, 임옥인, 장선희 등을 비롯한 1백 명의 여성들로 조직된 여권실천운동자클럽에서 민의원 의장 앞으로 "새로 취임하게 될 국무총리는 여권의 신장을 위해 사회부장관에 박순천 여사를 임명토록 하라"는 청원서를 제출하였다. 국무총리 인준이 되자마자 전달해달라고 요구하였다.(『조선일보』

1960년 8월 18일자) 이어 21일에는 법무부 차관에 이태영을 기용하기 바란다는 청원서를 2차로 제출하였다. 여권실천운동자클럽에서는 "민주당 신·구파의 조절보다 여성 대중을 상대함이 민주주의적이 아니겠는가? 또 전기 추천인사가 적재적소가 아니겠는가?"라며 자신들이 추천한 여성들을 반드시 기용해줄 것을 요구하였다. 또한 선우신영 등을 비롯한 동 클럽 간부들은 현석호 내무장관을 방문해서 각 도에 단 한 사람씩이라도 좋으니 시험 삼아 여성 군수를 임명하여 달라고 청원했다. 현 장관은 그 자리에서 좋은 의견이라고 답했으나 성사되지 않았다. 현석호가 내무장관을 사임한 후 신현돈 내무장관 앞으로 진정서를 재차 제출했으나 받아들여지지 않았다.(최은희, 1980, 306쪽)[1]

4. 여성계와 장면정권과의 갈등

장면정권에서는 가능하면 여성단체의 요구를 지지하는 입장을 견지하였다. 대한부인회의 활성화,(한국부인회총본부, 1986, 25쪽) 여성단체의 부녀국 폐지 반대, 축첩반대, 여성관료 기용 등의 요구를 가능하면 수용하려고 하였다. 그러나 장면정권에서 여성관료의 기용을 거부하자 여성단체에서는 분노를 표출하였다. 장면정권에서 여성들을 관료로서 기용하지 않았던 것은 당시 사회적인 분위기와 밀접한 관계가 있었던 것으로 보인다. 제2공화국에서 여성들을 관료로 기용하지 않았던 배경은 무엇이었을까?

---

[1] 여권실천운동자클럽은 1945년 9월 10일 최은희를 비롯한 10여 명의 여성들에 의해 조직되었다.

1) 여성단체와 이승만 정권과의 밀월

4월혁명 이전 여성단체는 전국적으로 17개였는데, 이 중 대표적인 여성단체로는 YWCA연합회, 여성문제연구원, 대한부인회, 여성단체협의회 등을 들 수 있다.(정충량, 1960, 43쪽) 이 중에서 가시적으로 정권과 가장 밀접한 관계를 보인 단체가 대한부인회, 여성단체협의회였다. 대한부인회는 당시 최고의 회원 수 400만을 가진 반관반민단체로 정권을 보조하는 기관이었다. 전국 도, 시, 군, 면에 지부를 두고 있었다. 중앙위원 30명 중 유급간사가 3명이고 나머지가 27명이었다. 이 단체는 정부 대책에 보조를 맞추어 군경 유가족 원호와 일선장병 위문봉사, 계몽 등이 목적인 관료적인 단체였다. 회원들의 출신은 다양하며 중앙위원 대부분은 상류계급에 속하였다. 여성단체 중 농촌 구석구석까지 연결되어 있는 유일한 단체였다.(정충량, 1960, 44쪽)

대한부인회는 1948년 단독정부가 수립된 이후 독립촉성애국부인회와 한국애국부인회의 통합으로 발족되었다. 1960년 4월혁명에 의해 활동이 중단될 때까지 한국여성들의 대표기관으로 존재했다. 정부수립 초기에는 여성들의 활동이 활발했기 때문에 정부 당국에서도 여성들의 의견을 일부 수용하였다. 일제강점기부터 활동했던 여성들이 정부요직에 임명되었다. 초대 상공부 장관에 임영신이 입각했으며, 감찰위원으로 박순천, 박현숙, 부녀국장에 박승호, 여자경찰과장에 황현숙 등이 기용되었다. 사회부 부녀국장에 박승화가 임명될 수 있었던 것은 여성들의 적극적인 추천 덕분이었다. 당시 박순천, 김활란, 유각경, 황신덕 등은 여성운동의 활성화를 위해서 여성운동 경험이 있는 인물이 되어야 한다며 초대 사회부장관에게 박승호를 추천했다.(한국부인회총본부, 1986, 25쪽)

1949년 초에는 부녀과장 이예행, 박순천, 박승호 등의 힘으로 대한

부인회를 전국적인 조직으로 만들었다. 이예행이 행정적인 뒷받침을 하고 박순천, 박승호는 국무총리, 사회부장관을 설득시켜 일을 성사시켰다. 1949년 5월 서울 중앙여중고 강당에서 전국에서 모인 대의원 200명을 중심으로 대한부인회 제1차 전국대회를 개최하였다. 이날 회장으로 박순천, 부회장 박승호, 유각경이 선출되었다.(한국부인회총본부, 1986, 74쪽) 강령으로 "1. 우리는 힘을 나라 위해 바치자, 2. 우리는 상애상조하여 국민문화를 세우자, 3. 우리는 우리의 지위를 향상시키자", 사업방침으로는 군경원호와 여성계몽, 불우여성 구호 등으로 정하였다.(이효재·정충량, 1969, 28쪽)

그 후 6·25전쟁으로 재정이 곤란해지자 반관반민체제로 바꾸기로 결정하였다. 그래서 한 가구당 100원씩 모금할 것을 이승만에게 제의, 60원씩으로 허락을 받아 거제도에 이르기까지 조직을 확대하였다. 부산 피난 당시 이승만 정권에서 박순천에게 대한부인회 간부들도 자유당에 가입해야 한다고 강요하자 이를 반대하는 성명서를 발표하였다. 이 일로 대한부인회는 건물을 몰수당하고 정부로부터 재정적인 지원은커녕 탄압대상이 되었다.(이효재·정충량, 1969, 33쪽)

대한부인회는 탄압을 받기 전까지 박순천을 중심으로 부녀국과의 긴밀한 협조 아래 여성을 위한 정책이 정부 차원에서 성사될 수 있도록 많은 노력을 기울였다. 그리고 나름대로 성과를 내기도 하였다. 대한부인회의 대표적인 인물로는 박순천, 유각경, 이예행, 박승호, 황신덕, 최은희, 김성실, 송금선, 한기주, 박봉애 등이었다.(한국부인회총본부, 1986, 72~73쪽)

초대 국회의원 선거에서는 한 명의 여성도 국회의원으로 당선되지 못하자 1950년 제1대 국회의원 선거에서는 대한부인회를 중심으로 여성들이 힘을 합쳐 후보자 11명을 내고 박순천을 당선시켰다. 박순천은 보사분과위원회에 소속되어 활동하면서 여권시장을 위한 법안 추진에 많은 노력을 기울였다. 근로여성을 위한 생리휴가, 산전산휴 휴가를 한 표 차이로 가결시켰으며, 간통쌍벌죄를 통과시켰다. 이 법도 3표 차이로 겨우 통과되었다. 이태영과 함께 가족법 개정운동을 전개하기로 계획하였으나 남성들의 반대로 실패로 돌아갔다.(윤정란, 2006, 326~327쪽)

대한부인회의 거대한 조직은 여성을 위한 법률안 개정 및 여성을 위한 사업을 담당하는 부녀국의 사업을 활성화시키는 데 중요한 뒷받침이 되었다. 그러나 이승만의 대한부인회에 대한 간섭으로 정부 당국과 소원해졌다. 부녀국 사업도 침체되고 말았다. 부녀국 국장이었던 이예행은 대한부인회의 적극적인 뒷받침이 있어야만 부녀국 사업이 활성화된다고 여겨 2대 회장으로 선출된 박순천 대신 박마리아를 중심으로 유각경, 김철안 등을 최고위원으로 한 집단지도체제로 바꾸었다.(한국부인회총본부, 1986, 85쪽)

박마리아의 정치적 권력을 믿고 대표 최고위원으로 그녀를 선출했던 것이다. 당시 박마리아의 정치적 영향력에 대해 "박마리아라는 여자한테가서 치맛자락을 붙들고 숙덕숙덕하면 안 되는 일이 없던 시기가 있었습니다"라고 할 정도였다. 그러나 그녀는 대한부인회를 위한 특별한 활동을 하지 못했다. 자유당 말기에 대한부인회는 자유당의 기간단체이므로 전국의 대한부인회 회원은 자유당을 적극 지지할 것이라는 성명서를 각 지부에 발송하고 자유당의 산하기구가 되었다. 이후 활동은 주로 자유당의 선거운동에 매진하였다.(윤정란, 2006, 327~328쪽)

1960년 3·15 선거를 앞두고 대한부인회와 대한여자청년단은 이기붕을 부통령 후보로 추대한다고 결의했다. 이때 총재는 프란체스카, 최고위원은 임영신, 유각경, 박마리아 등이었다. 2년 전 김철안이 사퇴하면서 임영신을 추대했던 것이다. 한편 여자국민당과 국방부녀회에서는 임영신을 부통령으로 추대하였다. 당시 임영신은 여자국민당의 당수이자 국방부녀회의 회장을 맡고 있었다. 선거를 앞두고 이 네 단체는 정치싸움에 휘말리면서 여성계와 정계의 주목을 받았다. 유각경은 각도의 대표 30여 명과 함께 경무대로 이승만을 찾아갔다. 임영신이 부통령으로 등록한 것은 분열을 조장하는 것이므로 출마 중지를 요청했다. 이에 임영신은 다음날 각 신문에 이에 항의하는 광고를 실었다. 그러자 대한부인회와 대한여자청년단에서는 임영신의 출마를 반동행위로 규정한다는 성명서를 발표하고 '대통령에 이승만, 부통령에 이기붕'이라는 캠페인까지 벌였다.(한국부인회총본부, 1993, 91~93쪽)

그러나 4월혁명으로 대한부인회는 큰 타격을 입고 말았다. 대한부인회 혁신대책위원회가 조직되어 위원 60여 명이 서린동 소재 대한부인회 본부로 몰려가서 '대한부인회 혁신대책위원회'라는 간판을 내걸고 사무실을 점령하였다. 이들은 이제 순수한 부녀운동을 할 때가 되었다고 주장하면서 기존의 간부들에게 사죄할 것을 다음과 같이 요구하였다.(『동아일보』1960년 5월 11일자)

1. 일당 독재 영속화를 몽상하던 간부급은 총사퇴하고 국민 앞에 사과하라.
2. 대한부인회에 소속된 청사, 사업체 일체를 현황 그대로 인계하고 국고 보조액, 찬조금, 회비 등 외 수입과 그 용도를 서류와 함께 인계하라.

자유당의 산하기구로서 활동했던 대한부인회는 많은 타격을 받았다. 박마리아는 그의 아들이 쏜 총에 맞아 이기붕과 함께 세상과 떠났으며, 유각경은 자유당 선거위원으로 활동한 사실로 인해 검찰의 요주의 인물이 되었다. 유각경은 자유당 기획위원 관계를 수사 중이던 검찰들이 찾아오자 여성대표로서 기획위원회에 참석했으나 부정선거 사실을 아는 바 없다며 부정하였다. 자신은 한국의 남존여비 사상 때

문에 바지저고리 노릇밖에 한 것이 없다며 부인하였다.(『동아일보』 1960년 5월 20일자)

그럼에도 불구하고 유각경은 체포되었다. '부정선거원흉자유당기획위원사건' 관련자로 체포되어 징역을 선고받았다. 죄목은 '대통령부통령선거법위반'이었다. 유각경은 1956년 자유당에 입당하여 동당 중앙위원으로 선출, 1959년 10월경 동당 무임소 당무위원으로 선임, 1960년 1월 초순 정부통령중앙선거대책위원회 제4부장 겸 동 기획위원 위원으로 종사했다. 이 죄목으로 징역 3년 6월을 선고받았으며, 공민권도 제한받았다. 대한부인회는 선거자금으로 3백3십만 환을 자유당에 지원했기 때문에 4월혁명 이후 활동을 재개한다는 것은 거의 불가능하였다.(윤정란, 2006, 328~329쪽)

대한부인회 관련 인물들은 YWCA연합회, 여성문제연구원, 여성단체협의회 등에서 활동하던 인물들과도 밀접한 관계에 있었나. 박마리아는 1952년부터 세상을 떠날 때까지 YWCA연합회의 회장을 역임하였다. 여성단체협의회는 1959년 12월에 창립되었다. 8개 단체에서 24명이 참석하여 창립총회를 열었다. 임원으로는 회장에 김활란(대한여학사협회), 부회장 박마리아(대한YWCA연합회), 총무 박길래(대한부인회), 서기 송효선(부녀부호사업전국연합회), 장화순(여성문제연구회), 회계 김봉란(여성문제연구회), 현봉혜(대한부인회) 등이 선출되었다. 이와 같이 당시 대표적인 여성단체는 서로 밀접한 관계를 가지고 활동하고 있었다. 김활란은 박마리아에 대해 '그는 나의 제자로, 친구로, 동지의 한 사람으로 함께 일하고 같이 활동하던 소중한 사람이었다'(김활란, 1965, 372쪽)고 할 정도로 여성단체의 활동에서 모든 일을 함께하였다.

4월혁명 이후 여성들의 정치 참여에 대한 불신은 극에 달하였다. 가정부인이라고 밝힌 김자혜는 대한부인회에 대해 피복공장을 둘러싼 이권다툼, 정치적인 앞잡이 노릇 등으로 양심을 팔은 단체로서 한국여성들에게 모욕을 주었다며 거세게 비판하였다. 산부인과 의사라고 밝힌 강주심은 자유당의 충실한 선거운동원이었던 대한부인회 간부 전원은 조용히 물러나 가정에서 자성하기를 바란다고 주장했다.(『조선일보』 1960년 5월 13일자) 『조선일보』 편집부에서는 이후 여성단체는 부유한 집 여성들보다는 가난한 여성, 성매매여성 등 사회의 변방에 있는 여성들을 위한 단체가 되어야 하며 결코 어느 정치단체에 가담한 부유층부인들의 심심함을 푸는 장소가 되어서는 안 된다며 여성단체가 나아갈 바를 충고했다.(『조선일보』 1960년 9월 12일자)

2) 4월혁명의 원인과 여성들

4월혁명의 직접적인 원인은 3·15부정선거가 결정적이었지만 이러한 결과를 초래하게 된 중대한 원인 중의 하나가 여성들에게 있었다는 것이 당시의 분위기였다. 이러한 분위기의 확산은 여성들의 정치참여에 대한 불신을 심어 주었다. 특히 여성 정치참여망국론과 여성의 사치와 허영이 정치 사회적인 부패를 가져왔다는 주장이 확산되었다. 동시에 남성들의 정치사회활동에 대한 조언자로서의 역할 부족을 들었다.

첫째로는 여성 정치참여 망국론의 주장을 보면 다음과 같다. 북미신문연맹에서는 '12년 폭정을 지배한 두 여인'이라는 제목으로 박마리아와 프란체스카를 다음과 같이 소개했다.(학민사편집실 편, 1983, 378~380쪽)

한국혁명은 마리 앙뜨와네트와 마담 라 파르쥬보다 더 큰 권력을 부리던 두 여인의 정체를 밝혀 놓았다. 한국의 전 대통령 처인 이승만 박사의 부인과 전 민의원 의장이며 3·15부정선거에서 부통령으로 당선된 고 이

기붕의 부인이 각기 연로한 남편과 병약한 남편의 배후에서 권력을 전담
하던 인물이었던 것으로 밝혀졌다…… 이박사가 이기붕씨에게 모든 공직
에서 물러날 것으로 요구하기로 결심하였을 때, 이 박사 부인과 이씨 부
인은 전 대통령에게 눈물을 흘리며 결심을 바꿔달라고 간청했다고 한다.

……다년간 이 두 여인과 사귀어 온 어떤 미국인은 "그들은 커다란 야
심을 가진 유능한 여인들이었고 고집과 마음이 굳센 여인들이었다. 그들
은 또 제각기 보잘 것 없는 집안에서 태어났던 만큼 돈의 중요성을 지나
치게 강조하는 감정의 포로들이 된 여인들이었다"고 말하였다.

……한국의 전 대통령 부인은 언제나 그의 남편의 건강에 세심한 주의
를 기울여 왔다. 그로 하여금 불필요한 흥분으로부터 벗어나게 하기 위하
여 그녀는 측근자들 및 비서들에게 대통령에게 하는 보고에는 정계의 동
향 중에서 불쾌한 사건이나 암울한 사실 등을 넣지 말라고 명령함으로써
연로한 대통령을 실제로 일종의 침묵의 벽 속에 가두어 놓고 있었다. 이
박사 부인인 그녀는 노 대통령의 아내로서 자기가 쥐고 있던 권세에 단단
한 맛을 들였던 것이 분명하다……정부관리로 임명되는 사람들은 그녀가
그들에게 개인적인 호의를 갖고 있기 때문에 임명되는 수가 많았다……
이 박사 부인이 한국에 와 있는 14년 동안에 상당한 사재를 축재하였다는
소문이 떠돌기는 여러 해가 되었으나 이런 성질의 소문들은 아직 한 가지
도 확인되지 않고 있다…… 박마리아는 그의 남편보다 훨씬 야심이 컸다.
여러 해 동안 자유당 정객들과 정부 관리들은 거의 반신불수인 국회의장
겸 자유당의 보스인 이씨에게서 어떤 결과를 얻어내자면 이씨 부인을 통
하는 것이 첩경이라는 것을 알고 있다. 박마리아는 그녀가 서울에서 조그
마한 가게를 차리고 있을 때부터 가난을 뼈저리게 느껴 왔다…… 지위도
명예도 없는 부모 밑에서 자라난 그녀는 절대로 겉으로 뻐기는 일이 없었
다. 오히려 그녀는 정치무대에서 멀리 떨어져 앉아서 한국 정치의 비단끈
을 조종하고 있었다.

……10년간 휘두른 영향력으로 말미암아 이박사 부인은 한국에서 가장
미움받는 여인이 되었다. 조소적으로 프란체스카라고 불리우는 그녀는
근년에 와서 민중의 혐오의 대상으로서 자신의 처지를 박마리아와 나누
어 가지게 되었다.

4월혁명의 원인이 된 이승만 정권의 부패 책임의 대표적인 여성으로는 프란체스카와 박마리아였으며 아울러 일부 '사모님족'들에 대한 비난도 거세었다.

지난 독재정권시대에 그 이름이 국민의 일에 오르내리던 두 사람의 부인을 상기하지 않을 수 없다. 그 이름은 프란체스카와 마리아다. 그 외의 많은 고관부인들, 세칭 사모님족들의 명명을 알 길은 없다. 그들은 대개 내정에서 뿐 아니라 문 밖에 나와 돌아다니면서 심지어는 경향 각지를 순회하면서까지 부군의 막중한 지위를 이용하여 교언영색으로서 부군의 지혜를 흐리게 했고 권모술수로써 국민의 이목을 현란케 했던 것이다. 그뿐 아니라 그들의 탐욕스러운 물욕성은 언제나 이른바 벼개 윗청을 교묘하게 써서 관기를 철저히 어지럽혔던 것이다. 이러한 일은 이정권의 몰락에 크게 박차를 가했다.(『한국일보』 1960년 8월 14일자)

여성들의 정치 참여는 망국을 초래할 정도의 부정적인 영향을 미쳤다고 주장했다. 고려대 강사로 재직하고 있던 신일철도 12년간의 부패 원인은 이 두 여성과 '사모님족'이었다고 주장했다.

지난 12년간 대한민국의 정치는 두 여인의 손에 놀아났고 모든 부패의 원인이 두 여인을 둘러싼 사모님족들의 조화무궁한 장난 때문이었다고 생각하니 여성이 정치한다, 여성이 선거에 출마한다―이런 것은 극히 위험한 일이요, 다시 일인독재의 부패정치를 하게 되지 않을까 하는 걱정이 생긴다.(신일철, 1960, 90~91쪽)

당시 여성계에서는 7·29총선에서 여성으로서 박순천만 당선된 것은 여성정치참여에 대한 불신의 분위기 확대에 있었다고 진단하였다. 4월혁명으로 인해 여성의 정치참여가 과거의 4분의 1 수준으로 후퇴한 것으로 보았다. 『조선일보』에서 마련한 좌담회에서 이태영은 "요즘 국민감정이 여성의 정치참여를 아주 꺼려하는 것 같아요. 이는 아마 돌아가신 '박마리아 여사'나 '마담 리'의 경우를 생각하여 반발을 느껴 여성의 정치참여에 국민감정이 염증을 일으킨 것이 아닌가 해요. 여성운동으로 볼 때 커다란 '디렘마'요 애로며 위기입니다"고 판단하였다. 그러면서 4·19혁명 후 여성들의 정치사회진출에 대해 "덮어놓고 여성이 고개를 못들도록 그 몽둥이로 후리치고 있어요"라며 안타까워했다.(『조선일보』 1960년 12월 21일자)

두 번째로는 여성의 허영과 사치가 정치 사회의 부패를 초래했다는 주장이었다.

일제의 폭정에 시달리던 우리는 다 같이 민주주의 자유를 외치면서 진의를 맛보고자 얼마나 애썼던가 그러나 일부 몰지각한 여성들은 민주주의 진의에 어긋나는 자유를 빙자하여 공공사회의 질서를 흐리게 하는 경향이 허다하였다. 자유니 여성동등권의 참 뜻을 잘못 인식하여 허영과 방종의 사치에만 눈이 뜨게 되었다. 가정의 기반은 한 여성의 역할이 좌우한다는 옛 말도 있듯이 여성들의 고귀한 본성을 잃는 것은 얼마나 위험한 일인가?

귀여운 자녀를 양육하고 집안일을 도맡아 할 주부들의 날뛰는 모양이란 가관이 아닐 수 없다. 허영에 눈이 어두워 극장이네 다방이네 하며 문화인 행세를 하는 가하면 대로를 횡행하면서 대성폭소하고 껌을 씹으며 희희낙락하는 모양은 한심한 일이다.

이러한 여성들의 현상은 그 자신뿐 아니라 사회에 미치는 영향이 막대하다고 본다. 그러한 허영을 버리고 헛된 운동 신경을 자극치 말고 자녀들의 교양에 조금이라도 보태어 더 좋은 선을 길러내고 악을 물리치는데 힘쓴다면 얼마나 명랑한 사회가 이루어질까? 하찮은 단돈 십환이라도 자녀들의 교육에 이용함이 그 얼마나 소중하랴 바늘 모아 황소 이룬다는 속언을 생각하여 헛된 허영심에 날 뛰지 말고 자중자각하여 착실한 가정주부로서의 직분을 다함이 우리 여성들의 갈 길이라 믿는다.(『조선일보』 1960년 6월 14일자)

나는 정말 집에 있는 여자의 사치를 비웃고 싶습니다. 나 개인이 편하고 호사를 하려면 반드시 다른 사람이 노력하고 울어야 하기 때문에 집에서 아내가 낭비하고 필요없는 사치를 하는 반면에 남편은 그만큼 노력해야 하고 무리하고 나아가서는 죄를 범하게 되는 것입니다. 그리고 남편이 실수를 하고 죄를 범하게 되는 또 하나 커다란 원인은 정신적으로 아내가 남편에게 등한할 때입니다.(『조선일보』 1960년 5월 24일자)

여성의 허영은 남성들을 우울하게 하고 양심까지도 버리게 하여 결국 남성들이 부정축재를 거리낌없이 하는 죄인으로 만들어 정치사회의 부패를 초래한다는 것이었다.(『조선일보』 1960년 7월 19일자)

세 번째로는 남편에 대해 아내이기보다는 감시자로서 어머니 역할에 소홀했기 때문에 국가의 위기가 초래했다고 주장했다.

물질적인 가사를 의논하는 것도 중요하지만 진실로 내조하는 아내는 아내이기 보다 남편의 어머니여야 합니다. 어머니로서 관용과 자비로 남편을 살펴야 합니다. 부정과 불의에 협조하고 어두운 골목에서 어둡게 숨어서 잘못을 저지르고 다니는 남편을 생각해 본다면 아내들의 무관심은 남편을 파멸시킬 수도 있는 것입니다.……남편의 사생활과 몸치닥거리만이 결코 내조가 아닙니다. 남편의 정신생활을 이해하여 따뜻한 가정 속에서 사회의 어느 모임이나 단체에서 구김없는 자기를 내세울 수 있도록 하는 것도 아내의 책임입니다.(『조선일보』 1960년 5월 24일자)

여성들이 남성들의 대외적 활동에 조언자적 역할의 부족은 자유당 실정의 원인의 하나가 된다고도 할 수 있으며 나아가서는 백성들로 하여금 압박과 독재의 도가니속으로 휘몰아 넣었다고도 할 수 있다. 왜 자유당 부인들은 옳은 조언자가 못 되었을까? 그들은 응당 사모님이란 호칭을 받아가며 사치와 화려 속에서 이집 저집에 무슨 파아티니 하여 고급 요리나 차려 놓고 관용차를 몰고 돌아다니는 것에만 분주하였으니 조언은 고사하고 남성들의 정치행동에는 방관을 하게 되었다.(박래원, 1960년, 94~97쪽)

이러한 분위기의 확산이 장면정권의 입장에서 여성 관료 기용에 대한 불신으로 이어졌다고 보아야 할 것이다. 오히려 여성계의 입장을 반영하기보다는 정치적인 당파를 더욱 중요시했던 것으로 보인다.(『조선일보』1960년 8월 25일자) 물론 이러한 요인에는 장면정권의 봉건적인 여성관도 작용했다.

예를 들어 1960년 8월 윤보선이 대통령으로 취임할 때 식장에 영부인인 공덕귀의 자리를 마련해 놓지 않았던 일도 있었다. 공덕귀는 이 일에 대해 회상하면서 그 날 "내가 식장에 나갔던가?"라는 의심이 들 정도로 영부인으로서 대우를 받지 못했다며 섭섭한 마음을 표현했다. 그녀는 그러한 공식석상에 나가 본 일이 없어서 스스로는 크게 개의치 않았지만, 여성을 무시하는 처사는 민주주의를 위해 싸워왔다는 사람들의 처신으로는 적합한 행동은 아니었다며 비난조로 말했다. 그리면서 제2공화국의 첫발을 내딛는 순간에 "이렇게 출범한 정부가 얼마나 가부장적일지는 보지 않아도 알 일이었다. 온 국민이 지켜보고 많은 외국인이 참석한 대통령 취임식장에서 소위 대통령 부인에 대한 처우는 이렇게 상식을 벗어나는 것이었다"며 장면정권을 비판하였다.(공덕귀, 1994, 115~116쪽)

이태영, 박순천의 관료 기용 거부, 전국에 군수를 임명할 때 각도에서 1군씩 여성에게 그 직임을 주겠다던 현석호 내무장관의 약속 불이행, 서울시 9개구의 청장과 수백의 동장들을 임명할 때도 여성들을 전혀 염두에 두지 않았던 사실, 더구나 말단공무원인 부녀국 부녀계장에도 과거 여자이던 것을 남자로 바꾸었으며 사범대학 부속 여고여교장 자리에도 남교장을 채용한 것 등에 대해 최은희는 분노하며 다음과 같은 글을 남겼다.

여성에게 있어서 장정권은 학실히 횡포요 독재다 해방 후 군정에서도 민주의원과 입법의원에 여성의원들을 진출시켰으며 필자 자신이 그 당시에 앞장서서 여학교교장(관선)을 여자로 하여 달라는 진정서를 「라캇트」 학무국장에게 제출하고 학무위원 7명을 역방한 결과 그 산파역에 성공한 일은 현문교장관 오천석씨와 이대 김활란 총장이 잘 기억할 것이요 서울시 학무국장 이승재씨에게 초등학교에도 여자교장을 발령하여 달라는 진정과 함께 곧 실행된 것이다. 이 여교장들이 모두 백 「퍼센트」의 능률을 올린 것은 더 말할 바 없고 깡패 기질이 농후한 남자 중고등학교장에 한하여는 여자교장을 배치하는 것이 효과적일 것이라는 논의가 식자간에 거듭 대두되었다는 것을 아는 이가 많을 것이다. 이승만 전대통령은 아무리 독재정권이라 하였지만 초대 상공장관 무임소장관 공보처장 감찰위원 등에 여성을 기용하였고 또 그들은 두드러진 업적을 나타내지 못하였다 할지라도 남성 동료들보다 열등한 일을 한 적이 없었으며 더구나 부정축재나 민족반역의 악덕행위를 한 일이 없었다. 그렇다면 장정권은 왜 과거 관계의 여성들이 큰 득죄나 한 것처럼 그 다지도 앵돌아져 버린단 말인가 (『조선일보』 1960년 11월 5일자)

또한 제2공화국에서는 여성들을 관료로 기용하지 않았을 뿐 아니라 경제적 논리를 주장하며 부녀국까지 폐지하고자 하였다. 제2공화국에서는 기구 개편을 하면서 소비경제를 조장할 뿐 사회행정에 있어 별다른 필요성을 느끼지 못한다는 이유로 몇 개의 정부기구를 통합 혹은 폐지시키고자 하였다. 그중에 보건사회부 산하 부녀국을 원호국과 합쳐 사회국이라는 새명목으로 바꾸고자 하였다. 이에 전국의 19개 여성단체에서는 다음과 같은 건의문을 정부 당국에 제출하였다.

一. 현보건사회부 기구 축소는 복지 사회국가 건설을 공약한 집권당의 국민에 대한 정책기관이었다.
一. 복지사회 실현은 여성의 힘이 절대 필요하다.
一. 여성이 행정면에 남성과 차별없이 참여함으로써 봉건적인 사회 인습을 타파할 수 있다.

一. 후진국 여성의 지위향상은 강력한 부녀행정기구의 확보로써 성취한다.
一. 부녀국 폐지안은 개성의 다양성을 존중시 하고 있는 현대 사회사조를 무시한 행위이며 한국여성의 사회 진출을 저해하는 악조건이 된다.

다행히 여성단체들의 항의로 인해 부녀국은 계속 존속할 수 있었지만 장면정권의 여성 정치 참여에 대한 부정적인 태도는 여성단체 관계자들을 돌아서게 하였다. 김활란은 5·16군사정변이 일어났을 때 사태를 어떻게 해석해야 할지를 고민하면서 다음과 같은 결론을 내렸다고 말했다.(김활란, 1965, 375쪽)

이제 구정치인들의 정치를 다 겪어본 셈이다. 자유당 정권 민주당정권의 실패를 직접 겪고 났다. 환멸과 비애만이 남겨졌다. 이제 누구를 기대할 수 있는 것이냐? 군대를 생각할 때, 우리나라의 군대는 6·25라는 전쟁으로 하어 급격하게 발전한 셈이다. 군내의 장성들이며 장교들은 거개가 해외로 드나들며 세련된 훈련을 받아왔고 지도력을 크게 길러왔다. 군대에는 그래도 양성된 지도력이 있을 것이니 믿어봄직한 일일 것이라고 생각을 했다.

이러한 결론을 내린 후 김활란은 구체적인 행동으로 들어갔다. 그녀는 유엔군 기관과 미국대사관 계층의 지도자들을 방문하여 군사정변의 지지를 주장했다. 김활란이 이렇게 주장했던 것은 군인들에 대한 신뢰가 매우 컸기 때문이었다. 그들을 가리켜 그녀는 '때묻지 않은 참신한 지도력'(김활란, 1965, 376쪽)이라고 표현하였다. 정변 발생 후 10일이 지난 다음 김활란은 미국의 협조를 구하기 위해 영락교회 한경직, 동아일보 최두선 등과 함께 친선사절단으로 파견되었다. 그녀는 미국 워싱턴과 뉴욕으로 가서 정계, 언론계, 교회와 사회단체를 찾아다니며 정변의 지지를 호소했다. 김활란은 이 일을 '매우 성공적'이었다고 평가하였다. 그녀는 귀국 후 박정희를 만났는데 그의 인상에 대해 "내가 처음 만난 박장군은 의지의 사람으로 보인 인상적인 인물이었다"고 설명하면서 완전한 지지자가 되었음을 밝혔다.(김활란, 1965, 377~379쪽) 그러나 군사정권은 11월 9일 군사정부 포고령 제6호에 의하여 정당·사회단체와 함께 여성단체도 모두 해체시켜버렸다. 그럼에도 불구하고 김활란은 군사정권을 끝까지 지지한다는 의사를 밝혔으며, 최은희도 군사정권의 '재건국민운동'에 긴급 동의한다는 의사를 표명하고 「여성문화재를 키우자」라는 글을 『동아일보』에 기고하였다.(『동아일보』1962년 1월 17일자) 최은희가 대표로 있던 여권실천운동자클럽도 군사포고령 제6호에 의해 해체되었다.(최은희, 1980, 307쪽) 그녀는 이후 국가재건최고회의 산하기구인 재건국민운동 중앙위원을 맡아 활동하였다.

군사정권은 1961년 6월 21일 혁명재판소 및 혁명검찰부 조직법을 공포한 후 일벌백계의 처벌주의를 앞세우며 구체제의 악을 척결한다는 명분을 가지고 활동을 개시했다. 깡패, 밀수자, 독직자, 부정부패자 등의 처벌을 앞세웠다. 이와 함께 구체제의 청산하지 못한 유물인 축첩제의 과감한 청산에 앞장섰으며, 성매매여성들의 일소를 위한 '윤락행위방지법'도 제정하였다. 이러한 군사정권의 지도력에 여성들은 지지를 보냈다. 여성계에서는 군사정권에 많은 기대를 걸었다. 그러나 군사정권은 가정에서 여성의 역할을 더욱 중요시하며 여권을 후퇴시켰다. 예를 들어 서구근대교육을 받고 여권을 강조했던 프란체스카나 박마리아가 아닌 현모양처의 이상형으로서 육영수를 이미지화하면서 박정희는 대중들의 지지를 획득해 냈다. 과거 일제강점기 때 지식인 여성들이 전쟁협력을 선택하면서 동원과 종속의 길을 열었던 것처럼(소현숙, 2006, 160~161쪽) 군사정권의 협력이 또 다른 동원과 종속의

길이라는 것을 여성계는 자각하지 못한 채 그 세계를 향하여 걸어갔
다.

5. 또 다른 종속의 길로 걸어간 여성들

지금까지 연구 결과를 정리하면 다음과 같다. 4월혁명 이후 여학생
들과 여성들은 신생활운동을 전개하였다. 이 신생활운동은 이승만 사
임 직후 학생들에 의해 전국적으로 전개된 국민계몽운동의 일환이었
다. 여학생들은 서울대 여학생회를 중심으로, 일반 여성들은 겨자씨
회를 중심으로 이 운동을 전개하였다.

그러나 신생활운동에 대해서는 구체적으로 무엇을 어떻게 전개해
야 할지에 대해서는 합의에 이르지 못하였다. 단지 국산품애용운동을
하자는 것이 가장 중요한 구호였다. 여성단체에서는 이와 달리 신생
활운동을 정치운동으로 확대시켰다. 7·29총선을 앞두고 전국의 여성
단체들이 YWC회관에 모여서 '축첩문제' 해결에 주안점을 두고 국민운
동을 전개시키고자 하였다. 궐기대회와 방송 출연 등으로 운동을 전
개하였다. 구호로 채택된 것이 '첩 둔 남편 나라 망친다', '아내 밟는
자 나라 밟는다', '억울한 가정 자손 망친다', '가정의 독재자 국가의 독
재자다', '썩은 가정 나라 썩힌다', '아부한 자 결사 배격', '아내 배반자
민주 배반자', '사치품은 백주강도', '특산애용은 경제 촉발' 등으로 결
정하였다.

축첩문제는 개화기 이후부터 여성문제와 관련해서 제기되어 온 문
제였다. 1945년 이후 축첩문제는 공창제와 더불어 국가건설을 위해서
는 사회적인 악으로 규정되었다. 그러나 여성들의 활동 결과 1953년
에는 간통쌍벌주의가 법제화되면서 축첩은 범죄로 규정되었다. 그럼

에도 여전히 여성들은 이 문제에서 자유롭지 못했다.

4월혁명 직후 여성들은 4월혁명 계승을 위해서 축첩 문제는 반드시 해결되어야 한다고 주장하였다. 당시 축첩 문제에 대한 사회적인 인식은 1950년대와 별반 다르지 않았다. 사회 구조적인 모순에서 보기보다는 첩은 망국의 원인이라는 주장에서부터 첩을 둔 남성의 심리와 첩이 되는 여성의 심리, 그리고 바람난 남편을 대처하는 법에 이르기까지 개인의 문제로서 보고 있었다. 여성연구원의 이정희만이 축첩문제로 인해 고통받는 여성을 위해서 강력한 법적인 조치가 취해져야 한다고 주장했다.

이러한 축첩 문제를 해결하기 위해 여성들은 여성들의 선거 참여를 강조하였다. 여성을 대변할 수 있는 많은 여성들과 남성들을 선출해야 한다는 것이었다. 그러나 당선된 여성은 민의원 박순천뿐이었다. 이에 여성단체에서는 이제 여성 관료 기용에 중점을 두었다. 축첩 문제를 해결할 수 있는 여성으로 박순천과 이태영을 추천하였다. 이외에 여성군수 등도 기용해 줄 것을 몇 차례에 걸쳐서 요구하였다. 그러나 이러한 여성단체의 요구는 수용되지 않았다. 이로 인해 장면정권과 여성계는 갈등 관계에 놓이게 된다. 장면정권에서 이러한 요구를 수용하지 않았던 것은 대한부인회를 비롯한 여성단체의 행보에 대한 불신, 여성의 허영과 사치로 인해 국가의 위기를 초래했다는 분위기의 확산 등에서 찾을 수 있다.

이에 여성들은 장면정권에 대해 큰 실망을 하고 5·16군사정변이 일어나자 적극적인 지지에 나섰다. 김활란은 정변을 합리화시키기 위해 유엔군기관과 미국대사관 측의 지도자들을 방문하고 미 사절단으로 파견되어 미국 워싱턴, 뉴욕으로 가서 정계, 언론계, 교회와 사회단체를 찾아다니며 정변의 지지를 호소했다. 최은희는 국가재건최고회의 산하 국민재건운동 중앙위원을 맡아 활동하였다. 그러나 여성계에 돌아온 것은 여성단체의 해산이었다. 군사정권은 가정에서 여성의 역할을 더욱 중요시하며 여권을 후퇴시켰다. 예를 들어 서구근대교육을 받고 여권을 강조했던 프란체스카나 박마리아가 아닌 현모양처의 이상형으로서 육영수를 이미지화하면서 박정희는 대중들의 지지를 얻어냈다. 과거 일제강점기 때 지식인 여성들이 전쟁협력을 선택하면서 동원과 종속의 길을 걸었던 것처럼 군사정권의 협력이 또 다른 여성의 동원과 종속의 길이라는 것을 자각하지 못한 채 여성계는 그 세계로 나아갔다. 보다 더 깊은 이해를 위해서는 1960년대와 1970년대 여성들이 정권과 어떤 관계를 가지면서 나아갔는지에 대해서도 살펴보아야겠지만 이러한 작업은 차후의 과제로 남긴다.

■ 참고문헌

30년사 편찬위원회, 1993 『한국어성단체협의회 30년사』, 한국어성단체협의회.
「화보」 『여원』, 1960년 7월호.
강상운, 1960 「생활도 전환기다」 『여원』 7월호.
강영수, 1960 「자주적인 선거권의 행사」 『여원』 8월호.
공덕귀, 1994 『나, 그들과 함께 있었네』, 여성신문사.
공제욱·노중기, 「농지개혁과 원조경제－1950년대 사회경제구조」 『한국사회변혁
　　　운동과 4월혁명』, 한길사.
권정순, 1960 「본처대 첩의 사랑다툼」 『여원』 10월호.
김활란, 1965 『그 빛속의 작은 생명』, 여원사.
박남수, 1960 「쎄컨드, 써어드의 취첩심리」 『여원』 10월호.
박래원, 1960 「국가융성과 여성의 힘」 『여원』 7월호.
박순천, 1960 「가장의 의견을 따르지 말라」 『여원』 8월호.
박승호, 1947 「입법의원 한모퉁이에서」 『새살림』 제1권 제5호.
박종화, 1960 「흥망에 얽힌 첩의 역사, 『여원』 10월.
소현숙, 2006 「'근대'에의 열망과 일상생활의 식민화」 『일상사로 보는 한국근현대

사』, 책과 함께.

숙명여자대학교오십년사 편찬위원회, 1989『숙대 50년사 : 숙명창학 82주년』, 숙
　　　명여자대학교.

신일철, 1960「그는 출마할 자격이 있는가」『여원』 8월호.

여성문제연구회 50년사 편찬위원회, 2002『여성문제연구회 50년사』, 여성문제연
　　　구회.

윤정란, 「4 · 19 관련 자료 현황」, 『한국독립운동사연구』 제25집, 2005년 12월호.

______, 「제2공화국의 여성정책과 성격」, 『한국민족운동사연구』 49, 2006년 12월호.

______, 「해방후 국가건설과정에서 우익 진영 여성들의 의회진출운동」, 『역사문
　　　화연구』 제24집, 2006년 6월호.

이임하, 2006「'광기에 찬' 여성들」『일상사로 보는 근현대사』, 책과 함께.

이정희, 「법률도 여성에겐 불공평」, 『여원』, 1960년 10월호.

이효재 · 정충량, 1969「여성단체활동에 관한 연구」『한국문화연구원논총』 제14집.

입법의원의회국, 1947년 1월 20일『남조선과도입법의원속기록』 16호, (경인문화
　　　사, 1999년 영인).

정충량, 1960「한국여성운동의 당면과제」『새벽』, 1월호.

좌담회, 1960「신생활운동의 선봉에 서서」『여원』 1960년 9월호.

주　미, 1960「첩이라는 이름의 여성, 『여원』 10월호.

최은희, 1980『여성전진 70년 – 초대 여기자의 회고』, 중앙출판인쇄주식회사.

학민사편집실 편, 1983『사월혁명자료집 4 · 19의 민중사』, 학민사.

한국부인회총본부, 『한국여성운동약사 : 1945~1963 인물 중심』 1.

『경향신문』, 『동아일보』, 『새가정』, 『조선일보』, 『한국일보』.

제3부

제1장 서양 근대혁명과 여성
혁명에 대한 추억과 미래 젠더혁명

이성숙

여성들이 의회청원서를 통해 그들의 생각과 요구를 주장한다는 것은 너무나 발칙하고 있을 수 없는 일로 여기고 있으나, 일찍이 그리스도께서는 이를 허락하는 은총을 베풀었다. 영국 정부와 교회는 여성들에게 종교적 탄압과 법적 처벌을 내렸듯이, 정부와 교회가 행하는 국가복지와 법적권리를 여성들에게도 당연히 제공해야 한다.

(*Women's Petitions to Parliament, 1642)*(Sheila Rowbotham, 1972, p.15에서 재인용)

1. 서론

여성사에서 서양 근대 정치혁명은 그렇게 매력적인 연구대상이 아니었다. 불확실하고 일그러진 반영들로 가득 찬 문헌들 때문이다. 기존 역사학의 왜곡과 편견의 장벽을 허물고 나면 여성들은 주체적으로 혁명에 참여하였고, 우리가 상상했던 것보다 훨씬 더 강했고, 어쩌면 행복했으리라 짐작된다. 서양 근대혁명들이 사유재산제도 확립을 위해 일부일처제를 강조하였고, 결과적으로 여성 섹슈얼리티를 규제하였지만(토니 클리프, 2008)[1] 여성들은 공화국의 어머니라는 모성을 통해 사회적 힘을 행사하였고,(박현숙, 2009) 혁명은 그동안 억제되어

---

[1] 여성 섹슈얼리티는 사유재산권의 일부로서 어떻게 작용하고 있는가를 설명하고 있다.

왔던 그녀들의 능력과 에너지를 발휘할 수 있는 축제의 장으로서 페미니즘을 만들어냈다.(Gisela Bock, 2001 ; Constance Rover, 1970 ; 필립 아리에스 · 조르쥬 뒤비, 2002, 72~79쪽)

페미니즘은 여성사의 여신 클리오(Clio)를 일깨웠을 뿐만 아니라 여성이라는 정체성을 강화시켰다. 혁명은 역사진보의 상징으로 '모든 인간'의 해방과 자유를 가져다줄 것이라고 선언했다. 따라서 혁명은 계급관계뿐만 아니라 무엇보다도 긍정적이든 부정적이든 젠더관계의 변화를 가져왔다.

혁명에 대한 이러한 인식은 서양이 그 전통의 원천이었음을 부정할 수 없는 사실이다. 세계의 모든 국가들은 근대를 건설하기 위해 서양의 혁명정신을 앞다투어 모방하거나 이어받고자 하였다. 서양의 혁명전통은 20세기가 되자 전 세계를 휩쓸었고, 이념적인 차원에서 차이가 있지만 러시아, 중국, 쿠바도 서양의 근대 혁명전통의 연장선상에서 이해할 수 있다.

그렇다면, 서양의 근대혁명 전통의 역사는 21세기의 한국여성에게 무엇을 가져다주었는가? 사실 어느 나라보다도 한국은 서양의 근대성을 따라 혁명전통을 이어받고자 노력하였다. 차원은 다르지만, 북한이 그러하였고, 남한의 4 · 19혁명 역시 서양의 혁명전통에 그 뿌리를 두고 있다. 19세기에는 유럽대륙을, 20세기에는 아시아대륙을 휩쓸고 간 서양 근대혁명 정신을 글로벌 여성사적 관점에서 새롭게 성찰할 필요가 있다. 따라서 한국여성은 서양 근대혁명에서 무엇을 추억해야 하며, 미래의 어떤 젠더혁명을 꿈꿀 수 있는가.

사실, 서양 근대혁명은 정치사에서 가장 매력적인 역사연구의 대상이었다. 모든 역사연구가 그러하듯이 지금까지 혁명연구는 상당히 젠더화되어 있음을 부정할 수 없는 사실이다. 서양의 자유 민주주의 정치제도의 우월성을 입증하거나 유물사관에 입각한 역사발전의 진행

방향을 입증하기 위한 역사적 사례로서 활용되어왔다. 혁명을 바라보는 시선에는 전통적으로 자유주의와 마르크스주의 해석이 주류를 이루어왔는데 이를 소위 정통주의 사관이라고도 한다. 이러한 관점은 혁명이 본질적으로 진보적이고 해방적이라는 관념을 강조하고 있다. 자유주의 해석 및 휘그적혁명 해석은 17세기 영국혁명과 18세기 미국혁명과 프랑스혁명에서 자유와 민주주의 정치제도가 파생되었다는 상당히 만족스러운 설명을 제공하고 있다.(에릭 홉스봄, 2009 ; 데이비드 파커 외, 2009) 마르크스주의 해석은 계급적, 사회 경제적 차원에서 17세기 영국혁명과 18세기 프랑스혁명을 부르주아 혁명이라고 명명한다. 혁명은 봉건적 속박으로부터 자본주의를 완전히 해방시켰고, 자유와 평등, 그리고 소유권은 근대 서양혁명의 핵심과제였다는 점에 양측이 모두 동의하고 있다.(로저 프라이스, 2001, 103쪽) 그러나 아주 최근에 이들 정통주의 혁명해석에 대한 수정주의 노선은 많은 역사가들로부터 각광을 받고 있다. 수정주의 해석에 따르면, 혁명의 주된 결과를 사회 경제적 변화가 아니라 구체제 정치문화의 좌절 및 그에 따른 새로운 정치문화의 형성으로 파악한다. 이러한 인식은 다양한 방식의 문화사적인 연구를 자극하게 되었다.

1970년대 후반 여성주의 역사가들은 "역사 속에 여성은 없다"며 여성의 눈으로 역사 다시 읽기를 주장하면서 혁명사 새로 읽기를 요구하였다.(Sheila Rowbotham, 1972) 초기 여성사는 혁명기 여성들의 남성성을 강조하고 여성혁명가의 활동을 서술하였다. 뒤이어, 소위 언어적 전환(Linguistic turn) 혹은 신문화사(New Cultural History)라는 새로운 역사서술 방법론 대두와 함께 역사분석의 틀로써 젠더개념이 등장하였다. 젠더개념은 1990년대 치열한 논쟁을 거쳐 여성사의 지평을 확대했다는 평가를 받고 있다. 젠더사는 기존의 여성사가 혁명기 미국여성의 활동과 혁명기여도를 저평가하고 있다고 주장하면서, 혁명의 여성성을 드러내고 미국여성들의 일상적인 삶과 경험이 혁명의 진행과정에 주요한 변수로 작용하였다는 것이다.(Joan Hoff, 1992, pp.9~37)

그러나 혁명이 여성의 삶에 특히 사회적 지위에 어떠한 영향을 미쳤는지에 대해서는 크게 서로 상반된 두 가지 견해로 나뉜다. 먼저 여성들은 혁명으로부터 얻은 것이 없으며, 혁명은 여성의 일상과 의식, 그리고 사회적 정치적 지위향상에 전혀 도움이 되지 못했으며, 혁명은 여성을 더욱더 사적인 영역으로 몰아넣었고, 일부일처제는 사유재산제도의 근거가 되어 여성 섹슈얼리티만을 규제하였고, 건강한 시민을 키우고 산업예비군을 지원하도록 그 임무가 부여된 공화국의 모성은 자본주의체제를 확립하는 데 기여하였다.(Sara E. Melzer and Leslie W. Rabine, 1992) 다른 하나는, 비록 성문법적으로 혹은 제도적으로 여성의 지위가 향상된 것은 아니지만, 여성의 혁명경험은 여성들로 하여금 이전 세상으로 되돌아갈 수 없게 만들었으며, 혁명경험으로 얻게 된 정치의식은 여성이라는 성 정체성과 공적인 정치활동의 중요성을 인식하게 만들었다는 것이다.(Joan Hoff, 1992)

대부분의 여성사가들이 동의하고 있듯이, 모성성 강조, 여성 섹슈얼리티 규제, 그리고 일부일처제 확립은 혁명의 숭고한 정신인 '개인의 자유와 평등'개념과 충돌하게 되었다. 이러한 충돌은 혁명기 여성의 정치적 활동에 대한 남성들의 조직적인 저항에서 비롯된 것이다. 개인의 자유와 평등원리는 젠더별, 영역별로 적용되거나 보류되었다. 혁명은 결과적으로 여성들로 하여금 사랑이라는 이름으로 살게 만들었고 가장 낡은 봉건적인 가족제도 속에 갇히게 만들었다. 족쇄를 채웠고, 자유와 평등의 혁명원리는 여성들로 하여금 길고도 지리한 투쟁으로 휘말리게 만들었다. 따라서 필자는 일련의 혁명들을 여성사의 진행 과정으로 설정하고자 한다. 혁명을 하나의 과정으로 파악하는 것은 무엇보다도 혁명기간 동안 여성들이 추구하였던 이상과 업적을 과소평가하기 위해서가 아니라 혁명에 대한 추억을 통해서 미래혁명을 꿈꾸기 위해서이다.

이 글에서 혁명기 여성들이 오랫동안 상상해왔던 권리와 행복, 그리고 자유의 개념을 어떻게 표현하였고, 어떠한 행위로 세상과 대화를 시도하였는지를 살펴보고자 한다. 혁명기 여성들의 정치적 행위에 대한 남성들의 반응에 대한 것이 아니라 여성에 의한, 여성을 위한 여성의 혁명에 관한 글이다. 그들은 자유와 형제애, 인간권리개념에 당연히 포함된 것으로 믿어 의심치 않았고, 17세기 영국혁명, 18세기 미국혁명과 프랑스혁명을 낡은 조건에서 벗어나 새로운 세상의 시작으로 상상하고 주체적으로 꿈꾸었던 여성들이다. 먼저 2장에서는 이브들의 분노와 희망의 축제행위를 다룬다. 이브들은 무엇을 꿈꾸며 어떻게 혁명에 가담하게 되었는가를 살펴본다. 이어 3장에서 사적행복과 공직자유를 외쳤던 그녀들에게 혁명은 무엇을 의미했으며, 무엇에 열광하고 좌절하였는지, 그리고 왜 그토록 전쟁과 폭력에 적극적이었는지를 이해하고자 한다. 그리고 4장은 페미니즘이 어떻게 탄생되었는지, 그리고 페미니즘의 역사적 역할을 살펴본다. 혁명기 여성개인의 권리와 자유, 그리고 이상적인 공동체를 지향하였던 과거여성들과의 대화는 미래 여성들과의 대화를 위한 준비이며, 아쉽게도 영국여성과 미국여성보다 프랑스여성들에 대한 대화가 많을 것이며, 이는 현실적으로 그들의 목소리가 많이 남아 있기 때문이다.

이 글의 주인공들은 보편적인 역사의 진보와 여성자유를 옹호하였으며 당대의 젠더질서에서 벗어난 주체적인 여성들이다. 그러나 혁명의 물결에 휩쓸려 반혁명을 위해 노력했던 17세기 영국혁명기 가족과 시댁가문을 지켜내기 위해 혁명군과 대치했던 왕당파 샬롯 스탠리, 운 나쁘게도 영국군을 지원했던 인디언 여성들과 왕당파 여성들과의 대화는 다음 과제로 남겨두고자 한다.

2. 분노와 희망의 축제

다른 어떤 혁명보다 프랑스혁명은 여성의 목소리를 가장 많이 들려주고 있다. 혁명기 여성참여자들은 두 부류로 나눌 수 있는데, 이름 없는 민중출신의 여성들과 소수의 특권층 출신의 지도층 여성들이다. 민중출신의 여성들은 거리의 시위와 식량폭동에서 주요한 행위자들이었고, 의회의 관람석이나 클럽에서 뜨개질을 하면서 큰 소리로 자신들의 요구를 주장하였다. 그들의 정치적 목소리와 행위는 혁명의 진행과정에 중요한 변수로 작용하였고, 혁명이 그토록 혁명적일 수 있었던 것은 그들의 혁명참여 덕분이다.

1789년 10월 5일 폭우가 쏟아지는 가운데 프랑스에서 가장 화려한 베르사이유 궁전으로 육천여 명의 민중 여성들과 여성지도자들이 함께 20킬로미터의 진흙탕 길을 붉은색과 흰색바지를 입고 손에는 창을 들고 "아이들에게 빵"을 요구하며 행진하고 있었다. "폐하, 남자들이 저희 일자리를 뺏지 않도록 하소서", "저희도 직업을 가지고 자식을 키울 수 있도록 직업의 자유와 권리를 주소서", "폐하, 빵을 주시요, 빵을, 사흘 전부터 파리에는 빵이 없습니다. 굶주린 자식들이 죽어 가고 있습니다."(카리 우트리요, 2000, 188~189쪽)

이 행진에 가장 열렬했던 여성은 작은 키에 미모의 당찬 테루아뉴 드 메리쿠르(Théroigne de Méricourt)였다. 폭우로 말미암아 몰골이 말이 아니었지만 그녀는 베르사이유로 행진하던 모든 여성들과 포옹하며, "예전에도 그랬듯이, 여성들도 남성들과 함께 통치하고 싸울 수 있으며, 우리의 부족한 힘은 용기와 담대함으로 보완될 수 있다"고 격려하였다. 이와 같이 혁명에 참여한 여성들은 훨씬 강했으며, 봉기를 일종의 축제로 승화시켰고, 그리고 행복했던 것으로 보인다. 혁명을 축제로 즐겼던 여성들로 말미암아 서양의 새로운 근대 혁명의 역사는

시작되었다.(카리 우트리요, 2000, 188~189쪽)

여성들은 혁명이 남성들 못지않게 여성들의 몫이기도 하다고 믿었다. 사실, 서양사회에서 시장과 거리에서 여성들의 집단적인 목소리와 행동은 전근대부터 전해져 내려온 하나의 전통으로 자리 잡고 있었다. 봉건영주에 저항하기 위한 농촌봉기에서도 그러했고, 도시의 식량폭동에서도 여성들의 역할은 결정적이었다. "우리가 앞장서면, 남자들이 따라올 것"이라고 확신했다. 여성들의 집단행동은 혁명의 행로를 바꾸거나 혁명을 혁명답게 만드는 데 중요한 변수로 작용하였다.(조르주 뒤비, 1998~1999, 43쪽)

1789년 7월 14일 이후 3주 이내에 프랑스 농촌봉건제의 사회구조와 왕정 프랑스 국가기구가 해체되었던 것은 바로 여성들의 집단행동 때문이었다. 중간계급과 귀족계급은 이제는 더 이상 회피할 수 없게 된 사태를 즉각적으로 받아들였다. 8월 말이 되지 혁명은 공식적인 선언, 즉 "인간 및 시민의 권리" 선언을 할 수밖에 없었다. 반대로 국왕은 어리석세도 계속 저항을 했으며, 국민의회와 국민방위군은 봉건제의 완전한 폐지를 머뭇거리고 있었다. 이때 여성들이, 베르사이유 궁전으로 향했고, 루이 16세 국왕과 마리 앙트와네트 왕비를 파리 튈르리 궁전으로 끌고 와 유폐시켰다. 귀족과 장교들은 줄지어 외국으로 망명하였다.

이와 같이 여성들의 집단행동은 혁명의 화약고에 불을 당겼다. 여성의 '협력과 도움'이 없었다면, 프랑스혁명이 그토록 혁명적이지는 않았을 것이라는 당대인의 논평대로 여성의 참여는 단순한 봉기에서 정치적 혁명으로 바꾸었다. 여성들의 거침없는 행동과 목소리는 소심한 남성들을 용감한 혁명투사로 만들었고, 비겁한 민중들을 정치의식을 지닌 혁명군으로 바꾸었다.(조르주 뒤비, 1998~1999, 43쪽) 지역에 따라 차이가 있지만, 봉기에서 군중을 선동하고 혁명의 활기를 불어 넣는 일은 분명 여성들의 역할이었으며, 이것은 혁명과정의 주요 요소였다. 혁명이 정상의 궤도에 오르면 혁명결사체들이 조직되고, 그 조직들이 무기를 배분하는 과정에서 그리고 정보 제공 과정에서 여성들은 배제되었고, 혁명정부의 정치조직에서 여성들은 완전히 밀려났다. 혁명을 향한 봉기가 막 일어나려는 단계에서는 남성들의 조직은 취약하지만, 여성의 참여로 봉기가 활기를 띠게 되면 남성들은 정치기구를 조직하였고 그들의 권력과 권위는 여성들을 배제함으로써 강화되었다. 이같이 불행한 결과는 여성지도자들이 새로운 사회질서 확립을 위한 완전한 청사진을 준비하지 못했기 때문이라고 한다.(Olwen H. Hufto, 1999)

혁명은 전쟁과 폭력을 늘 동반하였는데, 여성들은 전쟁과 폭력에도 적극적으로 참여하였다. 전쟁과 폭력은 남성적이고 남자다운 강건함과 개인의 용맹함을 시험하는 결정적인 수단이며, 남성성을 실현하는 장으로 간주되어왔다. 따라서 이에 대한 기록은 대부분 상당히, 그리고 전적으로 젠더화되어 있음을 알 수 있다. 반혁명에 대한 불안으로 프랑스 국민공회는 반혁명주의자나 왕당파 심지어 혁명동지들까지 단두대로 보냈다. 이 시기의 혁명의 총아 막시밀리앙 로베스피에르와 장 폴 마라가 있었다. 특히 장 폴 마라는 당시 가장 인기 있었던 혁명매체 『인민의 벗』을 통해 "조국이 반혁명 음모로 위기에 처해 있다"고 외쳤다. 1792년 9월 25일 마라는 "나의 목소리를 따르는 인민들이여! 그대들 자신을 혁명의 배신자들을 제거하는 독재자로 임명하여 조국을 구하라!"며 인민들을 선동하였다.

마라의 선동이 혁명정신을 분열시키고, 혁명을 위기로 몰아가고 있다고 판단한 한 여성이 있었다. 그 여성은 바로 프랑스혁명기 폭력의 대명사로 알려진 샤를로트 코르데였다.

노르망디 출신의 젊은 여성 코르데는 1793년 7월 13일 저녁 마라를 방문하였다. 코르데는 지롱드 당 소속 인사들의 반혁명봉기 음모에 관해 신고하러 왔다고 했다. 마라는 피부병 때문에 자신의 욕조 안에서 모든 업무를 처리하고 있었다. 마라는 코르데가 부르는 반혁명주의자들의 이름을 들으며 받아 적었고 진지하게 대화하기 시작했다. 그 집에 있던 마라의 동료와 친구들은 자리를 피해주었고, 두 사람의 대화는 계속되었다. 둘만 있게 되자 코르데는 스카프 속에 숨겨온 칼로 마라의 가슴을 깊이 찔렀다.

코르데는 "인민을 살인자로 만들었으며, 공화국을 위기로 몰아넣었고", "나는 수천 명의 인명을 구하기 위해서 마라 한 사람을 죽였다"며 자신의 폭력행위를 정당화하였다. 코르데는 자신을 늘 공화국의 시민으로 인식하였고, 공화국 영광을 위해 루이 16세를 살려두어야 한다고 주장하였으며, 국왕 사형은 곧 공화국을 위기에 빠트릴 것이라고 경고까지 하였다. 기대와 달리 마라는 혁명의 순교지기 되어 파리 곳곳에 조각상이 세워졌다.

코르데의 시신은 부검 전시되었다. 공안위원회는 "지적 능력이 부족한 여성이 어떻게 혼자서 혁명영웅 남성을 살해할 수 있는가, 분명히 배후에 지적인 남성이 조종했을 것"이라고 추정하였고, 의사들은 남성정액을 찾느라 자궁을 난도질하였다. 코르데는 분명한 여성이었으며, 순결한 처녀로 밝혀졌다. 코르데는 자신의 살인행위를 공화국의 자유와 미래를 위한 것이라는 유언으로 자신의 폭력을 합리화하였다. "프랑스여, 그대의 평화는 전적으로 법의 유지에 달려 있다. 나는 마라를 살해하지만 법을 위반한 것이 아니다. 그는 이미 세상으로부터 유죄평결을 받았기 때문이다…… 나의 조국이여, 그대에 대한 나의 연민으로 내 심장이 찢어지고 있다. 그대를 위해 목숨을 바칠 수 있게 되어 하늘에 감사한다"(Ian Germani, 1992)는 유서에서 볼 수 있듯이 여성들도 살인과 폭력을 통해서 여성들의 정치적 욕망을 표현하였고, 정치적 성취감을 맛보기도 하였다. 혁명은 오랫동안 억눌러왔던 여성들의 정치적 욕망과 야성을 행동으로 드러낼 수 있는 하나의 장으로서 여성들에게 제공되었다.

코르데의 살인을 사악한 '이브의 살인'으로 인식하였고, 평소에 여성들의 정치활동을 반대하였던 모든 노선의 남성들은 1793년 10월 30일 여성들의 정치참여 금지를 선언했다. "여성들은 정치적 권리를 행사할 수 있는 신체적 능력도 부족하지만, 무엇보다도 윤리와 도덕성이 결여되어 있기 때문에 정부는 더 이상 여성들이 정부 일에 개입하는 것을 금지시켜야 하며, 결코 가정에서 벗어나서는 안 될 존재"들이라고 규정하였다. 또한 바지르(Basire)는 여성정치단체와 여성협회들이 공화국을 위기에 빠뜨리고 있기 때문에 여성들의 모든 정치활동을 금지시켜야 한다고 강조하였다.

이와 같이, 남성들은 여성들의 살인과 폭력에 공포와 두려움을 감추지 못했고 "공화주의 여성혁명단"을 비롯한 모든 여성단체 해체를 명령하였다. 혁명의 여전사 테루아뉴는 튈르리 정원에서 폭도들에 의해 발가벗겨지고 돌로 머리를 심하게 얻어맞았다. 그 후 그녀는 정신이상으로 여생을 정신병원에서 보내야만 했다. 공적영역의 여성은 모두 살인자 혹은 공화국을 위험에 빠트릴 잠재적인 범죄자로 규정되었고, 사적영역에서도 남성가장의 철저한 지배를 받아야 한다는 반여성담론들이 이때부터 쏟아지기 시작했다. 여성지도자들은 대대적으로 단두대로 보내졌다. 1793년 혁명의 여신이며, 여성혁명가들의 지도자 제안느 마농 롤랑을 잡아들여 단두대로 보냈다. 롤랑은 기요틴에서 "오 자유여, 너의 이름으로 얼마나 많은 폭력과 범죄들이 행해지고 있는지!"라며 탄식하였다.(카리 우트리, 2000, 197~198쪽)

폭력과 살인과 마찬가지로 일부 여성들은 전쟁 역시 공화국의 자유를 지키기 위한 어쩔 수 없는 과정으로 보았다. 여성들의 전쟁참여는 애국적인 행위의 표현이었고, 여성들의 능력을 입증할 수 있는 기회로 인식되었다. 전쟁은 전제적인 폭력에 대항하기 위한 불가피한 폭력으로 보였던 것이다. 다수의 미국여성들은 국산품애용이라는 개인의 차원에서 이루어졌고, 17세기 영국여성은 왕당파 군인들에게 돌과 벽돌을 던지는 수준이었고, 프랑스여성들은 소총과 무기로 대항하였다.(Keith Thomas, 1958 ; George Rude, 1968) 1792년 4월 20일 프랑스 입법의회는 유럽의 열강들과 전쟁을 선포하였다. 전쟁이 시작되면서 군사적 상황은 급격히 악화되었고, 7월에 입법의회는 귀족출신의 장교들이 줄지어 망명하는 바람에 공화국의 국방은 어쩔 수 없이 무방비 상태에 놓여 있었다. 혁명정부는 "조국이 위험에 빠졌다"라는 선언으로 전시동원을 선동하였다. 프로이센 군대가 동부 국경을 유린하고 있다는 소식이 전해지고, 반혁명 음모에 대한 공포가 커지면서 8월에 여성들은 튈르리 궁을 불 지르고 스위스 근위대 600명을 살해하였다. 9월이 되면서 테루아뉴는 여전사들로 구성된 남장애국군 부대를 구성하여 참전하였다. 테루아뉴의 여전사 부대는 선선에서 축제기간에 즐겨 췄던 전쟁과 자유를 위한 춤을 추기도 하였다. 프랑스 남부지역 마르세이유지역의 700여 명의 의용군은 파리로 향했으며, 이때 그들이 불렀던 노래가 오늘날 프랑스 국가 "라 마르세예즈"이다. 의용군은 국경의 전투지역으로 향했고, 프로이센과 오스트리아 연합군을 발미에서 격퇴했다. 프로이센 군대의 참모로 참전하였던 괴테는 훗날 회고록에서 "1792년 10월 20일 발미전투에서 프랑스의 승리는 세계사의 새로운 시작이었다"고 기술하고 있다.

비록 전문적인 군사훈련과 의용군 및 국민방위군 입대는 공식적으로 차단되어 있었지만, 일부 여성들은 남장을 하고 전투부대에 참전했다. 특히 미국여성들의 경우 후방작전활동과 게릴라 전투에 많이 참가했음을 보여주고 있다. 미국여성들은 혁명전쟁 동안 군대 필수품을 조달하는 데 중대한 역할을 했다. 전방에서 수천 명의 여성들은 군 부대를 따라다니면서, 군인들을 위해 식량을 보급하거나 음식을 조달하거나 군복을 만들었다.(박현숙, 2009, 57~58쪽)

여성들은 위험을 무릅쓰고 아군에게 정보를 알려주기 위해 멀리 떨어져 있는 독립군의 군사진영까지 어두운 밤을 이용해 걸어가기도 했다. 독립전쟁 동안 미국여성들은 영국군 점령하에서 영국군 비밀군사 작전이라든가 여러 가지 정보를 빼내 독립군에 필사적으로 알렸다. 여성들의 정보활동은 전쟁 승리에 결정적 역할이 되었다. 독립전쟁 동안 여성들은 여성이었기 때문에 영국군에 쉽게 접근할 수도 있었다. 현지에서 물품을 조달해야만 했던 영국군은 많은 여성들의 노동이 필요했고, 여성들은 그들의 성을 이용하여 영국군을 위해 간호사, 요리사, 세탁부로서 활동하는 척하였다. 여성들의 영국군에서의 지원 활동은 비밀군사 정보를 빼내는 데 유리하였으며, 이러한 스파이활동은 젠더가 유용한 도구로 작용하였다.(박현숙, 2009)

영국의 한 평론가는 미국혁명 당시 영국이 패배한 이유를 "여성을 우유부단하고, 연약하다고 여기는 잘못된 관습" 때문이라고 평가하였다.(사라 에번스, 1998, 82~83쪽) 메리 울스턴크래프트가 말했듯이, 인류가 시작된 이래 여성이 우유부단하거나 연약했다면, 인류의 역사와 문화는 오늘에 이르기 오래전에 멸종하였을 것이며, 여성을 연약하고 생각 없는 어린애로 취급하는 것은 여성에 대한 남성 지배권을 확보하기 위한 단순한 가부장적 담론에 불과하다. 여성들은 여러 가지 복잡한 이유로 예를 들어, 가족의 안녕과 생존, 자신의 정치적 활동의 성취를 위해 전쟁과 폭력에 적극적으로 가담하였다.(Carol Berkin, 2005)

1776년 에드먼드 버크는 의회에서 "아메리카 대륙이 아직도 정복되지 않았다"며 웨스트민스터에서 분개했다. "단 한 명의 여성이 아메리카 대륙군 10만의 남자군인들이 이룩하지 못했던 것을 이룩해냈다"

그는 무명의 여성이 뉴욕 시의 대화재를 일으킴으로써 진군하고 있던 영국군의 진군 속도를 늦추었다고 평가하였다.(사라 에번스, 1998, 82~83쪽)

　　이런 '가냘픈 존재'는 뉴욕을 잿더미로 만들겠다는 분노, 희망, 결의 그리고 가장 고귀한 영웅주의 모든 요소들을 간직한 채 체포되었다. 그녀는 법정에 끌려 나와 사형선고를 받을 것이라는 사실을 알고는 방화목적을 묻는 말에 "뉴욕시를 불태우기 위해"라며 조국이 요구하는 것을 실행하였을 뿐이라고 대답하였다. 그녀는 밧줄에 묶여 화형에 처해졌다.(사라 에번스, 1998, 82~83쪽)

여성들의 참전과 투쟁은 혁명전쟁이 얼마나 절대적이며, 절박한 상황에 놓여 있는지를 정치적으로 선동하는 데 효과적이었다. 다시 말해, '상황이 얼마나 절박하면, 가련하고 여린 여성들까지도 싸우고 있겠는가, 절박한 위기를 강조하는 데 안성맞춤이었다. 통상적인 기대수준을 넘어 발휘되는 여성의 대담한 투쟁은 혁명을 훨씬 혁명스럽게 만들었다.(조르주 뒤비, 1998~1999, 42~43쪽) 하지만 프랑스혁명에서 보여주듯이, 여성의 무자비한 폭력은 여성의 공적인 활동과 정치참여를 배제하는 데 유용한 반여성 담론을 생산하는 데 기여하기도 하였다. 여성의 공적인 자유와 정치적 권리를 위한 투쟁은 버크와 같은 보수주의자에게는 문명의 진보를 후퇴시키는 것으로 보았고, 고독하고 성적으로 무기력한 사드(sadist)주의 지식인 남성들에게는 여성의 성적 욕망의 공포스런 분출로 보았다.

　그러나 우리가 보았듯이, 특정한 시기에 여성들의 공적인 참여가 기존의 남성들의 조직적인 권력과 권위를 약화시킨 것이 아니라 이미 붕괴되었다는 것을 의미한다. 그래서 기존의 질서가 쇠퇴해가거나 새로운 질서가 확립되기 직전에 여성들의 공식적인 활동이 두드러진다.

이러한 시대적 상황을 간과한 채 기존의 여성혐오주의 역사가나 정치 평론가들은 여성의 공적활동을 가리켜 사회를 더욱 혼란스럽게 만들거나 사악한 음모의 상징으로 평가하고 있다. 혁명기 여성의 두드러진 참여는 기존의 정치적 제도가 몰락하고 있다는 상징이며, 새로운 질서가 아직 확립되지 못한 상황을 잘 보여주는 사례이기도 하다. 구질서가 무너지고 새로운 질서가 확립되기 전 그 짧은 변혁의 시기는 여성들의 지적·신체적 능력을 발휘할 수 있는 장이기도 하였다.(조르주 뒤비, 1998~1999) 따라서 혁명에 참여하였던 여성들은 훨씬 이성적이었으며, 육체적·정신적으로 강했고 능력을 맘껏 발휘하고 새로운 시대를 꿈꾸며 참 행복한 삶을 살아냈던 것으로 짐작된다.

3. 사적행복과 공적자유

여성에게 혁명은 무엇을 의미하는가? 기존의 혁명연구에서 정의된 혁명의 의미와 어떻게 다른가? 혁명연구의 고전으로 알려진 한나 아렌트의 『혁명론』에 따르면, '혁명'이라는 용어는 17세기 영국 청교도혁명이 끝난 직후 처음으로 나타났다. 1646년 크롬웰이 공화정을 확립했을 때가 아니라 왕정이 복고되었던 1660년에 혁명이라는 용어가 사용되었다는 것은 역설적이게도 혁명은 과거에 인정되었던 군주권력의 정당성과 그 영광의 '복구'를 의미하였다. 왕정복구는 신의 축복으로 되찾은 '자유'이며 '혁명'으로 이해되었다. 왕정복구 이후 절대왕정이 영국 인민의 기본권을 훼손하고 전통적인 헌법을 파괴하자 이때 혁명가들은 1646년의 크롬웰 체제를 약간 복구한다는 의미에서 1688년 의회중심의 입헌군주제를 명예'혁명'이라고 불렀다. 18세기에 미국혁명과 프랑스혁명은 적어도 초기에서는 절대군정 또는 식민정부의 권력남용이 자연의 질서를 파괴하고, 개인의 권리를 침해하고 있기 때문에 고대 로마 시대의 공화정 질서를 복원한다는 의미에서 혁명이라고 불렀다.

과거 영광의 복원을 꿈꾸며 프랑스혁명의 대표적인 여전사 클레르 라콩브(Claire Lacombe)는 1792년 7월 25일 입법의회에 출석하여 로마여성의 용기를 갖고 태어났다고 자신을 소개하고, 로마의 폭군이 몰락했듯이, 프랑스 폭군들을 파멸시키는 데 로마여성들이 그랬듯이 자신의 삶을 바칠 것이라고 선언하기도 하였다.

> 최후의 폭군까지 절멸시키자! 음모자들이여, 네로(Nero)와 칼리굴라(Caligula)의 비열한 노예들이여, 나는 너희 모두를 전멸시킬 수 있다.(이세희, 2008, 63쪽에서 재인용)

라콩브는 자신의 혁명적 행위를 고대 로마여성의 미덕과 용기를 불려받은 것으로 믿었고, 의회중심의 공화정 복고는 로마의 원로원 중심의 공화정 제도의 복고를 의미했으며, 혁명가들은 고대 로마시대의 부루투스와 카토를 공화정을 지키려 했던 영웅적인 인물로 평가했다. 그러나 혁명이 진행되는 과정에서 복고의 의미가 상실하게 되고 혁명은 완전히 새로운 시작을 의미하였다.(한나 아렌트, 2004, 116~117쪽) 여성들은 혁명이 진행되는 과정에서 자신들이 의식적으로 행하는 행위가 젠더 불평등을 일소하고 새로운 세상을 만들어갈 수 있으리라 확신하였던 것 같다.

혁명발발 초기에는 사적인 경제적 행복, 빈곤탈피가 주요한 동기였다. 다시 말해 경제적인 목적과 가족의 안전을 위해서 참여하였던 것이다. 사적인 행복을 추구하기 위해 자유가 절대적으로 선행되어야 함을 혁명진행 과정에서 깨닫게 되었다.(한나 아렌트, 2004, 135~137쪽)[2]

1642년 영국여성들은 국가와 교회의 갈등과 위기, 종교적 자유, 경제적 위기와 혜택 등 모든 문제들을 함께 공유할 것을 천명하였다.(J. O'Faolain and L Martines, 1973, pp.266~267) 17세기 영국혁명기 여성들은 십일조 폐지, 설교권, 그리고 전도권을 요구하였다. 다른 종파임에도 불구하고 모든 수입의 10분의 1을 영국국교회에 바쳐야 하는 십일조 폐지는 경제적 해방을 의미했으며, 교회에서 설교할 수 있는 권리는 종교적 자유와 표현의 자유를 의미했다. 신비로운 하나님의 은총과 복음을 전할 수 있는 여성 전도권은 이동과 인신의 자유를 의미했다. 이를 이룩하기 위해 구체적인 실천은 바로 조직적인 시민불복종 운동이었다.(Marcus Nevitt, 2006, p.150) 일반 대중들에게 십일조납부거부운동의 당위성을 알리기 위해 캐더린 치들리(Katherine Chidley), 엘리자베스 풀(Elizabeth Poole), 메리 포퍼(Mary Pope), 그리고 다수의 퀘이커 여성들은 1640~1660년까지 다양한 종류의 팸플릿을 제작 · 배포하였다. 팸플릿은 자신의 요구와 주장을 대중들에게 알리거나 다른 여성들과 소통하는 데 유용하였으며, 17세기 영국혁명기 여성들의 정치활동을 잘 드러내고 있다. 그들에게 인간의 최고의 가치는 종교 공동체의 결정에 따라 사는 것이며, 실로 자유로운 삶이라고 믿었고, 공동체의 삶에 적극적인 참여를 통해서 평등한 구성원으로 사는 것은 자연 상태에서 자기 몫을 더 챙기려는 야수성에서 벗어나, 자유로운 인간이 된다고 믿었다. 이러한 자유를 보장받는 것은 종교의 자유와 공화국 확립이었다. 프랑스여성은 빵을 구하기 위해 직업의 필요성을 요구했으며, 경제적 평등을 획득하기 위해 공적영역으로의 진출자유가 선행되어야 함을 인식하였다. 이에 따라, 혁명은 여성들에게 공적 진출을 위한 자유와 권리를 의미했고, 여성들에게 공적인 영역은 바로 빛의 공간이었다.(Marcus Nevitt, 2006, p.150)

---

2) 위의 책, 135~137쪽.

　영국여성과 프랑스여성들의 혁명활동은 친목도모 활동에서 발전되기도 하였다. 교회를 중심으로 이루어졌던 친목활동은 여성들 간의 돈독한 유대 및 연대의 기반이 되었다. 대부분의 여성사가들이 동의하고 있듯이, 교회활동은 이방인과 남성들이 끼어들 수 없는 여성들만의 세계였다. 교회공동체의 최고 중심인물은 교구성직자였고, 그들을 보호하기 위해 영국여성들은 종교의 자유를 외쳤고, 프랑스여성들은 "성직자 민사기본법, 1790. 10."을 반대하였다.

　1789년 10월부터 국민의회는 경제적 어려움을 해결하기 위해 교회 재산과 귀족의 토지를 몰수하였다. 특히 정부는 교회 재편작업에 착수했는데, 인권선언에 보장된 종교의 자유와 가톨릭교회의 독립성을 위협하였던 것이다. '성직자 민사기본법'은 도의 선거인단이 성직자를 선출하고, 교회는 국가에 종속되어야 하며, 성직자는 국가의 공무원이 된다는 내용을 담고 있었다. 국가에 대한 충성맹세를 거부히였던 성직자들은 추방되었고, 이들에 대한 탄압은 종교에 대한 탄압으로 인식되었다. 90% 이상이 가톨릭교도인 프랑스여성들은 자신들과 늘 가까이 지내왔던 교구 신부와 성직자들을 보호하기 시작했다. 여성들의 성직자 보호운동은 혁명과 공화국에 대한 저항으로 보였다. 여성들은 선서거부 교구신부들을 숨겨주거나 종교의 자유라는 이름으로 혁명위원회 사무실로 쳐들어가 소동을 일으켰다. 저녁 식사 후 다함께 모여 로사리오 기도회를 갖거나 팸플릿을 통해 "우리 정부가 종교의 자유를 탄압하고 있으며, 우리 정부만큼 독재적인 정부는 없을 것"이라며 혁명정부의 가톨릭 정책을 완강히 거부하였다. 프랑스 농촌지역의 여성들에게 가톨릭교회는 유일하게 허락된 공적인 활동공간이었으며, 정신적 안식처이기도 하였다. 1795년 여성클럽과 5명 이상의 여성모임 금지명령이 내려졌음에도 여성들은 지방정부 기관으로 쳐들어가 인권선언의 깃발을 펄럭이며 종교의 자유를 외쳤다.(로저 프

라이스, 2001, 147~150쪽)

　이러한 행동은 당시로서는 그야말로 혁신적이었다. 전통적으로 여성들의 공적인 공간인 교회가 위협을 받게 되자 프랑스여성들이 노골적으로 저항하는 것은 어찌 보면 당연한 저항이었다. 프랑스여성들의 교구성직자 보호활동에 대해 일부 역사가들은 프랑스혁명의 실패를 가져왔고, 프랑스혁명의 실패는 바로 이들 어리석은 여편네들 때문이라고 주장해왔다. 여성들이 혁명을 배신했기 때문에 혁명이 위기에 빠졌다는 것이다. 그 후 프랑스의 일련의 공화국들은 가톨릭교회와 여성들을 공화국의 잠재적인 위험집단으로 규정하고 여성들에게 1946년까지 여성참정권을 거부하였다. 사실 여성들에게 참정권을 제공하였던 것은 공산주의세력이 확산되자 정치적 위기를 극복하기 위한 제4공화국의 정치적 전략이었다. 최근 지젤라 복은 프랑스혁명이 실패했다면, 일찍이 올림프 드 구즈가 폭로했듯이 혁명이 여성을 배신했기 때문이며, 여성과 종교의 관계를 이해하지 못한 결과이며 여성에 대해 무지했기 때문이라고 평가하고 있다.(Gisela Bock, 2002, p.33 ; 조앤 스콧, 2006, 33~60쪽) 따라서 여성들은 혁명을 통해서 공적영역에서의 활동을 보존 확대하고자 하였음을 보여주고 있다.

　혁명에 가담했던 여성들의 연령은 자녀양육에서 다소 자유로운 미혼여성이거나 50이 넘은 여성들이 많았던 것으로 보인다.(조르주 뒤비, 1998~1999, 50쪽) 이 사이의 여성은 가족의 굴레에서 다소 자유로웠다는 것을 의미한다. 영국 청교도 혁명 이후 청교도주의자들이 종교의 자유를 찾아 신대륙으로 이동하였듯이, 자유로이 전도 여행을 떠나는 여성들이 많았고, 여성의 나이 50은 성의 경계와 가족의 속박에서 해방되는 연령이었고, 해방은 실제로 자유의 선행조건이다. 여성에게 나이가 든다는 것은 자유와 해방을 의미하였고, 남성들이 누리고 있는 것만큼의 권리와 자유를 향유할 수 있다고 믿었던 것 같다.

피셔와 같은 영국혁명기 여성들은 미국, 터키 등 자유로이 여행하며 전도와 설교활동을 하였다. 따라서 여성에게 혁명은 공적자유와 정치활동의 장이었다. 구즈가 매력적인 문구로 표현하였듯이, 공적자유는 통치업무에 참여자가 되는 것을 의미하였다. 여성자유는 공적영역에 접근하는 권리이며, 공권력을 공유하는 것이었다. 따라서 해방을 넘어 진정한 자유를 확립하고자 하는 과정을 혁명이라고 불렀다.(조앤 스콧, 2006, 33~60쪽)

혁명이 진행되면서 색상의 상징을 통하여 여성 자신들의 혁명참여 의지와 정치적 정체성을 남성들과 공유하고자 하였다. 영국여성들은 공적영역에서 공권력 공유의 한 형태로써 부활과 새로운 생명을 상징하는 짙은 초록색 스카프를 하고 다녔다. 여성들은 교회에서 다함께 모여 초록색 스카프를 만들어, 혁명동지들에게 나누어 주거나, 스카프는 혁명동시애를 강화시키는 역할을 하였다. 프랑스여성들은 자유로운 시민의 상징으로 삼색 프리지어 모자를 쓰고 다녔으며, 그 유명한 삼색모자는 공화국 시민의 상징이었다. 초록색 스카프와 프리지어는 여성의 공적자유의 상징이며, 혁명의 공감대를 만들어 가는 정치활동으로 인식되었고 공권력 공유의 상징이었다. 이러한 상징적 표현을 통해 여성들은 자신들이 공동체 전체의 일부로서 자유와 경제적 평등의 보편적인 이익을 위해 혁명에 동참한다는 의지를 드러냈다.(Alison Plowden, 2004, pp.56~58)

한편, 혁명이 진행되면서 '개인으로서 여성자유'라는 개념이 확산되었다. 자유로운 개인이라는 개념은 아내와 어머니이기 이전에 공화국의 시민으로서의 인식이다. 특히 프랑스여성에게 자유는 이혼의 권리를 의미하기도 했다. 왕을 사형시키고 공화정을 선포한 해 1792년 9월 22일 공화정 원년으로 삼아, 구체제의 흔적을 지우고 완전히 새로운 시대를 의미했듯이, 1792년 이혼법은 프랑스여성들에게 결혼의 압제로부터 해방과 자유를 의미했고 새로운 세상을 의미했다. 프랑스 역사상 이혼의 권리는 혁명기에 처음으로 도입되었다.(필립 아리에스·조르쥬 뒤비, 2002, 72~76쪽)

이혼법의 목적은 불행한 부부의 족쇄를 풀어주는 것이었다. 불행한 결혼에서 벗어나고자 이혼을 청구하는 여성은 남성들보다 압도적으로 많았다. 1792년 이혼법은 인류 역사가 생겨난 이래 가장 진보적인 것으로서 여성을 해방시키는 중요한 수단으로 인식되었다. 이혼사유의 성립은 다음과 같다. 1) 정신이상, 2) 범법행위로 수감된 자, 3) 배우자 중 어느 한쪽이 가혹행위로 신체상의 손상을 입혔을 경우, 4) 방탕한 오입쟁이, 5) 2년 이상 유기, 6) 5년 이상 소식단절, 7) 반혁명에 따른 망명 등 이런 사례의 경우 즉시 이혼이 성립되었다. 성격차이가 이혼사유가 될 때는 6개월의 재결합 노력 기간을 거친 후 이혼이 허용되었다. 이혼 후 1년이 지나면 쌍방이 재혼 가능했다. 이혼 소송 법정 비용이 저렴하였기 때문에 서민층 누구나 이혼비용을 부담할 수 있었다. 이혼법은 남여 모두에게 동등한 권리였고, 당시로서는 세계에서 가장 진보적인 이혼법이기도 했다.(필립 아리에스·조르쥬 뒤비, 2002, 72~76쪽)

1804년 나폴레옹 민법전은 부권을 전반적으로 재확인시켜 여성의 권리가 심각하게 훼손되었을 뿐만 아니라 여성의 섹슈얼리티를 규제하고 공화국의 어머니 역할이라는 정체성을 강조하였다. 민법전에 따르면, 남편은 아내의 간통을 근거로 이혼을 제기할 수 있지만, 아내는 남편이 또 다른 여성을 집안에 들였을 경우를 제외하고는 이혼을 요청할 수 없었다. 더욱이 여자는 간통이 입증되었을 경우 최고 2년의 징역에 처해졌지만, 남자는 처벌에서 면죄되었다.

1792년 이혼법이 제정된 후 1803년까지 프랑스는 3만 건의 이혼이 있었지만, 1804년 이후 매년 6건의 이혼만이 허용되었다. 1792년 이혼법으로 이익을 챙긴 쪽은 확실히 여성이었다. 대부분의 이혼청구는 여성에 의해 이루어졌다. 이는 결혼제도가 여성들에게 얼마나 가혹하였는지를 극명하게 드러내는 사례이다. 여성들이 제기한 이혼사유는 남편의 폭력이 가장 많았다. 가족법정, 민사재판 기록은 남편들의 아내구타 이야기로 가득 차 있다. 흔히 술에 취해서 자고 있는 아이들을 괴롭히거나 빗자루나 식기, 주먹으로 아내를 때리는 것이 다반사였고, 심지어 칼을 휘둘러 가족들을 공포에 떨게 했다.(필립 아리에스 · 조르쥬 뒤비, 2002, 72~76쪽) 이혼의 2/3가 여성 쪽이 원해서 이루어졌으며, 협의 이혼은 그리 많지 않았고, 이혼 건수 1/5이 합의 이혼을 한 것으로 나타난다. 이혼과정에서 양육권을 둘러싼 분쟁은 거의 없었던 것으로 보인다. 그 이유는 이혼하는 부부에게 미성년의 아동자녀가 없었기 때문이기도 하였지만, 법률에 따라 여자아이와 7세 미만의 남자아이는 여성에게 양육권이 주어졌기 때문이다. 이혼에 대한 가톨릭 교회의 거센 반대와 가족들의 반대에도 불구하고, 그리고 이혼이란 아주 낯선 제도임에도 불구하고, 3만 건의 이혼은 상당히 높은 수치임에 틀림없다.(필립 아리에스 · 조르쥬 뒤비, 2002, 72~76쪽)

프랑스여성들과 마찬가지로 미국여성들도 혁명기 이혼의 증가율을 보여주고 있다. 미국여성들의 이혼사유에도 남편의 잦은 폭력이 가장 많았다. 폭력 이외에도 경제적 무능력, 정신적 학대, 애정 없는 결혼 등을 내세워 이혼을 요구하기도 하였다. 이혼사유에서 프랑스여성과 두드러진 차이는 남편의 간통이었다. 혁명 이전 남편의 간통은 이혼의 사유가 되지 못했지만, 아내의 간통은 정당한 이혼사유가 되었다. 1776~1780년 혁명기간 남편의 간통 사유 6건 중 5건이 이혼이 성립됐다. 미국에서 남편의 간통이 이혼사유가 될 수 있었던 것은 개신교와 청교도정신이 강한 사회였기도 했지만, 식민지정부가 불합리한 영국정부에 전쟁을 일으켰듯이, 불합리한 남편의 압제로부터 벗어나 새로운 삶을 살아가려는 여성 개인의 가치변화가 크게 작용하였던 것으로 보인다.(박현숙, 2009, 83~84쪽) 이와 같이 이혼은 혁명이 여성들에게 가져다준 선물이었다. 남편의 잔인한 폭력과 간통에도 참고 살았던 자신들의 어머니세대와 달리 그들은 새로운 삶을 개척하기 위해 이혼을 감행하였다. 여성에게 혁명은 사적인 행복이며, 그것은 새로운 세상에서의 '자유와 희망'을 의미했다.(Gisela Bock, 2009, p.33)

4. 페미니즘의 탄생

혁명은 젠더관계뿐만 아니라 여성에 대해 전례가 없던 방식으로 질문을 제기하였다. 혁명을 일으킨 사람이든 혁명을 반대했던 사람이든 혁명기 여성들의 역할과 존재를 무시할 수 없었다. 혁명을 거치면서 여성들은 공적인 역할을 수행할 수 있으며, 남성과 마찬가지로 자율적인 의지를 지닌 인격체임을 입증하였다. 이제 여성은 가정에서뿐만 아니라 새로운 정치조직에서 나름대로의 정체성과 권위를 가져야 한다고 주장하였다. 영국혁명과 프랑스혁명의 공통점은 여성들이 자신의 정치적 권리와 요구를 공식적인 문건을 통해서 표현했다는 사실이다.[3]

공적인 영역에서 젠더관계와 여성의 정치적 지위에 대한 요구는 일찍이 17세기 영국혁명에서 시작되었다. 혁명기 영국에서는 재침례파(Anabaptists), 제5왕국파(Fifth Monarchists),[4] 퀘이커파와 같은 급진적

---

[3] Mary Cary, The New Jerusalem's Glory, [2010년 1월 27일], 〈http : //www. fordham.edu/halsall/mod/17women.html〉.

[4] 제5왕국파라는 명칭은 다니엘서 2장에 예언된 아시리아, 페르시아, 마케도니아 그리고 로마 뒤에 올 다섯 번째 왕국에서 유래되었다. 제5왕국파들은 이 왕국을 요한 계시록의 그리스도의 천년왕국과 동일시했고, 올리버 크롬웰의 공화국을 이 왕국 도래의 신호라고 믿었다.

인 종파들이 탄생되었다. 이들 종파에게 교회는 믿음이 깊은 사람들의 개별적인 모임이었으며 종교적 사유를 자유롭게 할 수 있는 공간이었다. 이들 종파들은 폭력과 전쟁에 반대했지만, 의회파를 지원하였고, 의회가 독립파와 장로파로 분열되자 독립파를 지지하였다. 독립파가 또 다시 수평파로 나뉘게 되자, 이들 종파는 수평파를 지지하였다. 수평파는 공화정, 종교적 관용, 십일조의 폐지, 법 앞의 만인의 평등, 인민의 주권 등을 인민협정이라는 기본헌법을 만들어 크롬웰에게 제출하였다. 수평파 지도자 존 릴벌(Lilburne)은 자연법과 원시기독교 정신으로 복귀를 주장하면서 "자유인으로 태어난 모든 영국인"에게 투표권을 강조하기도 하였다.(Alison Plowden, 2004, p.5) 그러나 모든 영국인이라는 개념은 여성을 포함하지 않았다.

제5왕국파의 메리 캐리(Mary Carey)는 수평파 지도자 릴번을 비롯한 4명이 런던탑에 투옥되었을 때, 수배 명이 여성들이 서명한 여성청원서(Women's Petition, 1649)를 웨스트민스터 의회에 제출하였다.

> ……여성도 신의 형상으로 만들어졌으며, 남성들이 가지고 있는 것 만큼 여성도 애국심과 신앙심 그리고 자유를 지키고 싶어 한다. 국가의 자유와 복지가 독재의 탄압에 신음하고 있는데, 여성들이 가정에서 가족을 돌보고 있을 만큼 어리석은 바보로 생각하지 말라……우리의 남편들, 친구들, 자녀들, 하인들에게 가하고 있는 부당한 폭력이 중단될 때까지 우리의 저항은 계속될 것이다.[5]

크롬웰은 여성들이 제출한 의회청원서를 무시할 수 없었고, 곧 릴번과 수평파 지도자들은 석방되었다. 여성들은 혁명에 대해 혹은 정치적 불만을 공식적인 문서를 통해 표현하는 방식을 습득하였다. 혁

---

5) Mary Cary, The New Jerusalem's Glory, [2010년 1월 27일], 〈http : //www. fordham.edu/halsall/mod/17women.html〉.

명이 진행되면서 단순한 구호나 말보다 공식적인 문건이 효과적이라는 사실을 인식하였던 것이다. 혁명기 각종 팸플릿과 인쇄물은 여성들의 정치적 관심과 불만들을 표출하는 공식적인 도구이었다. 영국여성들의 팸플릿과 유인물을 보면 언제나 공적인 자유와 여성의 권리에 대한 개념을 담고 있다. 십일조 폐지와 여성의 설교권, 여성 전도권은 바로 여성의 권리이며 여성의 자유를 의미했다. 가부장적 기독교 교리를 뿌리째 흔들어 놓았다.(Marcus Nevitt, 2006, p.20~22)

1653년 케임브리지 대학 신학자들은 퀘이커 여성들의 교리 연설에 참여할 것을 요구하는 공식적인 문건을 받았다. 두 명의 퀘이커여성들이 신학자들 앞에서 "내면의 빛(Inner Light)은 여성, 남성 할 것이 없이 모두 신의 형상으로 만들어졌으며, 인간이라면 누구나 신앙의 빛을 가지고 있다. 예수는 "여러분들이 무엇을 말했다는 것보다 무엇을 행하였는지에 더욱 주목했다"고 강조하였다. 이들 여성은 옥스퍼드로 향했으며, 옥스퍼드의 깡패 '신사'들은 두 번 다시 연설을 못하게 하기 위해 이들을 오물구덩이로 끌고 가서 오물을 강제로 먹였고, 쓰러진 여성들의 입을 발길로 찼다.(카리 우트리, 2000, 145~146쪽 ; Phyllis Mack, 1995, pp.45~48) 퀘이커여성들은 각종 모욕과 폭력에 시달렸지만 설교와 전도직을 여성에게도 허용할 것을 주장하였다. 이들은 계속해서 "신의 영광된 빛은 남성만의 소유물이 아니라, 여성, 젊은이, 하인, 노예에게도 나타나기 때문에 자신의 깊은 신앙심과 신의 은총에 대해 누구나 설교할 수 있어야 하며, 전도할 권리를 가지고 있다"고 역설했다.(Phyllis Mack, 1995, pp.45~48 ; Bonnelyn Young Kunze, 1994, p.18)

17세기 영국여성들은 오로지 퀘이커 교회에서만 설교권을 성취했으나, 십일조 폐지는 1836년까지 기다려야 했다. 반면 프랑스여성은 영국여성이 실패했던 십일조 폐지를 프랑스혁명기에 즉각적으로 이루어냈다. 퀘이커 여성들의 교회 내에서 설교와 권리는 여성들만의 집회조직을 만들어 그들의 목적을 성취하였다. 이러한 성과는 마가렛 펠(Margaret Fell)의 혁명정신이 페미니즘 실천으로 세대를 이어 계속 전승되었기 때문이다. 혁명정신과 페미니즘 실천을 이어받은 후배들은, 즉 퀘이커 여성들은 영국여성사 및 페미니즘의 역사에 큰 족적을 남겼다.[6]

반면 미국여성은 가까운 친족이나, 친구에게 혁명적인 견해를 살짝 내비치는 사적인 차원의 경우가 많았다. 예를 들어, 후일 미국의 제2대 대통령이 되는 아담스의 아내 아비게일은 독립전쟁 동안 혼자서 가족과 농장을 돌보면서 수시로 남편과 친구에게 편지를 보냈다. 1776년 3월 남편과 남편 동료 하원의원과 그녀의 친구에게 보낸 편지에서 부인은 "새로이 제정되는 법률에 여성들이 남편들의 전제적인 폭력에 쉽게 놓일 수 있다는 사실을 잊지 마세요. 그랬다가는 여성들이 반란을 일으킬 지도 모른다"고 기술하고 있다. 그러나 부인의 전반적인 견해는 공식적으로 표명된 적 없다. 미국여성의 정치적 견해는 주로 사적인 차원에서 이루어졌다는 게 특징이다. 이처럼, 도미니크 고디노가 언급하고 있듯이, 혁명기 미국여성의 활동은 어디까지나 가정 내 머물러 있었는데, 이것은 서양혁명들 간의 이념의 형태가 어떻게 달랐는지를 명확하게 보여주는 것이다. 미국혁명은 프랑스혁명과 달리 민중 차원에서 일어나지 않았고, 여성 정치클럽을 조직하거나 입법과정에 감시자 역할을 전혀 하지 않았다.(조르주 뒤비, 1998~1999, 54쪽) 프로테스탄트 윤리와 타고난 개인의 자질 계발에 역점을 둔 미국여성의 각개약진은 공화국 남성들의 아내와 어머니로 각개격파를 가져왔다.

---

6) Margaret Fell, Women's Speaking Justified, [2010년 4월 8일], 〈http : //www. qhpress.org/texts/fell.html〉.

여성사에서 프랑스혁명의 업적은 정치개혁이 여성문제를 해결할 수 있을 것이라는 환상을 여지없이 깨버린 데 있다. 서양 근대페미니즘은 1789년 인권선언과 1791년 9월 헌법에서 여성의 정치적 권리와 참여를 배제하는 데서 나타났다.

페미니즘은 혁명투쟁에서 여성들을 배제하는 남성위주의 법제도에 대한 비난에서 시작되었다. 이 새로운 전선에서 올림프 드 구즈는 각종 팸플릿, 인쇄물을 통해 혁명은 여성을 포함하지 않고 있기 때문에 실패할 것이라고 예언했다. 1791년에 발표된 구즈의 『여성과 여성의 권리선언』의 전문과 17개 조항은 여성들에게 남성에 대항할 것을 호소하고 있다.

> 아, 여성이여, 깨어나라. 이성의 종소리가 전 우주에서 들려오고 있다. 그대의 권리를 발견하라…… 노예화된 남성들은 자신의 사슬을 끊으려 여성의 사슬을 수단으로…… 필요했다. 남성은 자유로워지자 그 동료와 공유하지 않았다. 오, 여성이여, 여성이여! 언제 눈을 뜰 것인가? 혁명에서 여성은 무슨 이익을 얻었던가? 더욱 분명해진 것은 멸시와 경멸이다. (조안 스콧, 2006, 100쪽)

이와 같이 구즈는 여성에 대한 남성의 압제가 모든 형태의 사회적 불평등의 근원이라고 천명하였다. 여성의 권리를 실현하기 위해 여성들은 늘 깨어 있어야 한다. '깨어 있어야 한다'는 것은 두 가지 의미를 지니고 있다. 첫째, 여성들은 내 가족의 안녕과 가정의 행복에 대한 소아병적인 집착에서 벗어나 공동체의 이익을 추구해야 한다. 공동체 이익은 여성을 선하게 하고 자유롭게 만든다. 둘째, 여성들은 이러한 대의를 침해할 수 있는 악한 세력에 맞설 준비가 되어 있어야 한다. 불의에 대한 집단적이고 정치적인 행동을 위해 여성들의 연대는 필수적이라는 것이다. 구즈의 힘의 근간은 여성들의 모임과 가두시위였다.

구즈는 『인간권리 선언』에서 '인간은 남성 형만이 아니라 여성 형으로도 쓸 수 있으며', 따라서 여성들도 법에 의거한 인간과 시민의 권리가 주어진다고 주장하였다. '인간의 보편적인 권리' 개념은 인류 전체를 포괄하는 것이 아니라 남성권리만을 옹호하는 것이다. 여성들은 남성들이 혁명의 성과를 가로채지 못하도록 적극적으로 정치에 참여해야 한다. 혁명의 진정한 의미는 자유이며, 여성들이 공적인 자유를 획득하기 위해 적극적인 정치참여가 필요하다. 구즈의 선언문 제10조에 "여성도 단두대에 오를 의무가 있듯이, 자신의 정치적 견해를 표현하기 위해 연단에 올라야 할 권리가 있다는 선언문이 발표된 2년 후 연단이 아니라 단두대에 올랐다. 1793년 자코뱅의 지롱드파 대대적인 숙청 때 롤랑부인, 코르데와 함께 구즈는 혁명적인 페미니즘 사상 때문이 아니라 반혁명적인 정치적 성향 때문에 단두대의 이슬로 사라졌다.

1793년 6월 24일 가결된 새로운 헌법에서 보통선거를 인정했지만 투표권이 남성들에게만 허용되있기 때문에 라콩브를 비롯한 공화주의 여성혁명가들은 이 법에 격렬하게 반대하였다. 8월 26일 라콩브는 혁명적 공화주의 여성시민 협회의 서기자격으로 협회 여성들의 청원서를 국민공회에서 낭독하였다.

> 입법의원들이여, 4년간의 불행은 우리에게 애국심의 가면을 쓴 야심에 대해 간파하도록 우리를 충분히 교육시켰다는 것을 알라 ; 우리는 그들 자신들만을 찬양하기에 이른 남성들의 미덕을 더 이상 믿지 않는다.…… 헌법에 따라 [여성이 포함된] 정부를 구성하라.(이세희, 2008, 66~67쪽에서 재인용)

라콩브와 혁명적 공화주의 여성시민들의 공화국 정치제도에 여성 참여 요구는 좌절되었고, 1794년 라콩브는 마라의 살해범 코르데와의 연루설과 함께 특권층을 지지했다는 음모죄로 구속되었다.

프랑스혁명은 근대 페미니즘의 대모로 알려진 메리 울스턴크래프트의『여성 권리 옹호』를 탄생시켰다. 1789년 프랑스에서 혁명이 발발하자, 직접 혁명을 목격하기 위해 1792년 12월 파리에서 도착했던 울스턴크래프트는 1793년 1월 루이 16세의 처형을 목격한다. 울스턴크래프트 같은 공화주의자들에게 조국은 자유, 평등, 박해를 천명했던 프랑스 공화국이었으며,(조승래, 2010) 이 공화국을 지키기 위해 루이 16세를 처형하는 것은 애국이 아니라고 보았고, 17세기 영국혁명이 찰스 2세를 처형한 후 그를 순교자로 만들었듯이 루이 16세도 곧 왕정의 순교자가 될 것이라고 경고했다.(자넷 토드, 2003, 433~437쪽) 파리에서 울스턴크래프는 마농 롤랑을 제외하고 당대의 저명한 급진주의 페미니스트 활동가들, 즉 자신의 서명위에 '자유로운 여성'이라고 썼던 급진적인 여성 클레르 라콩브, 폴린 레옹, 네덜란드 여성으로서 재산과 무관하게 보통선거권을 주장하였던 에타 팜이나, 위에서 언급했던 다작의 작가 구주 그리고 새로운 세상을 꿈꾸며 벨기에에서 파리로 왔던 혁명의 여전사 데루아뉴 드 메리쿠르와 접촉이 없었고, 여성사가들은 이들이 연대하지 못한 이유를 정치적 이념적 차이와 여성에 대한 인식의 차이 때문이라고 한다.(자넷 토드, 2003, 433~437쪽)

입법의회가 루소의 가르침에 따라 남성은 늘 공적이며, 이성적인 인간이며, 가끔 감성적이며, 사적인 남성이 되지만, 여성은 늘 감성적인 여성이기 때문에 공적인 정치참여를 배제하는 법률을 제정하자 공화국이 여성을 배신했다고 선언했다. 여성의 정치적 권리를 배제하는 것은 여성의 인권을 박탈하는 것이며, 여성에 대한 모욕은 곧 인류 진보에 위협이 닥칠 것이라고 경고하였다.

"여성들을 자유롭게 하라. 그러면 남성이 그랬던 것처럼 여성도 곧 현명해지고 덕이 높아질 것이다. 왜냐하면, 발전은 상호보완적이기 때문이다. 여성을 자유롭게 하지 않으며, 인류의 절반이 그들의 억압자에게 복종하고, 곧 뒤이어 보복하게 될 것이다. 짓밟히고 있던 벌레들이 남성의 덕성을 좀먹어 들어갈 것이다."(캐럴 페이트만, 2004, 199쪽)

1792년에 출간된 메리의『여성 권리 옹호』는 프랑스 공화국이 소년들에게 무료초등교육 계획안을 제시한 샤를 탈레랑에 대한 감사의 뜻으로 헌정되었고, 탈레랑에게 조금만 더 용기를 내어 소녀들도 프랑스 공화국이 제공하는 무료교육의 혜택을 받을 수 있도록 요청하였다. 새로운 헌법은 남성들이 얼마나 쉽게 전제 군주처럼 행동할 수 있는지를 보여주는 전형적인 사례라고 비난하기도 했다. 메리는 서문에서 공화국의 미래와 사회진보는 여성교육에 달려 있으며,(메리 울스턴크래프트, 2008) 여성은 교육을 통해서 이성적인 인간이 될 수 있으며, 현재의 결혼조건은 여성을 매춘여성으로 예속시키는 제도에 불과하며 교육만이 여성의 사회적 지위를 향상시킬 수 있다. 동시에 남성과는 구별되는 독자적인 성을 지닌 여성 주체이기 때문에 가정이라는 사적인 영역에서 가사에 전념하고 있는 가정주부와 모성의 역할을 강조하기도 하였다. 여성의 합리적이고 이성적인 가정관리는 여성을 공화국의 어머니로 만든다고 했다. 따라서 메리 울스턴크래프트는 인간의 가치기준이 남성중심의 논리에서 여성특유의 역할을 옹호하는 새로운 사고의 지평을 열었다는 게 그녀의 페미니즘 특징이다.(자넷 토드, 2003)

5. 미래혁명을 꿈꾸며

혁명은 역사라는 시간의 차원에서 볼 때 채 1초도 되지 않은 순간의 불꽃이었다. 그 불꽃은 여성들에게 새로운 세상을 밝힐 것이라는 희망을 주었다. 혁명은 여성들의 존재감을 드러내고 정체성을 확립하는 축제의 장이었다. 공적영역에서 정치적 역량을 시험하고 그들의 행위에 대한 성취감과 좌절감을 동시에 맛보았지만, 그래도 그들은 새로운 세상을 만들 수 있다는 희망으로 행복했던 것으로 짐작된다.

근대 서양혁명을 통해서 여성들은 페미니즘을 출산하였다. 혁명기에 태어난 페미니즘은 "모든 인간은 평등하다"는 저 강력한 메시지가 얼마나 추상적인 허구였는가를 폭로하였다. 영국혁명은 '종교적 자유'를, 미국혁명은 '대표권 없는 곳에 과세 없다'는 슬로건을, 프랑스혁명은 '권리없는 의무없고, 의무없는 권리없다'는 주장으로 여성들을 현혹시켰다.

페미니즘은 "그리고 여성도 평등하다"는 기치를 내걸었고, 여성들에게도 공적·사적 자유를 제공해야만 비로소 모든 인간이 행복할 수 있다고 외쳤다. 혁명기 여성들은 성, 법률, 교육 면에서 획기적인 변화를 경험했다. 결혼제도의 모순을 의식하였던 여성들은 새로운 삶을 찾아 과감하게 이혼을 선택하기도 하였다. 그러나 이혼은 여성들로 하여금 경제활동을 위한 공적자유가 선행되어야 함을 처음으로 인식하게 만들었다.

여성들이 공적자유를 외치는 순간 젠더 불평등을 더욱 의식하게 되었고, 보편적인 인간의 평등과 자유의 개념은 여성을 포함하지 않았고, 사유재산권을 강화하기 위한 일부일처제는 여성들만의 섹슈얼리티를 규제하는 결과를 가져왔고, 공화국의 어머니라는 정체성은 가족에 대한 여성의 봉사와 희생을 강요한 것에 불과하다는 사실을 인식하게 되었다. 공화국의 모성은 '사랑'이라는 이름으로 여성의 개인화를 가로막았을 뿐만 아니라 여성들이 근대적인 자유로운 인간으로 탄생하는 데 장애가 되었다. 따라서 근대 공화국의 어머니 및 모성은 자본주의 가부장제를 강화하기 위한 담론에 불과하였다.

비민주적이고 봉건적인 요소가 강하게 작용하고 있는 사적인 가정의 영역에 묶여 있는 여성들에게 근대 혁명정신, 보편적인 평등과 자유개념은 환영에 불과하였다. 게다가 나폴레옹 민법전은 여성의 공적 자유를 박탈하고 결혼한 모든 여성을 항구적인 미성년자, 즉 아녀자로 만들어 버렸다. 서양근대를 앞다투어 모방하려는 세계 곳곳의 근대국가들은 민법전을 모델로 삼아 젠더위계 질서를 강화하고 여성의 삶을 여전히 옥죄고 있다.

반면, 혁명기에 출생한 페미니즘은 사적인 행복과 공적 자유를 위해, 봉건적인 가족제도의 낡은 조건을 개선하기 위해, 길고도 고통스러운 목하 전투중이다. 따라서 페미니즘은 유사 이래 여성의 영역이었던 사적영역에서 민주화뿐만 아니라 공적영역에서의 자유와 평등, 그리고 정의를 실현할 여성을 위한, 여성에 의한, 그리고 여성의 젠더혁명 축제를 꿈꾸고 있다.

▣ 참고문헌

로저 프라이스(김경근 · 서이자 옮김), 2001 『혁명과 반동의 프랑스사』, 개마고원.

메리 울스턴크래프트(손영미 옮김), 2008 『여권의 옹호』, 한길사.

박현숙, 2009 『미국혁명과 공화국의 여성들』, 이담.

사라 에번스(조지형 옮김), 1998 『자유를 위한 탄생』, 이화여자대학교 출판사.

에릭 홉스봄, 1998 『혁명의 시대』, 한길사.

이세희, 2008 「프랑스혁명기 여성들의 의식구조」 『프랑스사 연구』 18호.

이세희 · 현재열, 2003 「프랑스혁명과 여성의 역할」 『프랑스사 연구』 7호, 프랑스 사학회.

자넷 토드(서미석 옮김), 2003 『세상을 뒤바꾼 열정』, 한길사.

조르주 뒤비(미셸 페로 책임편집), 1998~1999 『여성의 역사』, 새물결.

조승래, 2010 『공화국을 위하여 : 공화주의의 형성과정과 핵심사상』, 길.

조안 스콧(공임순 외 옮김), 2006 『페미니즘 위대한 역설』, 앨피.

카리 우트리(안미현 옮김), 2000 『이브의 역사』, 자작.

캐럴 페이트만 외(이남석 · 이현애 옮김), 2004 『페미니즘 정치사상사』, 이후.

토니 클리프(이나라 · 정진희 옮김), 2008 『여성해방과 혁명 : 영국혁명에서 현대까지』, 책갈피.

필립 아리에스(조르쥬 뒤비 · 전수연 옮김), 2002 『사생활의 역사』, 새물결.

한나 아렌트(홍원표 옮김), 2004 『혁명론』, 한길사.

Alison Plowden, 2004 *Women All on Fire : The Women of the English Civil War*, Glochester : Sutton.

Bonnelyn Young Kunze, 1994 *Margaret Fell and the Rise of Quakerism*, Stanford : SUP.

Carol Berkin, 2005 *Revolutionary Mothers : Women in the Struggle for America's Independence*, New York : Vintage Books.

Constance Rover, 1970 *Love, Morals and the Feminists*, London : Routledge & Kegan Paul.

George Rude, 1968 *The Crowd in the French Revolution*, London : OUP.

Gisela Bock, 2002 *Women in European History*, Massachusetts : Blackwell.

Ian Germani, 1992 *Jean Paul Marat, Hero and Anti—Hero of the French Revolution*, London : Edwin Mellen.

J. O'Faolain and L Martines, 1973 *Not in God's Image*, New York : Harper and Row.

Joan Hoff, 1992 "introduction : An Overview of Women's History in the United States," in *Journal of Women's History Guide to Periodical Literature compiled by Gayle, Fischer*, Bloomington : Indiana University Press.

Keith Thomas, 1958 "Women in the Civil War Sects", in *Past and Present*, no 13.

Marcus Nevitt, 2006 *Women And the Pamphlet Culture of Revolutionary England, 1640~1660*, London : Ashigate.

Margaret Fell, *Women's Speaking Justified*, [2010년 4월 8일], http : //www.qhpress. org/texts/fell.html.

Mary Cary, *The New Jerusalem's Glory*, [2010년 1월 27일], http : //www.fordham.edu /halsall/mod/17women.html.

Olwen H. Hufton, 1999 *Women and the Limits of Citizenship*, Toronto : University of

Toronto Press.

Phyllis Mack, 1995 *Visionary Women : Ecstatic Prophecy in Seventeenth-Century England*, California : PCU.

Sara E. Melzer and Leslie W. Rabine, 1992 *Rebel Daughters : Women and the French Revolution*, Oxford : OUP.

Sheila Rowbotham, 1972 *Women, Resistance and Revolution*, London : Penguin Press.

제2장 1917년 러시아혁명과 여성*

기계형

1. 들어가는 글

'세계'를 뒤흔든 1917년 러시아혁명은 권력을 지향한 정치지도자들에서부터 평범한 일상을 살았던 보통사람들에 이르기까지 러시아 대다수의 '삶'을 뒤흔들었다. 1917년 2월혁명과 10월혁명은 1차 세계내진에서의 연이은 패전으로 인한 황폐함에 뒤이어 적군과 백군 사이의 내전이 잇따르면서 심각한 위기를 겪었음에도 불구하고, 관념으로만 존재했던 사회주의의 이상을 현실화하려는 사람들의 수많은 도전과 실험이 러시아혁명의 과정에서 이루어졌다.

그중에서도 러시아혁명이 '여성의 삶'에 미친 영향을 조명하는 것은 역사적으로 중대한 의미를 지닌다. 왜냐하면 러시아혁명은 여성들이 하나의 정치적, 사회적 집단으로서 목소리를 내며 역사의 수면 위로 떠올랐다가 퇴장을 강요당한 프랑스혁명 이후, 19세기 후반과 20세기 초에 걸쳐 하나의 정치세력으로 발전한 여성해방운동 아젠다의 좌절과 성취의 최종적 향방을 가늠할 수 있는 이정표가 되기 때문이다.(Sylvia Paletschek and Bianka Pietrow—Ennker, 2004 ; Marcelline J. Hutton, 2001)

---

* 이 글은 『여성과 역사』 제12집(2010년 6월)에 실린 논문을 약간 수정 · 보완하였음을 밝힙니다.

1917년 10월혁명의 결과 여성들은 남성들과 함께 정치적, 시민적 평등을 부여받았으며, 삶의 모든 측면에서 새로운 기회를 획득했다. 모든 교육기관은 양성에 평등하게 개방되었으며, 그것은 여성들에게 직업적 경력과 고임금 노동을 얻을 수 있는 기회를 부여하였다. 아울러 공산당 내에서, 몇몇 여성들은 지도부 핵심의 지위에 오르기도 했다. 또한 1917년 12월 19일자의 '이혼 도입에 관한 법령', 그리고 1918년 10월 17일자의 '시민권, 결혼, 가족, 친권에 관한 법령'에 따라 여성들은 결혼에서 남성과 동일한 지위를 부여받았다. 이제 여성들은 비교적 손쉽게 이혼하고, 자녀 양육지원금을 받기 위해 소송할 권리를 부여받았다.(О. И. Чистяков (ред.), 2009, c.48~76) 더욱이 1920년에는 세계 최초로 낙태가 합법화됨으로써 여성들은 의사의 시술에 의한 낙태권을 보장받았다. 이렇게 본다면 적어도 법적으로, 1917년 사회주의혁명은 성적, 정치적, 경제적 수준에서 완전한 양성평등을 가져다주었다.

그런데, 1917년 10월혁명 이후 소비에트체제의 건설과정에서 여성의 역할을 규명해온 여성사 연구자들에게 가장 쟁점이 되는 문제는 러시아혁명이 실제로 여성의 해방, 즉 젠더편견에 기초하는 사회제도를 종식시키고, 성차별을 철폐했는가의 여부라 할 수 있다. 그동안 공산당의 주도적 역할 속에서 여성해방이 이루어졌다는 입장(П. М. Чирков), 여성이 해방되었다기보다는 사회적 동원수단으로 전환되었으며 소비에트체제의 공고화를 위해 여성해방의 구호가 이용되었다는 입장(Gail Lapidus), 여성해방운동은 러시아혁명의 중요한 스펙트럼의 하나였다는 입장(Richard Stites), 여성해방은 일상생활과의 충돌 속에서 포기되었다는 입장(Wendy Goldman) 등 다양한 해석이 존재해왔다.(기계형, 2008, pp.122~128)

물론, 사회주의 혁명운동의 중요한 요소로서 여성해방운동이 신생

소비에트체제의 건설과정에서 어떻게 변형되었는가에 대한 분석은 19세기 말 20세기 초 사회주의운동의 한계와 가능성을 이해하는 데 매우 중요한 관건이 된다. 그러나 무엇보다도 러시아혁명은 남성과 여성의 관계를 포함해, 젠더의 역할, 권력관계, 가족제도 등에서 새로운 판짜기를 시도할 수 있는 기회를 부여하였다. 특히, 억압적 전제정의 전통, 인구의 절대다수가 농민인 사회구성의 성격, 일상생활에서의 남성지배적 분위기 등 구체제의 정치적·사회적·문화적 유산들을 극복하는 과정에서, 여성행위 주체들이 실제로 어떻게 참여했으며 어떻게 새로운 삶을 구축해내려 했는가를 살펴보는 것이 무엇보다 중요하다.

이러한 문제의식 아래서 이 글은 1917년 2월혁명부터 10월혁명의 시기에 여성의 역할과 참여, 그리고 성과에 주목하고자 한다. 이 시기에 러시아의 여성들은 시민권, 경제권, 직업권을 주장하고 얻어냈으며, 전통적 가부장제에 근거한 가족 및 젠더관계에 도전함으로써 역사적 행위자로서 적극 참가했다. 바바라 클레멘츠의 연구에서 지적되듯이, 비록 내전(1918~1920) 종결 이후 소비에트체제 건설과정에서 여성이 공적 조직의 요직에서 물러나고 남성적 네트워크에 기초하는 반동적 체제가 자리 잡기 시작했음에도 불구하고, 혁명의 시대에 여성들이 이루어낸 역사적 경험과 기억을 제거할 수는 없는 일이었다.(Barbara Evans Clements, 1997a, p.11) 러시아혁명과 여성의 관계를 해명하기 위해서는 다양한 여성집단, 예컨대, 노동조합, 소비에트, 콤소몰, 여성부 등의 여러 조직들에 참여한 여성들, 볼셰비키, 멘셰비키, 사회혁명당, 입헌민주당 등의 정치정당에 참여한 여성들, 그리고 교사, 병사의 아내, 페미니스트를 포함해 여성 당 활동가와 조직가, 아울러 내전시기의 간호원, 서기, 그 외에 다른 참여자들의 경험, 적군과 백군 그 어느 곳에도 가입하지 않았던 교사와 보모 등 개인들의 경험을 탐구함으로써 가능할 것이다.(Barbara E. Clements, 1997b, pp.592~593) 또한 여성들이 민족, 계급, 지위, 거주 지역에 따라 다양하게 반응했던 방식들을 분석해야 할 것이다. 그러나 앞서 언급한 다양한 여성행위 자들에 대해서는 아쉽게도 현재까지 축적된 연구에서는 아직 자신들 의 역사가를 가지지 못했다고 할 수 있다. 본 논문은 러시아혁명 시기 의 여성의 참여에 대한 전체적인 그림을 그리는 데 그치고 있음을 밝 힌다.

2. 빵과 평화를 위한 여성들의 행진

1917년 2월혁명은 1916년 후반에 걷잡을 수 없는 상태에 이른 러시 아의 정치, 경제, 사회적 위기의 결과였다. 인민들은 피폐한 경제, 물 가인상, 정부의 무능을 더 이상 묵인하지 않았다. 역사가들은 2월혁명 의 원인으로 식량부족, 정부의 무관심과 전횡, 1차 세계대전에서의 잇 단 패배와 희생, 그리고 특히 "대다수 여성노동자들의 적극성"을 지적 한다.(С. Кулешов, О. В.Волобуев, 1991, с.342)

도시에서의 식량부족은 매우 민감한 문제였는데, 이미 1915년 가을 부터 러시아제국의 북부도시들은 식량부족을 경험하기 시작했다. 빵 집과 고기집 주변에 기나긴 줄의 행렬이 나타났다. 여성들은 공장에 서 퇴근하면 설사 양이 적을지라도 빵과 설탕을 사기 위해 줄을 서서 기다려야 했다. 이듬해 가을에는 상황이 더 나빠졌다. 여성들은 식량 가게 주변에서 잠을 잘 준비를 갖추고 기다리지 않으면 안 되었다. 많 은 지방상점들이 공급부족 때문에 일찍 문을 닫았기 때문이었으며, 집에 돌아갈 시간이 없어 곧바로 공장에 일하러 가야 했기 때문이었 다. 1917년 전야에 페트로그라드의 여성들은 평균적으로 1주일에 40 시간 정도에 해당하는 시간을 줄서는 데 써야 했다.(И. Леиберов, С.

Рудаченко, 1990, cc.17~20 ; Orlando Figes, 1996, p.300 재인용) 지적해야 할 점은 빵을 기다리는 긴 줄의 행렬은 1917년 혁명의 전야에는 일종의 '정치적 포럼'이나 '정치 클럽'이 되었다는 사실이다.

거리의 긴 행렬에서 사람들은 연이은 패전, 전선을 이탈해 도주하는 병사들, 상층부 관료들의 무능함 등에 대한 각종 루머와 다양한 정보를 주고받았으며, 다른 사람들의 견해를 확인할 수 있었다. 이런 점에서 2월혁명은 빵을 기다리는 행렬에서 시작되었다고 해도 과언은 아닐 것이다. 2월혁명은 페트로그라드 노동자들의 주요 밀집지역인 비보르그지역의 여성섬유노동자들 가운데 일단의 무리가 더 이상 지긋지긋한 줄의 행렬을 못 견디게 되었을 때, 그리고 그들이 수도의 센터로 항의행진을 하러 나가자고 동참을 호소하면서 인근의 금속공장 남성노동자들에게 갔을 때 시작되었다.

〈그림 1〉 1차 세계대전 시기의 여성들의 식량폭동[1]

---

[1] http : //libcom.org/history/subsistence−riots−russia−during−world−war−i−barbara−engel

흥미로운 사실은 그러한 불만들이 2월 23일 '국제여성의 날'의 시위에서 표출되었다는 점이었다. 1916년 겨울을 지나면서, 스트라이크와 파업참가자의 숫자가 점차 증가했으며, 여성파업 참가자도 늘어나기 시작했다. 페트로그라드에서는 비보르그지역의 성난 노동계급 여성들뿐만 아니라, 가정주부도 '빵'과 '평화'를 외치며 시위에 참가하였으며, 그들은 다른 노동자들에게 일을 멈추고 합세하기를 요구하였다. 비보르그지역의 노벨엔지니어작업소에서 일하던 한 노동자는 그 날에 대해 다음과 같이 회상하고 있다.

> "우리는 우리의 부서 창문 쪽으로 나 있는 통로에서 여성들의 구호, 즉 '가격을 인하하라!', '굶주림을 없애라!', '노동자들에게 빵을!'이라는 목소리를 들을 수 있었다 : 나와 몇몇 동료는 즉시 창문 쪽으로 갔다.……삼소니옙스카야(Большая самсониевская) 제1호 공장의 정문이 열렸다. 전투적인 분위기의 여성노동자 군중이 통로를 가득 채웠다. 우리를 발견한 그들은 팔을 치켜들고 '작업을 중단하라!'라고 외치기 시작했다. 눈덩이가 창문으로 날아 들어왔다. 우리는 시위에 참여하기로 결심했다"(Steve Smith, 1987, p.61)

2월 23일은 목요일이었으며, 페트로그라드의 기온은 날씨가 풀려 영하 5도까지 올라갔다. 비교적 따뜻한 날씨가 3월 3일까지 계속되었으므로 넵스키 대로는 사람들로 북적였다. 정오가 되자 '국제여성의 날'을 기념하는 여성들의 군중이 평등권을 주장하며 시가지의 중심으로 행진하기 시작했다. 시위군중은 넵스키 대로를 따라 페트로그라드 시두마를 향해 걸었는데 '국제여성의 날' 기념시위에 참가한 여성 군중 속에는 처음에는 주로 사회의 숙녀들, 농민여성들, 여학생들, 가정주부들이 참여했으며, 노동자들은 많지 않았다. 그런데 굶주림에 시달리는 성난 군중이 합세하면서 오후로 갈수록 분위기는 바뀌기 시작했다. 애초에 아이바즈(Aivaz) 공장출신의 여성노동자들은 공장노동뿐만 아니라 가사와 육아 등의 과도한 노동에 시달리는 자신들의 상황을 비판적으로 바라보고 '여성평등의 날'로 이날을 기념할 것을 제안한 바 있었다. 비보르그지역의 여성노동자들은 공장에서 빠져나와 시가지 중심으로 행진하였고, 이들 시위대가 종렬로 행진하는 과정에서 자연스럽게 '국제여성의 날' 기념집회에 참가한 여성들의 행렬과 합쳐졌으며 시간이 지날수록 시위대의 규모는 늘어났던 것이다.

비보르그의 여성 섬유 노동자들이 '독자적인 행동을 억제하라'는 페트로그라드 볼셰비키 당중앙위원회의 권고를 무시하고, '국제여성의 날'을 집회와 시위의 계기로 인식했다는 점을 지적하는 것은 의미있다.(Richard Stites, 1978, p.291) 여성노동자들은 1917년 즈음에 여성노동자들의 의식수준은 실제로 성장하였다. 그들은 하나의 사회적 집단으로서 자신들을 인식하고 있었으며, 사신들의 목적을 이루기 위해 자발적으로 행동에 옮겼던 것이다.

당시에 정당들은 일반적으로 여성노동자들의 수적 증가에 대해 관심을 가지고 있었지만, 그들의 불만이나 소요에 대해 과소평가하는 경향이 있었다. 이러한 생각의 저변에는 여성대중이 산발적인 소요에 그친다는 것, 그리고 여성소요의 원인이 정치적이지 않고 일상생활의 문제에만 관심이 있다고 여겨졌다. 그러한 감정은 훈련되지 않은 대중을 두려워했던 온건사회주의자들에 의해 고수되었으며, 볼셰비키의 경우에도 크게 다르지는 않았다. 도날드(Moira Donald)의 연구는 볼셰비키가 여성노동자를 훈련시키는 일을 주저했다고 쓰고 있다. 그녀의 주장으로는 1917년 볼셰비키는 여성노동자들의 저항을 이끌기보다는 그저 그들의 행동에 반응하는 정도였으며, 이 때문에 콜론타이의 비판을 받았다.(M. Donald, 1995, pp.85~99) 더군다나, 만델(D. Mandel), 쾽커(D. Koenker) 등 1917년의 노동계급 연구자들에 의하면,

노동계급은 물질적인 하소연으로 일관한 것이 아니었으며, 미숙련과 반숙련의 여성노동계급은 2월혁명의 순간에 중요한 의식전환을 보여주었다.(D. Mandel, 1984 ; D. Koenker, 1981) 무엇보다 그러한 설명의 근거로서 여성노동계급의 양적 성장을 지적할 수 있을 것이다.

예컨대, 비보르그 여성노동자들의 시위를 조직한 지도자 중 한 사람은 볼셰비키 여성노동자 마리야 비드리나(Мария Выдрина)였다. 그녀의 혁명경력은 17살 모스크바의 작은 작업장에서 재봉사일을 하던 1912년에 시작되었다. 그녀는 처음에 볼셰비키신문『프라브다』를 위해 돈을 마련하는 일과 마르크스주의 불법문헌들을 배포하는 일을 맡았다. 1913년에 그녀는 파업을 부추겼다는 이유로 해고되었고, 2년 후에 사회혁명당에 가입했다. 1916년 후반까지 모스크바에 머물렀고 기계공장의 조파공이 되기 위해 페트로그라드로 옮겼다. 그녀의 예에서 보듯이, 20세기 초에 여성의 공장노동 참여에 상당한 수적 증가가 이루어졌다. 산업에서 여성의 고용비율은 1914년에는 26.6%였던 데 비해, 1917년에는 43.4%를 차지했다. 다시 말해, 1917년 백만 명 이상의 여성들이 공장에 고용되었던 것이다.(Anna Hillyar and Jane McDermid, 2000, pp.148~149)

2월 23일이 끝나갈 무렵까지 약 10만 명의 노동자들이 파업에 나선 것으로 추산되었다. 노동자들이 비보르그지역을 수도 중심과 연결하는 리쩨이니(Лицейный) 다리를 건너려고 할 때 경찰이 그들을 봉쇄하였다. 대부분의 노동자들은 뿔뿔이 흩어졌는데 어떤 이들은 집으로 돌아갔고 어떤 이들은 돌아가는 길에 상점을 약탈하기도 하였다. 그러나 천여 명의 노동자들은 얼음 위를 건너 넵스키 대로로 행진하였다. 이곳에서 그들은 '빵'을 외치는 여성들과 합세했다. 군중들이 페트로그라드 시두마 주변에 모였지만, 카자크 기마부대는 군중들을 소개시키지도 않았고 그렇게 할 의사도 없어 보였다. 카자크 기마부대는 여성군중에게로 다가가 잠깐 말을 들어올려 위협을 하고는 물러났다.

2월 24일 아침, 노동자들은 도시 전역의 공장에서 모임을 가졌고, 넵스키 대로 쪽으로 다시 행진하기로 결정하였으며, 많은 이들이 칼, 스패너, 망치, 철사조각 등으로 무장하기 시작했다. 혁명은 시작되었으며, 여성들의 선동가로서의 목소리는 줄어들지 않았다. 시간이 지날수록 시위 참가자의 수는 늘어나 수십만 명의 노동자들이 뒤따랐다. 2월 26일 시위대와 군대의 무력충돌이 일어나면서 혁명은 걷잡을 수 없는 상태로 치달았는데, 짜르군대가 시위자들에게 발포하라는 명령을 거부했을 때 혁명은 중요한 순간을 맞이했다. 결국, 1917년 3월 2일 니콜라이 2세는 황제의 관을 벗었으며, 2월혁명의 기폭제가 되었던 페트로그라드 여성들의 행진과 노동계급의 대규모 시위에 의해 300년 이상 지속되어온 로마노프왕조의 제정러시아가 무너졌다.

3. 2월혁명과 10월혁명 사이에서

1) 부르주아 페미니스트

2월혁명 이후 사람들에게서 쉽게 변화가 감지되었다. 1917년 봄, 민중의 요구는 주로 정치적인 것이었는데, 8시간 노동, 임금인상과 같은 경제적 요구들은 1917년의 맥락에서 쉽게 정치화되었다. 계속되는 식량부족 속에서 인플레이션과 파업은 함께 연동하였다. 2월혁명을 통해 자신들의 힘을 확인한 노동계급은 자신들을 인간존재이자 시민으로 느끼기 시작했으며 자신들이 일하는 공장에서 '노동자관리투쟁(Labour's Control)'을 벌였다.(류한수, 2005, 333~352쪽) 노동자들은 더 이상 십장이나 공장관리인들에게 학대와 모욕을 받지 않으려 했고 많은 파업에서 그것을 주장하였다. 레스토랑의 웨이터와 웨이트리스에 서부터 가정집 하인들에 이르기까지 다양한 사람들이 시민으로서 새로운 '인간적' 대우를 요구하며 행진하였는데, 그들은 농노시절에 부르듯 '너(ты)'가 아니라 '당신(вы)'으로 불리기를 요구했다. 이와 함께 여성노동자들은 남성과 동등한 임금, 모욕적인 몸수색 폐지, 완전한 유급 출산휴가, 아동노동의 폐지를 요구하였다. 노동자들이 보기에 그것은 기본적으로 도덕의 문제로서, 카나트치코프(Семён Канатчиков)의 회상에 따르면, '인간'으로서의 존엄과 가치와 밀접한 연관이 있었다.(Semen Ivanovich Kanatchikov, 1986, p.36)

이러한 분위기 속에서 여성들의 상황을 읽어야 할 것이다. 2월혁명 부터 10월혁명 사이에 여성들의 움직임은 크게 부르주아 페미니스트, 여성노동자 일반, 그리고 볼셰비키 여성혁명가로 분리해서 살펴볼 수 있다. 우선, 임시정부가 구성되고 새로운 내각이 개시되자 여성들은 이러한 새로운 정치질서에서 시민권을 주장함과 동시에 참정권운동 에 돌입하였다. 이리나 유키나의 연구에 의하면, 러시아의 페미니즘 운동이 가장 최고조에 이른 것은 바로 2월혁명 이후 임시정부하에서 여성의 정치적 참정권을 포함해 시민권, 노동권 등을 위한 투쟁과 성취의 시기였다.(Ирина Юкина, 2007) 그러나 임시정부의 아젠다에 정치적 평등권이 포함되지 않자 페미니스트 회의가 개최되었다. 3월 20일, 4만 명의 페미니스트 활동가들이 모여 행진했는데, 그 과정에는 1905년 혁명 이후 감옥에서 풀려난 멘셰비키 베라 피그네르(Вера Фигнер), 의사이자 1910년부터는 '여성평등권연맹' 의장인 폴릭세나 쉬쉬 키나-야베인(Поликсена Шишкина-Явеин)이 이끌었다. 쉬쉬키나-야베인은 두마에 출석해 "우리는 여성들이 러시아 인민의 자유를 위한 투쟁에서 믿을 만한 동지라는 것을, 그리고 여성들은 감옥을 가득 채웠으며 대담하게 교수대로 나섰다는 것을 여러분들에게 환기시키러 여기에 왔다"고 밝히면서, 여성은 시민으로 인정되어야 한다고 주장했다. 그녀는 "인구의 절반만을 대표하는 제헌의회가 전 인민의 의지를 표현한다고 말하는 것은 옳지 않다"고 하면서, 인구의 절반인 여성에게 시민권이 주어져야 한다고 역설하였다.(Linda Harriet Edmondson, 1984, p.166)

부르주아 페미니스트들의 노력에 힘입어 임시정부는 6월에 여성에게 변호인으로서 종사할 권리, 즉 법정에서 의뢰인을 대변하는 권리를 부여했다. 여성은 또한 시민적 봉사에서 남성과 같은 평등권을 얻었는데, 이것은 특히 여성교사들에게 중요했다. 7월 20일에, 20세 이상의 모든 성인은 여성과 남성 모두 향후 소집될 제헌의회 선거권을 얻었다. 흥미로운 점은 임시정부와 소비에트로 양분된 당시의 이중권력(Dual Power)의 시기에 부르주아 페미니스트 진영이 임시정부와 제휴했다는 사실이다. 즉, 임시정부는 페미니스트의 요구를 들어주면서 페미니스트에게서 전쟁지지를 얻어냈다. 실제로 임시정부가 패전을 거듭하고 수많은 장병들이 전선에서 뿔뿔이 흩어지고 있던 시기에 여성들이 전장에 투입되었다. 1917년 5월 말에 전쟁부장관은 1차 세계대전 초기에 참전해 유명해진 마리아 보추카료바(Мария Бочукарёва)를 통해 '제1페트로그라드 죽음의 여성부대'를 위한 징병을 하도록 하였고, '제2모스크바 죽음의 여성부대' 또한 형성되었다. 보추카료바는 노브고로드 출신의 농노의 딸로서 직접 전투에 참가해 포화 밑에서도 부상당한 병사들을 몇 차례나 구해내는 용감한 군인으로 잘 알려져 있다. 그녀의 예에 따라 수천 명의 여성들이 지원하였고, 어떤 여성들은 독립적인 여성부대를 만들었다.(Laurie S. Stoff, 2006, pp.69~89)

---

2) Courtesy of the Russian State Archive of Film and Photographic Documents

〈그림 2〉 1917년 여름 모스크바에서 여성 전투부대원들에 대한
공식 기념행사[2]

실제로 러시아군에서 여성병사들은 자주 발견되었다. 1917년 여름 전선에 간호사들이 있었으며, 전투 및 전투관련 활동과 관련된 여성의 수는 1917년 8월에 늘어났다. 머리를 짧게 깎고, 군복을 입어 남성처럼 보이는 여성병사들은 자진해서 군대에 배속되었으며, 시민으로서의 의무를 다하기 위해 전쟁에 참가했다. 전쟁 말기에, 6천여 명의 여성들이 전투에 참가했다.(Melissa K. Stockdale, 2004, p.113~114) 여성들의 참여를 호소하는 다음의 시는 철저히 남성의 영역이었던 병역을 여성의 것으로 전유하고 남성들의 권위체제를 야유하는 당대 여성들의 시선을 잘 보여준다.

용감한 여성들이여, 일어나라.
남성의 손에서 총검을 가져오라.
어서 보여주라.

(RGAKFD), Krasnogorsk. Melissa K. Stockdale, "My Death for the Motherland is Happiness: Women, Patriotism, and Soldiering in Russia's Great War, 1914~1917", *The American Historical Review*, Vol. 109, no.1, February 2004, p.78.

여성의 일생은 얼마나 자녀를 위해 존재했는지를.

국가는 조국을 위해 피를 흘린 병사들의 영광을 잊었는지를.

병사들은 오두막의 빨래통에 자리를 잡고

우리 어머니들의 등 뒤에 서있다.

그들은 겁쟁이고,

총검으로 우리를 지키기를 두려워한다.

그들은 이미 적과 강화를 맺고

적의 손에 고용되었다.

그러니 당신의 자유를 위해 일어나라.

싸움을 하기에 너무 늦는 법은 없다.

당신은 인민에게 행복을 가져다줄 수 있다.

남성들은 세탁이나 하게 하자.[3]

〈그림 3〉 제1페트로그라드 죽음의
여성부대원들의 사진(Laurie S. Stoff, 2006, p.83)[4]

---

[3] 이 시는 1917년 5월 중순 노브고로드 주에서 널리 유포되었다.

[4] A. Tarsaidze Collection, "courtesy of the Hoover Institution on War, Revolution and Peace.

그 후 '죽음의 여성부대(Women's Battalion of Death)' 부대원들은 임시정부를 지원하기 위해 10월 25일 볼세비키와 친—소비에트 군대의 공격에 맞서 겨울궁전을 방어하였다. 보추카료바가 지휘한 부대는 정규군으로서 1917년에 전쟁을 후원하는 여성을 등록시키기 위한 수많은 노력들 중 하나였다. 그러한 노력들은 임시정부와 함께 일한 다른 박애주의적인 부르주아 페미니스트들처럼, 1917년의 폭풍 속에서 씻겨나갔다.

2) 여성 노동자

한편, 하층의 노동계급 여성들은 어떠했는가? 비록 하층계급 여성들이 2월혁명 이후의 성과를 함께 공유했지만, 그들의 필요와 열망은 페미니스트들의 그것과 거리가 있었다. 그들은 참정권 투쟁에 대해 무심했고, '무기를 들 권리'나 여성의 정치적 권리를 거의 추구하지 않았다. 하층여성들 가운데 가장 강력한 집단은 병사의 아내들이었다. 예컨대, 1917년 3월 중순에 페트로그라드 항구지역의 여성모임을 열어 '분여지의 몫'(надел)을 늘려달라고 주장하였다. 본래, 병역을 위해 군대에 들어간 농민들은 분여지를 받지 못했으므로, 병사의 아내들은 농촌에서 경제적으로 가장 열악한 집단에 속했다. 그리고 4월 11일에는 1만 5천여 명의 병사아내들이 넵스키 대로를 행진하며 '분여지 몫의 증가', '빵'을 요구하며 시위를 하였다. 그들 역시 자율적인 시민권 요구나 '무기를 들 권리'와 같은 정치적 주장보다는 경제적 요구를 하는 데 그쳤다.(George Jackson & Robert Devlin, eds, 1989, p.620)

아울러, 세탁부들도 자신들의 요구를 관철시키기 위해 시위하였다. 5월에는 3천 명 이상의 세탁부들이 그들의 새로운 연맹의 주도로 파업에 나섰는데, 그들의 요구는 8시간의 노동과 하루 최소한 4루블의

임금이었다. 고용주들은 그들을 해고하고 집에서 쫓아낸다고 엄포를
놓았으며, 피켓을 든 여성들은 공격을 당하고 어떤 여성들은 체포되
기도 하였다. 비록 고용주들이 다른 연맹을 만들어 세탁부들의 파업
을 방해했지만, 세탁부들은 계속 저항한 끝에 1달 후에 승리를 얻어냈
다. 그와 함께 5월 13일부터 9월까지 염색업에 종사하는 여성노동자
들도 파업을 시도했지만, 이 경우에는 성공하지 못했다. 그들은 일단
파업을 꺼렸고, 파업을 벌이더라도 방어적이었다. 여성들은 공장이
폐쇄되어 생계에 필요한 일자리를 빼앗길 것을 두려워했다. 여성노동
계급의 해고에 대한 두려움은 남성노동계급보다 더 컸다. 왜냐하면
일시해고의 위협이 있을 때, 여성들이 남성들보다 더 자주 제안을 받
기 때문이었다.(George Jackson & Robert Devlin, eds, 1989, pp.621~623)

많은 경우, 여성들은 대부분 조직된 정치활동에 참여하지 않았으며,
신문 등의 매체는 여성들에 대해 무시하는 경향이 있었기 때문에, 어
성 노동계급의 정치적 성향을 정확히 파악하는 것은 쉽지 않다. 러시
아 일반 대중의 적극성과 정치투쟁이 광범위하게 확산되었넌 2월과
10월 사이의 8개월 동안에 관한 기록들 가운데, 하층계급 여성들의 경
우는 사회주의정당에 참여했다든가 볼셰비키 신문에 글을 게재했다
든가 할 때 예외적으로 그 목소리를 들을 수 있을 뿐이다. 예컨대, 간
행된 사료집 가운데 3월 7일자 기록에서는 페트로그라드에서 열린 여
성노동자 모임이 묘사되고 있다. 이 모임에서는 여성의 완전평등, 여
성 및 아동노동 보호, 야간노동 폐지, 민주공화국, 8시간 노동, 농민을
위한 토지 등이 주요 의제로 통과되었는데, 어떤 여성들은 자신들의
주장은 '부르주아운동 여성과 다르다'고 밝히기도 하였다.(*Революцио
нное движение,* c.470 · 578)

물론, 도시에서든 농촌에서든 여성들은 가사와 자녀양육에 대한 책
임 때문에, 그리고 남성들의 야유와 반대 때문에 사람들 앞에 나서기

를 주저하는 경향이 있었던 것은 사실이다. 그렇지만, 과거 그 어느 때보다 더 많은 여성들이 집회에 참여해 탄원문에 서명하였으며, 제헌의회를 위한 시선거 투표에 참가하였다. 때때로 노동계급여성들은 일반적 개혁뿐만 아니라 자기 자신의 권리를 주장하기도 하였다. 세탁부들의 임금인상과 노동조건 개선을 위한 파업에서 보듯이, 노동계급여성은 남성들이 초안을 작성한 청원문에 서명하는 동시에 여성들 스스로 청원문 초안을 만들었으며, 그 청원문 안에서 여성평등과 작업장에서의 성적억압의 종식을 요구하였다.(Jane McDermid & Anna Hillyar, 1999, p.197)

3) 사회주의 여성혁명가

1905년 혁명과 함께 대부분 유형이나 망명을 떠나야 했던 사회주의 진영의 혁명가들은 1917년 2월혁명 이후 국내로 들어오거나, 망명지에서 세력 확장에 매진하였다. 크룹스카야(Н. Крупская)가 「여성노동자」라는 소책자를 써, 여성노동계급의 열악한 상황과 여성문제의 중요성을 환기시킨 이래로, 아르만드(И. Арманд)는 망명지에서 이와 동일한 제목의 신문 『여성노동자』 간행을 주도한 바 있다. 콜론타이(А. Коллонтай) 역시 여성해방 관련 저작을 쓰고, 세탁부 여성의 파업을 지도하는 등 다양한 활동을 행하였다.

그럼에도 불구하고, 1917년 2월혁명 전까지만 해도, 러시아의 사회주의 여성운동은 조직적, 실천적 차원에서 지극히 미시한 성과만을 이루었다. 혁명 전에는 사회주의 혁명의 이데올로기를 전파하고, 부르주아 페미니스트의 여권운동의 영향으로부터 여성노동자를 떼어놓으려는 방어적 차원에서의 이데올로기적 공격이 대부분이었다. 그 원인으로서, 우선은 혁명지도부가 망명이나 유형 상태에 있었다는 점,

다음으로는 페미니즘이나 여성문제에 대한 강조가 자칫 혁명운동에 분열을 가져올 수 있다는 지도부의 우려가 컸던 점도 지적해야 할 것이다.

이 시기에 사회주의 정당 내 여성들의 영향력으로서, 먼저 볼세비키의 경우를 살펴보면, 전체 당원 중 여성의 비율은 약 8% 정도 차지하였다. 여성볼세비키는 조직, 연설, 글쓰기 작업을 했으며, 소비에트, 시두마, 노동조합위원회의 위원이 되었으나, 주로 당의 중, 하위 서열에서 지역위원회를 이끌고 전국적인 리더쉽을 얻지 못하였다. 예외적으로 사회혁명당 좌파의 마리야 스피리도노바(M. Спиридонова)는 지도적인 역할을 했으며, 전국적인 명성에 최고의 권위를 누린 여성지도자는 볼세비키인 이네사 아르만드(И. Арманд)와 나제즈다 크룹스카야(Н. Крупская), 그리고 멘셰비키였다가 볼세비키로 전향한 알렉산드라 콜론타이(А. Коллонтай) 정도였으며, 사회혁명당의 예카테리나 브레쉬코-브레쉬콥스카야(Е. Брешко-Брешковская), 멘셰비키인 베라 자술리치(Вера Засулич)와 베라 피그네르(Вера Фигнер)는 권력의 핵심에서 배제되었다.

2월혁명 이후부터 10월혁명 사이에 사회주의 진영의 여성운동세력은 각각 볼세비키, 멘셰비키, 사회혁명당으로 나뉘어, 서로 다른 주장을 하였다. 여성지도부는 한편으로는 참정권, 시민권, '무기를 들 권리'라는 정치적 요구에서부터 다른 한편으로는 빵과 임금인상이라는 경제적 요구에 이르기까지 아래로부터의 다양한 요구에 귀를 기울였다. 멘셰비키와 사회혁명당은 베라 피그네르의 경우처럼, 부르주아 페미니스트와 제휴하는 등 상반된 목소리를 냈으며, 볼세비키 여성은 원칙적으로 맑스주의에 기초하는 혁명노선 속에서 부르주아 페미니스트와 거리를 두었다.

그런데, 여성노동자들은 2월혁명 시기와 달리 정치적 목소리를 매우 제한적으로 내고 있었다. 여성노동자들이 우세한 몇몇 공장에서만, 정치경제문제에 대한 결정을 만들었을 뿐이다. 노조와 공장위원회에서 여성을 위한 대표성은 약했다. 공장에서 여성노동의 높은 비율에도 불구하고, 5월말 페트로그라드에서 열린 제1차 공장위원회 회의에서 오직 4%가 여성대표였다. 여성이 후보가 되는 경우는 거의 없었고, 지방소비에트에서 여성이 선출되는 경우도 거의 없었다.

이처럼 2월혁명과 10월혁명 사이에 임시정부와 정당에서부터 소비에트, 노동조합, 공장위원회에 이르기까지 여성들의 정치적 대표성은 미미하였던 것을 알 수 있다. 그 원인으로써 첫째, 여성들의 정치적 경험의 부족과 순종적 경향 때문이며, 둘째 여성노동계급의 자기 인식에서 젠더화된 본질 때문이었다. 즉, 공장모임에서 남자들은 종종 여성들의 발언을 막거나 여성들이 말할 때 듣지 않았으며, 여성노동자는 여성임에도 불구하고도 자신을 자매가 아니라 형제로 인식했다. 예컨대, 스몰렌스크 주의 한 주도적인 여성집단은 "러시아 여성과 어머니는, 우리가 세계의 모든 어머니들에게 우리의 형제다운 손을 펼친 첫 번째라는 것에 자랑스러워 합시다"라고 기술한 바 있다.(Mark D. Steinberg (ed.), 2001, p.98) 셋째, 숙련기술의 존재여부, 고향인 농촌 마을과의 관계, 전통적·문화적 관행 등에 기초하여 젠더관계가 재설정되었기 때문이다. 즉, 여성은 사회주의운동의 상징으로 그러지는 경우가 드물었던 것에 비해, 남성노동자의 이미지는 매우 일반적이었다. 노동자의 남성적 정체성은 이미 혁명 이전의 작업장에서 유래한 것이며, 혁명의 발전에 꼭 필요한 그것은 남성의 특권이라는 추측을 강화시켰다.(Orlando Figes and Boris Kolinitskii, 1999, p.110) 이러한 이유로, 2월혁명과 10월혁명 사이에 정치적 권리와 일상생활에 대한 통제를 위해 투쟁했던 조직, 즉 소비에트, 노동조합, 공장위원회 등에서 남성들이 여성을 수적으로 압도하는 상황은 크게 변하지 않았다.

4. 10월혁명 이후 일상생활의 변화

1) 새로운 사회주의 체제와 여성

혁명에 뒤이어 혁명반대세력에 대한 연합군의 물질적 재정적 지원을 배경으로 내전이 발생했다. 여성들이 내전에 참가하는 것은 볼셰비키 통치세력에 대한 지원으로 해석할 수 있는데, 노동하는 남성들은 모두 의무적으로 군사징집에 응했어야 했던 데 반해, 여성은 자발적인 지원에 의해 군 복역이 가능했다. 1920년 가을에, 5~7만 명의 여성노동자들은 적군에 참가하여, 전체 무장력의 약 2%를 구성하였다. 많은 여성들은 소총병으로, 무장기차의 명령병으로 그리고 포병으로도 전투에 참가하였다. 어떤 여성들을 직접 남성 상관의 명령을 받는가 하면, 어떤 여성들은 선동선전을 맡는 성치장교로 일하도록 배치되었다. 그러나 대부분은 군 사무원이나 간호부로서 의료부대에 배속되었다. 총 2만 명의 여성들이 전선에서 의료지원을 하였다.(Elizabeth Wood, 1997, p.56) 여성들은 혁명 수호 투쟁에 참여함으로써, 자신들이 새로운 정치사회 질서의 중요한 역할을 하고 있음을 보여주었다.

볼셰비키는 내전의 시기에 여성해방을 포함해 사회적 변형의 비전을 실행에 옮겼다. 하지만, 중간계급 여성의 자유주의적 경향의 페미니즘은 부르주아적이라는 비판을 받고 사라졌다. 이제 맑스의 해석에 기초하는 사회주의적 페미니즘 또는 페미니즘의 볼셰비키화가 중요한 담론의 하나가 되었다.

우선, 양성평등은 가사노동의 사회화에서 시작되어야 했다. 즉, 레닌에 따르면, 여성이 가사노동과 자녀양육에서 벗어나 사회적으로 '유용한' 노동에 참여한다면 양성평등에 다가갈 터였다.(Vladimir Lenin, 1938, pp.13~15) 콜론타이는 여기에서 더 나아갔다. 그녀는 여성이 스스로 선택하는 경우를 제외하고는, 가족을 포함해 모든 사회적 억압으로부터 여성해방을 요구하였다.(Ирина Юкина, 2007) 레닌과 콜론타이 양자 모두 여성이 남성의 재정적 지원을 얻기 위해 행해진 가정에서의 서비스와 남성에 대한 성적 서비스를 교환할 필요로부터 해방되면, 여성은 남성과 평등하게 마주하게 될 것이라고 보았다. 그리하여 결과적으로, 가족 자체는 소멸할 것이며, 여성과 남성은 오직 사랑을 위해 결합하게 될 터였다.

하지만, 역사가들은 이러한 설명에 대해 완전히 동의하지 않는다. 치르코프의 경우에는 볼셰비키가 여성에게 새로운 이니셔티브를 갖도록 많은 문을 열어놓았다고 지적하는가 하면, 라피더스의 경우에는 볼셰비키의 모든 것을 도구화하는 본성, 그리고 젠더 전형성의 유지라는 점을 강조하면서 볼셰비키가 여성해방에 신실하게 공헌을 했는지에 대해 의문을 제기하였다. 유키나는 소비에트시대에 강화된 가부장문화의 온존을 강조하며, 19세기 중반 이후 여성의 정치적 참정권, 노동권, 재산권, 남녀평등권의 확대를 위해 고유한 발전을 해온 자유주의적 페미니즘의 진보적 성과를 볼셰비키 권력이 '역사의 쓰레기통'으로 날려버리고 그 중요한 진보적 성과, 예컨대 선거권, 낙태권, 남녀평등권 등을 자신의 성과로 만든 측면이 있다고 비판한다. 그가 보기에 '소비에트 전통주의советская традиционализма'는 이미 의식이 있는 여성들에 대해 오랫동안 법의식의 고양, 문자율확대, 문화의 발전이라는 '비현실적 주제'를 강조해왔고, 이것은 젠더정치에 기반하는 사회적 지위체계를 만들려는 소비에트체제의 정치문화를 여실히 반영한다. 그의 견해에 따르면, 혁명에도 불구하고 전통적 가부장제는 그대로 존속 강화되었고 여성에 대한 전통사회의 규범적 문화에 대해 제대로 검토되지 않았다는 것이 중요한 한계로 남았다고 주장한다.(Ирина Юкина, 2007)

2) 변화와 갈등

볼셰비키 정부는 1918년 10월 17일, 소비에트러시아공화국의 새로운 가족법을 공포했는데, '1918년의 시민권, 결혼, 가족, 친권에 관한 법령(Кодекс законов об актах гражданского состояния брачном, семейном и опекунском праве 1918 года)'은 이미 1917년 12월에 공포한 '이혼에 대한 법령'을 확대 보완한 것이었다. 우선, 법은 여성과 남성의 신분상의 평등을 보장했고,(18조) 결혼을 교회의 수중에서 가져왔으며,(82조) 혼인한 부부는 남편 혹은 아내의 성을 선택하는 것이 허용되었다.(100조) 아울러 서자와 적자에게 평등한 법적 권리가 부여되었으며(170조, 172조), 제정 러시아 시기에 과도하게 어려웠던 이혼은 쌍방 혹은 한쪽의 요청에 의해 성립될 수 있었다.(87조) '배우자'는 결혼 후에도 자신의 국적을 가질 수 있었으며,(147조) 일할 수 없는 '배우자'는 상대방에게 서로 지원을 요청할 수 있었다.(172조)(О. И. Чистяков (ред.), 2008, сс.50~76) 노동여성은 8시간 노동과 아울러 산전산후의 출산휴가를 받는다. 임금에 대한 것으로서는, '양과 질에 있어 남성과 동일 노동을 하는 여성은' 동일한 임금을 받아야 했다. 아울러 '남녀공학'은 규칙이 되었다. 얼마 후 1920년 11월에 의사에 의해 행해지는 낙태가 합법적으로 허용되었다. 이러한 새로운 가족법을 통해, 혁명은 누구보다도 하층계급 여성에게 새로운 문을 열어줄 것이며, 여성들을 낮은 신분에 남게 만드는 정치적, 사회적, 젠더적 위계제를 제거할 것으로 기대되었다. 과거에 사회 정치적으로 사회 밑바닥에 있던 노동자들은 이제 상위에 서게 될 것으로 전망되었다. 아울러 10월혁명 이후 새로운 사회주의국가에서 젠더와 섹스 관계는 재정의될 터였다.

1918년 11월에 콜론타이와 아르만드가 조직한 '전러시아노동계급여성회의'가 개최되었을 때, 1147명의 대표가 참석하였다. 두 조직가들은 여성해방이 '사회주의의 중요한 구성물'이며, 여성은 자신을 위해 '새로운 생활(новая жизнь)'을 만들어내야만 한다고 거듭 주장했다. 아르만드는 여성이 가사노동과 육아로부터 해방되어 공적활동에 참여할 수 있도록 국가지원의 탁아소, 세탁장, 부엌에 대해 강의했다. 그리고 당과 국가는 1919년 8월, 노동여성을 사회주체 체제의 수립에 적극 참여시키고 동원하려는 목적에서 공산당 중앙위 산하에 독립적 기구로서 여성부(Женотдел)를 세우도록 허가하였다. 아르만드가 초대 여성부의 장으로 임명되었다. 당의 목적은 분명해 보인다. 당지도부의 눈에 여성부는 여성노동자들을 동원하도록 조정하는, 다시 말해 당정책을 위한 일종의 '트랜스미션 벨트'였다. 그렇지만, 여성부의 지도부와 활동가들은 당지도부와 다른 비전과 견해를 지니고 있었으며 시간이 흐를수록 차이가 생겼다. 그러나 적어도 초기에는 기금의 부족에도 불구하고, 여성부는 탁아센터, 공동세탁장, 공동숙사, 공동식당 등을 설치함으로써 여성해방의 기초로서 활동하였다.

아울러 여성부의 가장 중요한 핵심은 활동가의 교육에 있었다. 여성부 대표단에 선출된 여성노동자들은 정치적 훈련을 위해 작업장을 임시로 떠나, 지방의 소비에트, 노조, 당조직 등 더 적극적인 활동을 하는 기구에서 훈련받았다. 대표단은 수업과 모임에 참가하고, 정치 문제에 대한 보고를 들었으며, 공장에서 탁아센터 같은 것을 통해 노동여성들을 조직하는 법을 배웠다. 3~6개월의 훈련을 받은 후, 대표단은 다시 예전의 작업장으로 돌아가 자신의 경험을 다른 노동자들 앞에서 보고하며, 마지막에 다른 새로운 대표가 선출된다. 이런 방식으로 여성부는 수백만 명의 여성에게 정치의식, 지식, 경험의 지평을 넓힐 기회를 부여했으며 그들이 공적 생활에 참가할 수 있도록 도왔다. 여성부의 노력에 힘입어 수천 명의 여성들이 당에 가입했으며, 1922

년에 이르면 여성당원이 3만 명을 넘어섰다. 아직은 당원 전체 숫자의 8%만을 차지하는 소수이지만 말이다.

그러나, 혁명에 뒤따르는 물질적 조건은 열악했다. 볼셰비키가 권력을 잡았을 때 식량사정은 도시 거주자들에게는 재난 그 자체였다. 볼셰비키는 경제를 통제하기로 결정하여 일체의 매매를 폐지하고, 사적 소유의 서비스를 없앴다. 사람들이 계속해서 도시를 빠져나갔고 도시는 황폐해졌다. 모스크바는 내전 말기에 인구의 절반이 줄었고, 페트로그라드는 2/3가 줄었다. 남은 대다수는 여성들이었으며 그들은 절망적인 상황에서 스스로를 보호하기 위해 애썼다. 특권을 잃은 '과거의' 상층계급 및 부르주아 등 '배제된' 사람들은 식량을 구하기 위해 가진 옷과 물건을 팔지 않으면 안 되었으며, 남편이 내전에서 사망하거나 여전히 전쟁터에 있는 하층여성들의 경우 하루 종일 일하고 밤에는 식량과 땔감을 찾아다녀야 했다.

교사였던 지나이다 젬추즈나야(Зинайда Жемчужная)의 회상은 1921년의 모스크바 주민들을 잘 묘사하고 있다.

"우리는 모스크바에 도착했다. 어떤 모습이었는지! 도시는 굶주리고, 누더기를 걸친, 더러운 거지를 닮았다……주민들은 도시에 어울렸다. 기진맥진하고, 무뚝뚝하며, 면도하지 않은 소비에트인들—병사들의 트랜치코트, 양피 코트, 또는 여성의 모피코트를 입고 끈으로 묶었으며, 닳아 헤진 구두, 누군가의 고무 덧신, 또는 어색한 펠트 부츠를 신었고, 집에서 짠 벙어리장갑을 끼고 등짐과 자루를 가지고 있는—그들은 어린이 썰매를 끌면서 거리를 위아래로 달렸다.……우리는 피고용인 숙사에 있는 방 한 개를 간신히 얻었다……5층짜리 건물은 5개의 가족이 거주하는 것을 의미했지만, 수백 명의 거주민을 포함하였다……우리 층에는 5명 대신에 500명이 있었다. 그로테스크하고 인구가 밀집한 도시에서 이러한 쉼터를 얻게 된 것만도 행운이었다."(Sheila Fitzpatrick and Yuri Slezkine (eds.), 2000, p.107)

사람들은 젬추즈나야가 앞서 인용하고 있듯이 엄청나게 많은 옷을 껴입고 끈으로 묶은 행색으로 식료품 가게 앞에서 줄을 섰다. 사람들은 기아로 죽거나 얼어 죽었으며, 전염병이 돌아 수백만 명이 죽었다. 1918~1919년 사이에 티푸스는 150만 명의 목숨을 앗아갔으며, 수백만 명의 아이들이 부모가 죽거나 보호받을 수 없는 상태에서 거리를 배회하였다. 국가가 지원하게 되어 있는 가사대체 프로그램은 물질적 어려움으로 인해 제대로 작동하지 않았다. 정부는 도시인구를 먹여 살리기 위해 농촌에서 강제로 곡물을 조달하는 한편, 공공식당과 간이식당을 열었으며, 집 없는 아이들을 위해 보호소와 어린이집을 열었다. 그러나 공동식당에서 조리된 음식은 위생이 열악하고 불결해서 먹을 수가 없었으며, 세탁장에서 처리된 빨래는 이웃간 분쟁의 소지가 되는 등 부정적 인상만을 주었다. 또한 혁명과 내전에서 남편과 아버지를 잃은 가족은 경제가 파괴되기가 쉬웠다.(Wendy Goldman, 1993, pp.60~67)

더욱이 이러한 변화는 상당한 도전을 받았다. 전쟁이 계속 되면서 가정과 고향에 대한 향수가 국가와 조국을 대체하고, 그 과정에서 심리적으로 개별가족이 이상화되기 쉬웠다. 또한 정부 자체도 남녀의 젠더차이를 재차 강조하는 경향이 있었다. 다시 말해, 정부가 여성의 의무적 징집을 금지하자 이제 적군은 남성들의 주요한 영역이 되었다. 적군 내부에서도 남성장병들이 여성병사에 대해 불편해하며 언어와 신체적으로 학대하였다. 이런 상황에서 여성들은 좀더 거칠고, 좀더 강하지 않으면 안 되었다. 정부는 젠더차이에 대해 애매모호한 메시지를 전했다. 여성들이 남자와 같아지도록 하면서 동시에 여성적 자질을 사용하도록 고무시켰다. 예컨대, 1920년 10월 30일자 노동징집 명령은 실제로 16~45세의 모든 도시 여성들이 적군을 위해 속옷과 셔츠를 바느질하도록 요구했다.[5]

결론적으로, 앞의 설명에서 소비에트 정부수립이 러시아여성들을 위해 훨씬 더 중요한 결과를 가져다주었다는 사실을 부인하려는 것은 아니다. 왜냐하면 볼셰비키는 사회주의 사회의 토대, 즉 여성을 위한 완전한 법적, 시민적 평등권, 학교교육과 직업의 평등권, 여성들이 새로운 자유를 향유할 수 있도록 가사와 육아를 국가가 담당하는 사회적 서비스를 위한 프로그램을 만들었다. 이러한 약속을 지키기 위해, 볼셰비키는 혼인과 가족에 관한 법을 만들었다. 이러한 정책은 여성의 노동력을 끌어내고 전통적 성별분업을 폐지하며, 여성의 종속을 벗어나게 하는 것으로서 그 당시에 어떠한 정부도 도달하기 어려웠던 시도였던 것은 분명하다. 소비에트체제 건설과정에서 여성해방운동의 목표들과 여성들이 당면한 어려운 현실에도 불구하고, 어쩌면 러시아혁명이 여성에게 주었던 궁극적 의미는 여성의 존재를 역사의 전면에 드러냈던 데서 찾을 수 있을지도 모른다. 후르쇼프의 '해빙'의 시대에 '혁명의 딸'로서, 내전기에는 적군에 그리고 내전이 끝난 후에는 당 활동에 참가했던 노동자 안나 리트베이코의 혁명에 대한 회고는 그 점을 잘 보여준다. 그녀는 1917년 2월혁명 시기에 친구들과 공장을 빠져나와 시내를 돌아다니면서 경험한 감동과 충격을 보여준다. "이렇게 며칠이 지나갔다. 내게 혁명은 멋진 휴일인 것 같았다. 우리는 행복했다. 우리는 난생처음으로 어른이 된 것처럼 느꼈다. 우리는 처음으로 해방을 맛본 것 같았다. 우리는 언제나 함께하고 언제나 친구가 되기로 약속했다. 우리는 다음에 무엇을 할지에 대해 생각하지 않았다. 우리에게는 모든 꿈이 이미 이루어진 것 같았다."(Sheila Fitzpatrick and Yuri Slezkine (eds.), 2000, p.50)

---

5) 안나 안쥐옙스카야는 공산당원이자 의사로서 자원해서 전선에 갔는데, 군인들을 위한 공산당 바느질 상점을 조직하는 일을 해야 했다. 여기에서 여성 공산주의자들과 공산주의자의 아내들은 병사의 군복과 속옷을 꿰맸다.

5. 나오는 글

1917년의 격동의 시기는 볼셰비키가 내전에서 승리하면서 점차 혼란이 수습되었다. 그 후 정치투쟁을 제도화하는 과정에서, 2월혁명의 중심에 섰던 여성들은 역사의 뒷무대로 퇴각하고 그들의 자리는 남성들에 의해 대체되었다. 그럼에도 불구하고, 러시아의 여성들이 이 시기처럼 정치에 관심을 기울인 적이 없다. 더군다나 정치지도자들에게 여성을 동원하고 여성을 지원하는 문제가 이처럼 중요하게 대두된 것은 전례없는 일이다. 비록 여성권리의 자유주의적 주창자들의 목소리는 사라졌지만, 볼셰비키 페미니스트들은 맑스주의의 담론 안에서 여성해방을 위한 노력을 하였다. 1920년 이후 전통적인 젠더 전형성이 분명해졌지만, 여성이 자신의 욕망에 따라 자신의 삶을 개척하고 형성하도록 고무하는 다른 메시지들도 함께 공존했다는 것을 지적해야 한다.

혁명은 여러 한계에도 불구하고 특히 하층계급 여성들에게 전례없는 기회를 부여했다. 그들은 새로운 가치를 신봉하고 젠더편견의 장애를 무시하였다. 공산당, 노조, 소비에트 내에서 여성의 비율은 점차 늘어났다. 여성들은 이미 20~30년대에 행정가, 의사, 교사, 법률가, 재판인, 편집자, 사서, 엔지니어 등 다양한 직업에서 놀라운 신장을 보였다. 물론 이에 대해서도 다른 해석이 가능하다. 즉, 소비에트 체제 건설을 위해 여성을 동원하는 과정에서 나온 부산물이며, 혁명과정에서 여성을 수단화했다든가, 또는 주변화했다든가 하는 해석도 가능하다. 하지만, 20세기 초의 시대적 맥락을 고려하면 국가가 사회주의를 지향한다고 하더라도 젠더에 대해 분명한 입장을 갖기 어렵고 따라서 혼종의 메시지들이 난무하지 않았을까 추측할 수 있다. 중요한 것은 그러한 메시지들이 어떤 방식으로 여성들에게 영향을 주었는지 면밀하게 밝히는 데 있을 것이다. 여성들의 나이, 사회적 지위, 결혼의 유무, 교육의 정도에 따라 메시지는 다르게 영향을 주었을 것이기 때문이다. 결국, 1917년 혁명 이후 소비에트 형성 초기의 실험이 여성들에게 주는 역사적 의미는 제한된 시기나마 여성들에게 자신의 목소리를 부여했다는 점이다. 여성부는 여성을 혁명에 끌어들이는 데 공헌했으며, 혁명을 여성 자신의 일상생활과 통합시키도록 해주었고, 여성들에게 다양한 일상생활의 전략을 부여했다. 이런 맥락에서 1930년 여성부 폐지는 바로 그러한 전략의 가능성을 차단한 것이 분명하다.

▣ 참고문헌

기계형, 2008 「일상생활과 젠더정치 : 소비에트시대 초기의 여성부, 1919~1923」 『여성과 역사』 제8집.

류한수, 2005 「"공산주의자여, 공장 작업대로!" 1920~1922년 페트로그라드의 공산당원 공장 재배치 캠페인과 노동자들의 반응」 「슬라브학보」, Vol.20, No.1.

최갑수, 2008 「프랑스혁명과 러시아혁명 – 비교와 상관성」「프랑스사 연구」 제18호.

한정숙, 1988 「혁명, 그리고 여성해방 : 러시아혁명기 여성운동에 대한 史的 眺望」 『여성』 제2집.

Волков Е. З., 1930 *Динамика населения СССР за восимьдесят лет*, М.

Леиберов И. Рудаченко С. *Революция и хлеб*, М., 1990.

Революционное движение в Россиипосле свержения самодержаия. Документы и материалы, М., 1957.

Кулешов С.В., Волобуев О.В, *Наше отечество опыт политической истории*, М., 1991.

Юкина Ирина, *Русский феминизм: Как вызов собременности*, СПБ., 2007.

О. И. Чистяков (ред.), 2009 'Кодекс законов об актах гражданского состояни я, брачном, семейном и опекунском праве 1918 года,' *Отечественное законодательство XX веков*, часть II, Москва ; Юристь.

A. Nove, 1982 *An Economic History of the USSR*, London.

A. Tarsaidze Collection, 2006 "courtesy of the Hoover Institution on War, Revolution and Peace ; Laurie S. Stoff", *They Fought for the Motherland : Russia's Women Soldiers in World War I and the Revolution*, University Press of Kansas.

Alfred G. Meyer, "The Impact of World War I on Russian Women's Lives", *Russia's Women*.

Barbara E. Clements, 1989 "The Effects of Civil War on Women and Family Relation", Koenker, eds., *Party, state and Society in the Russian Civil War*, Indiana University Press.

Barbara Evans Clements, 1997 *Bolshevik Women*, Cambridge Univ. Press.

_______, 1997 "Women and the Gender Question," in Edward Acton, Vladimir Iu Cherniaev, William G. Rosenberg (eds), *Critical Companion to the Russian Revolution* 1914~1921.

Diane D. Koenker & William G. Rosenberg, 1989 *Strikes and Revolution in Russia*, 1917, Princeton University Press.

Donald M, 1995 "What did you do in the Revolution, Mother?" Image, Myth and Predjudice in Western Writing in the Russian Revolution', *Gender and History*, April 1995, vol. 7, no.1.

Elizabeth Wood, 1997 *The Baba and the Comrade : Gender and Politics in Revolutionary Russia*, Bloomington, Ind. ; Indiana University Press.

George Jackson & Robert Devlin, eds, 1989 *Dictionary of the Russian Revolution*, Greenwood Press, New York.

Jane McDermid & Anna Hillyar, 1999 *Midwives of the Revolution: Female Bolsheviks and Women Workers in 1917*, Ohio Univ. Press.

Koenker D., 1981 *Moscow Workers and the 1917 Revolution*, Princeto.

Linda Harriet Edmondson, 1984 *Feminism in Russia, 1900－17*, Stanford : Stanford University Press.

Mandel D, 1984 *The Petrograd Workers and the Soviet Seizure of Power*, London.

M. McAuley, 1991 *Bread and Justice : State and Society in Petrograd, 1917~1922*,

Oxford University Press.

Marcelline J. Hutton, 2001 *Russian and West European women, 1860~1939 : dreams, struggles, and nightmares*, Rowman & Littlefield Pub Inc.

Mark D. Steinberg (ed.), 2001 *Voices of Revolution, 1917*, New Haven : Yale University Press.

Melissa K. Stockdale, 2004 "My Death for the Motherland is Happiness : Women, Patriotism, and Soldiering in Russia's reat War, 1914~1917", *The American Historical Review*, Vol. 109, Issue 1.

Orlando Figes and Boris Kolinitskii, 1999 Interpreting the Russian Revolution : *The Language and Symbol of 1917*, New Haven, Conn. : Yale University Press.

Sylvia Paletschek and Bianka Pietrow—Ennker, Eds., 2004 *Women's Emancipation Movements in the Nineteenth Century : A European Perspective*, Stanford : Stanford University Press.

Orlando Figes, 1996 *A People's ragedy : The Russian Revolution, 1891~1924*, New York : Penguin Book.

Semen Ivanovich Kanatchikov, 1986 *A Radical Workers in Tsarist Russia*, trans & ed. by Reginald E. Zelnik, Stanford University Press.

Sheila Fitzpatrick and Yuri Slezkine (eds.), 2000 *In the Shadow of Revolution : Life Stories of Russian Women from 1917 to the Second World War*, Princeton, NJ. ; Princeton University Press.

Steve Smith, 1987 "Petrograd in 1917 : The View from Below," in Daniel Kaiser (ed), *The Workers Revolution in Russia, 1917 : The View from Below*, New Yor k ; Cambridge University Press.

Vladimir Lenin, 1938 *Women and Society*, New York.

Wendy Goldman, 1993 *Women, the State and Revolution : Soviet Family Policy and Social Life, 1917~1936*, New York : Cambridge University Press.

William G. Rosenberg, 1997 "Problems of Social Welfare and Everyday Life", Edward Acton, Vladimir Iu Cherniaev, William G. Rosenberg (eds), *Critical Companion to the Russian Revolution 1914~1921*, Indiana University Press.

제3장 386세대 여성 후일담과 성/속의 통과제의

공지영과 김인숙의 소설을 대상으로

김은하

1. 여성/386세대

한국문학사에서 1990년대는 그 어느 시기보다 여성작가의 활약이 두드러지면서 여성의 경험이 본격적으로 조명되기 시작한 때이다. 그러나 여성작가들의 문단 진출의 의미와 글쓰기의 공과는 본래 성숙한 남성의 장르인 소설이 여성화, '사화(privaitization)'되고 있다는 우려가 힘을 얻으면서 편벽되게 규정되었다. 이를테면, 남성/여성, 공적영역/사적영역, 정치/일상, 계몽/욕망, 의식/무의식 등 이분법에서 전자와 후자가 각기 80년대 문학과 90년대 문학의 특질로 규정됨으로써, 여성의 목소리를 엄숙주의적인 거대담론을 해체하는 긍정적인 징후로 진단하든 소설이 '연성화'되는 우려스러운 현상으로 진단하든지 간에, 한국문학을 설명해오던 지배적 틀은 더욱 강고해졌다. 이러한 가운데 여성 후일담 소설은 본격적으로 조망되거나 정당한 평가의 대상이 되지 못했다. 후일담 소설은 80년대 혁명세대들의 치욕적 현존에 관한 자기 고백적 보고서로서 90년대 이후 한국 문학에 대한 기록에서 빼놓을 수 없을 만큼 두드러진 사건인 탓에 여러 차례 논의되어 왔다. 그러나 공지영을 제외하고 김인숙, 정지아, 권여선, 김형경, 이남희,

공선옥, 조선희, 오수연, 박형숙, 전경린, 정미경 등 386세대[1] 여성작가들의 소설은 후일담 문학으로 조명되지 않음으로써 기실 90년대 여성문학이 80년대와 맺고 있는 접점 혹은 단절의 지점은 섬세하게 포착되지 못했으며 후일담 문학의 젠더화 양상 혹은 여성문학적 성격역시 간과되었다.

여성 386세대들은 공식적 기록 혹은 기억 속에 제 이름을 올리지 못한 부재 혹은 결핍의 기호들이다. 386세대의 대표 작가로 방현석, 김영하, 김소진 등 남성작가가 거론되고, '여성386'이라는 지칭이 부재한 데서 알 수 있듯이 '386' 혁명세대의 주체는 청년·남성 지식인으로 기억되어 왔다.(이희영, 1999)[2] 그러나 기실 여성386들은 본격적으로 정치의 세계에 입문함으로써 자기 교양화를 시도한 여성 지식인 집단 혹은 정치적으로 각성된 최초의 여성세대이다. 그간 한국 현대사 속에서 다수의 여성들은 사적영역에 묶여 있었기 때문에 광장의 대열에 설 수조차 없었다. 사일구 혁명의 경우 소수의 여성들이 혁명에 참여했지만, 소녀 진영숙의 유서가 소년 김주열의 것으로 바꿔치기 된 것처럼(김주현, 2010, 40쪽) 혁명은 여성에게 근대 국가의 국민-시민의 정체성을 부여하는 계기가 되지 못했다. 혁명은 비록 독재정권을 무너뜨렸다 할지라도 사회적 삶의 내밀한 토대를 형성하고 있는 성역할을 해체하지 못했다. 특히 여성들의 혁명참여는 여성들의 지위를 높이거나 여성인권에 대한 관심을 확대시키는 결정적인 전환의 계기로

---

[1] '386'은 1960년대에 태어나 1980년대에 대학에 다니고 1990년대에 30대였던 세대를 가리키는 말로서, 현대사의 어떤 세대보다 대규모의 집단으로 학생운동과 민주화운동에 적극적으로 참여했기 때문에 혁명세대로도 불린다.

[2] '386세대'라는 용어는 고유명사가 될 정도로, 1980년대 학생운동의 경험은 한 세대를 특징짓는 공동의 경험과 정서를 형성하는 기반이 되었다. 학생운동의 직간접적 경험을 통해 형성된 강한 정치적 자의식, 역사와 사회에 대한 책임감, 집단주의적 문화에 의한 정치적 자의식, 역사와 사회에 대한 책임감, 집단주의적 문화에 의한 공동체적 연대감 등은 세대적 '우리 정서'를 이루는 기반이다.

이어지지 못했다. 여성은 정치적 공론의 장에서 온전히 주체 위치를 획득하지 못한 것이다. 이처럼 혁명은 여성들을 들러리 혹은 희생자로 삼기에 완전하지 못한, 즉 미완의 혹은 실패한 기억으로 남고 만다. 여성의 공적인 자유와 정치적 권리를 위한 투쟁이 광범위하게 이루어지기 시작한 것은 80년대부터다. 그러나 80년대 민주화운동의 경우도, 혁명의 추억 혹은 영광 속에서 여성의 존재는 배제되거나 지워져 왔다.3)

혁명은 여성들의 삶을 개선하는 데 별다른 기여를 하지 못할 뿐 아니라, 심지어 여성을 배제해 버리기조차 한다. 여성에 관한 의제를 부차적인 문제로 취급하기 때문이다. 혁명은 여성들에게 무관심하거나 심지어 적대적이다. 여성이 겪는 고통은 민주주의, 계급 해방, 민족 자주보다 덜 중요한 것으로 간주되며, 여성 혹은 여성성은 남녀 모두에게 저항적 주체의 아이덴티티를 찾기 위해 벗어나야 힐 두려움 혹은 유혹과 동일시된다. 특히, 1980년대가 광주 학살의 광기와 함께 시작된 탓에 학생운동은 비장한 저항운동의 형태를 띠어 청년들에게 죽음을 각오하고 전사가 되어야 한다는 사명감을 불어 넣었을 뿐 아니라 '유격전'에 비근할 만한 폭력적 양상을 띠었다. 이로 인해 신체적으

---

3) 오히려 성공한 혁명은 젠더 관계를 엄격하게 재질서화하기도 한다. 이를테면, 사일구를 기점으로, 해방과 6 · 25로 전후 와해된 젠더 관계는 실질적 · 상징적으로 재편성된다. 50년대라는 혼돈과 매혹의 시절에 등장한 '아프레 걸'들은 자신의 육체와 감각을 통해 실존의 자유를 쟁취하려 하지만 사일구 혁명을 계기로 실존적 모험을 방종한 자유로 선언하고 처벌하거나 주검으로 사라져 버림으로써 근대 국가의 시민들이 부르는 합창의 대열에 서지 못한다. 정연희의 『목마른 나무들』(63, 여원사)에서 당돌한 '아프레 걸'인 서주연은 독재에 맞선 연인의 희생적 · 영웅적 주검 앞에서 자신의 실존적 모험을 과오라 이름붙이고 부끄러움 가득한 눈물을 흘리며 성숙의 문지방을 넘는다. 그녀에게는 여성—모성성의 새로운 규범이 주어진다. 또한 강신재의 『오늘과 내일』(1967, 을유문화사)에서 여대생 윤미는 혁명의 과정에서 시위에 가담해 결국 다리를 잃는다. 그러나 마치 혁명 국가에서 여성 정치 주체들의 기억이 말소된 데 대한 은유인 양 윤미는 자살함으로써 새로운 국가의 시민이 되지 못한다.

로 자유롭고 강인한 남성이 혁명의 주체세력이 되었으며, 학생운동조직은 가부장적 구조를 비판적으로 넘어서지 못했다.(전희경, 1998, 100쪽)[4] 이렇듯 긴급한 정치 상황은 80년대 세대에게 자기에 관한 성찰적 응시를 허락하지 않았다. 이들은 자기의 나약함과 안일함에 대한 혹독한 자기 반성은 허락받았지만 공적 대의를 앞세운 탓에 사적인 욕망과 고뇌의 침묵을 명령받았다. 이들은 혁명의 대의와 개인의 취향 혹은 욕망의 괴리 속에서 깊은 분열을 겪었을 가능성이 크지만(진은영, 2008, 69쪽)[5] 이를 은닉하는 데 익숙하다. 뒤에서 살펴보겠지만, 특히 육체, 감각, 사생활 등은 운동의 신성한 대의를 위협하거나 해칠 수 있는 세속적 욕망으로 분류됨으로써 감시 혹은 억압의 대상이 되었기 때문에, 성별은 언어화되거나 사유될 수 없는 어둠의 대륙으로 남아 있게 된다.

이렇듯 80년대 운동담론에서 여성의제는 배제되어 버린 탓에 80년대 운동조직의 남성성, 여성의 주변화는 본격적으로 성찰되지 않았으며 80년대 여학생들은 자신의 존재론적 뿌리인 성별에 대해 그 어떤 세대보다 무지하거나 심지어 허위적이었다. 그러나 성장을 개인의 사

---

[4] 80년대 운동의 남성성은 학생운동 조직이 가부장적 구조를 취하고 있었다는 데서도 드러난다. 전희경에 따르면 학생운동 진영에게는 여타의 정치세력과 달리 높은 수준의 도덕성이 요구되는데, 이런 '신뢰'는 학생운동 일반에 가상적으로 기대되어졌지만, 기실 학생운동 진영 내의 성차별주의는 '진보'와 '대동단결'의 이름으로 은폐되고 무마되어 온 "악랄한 폐습"에 속한다. 이는 대학사회 또한 기존 사회의 가부장제를 그대로 체현하고 있으며, 이런 성차별주의를 물질적인 실재로 바라보지 않고 단순히 '이데올로기'로 생각하고, 여성운동을 암묵적으로 피해의식을 가진 소수 여성들의 문제로 취급하게 한다. 또한 구체적으로 학생운동 조직 내에서 성역할 분담이 이루어지고 있으며 성폭력이 빈번하게 발생하지만 운동권 보호주의라는 명분에 가로막혀 공론화되지 못해 왔다.

[5] 시인 진은영은 80년대의 민중시에 공감했지만, 자신은 아무리 노력해도 그렇게 쓸 수 없었다며 사회참여와 참여시(취향과 감각)의 분열에 대해 고백한 바 있는데, 이는 80년대 세대가 광장과 밀실의 불일치 혹은 이념과 감수성의 극심한 분열을 겪었다는 점에서 개인의 특수한 경험으로 규정해 버리기 어려움을 암시한다.

회성과 표현의 자율적인 형식을 가능하게 만드는 자기형성의 과정이라 했을 때, 이들은 여성 혹은 여류라는 집단의 범주 혹은 성의 규범에서 벗어나 자율적인 개체로서 성숙의 통과제의를 시도했던 교양 주체들임이 분명하다. 이들은 여성이 성장한다는 것은 더 이상 어머니의 일을 배우기 위한 느릿하고 예견할 수 있는 과정이 아니라, 사회적 공간에 대한 불안한 탐색이 되었음을 보여준다. 세대 간의 연속성을 박탈하는 과정에서 새롭고 불안을 조성하는 힘이 전대미문의 이동성을 강요하면서 청춘의 모험이 시작되는 것처럼(프랑코 모레티, 2005, 28쪽) 80년대 여성들은 더 이상 전범이 없이 혹은 전범을 극복하며 성장의 길을 가야 하는 여러 가지 사회적 환경의 변화 속에서 등장했다. 여성들의 새로운 수업 시대는 사회에 대한 책임을 깨닫거나 정치의 세계에 입문함으로써 이루어진다. 이는 비록 의식적인 언어로 표명되지는 않았지만 386세대들의 혁명참여 속에 여성주의적 동기가 내재되어 있음을 암시한다.(진정·김명희·조두현 외, 2003, 242쪽)[6] 비록 혁명의 프레이즈 속에 '여성'이 빠져 있었다 할지라도 이들은 성규범에 대한 전복을 시도하며 '인간'이 되고자 한 첫 세대이다.[7]

---

[6] 386세대 여성들은 경제개발과 한국인의 유난한 교육열 탓에 고등 교육의 혜택을 받았지만, 가부장적인 가족제도에서 성차별 이데올로기에 억눌렸기 때문에 학생운동에 참여하면서 가족과 지독한 갈등을 겪게 된다. 한 386세대 여학생이 엠티를 통해 이루어진 조직활동 참여를 허용하지 않는 어머니와 갈등하는 장면은 이러한 판단을 뒷받침한다. "너는 모든 걸 네 뜻 하나에 의지하려고 하는데, 네 뜻과는 상관없이 네게 주어진 것들도 많은 거란다. 넌 여자야. 여자가 그렇게 집밖에 나돌아 다니는 것은 좋은 게 아냐. 여자니까 어쩔 수 없는 거야. MT만 해도 그래. 여자는 그렇게 한데서 함부로 자는 게 아냐." "엄마 난 여자야. 하지만 대부분의 여자가 살듯이 그렇게 살 수는 없어. 그러기 싫어." "다시 말하지만, 난 네가 여자로서 평범하게 살게 되길 바랄 뿐이다." "엄마는 지금 그럭저럭 대학 나와서, 돈 잘 벌고 미래가 촉망되는 그런 남자한테 시집 잘 가는 그런 걸 말하는 거지?"

[7] "우리 세대에서는 남녀가 동등한 위치에서 자신들의 삶을 살 수 있을 것 같았다. 남학생들 또한 나를 여학생이라는 의식 없이 그저 친구로서 대해 준다고 느끼고 있었다. 나도 그들과 무슨 일이건 함께 하려고 했다. 술자리에도 합석해 마시지 않는 술이라도 받아서 함께 술잔을 부딪쳤고, 어깨동무를 하고 〈선구자〉를 불렀

386 여성세대들에게 90년대 이후의 현실은 아마도 공중에 붕 뜬 듯한 느낌을 주었을 것이다. 이들은 혁명에서 실패했을 뿐 아니라 자신의 여성성과 몹시도 복잡한 갈등을 치른 채 성장의 시간을 통과해 왔기 때문이다. 혁명의 기억이 이들에게 남긴 상처는 이중적이다. 혁명은 결국 실패했기 때문에 이들의 젊음은 상실감과 상처로 얼룩져 있다. 실존적 삶에 불가해한 모순과 균열을 남겼기 때문에 이들은 과거의 기억에 붙들려 있다. 386세대들에게 80년대의 역사적 체험은 언제라도 예술과 일상 속에 호출될 수 있는 무의식의 지층을 이룬다. 이는 앞서 말했듯이 80년대가 전두환 정권하에서 기존체제에 대한 저항의 극한까지 가리만큼 비장한 시기이자, 운동의 이념이 저항성의 내면화 혹은 도덕화의 강제를 띤 까닭과 관련이 있다.(김원, 1999, 12쪽)[8] 그러나 혁명은 여성들에게 더 강렬한 기억 혹은 애도할 수 없는 상실의 흔적일 수 있다. 386세대 남성들의 상당수가 운동의 이력을 영광의 훈장 삼아 제도권에 편입된 것과 달리 386세대 여성들은 80년대에도 90년대 이후에도 온전히 속하지 못한 채 붕 뜬 시간 속을 산다. 이천년대 들어 남성작가들의 후일담 소설이 더 이상 나오지 않는 데 비해, 『엄마의 집』(전경린, 2008), 『즐거운 나의 집』(공지영, 2008), 『내가 가장 예뻤을 때』(공선옥, 2010), 『처녀치마』(권여선, 2004), 『분홍 리본의 시절』(권여선, 2007) 등 여성작가들의 다수의 작품은 여전히 후일담에 속한다. 이들은 후일담을 통해 좌절한 성숙의 꿈을 실현하거나 시간

───────────────────────

다. 또 MT에도 같이 가 이야기를 하며 밤을 새우기도 했다.”(「대학에 와서 눈뜬 여성문제」, 『386세대, 그 빛과 그늘』, 문화사상사, 2003, 247쪽)

8) 김원은 자신의 80년대를 회고하면서, 언어, 즉 표현의 능력을 초과하는 80년대적인 것을 '광기의 시대' 혹은 '광기어린 사람들'이라는 말로 표현한다. "또 하나의 광기는 바로 우리 자신이었다. 아니 우리라고 부르는 것이 지금에 와서는 다소 어폐가 있을런지도 모른다. 하지만 분명한 사실은, 그때 우리들은 얼마간은 하나만을 생각하고, 정신과 육체 그리고 주변의 모든 것을 '운동'이라는 것에 집중시켰다는 점이다. 지난한 논쟁과 투쟁 그리고 내적인 갈등, 혼란 등은 그 시대에 우리 주변에 항상 맴돌던 피할 수 없는 숙명의 맹아였다.".

의 허물어진 귀퉁이를 부여잡고 자기 존재에 대한 희미한 기억을 되찾으려 한다.

2. 청춘의 소환, 성별화된 기억

'후일담 소설'은 혁명에 실패한 세대의 불행한 의식을 담은 '트라우마'9) 문학이다. 트라우마는 주체의 능력을 초과하는 거대한 권력 앞에서 왜소한 개인이 느끼는 충격과 고통 그리고 고뇌의 증거이다. 그런데, 칸트에 의하면 이렇듯 주체에게 주어진 충격을 주체의 우월한 능력으로 전환시키는 데에서 숭고한 감정이 발생하며, 이는 인간 이성의 우월성을 확인해주는 계몽 기획의 일부가 된다. 이를 증명하듯 80년대 세대들이 광주 사진전을 통해 대리 체험한 트라우마는 공동체에 대한 개인의 책임과 윤리를 일깨우며 청년 주체의 교양화와 도덕적 성숙의 형식으로서 운동에 대한 참여를 유도했다. 특히, 역사에 대한 죄책감은 도덕 감정의 핵심적 요소로서 386세대들을 폭발적인 혁명적 에너지의 집단으로 정체화했다. 비록 90년대 후일담 문학에서 386세대들의 주된 감성인 죄책감과 그것의 다른 표현인 불의감은 상실과 우울의 정서로 변경되었지만 후일담 문학은 감정이 극도로 제거된 건조한 상태, 대상에 대한 감정적 투자를 줄임으로써 주체의 상태를 유지하려는 방어적 감정과 달리 반복적으로 충격을 체험함으로써

---

9) 트라우마는 전쟁이나 재앙, 사고 등과 같이 극단적 충격을 낳음으로써 정상적인 의식으로부터 분열되어 무의식에 억압되어 있으면서 끊임없이 환각, 악몽, 플래시백(flashback) 등의 형태로 돌발적으로 재귀하는 체험의 양상을 가리키는 것으로, 트라우마의 폭력성은 세계질서에는 의미가 있다는 기본적인 가정들을 파괴하기 때문에 본원적 자기 방어 체계를 압도하며 생존자의 건강하게 통합되어 있던 기능들을 뿔뿔이 잘라내 버린다.

주체성을 회복하려는, 즉 세계에 대한 의식적 해석이나 저항의 가능
성을 말하기 위한 것이다. 후일담 문학은 잃어버린 총체성을 다시 거
머쥐려는 감정의 기획 혹은 기억의 정치학이다.

  자책과 수치심은 후일담 문학의 주된 정서적 자질이다. 사회학자
김홍중에 의하면, 이렇듯 생존이 부끄러움이 되는 감수성은 좋은 삶
과 올바른 삶을 규정하는 가치의 체계이자 도덕적 이상으로서, 자신
의 참된 자아를 실현하는 것을 가장 큰 삶의 미덕으로 삼는 태도, 즉
'진정성(眞正性, authenticity)'의 증거이다.(김홍중, 2009, 19~22쪽)[10] 이
는 386세대가 운동에 떨쳐 일어난 계기가 광주 사진전이 불러일으킨
도덕 감정 때문이라는 데서 드러난다. 도덕 감정은 '불의감'을 구성하
는 핵심이다. 도덕 감정은 적대자 집단에 대한 부정적 도덕 감정(분
노·불의감), 자기 자신에 대한 부정적 도덕 감정(회한·죄책감·부끄
러움), 그리고 긍정적 도덕 감정(희생·성스러움·자부심)의 앙상블로
구성된다.(신진욱, 2007, 83쪽) 이 감정들은 동전의 양면들처럼 함께
작동한다.

  그런데 김홍중에 따르면 진정성은 자기 자신과의 관계에 기초한 내
성적이고 사적인 윤리의 계기를 결여한 채 사회와의 관계에 기초한
참여적이고 공적인 도덕의 계기를 우선시할 때 강력한 헤게모니를 통
해 행위자를 억압하는 사회적 슈퍼에고로 군림할 공산이 크다. 진정
성은 무엇이 진품, 즉 진정한 것인지를 판단할 수 있는 절대적 권위가
존재하지 않는 이상, 실증의 대상이 아니라 주장의 대상이 되며 과잉
이 아닌 결여의 형식으로 표현될 수밖에 없다. 즉, 진정성을 발화하는
자는 대개 '나의 진정성'과 '타인의 진정성'을 불균등하게 전제하고, 부

---

[10] 김홍중에 따르면 진정성은 80년대 이후 민주화운동 과정에서 형성되어 세대의식
   의 핵심을 구성하고, 90년대 문학과 문화의 영역에서 심화되어 중요한 가치로 부
   각된 것, 즉 386세대의 레짐 혹은 주체화 장치였다. 즉, 자책은 양심의 다른 이름
   이자 운동의 추진력인 것이다.

재하는 것으로 설정된 타인의 진정성을 추궁하고자 한다. 그렇기 때문에 진정성의 언어는 상처의 언어, 배제의 언어, 전제(專制)의 언어로도 작용한다. 불행하게도 80년대적 진정성 레짐은 개인의 충분한 성찰에 근거한 사회운동이라기보다 역사적 책무나 책임의식이 선행하면서 개인들을 도덕적으로 동원하는 양성을 띤 것이었다.(김홍중, 2009, 32~36쪽) 정치학자 전인권 역시 『남자의 탄생』에서 한국의 가부장적 가족 구조 속에서 권위주의적 남성이 탄생하는 과정에 관한 자기고백적인 분석을 시도하며 정치적 진보를 표방했던 386세대마저, '동굴 속 황제'의 나르시시즘과 권위주의적 자아의 구조를 허물지 못했는데, 이는 여성에 대한 비하의식, 의사소통 능력의 결여 등 여러 부정적 증상으로 나타난다고 지적한다.(전인권, 푸른 숲, 2003)

그런데, 이러한 권위주의적 나르시시즘의 근저에는 자기에 대한 무지 혹은 성찰의 무능력이라는 문제가 깔려 있다. 기실 386세대는 부조리한 역사를 구원하리라는 식의, 즉 과대한 자아의 망상에 시달리는 한편으로 역사의 책임을 다하지 못한다는 죄책감에 짓눌리는 분열적인 존재이다. 즉 386세대는 혹독한 자기비난에 시달리는 불행한 의식의 소유자인 동시에 영웅적 자아의식에 빠져 자기에 탐닉하는 유아적인 인간에 속한다. 386은 공적인 자기와 사적인 자기의 괴리를 좁힐 수 없어 위장과 가면 쓰기에 능하거나, 속으로는 깊은 분열을 겪는 병리적 인간의 계보에 속한다. 또한 만물을 도덕적으로 선한 우리와, 타락한 저들로 이분화하고, 저들의 부패와 악덕을 분석하는 데 집중하기 때문에 자기의 타락과 허위에 대해 볼 수 없게 된다. 386은 쉬이 부패해 버릴 수 있는 이름인 것이다. 이렇게 볼 때, 386세대가 진정성을 증명하는 방식인 자책은 기실 자기에 대한 폭력이자 타자에 대한 폭력을 예비하고 있는 메커니즘이 된다.

"진정한 반성이란 무엇인가. 동지적 신뢰를 회복하기 위해 나는 지금부터 무엇을 해야 하는가. 죄책감과 자학은 이제 진정 모두를 위해서 말끔히 버리자. 이제부터 진정으로 강직하고, 건실하면 되는 것이다. 그러한 모습으로 내게 주어지는 역할들을 수행해내면 되는 것이다. 나의 자리를 나 자신 스스로가 찾아야 한다. 아무도 조직 내에서 나의 자리를 마련해주지는 않는다. 나의 이익과 프롤레타리아의 이익이 일치되는 날 나의 자리는 저절로 찾게 될 것이다. 우선 'ㄷ'에 대한 나의 감정을 정리해야 한다. 감상적인 사랑, 나약한 사랑은 우리의 적이다. 사랑은 투쟁과 일치할 때에만 가치가 있다. 나 자신의 감정에 연연하지 말고, 프롤레타리아를 위한 큰 사랑을 이루자.

무엇보다 먼저 '문'과의 감정적인 관계를 청산할 것.

첫째, 주체성과 비타협성 및 자생성—강인한 의지와 신념, 결단성이 요구된다.(이하 생략)"(전경린, 『아무 곳에도 없는 남자』, 문학동네, 1997, 274쪽)

위에서 한 익명의 여대생이 쓴 일기는 단지 개인의 것이 아니라 386세대 여성들의 고뇌를 육성처럼 생생하게 담고 있어 흥미롭다. 일기 속 여대생은 공과 사, 감정과 이성, 개인적 욕망과 집단의 대의, 사랑과 혁명의 이분법 속에서 자신의 나약함, 이기주의, 감상성 등을 질책한다. 그녀들은 반민주세력이나 악독한 재벌보다 제 자신과 더 많이 싸웠던 것처럼 보인다. 특히 이들은 마치 일용할 양식처럼 죄의식이나 부끄러움의 감정에 휩싸인다. 이들의 작품 속에서 여학생들은 부정적 도덕 감정에 더 많이 지배 받고 있는 듯 보인다. 남학생들이 여학생들을 운동권 내 열등생인 여학생들을 타자화함으로써 부끄러움과 수치의 감정에 덜 노출되었던 데 반해, 비교 우위의 대상을 찾을 수 없는 여학생들은 타인과의 공감과 연대라는 이상적 규범의 기대를 스스로 충족시키지 못했다는 죄책감에 더욱 짓눌렸을 것으로 보인다. 무엇보다 여성이라는 생물학적 육체는 여성성 상실에 대한 사회적 금기와 함께 여학생운동권들을 남성과의 관계 속에서 열등생으로 위치

짓게 만든다. 혁명의 대의를 위해 헌신하기에 여성의 육체는 너무나 허약하거나 예민해서 정신 혹은 이념의 통제를 받아들이지 않기 때문이다. 그런 차원에서 혁명은 폭력처럼 여성이 자기의 육체와 성별을 비감하게 받아들이게 만들기도 한다. 특히 80년대 세대처럼 혁명이 정치와 일상, 집단과 개인, 당위와 욕망, 이념과 취향 등을 이분법적으로 분류하고, 후자를 과도하게 억누를 때, 여성이라는 성별은 상처의 증거가 될 수 있다. 이러한 추정을 뒷받침하듯, 남성작가의 경우 자책감은 나르시시즘적 향수 충동과 연동하면서 과거를 영웅의 시간으로 구조화한다.

여성 386세대들의 후일담은 혁명이 좌절된 뒤 비로소 여성들이 자신들의 성별에 눈 뜬 과정을 보여주고 있어 문제적이다. 그것은 과거에 대한 단순한 회귀가 아니라 소환의 형식이 되면서 성별화된 기억의 양상을 띤다. 이러한 과정에서 남성과 여성, 사회와 여성, 의식과 무의식, 계몽과 욕망, 이성과 감성, 주체와 사물, 정신과 몸, 금욕과 탕진, 중심과 주변, 광장과 밀실 등 세상에 대한 견고한 이분법 위에 구축된 386세대의 정치 철학이 심문에 부쳐진다. 여성386들의 후일담은 혁명의 시간을 감상적으로 추억하기보다, 좀더 신랄한 해부의 성격을 띨 가능성도 높다. 특히 본 연구는 대표적인 진보주의 작가 혹은 386 여성작가로 꼽히는 공지영과 김인숙의 작품에서 매우 이질적이면서 유사한 측면들이 발견된다는 점에 주목했다. 그것은 '속'됨에 대한 이질적 태도이다. 공지영의 소설은 속됨에 대한 극도의 콤플렉스 혹은 성스러움에 대한 선망을, 김인숙은 세속적인 것에 대한 히스테리컬한 열정을 보여준다. 그러나 두 사람의 후일담 소설은 공히 성스러움의 압력에 짓눌린 자들의 피해의식이 각기 다른 방식으로 발현된 결과물이다. 공지영의 후일담에는 386세대에게 순정함과 진정성에 광휘를 부여해 역사를 자기의 추억으로 만들려고 하는 나르시시즘적 욕망이 담겨 있다. 중심을 열망하는 주변의 글쓰기가 공지영의 문학이다. 반면 김인숙은 80년대를 통과하면서 원초적인 자기를 잃어버린 혹은 욕망을 짓눌린 인물을 통해 혁명의 위선과 억압을 공격하고 들추는 퇴폐의 열정을 선보이며 80년대가 억누른 욕망들을 소환한다.

3. 희생적 통과제의와 신성한 히스테리 : 공지영

공지영은 대중에게 386세대의 아이콘으로 알려져 있다. 그러나 평단은 그녀의 작품을 값싼 향수의식이나, 유아적 나르시시즘이 폭발한 사례로 간주해 왔다. 실제로 정문순은 "〈고등어〉에서 작가가 80년대 사회운동에 투신한 젊은이들을 "강가에 나가서 강물이 아름답다고 생각하는 것에조차 죄책감을 가졌던 세대"라고 표현하는 데서 보듯 지난 연대에 대한 작가의 인식은 주관적 감상이 지나치다 못해 신파조로 전락한다(정문순, 2007)고 비판한다. 이 말은 공지영의 문학이 참혹한 아픔의 증거라기보다 잔뜩 치장하고 부풀린 전시의 언어로서, 자기 영웅화의 욕망을 은닉하고 있다는 판단을 내포하고 있다. 그래서 그것은 모두가 들으라고 공중에 대고 자기의 이름을 부르는 행위, 즉 나르시시즘적 황홀의 증거로 규정되어 왔다. 그러나 분명 꽃을 꽃이라 부르는 데서 죄책감을 느끼는 세대, 혹은 꽃 속에서 피의 냄새를 먼저 맡았을 만큼 과잉 정치화된 세대가 있었다는 점은 부인할 수 없다. 따라서 언어의 조작과 허위의 기미를 포착하기보다 왜 과장된 치장이 필요한가에 대해 질문해야 할 것이다.[11]

공지영 소설에 치장이 많다는 것은 그녀가 자기반성과 도덕적 심판

---

[11] 공지영 소설이 대중적 성공을 거둔 요인 중의 하나는 바로 이러한 치장술에 담긴 통속적 코드 때문이다.

의 추궁으로부터 자유롭지 못함을 의미한다. 부풀려진 탄식은 자신의 진정성을 입증하려는 적극적인 행위이기 때문이다. 단편 「무엇을 할 것인가」(1993)는 공지영 소설의 페르소나를 보여주는 작품으로서 이러한 과잉 치장의 숨은 동기를 암시한다. 이 작품은 '나'로 지칭된 서른살의 여성 화자가 한때 사랑했던 남자의 소식을 듣고 지나간 시간을 떠올림으로써 자신의 비겁한 연명에 대한 자책감에 휩싸이는 후일담의 구조를 취한다. 이제 아무도 혁명을 꿈꾸지 않는 어느 날, '나'는 김정석이 사상범으로 형기를 마친 후 사촌형님의 골프용구점에서 일하는 초라한 신세로 전락했으며, 시위 중 추락해 하반신이 마비된 연인과 결혼을 한다는 소식을 듣게 된다. 회상은 더 오래된 시간 속으로 흘러 들어간다. 기억 속에서 '나'는 불안한 시대 상황을 피해 도피하듯 대학원에 들어가지만 차라리 감옥에 있는 게 편할 듯해 대학원을 중단하고 운동권의 지하조직에 들어간다. 그러나 그녀는 개인주의적이고 부르주아적인 의식을 벗어나지 못했다는 이유로 조직원에게 노골적인 질타를 받는다. 더욱이 '나'는 수배자 김정석에게 구애하고, 그 결과 김정석은 조직활동의 지도를 중단하고 자취를 감춘다. 그 후 '나'는 조직을 떠난다.

 '나'의 부끄러움의 감정은 모든 것을 잃어버린 김정석에 비해 대학의 전임 자리를 얻음으로써 안락한 일상을 거머쥔 '나'의 삶이 속되다는 인식에서 비롯된다. 그런데 부끄러움은 자신의 진정성을 증명하는 방어막으로서, 일찌감치 빠져나온 자가 자신도 그렇게 편치만은 않았음을 증명하는 알리바이 장치이다. 자책은 살아남은 자가 자신의 진정성을 증명할 수 있는 최선의 방책이다. 앞서 말했듯이, 부끄러움을 통한 자기 진정성의 증명은 공지영 소설만의 특징이 아니라 후일담 소설의 기본 구조에 가깝다. 그러나 남성 작가의 경우, 이러한 죄책감이 잃어버린 총체성을 다시 거머쥠으로써 계몽 주체를 다시 세우기 위한 감정의 전략인 데 반해, 공지영 소설에는 고양이에게 쫓기는 쥐의 공포 혹은 억눌린 자의 비명이 묻어 있다. 이후 다시 논하겠지만, 이러한 이유로 그녀의 작품은 자기존재에 대한 불확실성으로 인해 과대해진 자의식, 나아가 히스테리의 기미마저 풍기고 있다. 그녀는 왜 이토록 과장되게 알리바이를 증명해야 하는가? 거기에는 중산층이라는 계층적 콤플렉스만이 아니라 성별 혹은 육체에 대한 자의식이 투영되어 있다.

다시 「무엇을 할 것인가」로 돌아가 보면, 대학원에 있는 게 감옥을 가는 것보다 더 편하지 않다고 느꼈던 화자를 조직이탈자로 내몬 것은 폭력, 특히 육체의 섹슈얼리티에 가해질 위협에 대한 공포였다. 화자가 도피하듯 대학원에 들어가게 된 계기는 사복경찰에 의해 학교에서 여학생들이 집단적으로 강간당했다는 이야기를 들은 다음 날이자, 여대생이 건물 옥상에서 경찰에 몰려 추락하는 사건을 목격한 직후였다. "1983년의 어느 가을날, 낙엽이 지는 교정의 뒷 숲에서 여학생들이 우수수 강간을 당하고 다음날 벌어진 시위……여학생들의 치마를 발겨 놓고 유유히 사라졌던 사복경찰들의 이야기가 흉흉하게 떠돌던 가을이었다"(101쪽)라는 서술은 이 일이 화자에게 충격을 안겨 주었음을 암시한다. 강간 사건이 사실적이라기보다 흉흉한 소문 혹은 공포가 자아낸 환영인 양 과장되게 기술되어 있기 때문이다. 이는 그녀가 독재 권력에 대한 공포를 신체의 안전에 대한 위협으로 감지하고 있음을 암시한다. 권력 앞에서 벌거벗은 신체가 느끼는 위협은 공포와 마비된 의식으로 드러난다는 아감벤의 말처럼, 화자는 조직활동에 나서기를 망설인다.

반면 작가의 데뷔작 「동트는 새벽」(1988)은 평범한 여대생이 가출-조직활동-위장취업-구로항쟁참여-구치소 체험을 통해 투사로 태어나는, 즉 운동권 여대생의 80년대식 '교양' 과정을 담고 있다. 주인공인 정화는 교양의 길에 접어든 순진한 신참자로서 마치 스펀지처럼 운동의 이념과 청년 주체의 자질을 학습해 간다는 점에서 「무엇을 할 것인가」의 여성 화자와 대조된다. 이 작품은 운동권 여학생에게 육체가, 전사로 자기 정립하기 위해 극복해야 할 대상으로 받아들여지고 있음을 암시한다. 폭력의 정치가 날뛰는 시절에 전사의 자질을 증명하는 길은 육체의 이기와 안위를 넘어서는 것이다. 그런 이유로 혁명가에게 육체는 패배의 기억이나 혹은 승리의 기억과 맞물려 있다. 운동권—전사되기는 육체의 극한 상황을 체험함으로써 육체를 초극하는 통과제의적 과정을 동반하는데, 다음에서 살펴보겠지만 강인한 여성이 됨으로써 남성들을 압도하고자 하는 욕망은 공지영 소설의 젠더와 여성 육체에 대한 자의식을 암시한다.

대학 졸업을 앞둔 여대생 정화는 변혁운동에 뛰어들기 위해 중산층 가정을 나와 위장취업을 하던 중 '구로항쟁'에 휘말리게 되어 구치소에 감금된다. 정화는, 대학 졸업을 앞두고 고민 끝에 조직활동에 나선 「무엇을 할 것인가」 속 '나'의 도플갱어라 할 만하다. 그런데 이 작품은 정화를 비롯한 여성들이 구치소에서 겪은 폭력의 경험을 생생하게 묘사하고 있는 데 반해 폭력 앞에 무방비 상태의 육체가 느낀 공포와 두려움의 표현은 극도로 억제하고 있다. 부재와 침묵은 화자가 절대 권력 앞에서 느낀 공포의 크기가 존재를 초과하리만큼 압도적인 것이었음을 암시한다. 말할 수 없다는 것은 그것이 곧 트라우마였음을 의미하기 때문이다. 특히 고통의 신음소리와 비명을 억누르는 것은 남녀평등의 대의라는 점을 주목해 보아야 한다. 그것은 80년대 진보 문학이 그러하듯 '노학연대'에 대한 시대적 강박증과 함께 비명을 억누르는 기능을 한다.

　－왜 광주를 참혹하다고만 생각하지? 난 그때 처음으로 대동세상을 보

앉는데.

광주에서 올라온 선배의 말이 떠올랐다.

"혜순아, 우리 이거 저 사람들에게도 나누어주자."

순영이 손가락으로 울타리가에 횃불을 들고 서 있는 규찰대를 가리켰다. 둘은 양손에 김밥을 들고 그리고 달려갔다.

"춥지 않으세요?"

"괜찮습니다……그런데 여자분들은 집에 가셔야 하지 않겠습니까?…… 사실 싸울 때 여자분들이 있으면 좀 불편하거든요.

학생이라고 자신을 소개한 남학생이 한 손엔 횃불을 들고 한 손으로 김밥을 먹으면서 씨익 웃었다.

"아니에요. 같이 싸워야 남녀평등이지요."

노동자라고 자신을 소개한 젊은 남자가 슬쩍 끼어들었다. 어두운 하늘 끝까지라도 밝힐 듯 횃불이 타올랐고 순영은 정화의 얼굴을 바라보며 함빡 웃고 있었다.(「동트는 새벽」, 297쪽)

위에서 알 수 있듯이 교양화 과정에서 '광주'라는 신성한 기호와 노학 연대라는 운동의 지표가 결합해 정화의 통과제의를 인도한다. 즉, '광주' 트라우마와 노학연대의 운동이념은 강인한 여성 주체 특히 불굴의 육체가 탄생하는 산파 역할을 하고 있는 것이다. 폭력이 통과제의의 시험대임은 인용된 장면 뒤에 끔찍한 폭력의 시간이 펼쳐지고 있는 데서 알 수 있다. 정화는 둔탁한 몽둥이질을 당하고 육중한 워커발로 짓밟히고, 머리가 터지고, 차가운 대걸레가 가슴팍을 헤집어대고, 욕설의 폭격을 받으면서 "우린 포로였다. 그들에게 우리는 개, 돼지였다"(300쪽)고 쓸쓸히 자각한다. 그러나 폭력의 폭풍은 견고한 노학 연대와 깊은 신념을 흔들어 놓지 못한다. 소설은 정화가 위장취업한 공장에서 만난 순영과 계층적 차이를 넘어 '우린 노동자'라는 이름으로 결속되는 것으로 마무리된다. 순영과 정화는 수감자 모두가 반성문을 쓰고 나가는 구치소에서 유일하게 반성을 거부한 '독종'들로 주목받는다. 대학생 신분을 벗어나 노동자 의식을 획득해가는 과정은 여성이라는 허약한 이름을 벗어나 강인한 전사되기의 과정과 일치한다. 따라서 운동권 되기는 평등을 쟁취하는 방식이다. 그런데 이 과정에서 성별 혹은 육체의 차이는 부인되고, 나아가 말할 수 없는 것이 되어 버리는 역설이 발생한다.

386세대 여성들이 느낀 콤플렉스는 여성적 히스테리를 통해서도 증명된다. 다시 「무엇을 할 것인가」로 돌아가 보자. 조직원들의 미움을 받던 '나'는 조직활동을 지도하던 수배자 김정석을 사랑하게 된다. 그는 어떤 사람인가. 그는 결핵에 걸렸지만 운동을 포기하지 않는 사람이고, 수배자로 부자유한 사람이고, 건물 옥상에서 추락해 하반신이 마비된 여자를 연인으로 둔 사람이다. 이름처럼 이상적인 운동권의 전형적인 길을 걸어가는 김정석은 '나'에게 환한 '빛'처럼 여겨진다. 급기야 '나'는 정석에게 "난 목숨을 걸 수노 있어요."(100쪽)리며 구애한다. 이 구애는 곧은 신념의 화신인 김정석을 흔들리게 하는 유혹의 언어로서 기실 '나'의 김정석을 향한 질투의 감정에서 비롯된 것이다. '질투'는 우월한 대상 앞에서 느끼는 주체의 결핍이자, 상대에 대한 모방과 선망의 감정과 연결된 감정의 동학이다. 질투는 주체가 자신의 존재를 결핍으로 규정하고 대상의 자리를 선망하거나 차지하려고 하는 욕망에서 비롯된다. '나'의 질투는 김정석의 신념을 파괴함으로써 상처받은 감정을 회복하려는 병리적 징후마저 보인다.

이러한 인정투쟁이 좀 더 히스테리컬하게 드러난 작품이 바로 공지영의 히트작인 『고등어』(1994)이다. 남자 주인공 명우는, 비록 부르주아의 자서전을 대필하는 신세이나 90년대식으로 쿨하지만 속도 깊은 애인과 함께 쾌적한 시간을 보낸다. 그러나 어느 날 명우 앞에 80년대의 동지이자 그가 버린 연인이기도 했던 은림이 불치의 병이 깊어진 채로 나타난다. 과거 두 사람은 각각 배우자를 두고도 서로 사랑에 빠져 조직의 비난을 받았다. 그 결과 명우는 은림을 버리고 조직을 떠난다. 반면 은림은 조직활동을 계속하며 비난과 죄책감을 견디어낸다. 십년의 시간 뒤, 병든 육신으로 돌아온 은림은 자신에 대한 명우의 책임과 죄의식을 일깨우며 그의 평온한 삶을 뒤흔들어 놓는다. 은림은 명우의 오피스텔에 단지 가련한 병자로 누워 있을 뿐이다. 그러나 기실 그녀의 육체는 명우의 애인을 몰아내고, 발작적인 기침과 기절 그리고 죽음의 징후 가득한 어둡고 퀭한 얼굴로 자신에 대한 책임을 묻고 돌봄을 유도하는 히스테릭한 육체이다. 결국 명우는 은림을 버린 죄에 대한 혹독한 대가를 치루고, 은림은 명우의 품에 안겨 그를 용서한다는 말을 남기고 죽는다. 명우의 품에 안긴 은림의 형상은 마치 죽어가는 예수처럼 숭고의 감정을 일깨운다.

노명우는 은림에게 처벌받고자 하고, 은림은 그러한 처벌의 자격을 얻기 위해 자신을 온통 망가뜨리고 있다는 점은 흥미롭다. 명우는 은림에 대한 기억을 보유함으로써 자신을 처벌하고, 이로써 마음의 짐을 덜고 싶어 한다. 그리고 이러한 기대에 부응하듯 은림은 모든 치료를 거부하며 죽어 간다. 은림이 자신을 망가뜨려야 할 이유는 무엇인가? 비록 동지와 불륜의 로맨스에 빠지지만 은림은 지나칠 정도로 성실하고 열정적으로 조직활동에 임한다. 왜냐하면 그녀는 조직활동에서 늘 부적합한 성향의 인간으로 규정되어 왔기 때문이다. 그녀는 과학적·객관적으로 사물을 사고하기보다 감성적·주관적이기 때문에 늘상 비난의 대상이 된다. 이성과 감성이 각각 남성과 여성의 젠더적 자질로 운위되어 온 데서 알 수 있듯이, 은림의 성실한 조직활동은 여성 386세대의 여성 젠더에 대한 콤플렉스 혹은 억압의 체험을 암시한다. 은림은 마치 누가 더 자질이 우수한 인간인가를 묻기라도 하듯 상대의 죄의식을 일깨우며 신성한 아우라 속에서 사라져 간다. 물론 이는 조직 내 동지와 바람이 난 그녀 자신에 대한 처절한 응징의 방식도 된다. 그러나 스스로를 혹독하게 처벌하면 할수록 더욱 더 윤리적인 인간임을 입증하는 기이한 게임의 규칙 속에서 자기 처벌은 기실 자기 자신을 신성화하는 행위이다.

4. 훼손당한 젊음과 포르노적 열정 : 김인숙

『유리구두』(1993), 『꽃의 기억』(1999), 『브라스밴드를 기다리며』(2001), 『그 여자의 자서전』(2005), 『안녕, 엘레나』(2009) 등 여러 작품집에 등장하는 김인숙의 여주인공들은 고독과 막연한 그리움, 공허와 무기력으로 가득 찬 일상 속에서 그 어떤 것에도 진정한 삶의 활력을 찾을 수 없는 우울자의 감정 구조를 보여준다. 그녀의 주인공들은 주로 대도시의 아파트에 거주하는 주부들인데, 이늘이야말로 플로베르의 『보바리 부인』에서 엠마 보바리를 삼켜버렸던 권태와 무의미의 포로들이다. 이를테면, 「술래에게」의 주인공인 삼십대의 수부는 무료함괴 심심함을 참을 수 없어 남편이 심장마비로 쓰러졌다는 허위신고를 하고, 옆집 남자와 불륜을 저지르며, 카지노에서 잭폿을 터트리자 환희의 고함을 멈추지 못하는 식으로 병리성의 징후를 풍긴다. 그런데, 여자의 지독한 권태감은 중산층의 여유 있는 삶의 조건이나, 단조롭고 고립된 사적영역에 갇힌 주부의 위치 탓으로 환원하기 어렵다. 또한 공허한 심사는 활기찬 분주함과 유쾌한 웃음 속에 감추어진 모더니티의 얼룩 혹은 이면을 드러내는 효과는 있지만, 모더니즘 미학의 문제의식과 딱히 관련성이 없다. 그녀들을 짓누르는 권태감은 빛나는 이념과 가치를 찾을 수 없어 공허해진 마음, 즉 열정의 불가능성을 의미한다기보다 고요한 세상을 위험에 빠뜨리고 싶은 불온한 욕망에 가깝다. 그것은 오래도록 감정과 욕망을 억압당해 온 데 따른 반응이다.

이렇듯 사물의 질서를 어지럽히고자 하는 고약한 심사는 악동의 맹랑함보다 병리적인 기운에 가깝다.

김인숙의 소설은 청춘의 모험이 실패로 돌아가 싱싱한 활기를 잃어버린 80년대 세대의 무기력하고 공허한 연명을 문제 삼고 있다는 점에서 후일담 문학의 범주에 속한다. 그녀의 주인공들 역시 마치 미지의 장소에 불시착한 비행기처럼 90년대의 시공간에 적응하지 못해 고통스럽다. 그러나 앞서 살펴보았듯이 공지영의 주인공들이 자책의 강도를 높여가며 자신의 진정성 혹은 신성함을 입증하기 위한 인정투쟁을 펼치고 있는데 비해, 스스로를 적극적으로 변명 혹은 옹호하기보다 꿈을 잃어버린 자의 비감한 인식을 그리거나 공허를 메우려는 절망적인 몸짓을 보여준다. 특히 이러한 과정에서 포르노적 섹슈얼리티가 정치적 열정이 휘발된 시대를 위안하는 주술로 등장하고 있는데, 여기서 '성'은 80년대라는 이념의 시대가 추방했던 욕망 혹은 억압된 무의식이 귀환한 증거이다. 김인숙의 후일담 소설은 개인과 사회, 나와 타자, 글과 말, 욕망과 당위, 기질과 규범 속에서 자기 혹은 문학을 잃어버린 불행한 여성 작가의 초상을 담는다. 그러나 그것은 단순히 개인의 경험에 머물지 않고, 여성 386세대가 혁명의 이념에 짓눌려 자신의 여성성과 불화해온 경험을 압축하고 있어 문제적이다. 김인숙의 후일담 소설 속의 여성 육체는 80년대에 대한 히스테릭한 공격의 다른 언어이다.

「유리구두」(1993)는 포르노적 열정에 매달려 상실감을 위무하려는 80년대 세대의 이야기이다. 대기업 엘리트 사원인 '나'는 "자신의 평범함을 자랑스러워" 한다는 말에서 알 수 있듯이 이상보다는 현실에 순응하는 속물이 됨으로써 80년대와 결별하고자 한다. 그러나 '나'의 삶의 균형과 질서는 대학 동창생인 유선을 만나 그녀의 광기와도 같은 섹스의 수단이 되면서 흔들린다. 자칭 '섹스주의자'인 유선은 "내게 남은 마지막 가능성이야. 나한테 섹스는 그렇게 위대한 거라구."(9쪽)라고 주장하며 포르노적 열정에 매달린다. 한때 유선을 사랑했던 '나'는 그녀의 이러한 태도에 상처를 입는다. 그러나 '나'는 유선을 혐오하면 할수록 그녀에게 더욱 이끌린다. 여기서 '나'와 유선의 포르노적 섹슈얼리티는 단순히 성애의 차원을 벗어나 80년대식 열정을 재체험하는 방식으로 제시된다. "광장에서의 열정은……그 열정에 바칠 가능성은, 이제 없어"(30쪽)져 버렸기 때문이다. 이렇듯 사랑 대신에 섹스를, 광장의 열정을 침대의 열정에서 경험하려는 이들의 태도는 단순히 위악적 제스처, 즉 80년 세대들의 거대한 상실감을 보여주기 위한 충격적인 장치인 것은 아니다. 거기에는 과잉 정치의 시대, 즉 욕망을 과도하게 감시해 온 80년대에 대한 공격의 욕망이 병리적인 기운을 뿜어내며 깔려 있기 때문이다.

그런데 이 작품의 제목은 왜 '유리구두'인 것일까? 유리구두는 "밤 열두시의 종이 쳐 다른 모든 것이 잿더미로 변할지라도 오로지 하나 변하지 않는, 유리구두의 찬란함, 그것을 비밀스럽게 간직할 수만 있다면……"(27쪽)이라는 서술이 암시하듯 변하지 않는 이상 혹은 가치의 상징이다. 80년대 세대들에게 유리구두는 이념이었을 것이고, 포르노는 '유리구두', 즉 구원의 마법이 더 이상 일어나지 않은 시대의 적나라한 초상일 것이다. 김인숙에게 이념의 상실이라는 문제는 신데렐라의 유리구두가 상징하듯 여성 구원의 문제로 환유되어 진술된다. 화자에 따르면, 유선은 어린 시절부터 유리구두를 갈망해 왔다. 유리구두의 아름다움만이 다리 길이가 각기 다른 불구의 상처를 감추어줄 것이라 믿기 때문이다. 그런데 유선의 주장에도 불구하고, '나'는 유선의 발목을 쥐고도 그녀가 소아마비를 앓았다는 것을 알아채지 못한다. 이는 유선이 자기존재에 대한 치명적인 결핍감에 시달리고 있음을 암시한다. 그러므로 유선에게 유리구두는 프로이트 식으로 말하자면, 자신이 거세당했다고 가정하는 여아의 페티시적 소망의 대상이다.

유선의 유리구두 콤플렉스는 386세대 여학생들이 이념과 욕망 혹은 인간과 여성 사이에서 느낀 분열에 관한 모티프도 된다. 유선의 각기 다른 길이의 다리, 즉 부조화에 대한 민감한 자의식은 「풍경」(1996)에서 본격적인 고찰의 대상이 된다. 작가이자 주부인 주인공은 십오년 만에 홀로 떠난 여행에서 자신의 삶이 균형과 조화를 상실했다는 생각에 몰두한다. 이를테면, 그녀의 목소리는 얼굴에 비해 너무 앳되며, 그녀는 글보다 말을 사랑하고, 남편의 옆에 누워 남편이 아닌 '그'에게 이야기를 한다든가 등, 즉 의도하지 않은 배반을 반복한다. 부조화에 대한 주인공의 민감한 자의식은 점차로 자신의 글에 대한 부끄러움으로 옮겨가는데, 이 부분은 여성 386세대작가의 글, 즉 진보주의 문학에 대한 작가의 생각을 엿보게 한다.

"그녀가 기억하는 한, 그녀는 어른이 되는 것과 동시에 이미 글을 쓰는 여자였다. 글을 쓰지 않는 어른으로서의 그녀, 다른 선택의 가능성을 갖고 있는 어른으로서의 그녀는 기억에 없다. 왜 그래야 했을까. 그녀가 보낸 이십대. 옳음과 그름에 대해서만 늘 생각한 그 시절 그 누구도 그녀에게 글을 쓰는 일만이 옳은 것이라고 말하지 않았는데도.

오히려 글은 그녀에게 상처였고 부끄러움이었다. 더듬거리는 말투, 구호를 외치기에는 턱없이 여린 목소리…… 투석을 해도 앞에 나선 남학생의 뒤통수나 맞힐 뿐이었던 그녀는, 숨을 곳이 필요했으리라. 그리고 아마도 그래서 글을 썼을 것이다. 더듬거리는 말투와 작은 목소리와 여린 손목 모두를 감출 수 있는. 애정결핍증이었다면 그때부터가 아니었을는지. 너무나 많은 사람들이 자신의 목숨까지도 서슴없이 불길 속으로 내던진 시대……글은 그녀의 눈물까지도 숨겨주었던 것이다. 숨는 것에 익숙해진 그녀, 사랑을 하는 것도 사랑을 받는 것도 자기하고만 했다. 죽는 것도, 영원히 사는 것도 자기하고만의 약속이었다"(「풍경」, 93쪽)

"그녀는 길을 걸을 때 그녀와 보조를 맞추는 옆사람만을 바라보았다. 그녀보다 앞서 걷는 사람이 있으면 그 사람의 뒷등만 보았다. 힘겨웠던 이십대……그러나 늘 사람들이 있었다. 그녀의 옆에, 그녀의 앞에 그리고 그녀의 뒤에도. 그 많은 사람들 때문에 그녀는 몰랐을 것이다. 결핍이 무엇이었는지를, 그녀가 말을 하지 않으면 더 많이 말을 하는 사람들……그들은 말했다. 그녀를 사랑한다고, 그리고 또 말했다. 글을 쓰라고……그녀의 글이 무기가 되리라고."(「풍경」, 100쪽)

위의 화자가 글쓰기의 정체성에 대한 심각한 회의에 봉착했음을 암시하는 서술은 작가 자신의 솔직한 고백도 된다. 그간 진보주의 작가의 대표 주자로 활동해온 작가는 소설 속 화자의 목소리를 빌려 자칫 자신의 80년대 문학을 온통 부정 혹은 청산하고 있는 듯 보일 수 있는 충격적인 질문을 꺼내놓고 있는 것이다. 그녀는 자신의 글쓰기는 부끄러움이고 상처이기 때문에 공개히지 못하고 투석이나 구호를 대체하는 차원에서 글을 써왔다고 고백한다. 이는 그녀의 진짜 글은 독자에게 읽히지 못한 채 말 그대로 그녀와 함께, 즉 사적으로만 존재하며, 그녀가 세상에 투석 대신에 내민 글, 즉 80년대의 글쓰기는 온전히 100% 그녀의 영혼으로 씌어지지 않았음을 의미한다. 작가라는 이름에도 불구하고 그녀는 자기의 언어로부터 소외 혹은 배제되어온 것이다. 자신의 글쓰기가 기실 타인들이 준 규범일 뿐이지 정작 자신의 글쓰기는 다른 곳에서 이루어져왔다는 주장은 규범과 취향, 당위와 욕망 사이의 분열을 암시한다. 80년대 세대라면 겪었을 법한 이러한 곤경이 젠더 갈등의 형식으로 재현되었다는 점에서 김인숙의 소설은 작가의 자전적 경험에 기반을 두었음에도 여성 386세대에 대한 고찰이 된다. 여기에는 386세대의 여성운동권들 역시 전 세대 여성들과 마찬가지로 착한 누이 혹은 착한 딸 콤플렉스에서 그리 크게 벗어나지 못한 소외된 인간일지도 모른다는 문제의식이 깔려 있다.

「그 여자의 자서전」(2003)은 부르주아의 자서전을 대필하는 여자 작가의 이야기이다. 이 소설은 부조리한 현실과 운동권세대들의 환멸 어린 실존에 대한 성찰을 의도한다. 민주화운동의 이력이 출세에 도움이 되는 시대를 맞아 타락한 부자가 거짓으로 가득 찬 자서전 대필을 의뢰하고, 386세대 작가는 매문에 대한 부끄러움에도 불구하고 돈의 유혹에 승복당했기 때문이다. 이로 인해 글쓰기가 저항성을 잃고 자본의 노예가 되어버린 수상한 시절을 씁쓸히 반추하게 만든다. 그러나 주인공의 글쓰기가 정작 작가 자신의 욕망을 결여한 채 씌어지고 있음을 드러내고 있다는 점을 더욱 주목해야 한다. 그녀의 글은 타자에 의해 굴절되고 훼손된다. 그녀는 자신의 글만이 아닌 애인과의 관계에서도 소외되어 있다. 이를테면 그녀가 글을 쓰는 것을 좋아하는 그녀의 애인은 그녀의 소설에 관심을 기울이지만, 그녀는 자신의 소설의 줄거리가 아니라 "내가 원하는 것, 내 삶, 내 행복과 고통의 전부"(28쪽)를 말해주고 싶다고 생각한다. 이러한 고백은 그녀의 소설 속에 그녀라는 저자가 살고 있지 않음을 암시한다. 그녀에게 소설은 그녀의 진실이 담기지 않은 허구인 것이다. 또한 자서전 대필가가 되어버린 여자는 오빠와 아버지의 자신에 대한 기대와 소망을 기억함으로써 글쓰기의 윤리를 회복한다. 그녀는 여동생이 글 쓰는 것을 자랑스러워하고, 자식들이 책 속에서 자신이 주지 못한 삶의 지혜를 얻기 바래 책을 사들였던 아버지의 책장의 의미를 발견한 뒤, 부르주아 자서전을 대필하는 것을 중단한다. 이는 여자가 '아버지의 이름' 즉 아버지의 규범과 이념 속에서 구축된 허구 혹은 환영임을 암시한다.

「바다에서」는 정치에 짓눌려 개인성과 자유를 박탈당한 여성 386세대들의 트라우마를 보여준다. 이른 나이에 등단하고 베스트셀러로 화제에 오른바 있는 주인공은 가두시위 중 붙들려 구치소 생활을 하던 어느 날 경찰 서장으로부터 그녀의 첫 장편소설에 대한 싸인 요청을 받는다. 이 일이 주인공에게 극심한 트라우마였음은 언젠가 구치소 체험을 글로 쓰리라 마음먹었음에도 쓰지 못하는 것으로 드러난다. 그러나 그녀는 "80년대에 바칠 수 없던 그녀의 소설 때문에. 그녀가 하고 싶은 일은 유치장에 갇히는 일보다는 소설을 쓰는 일이었기 때문에. 그런데도 그것을 말할 수 없었고, 인정할 수 없었으며, 심지어 수치스러웠기 때문에" 구치소에서 보낸 열흘을 말하지 못한다. 이 일은 그녀에게 "경찰서장이 싸인해달라고 내밀 수 없는 소설을"(235쪽) 쓰겠다고 결심하게 만든다. 그리고 그 결과 그녀는 유치장에서 풀려났지만 소설이라는 감옥에 갇혀 자기의 목소리를 잃게 된다. 여기에는 작가의 자전적 체험이 반영되어 있다.(김인숙, 1995, 169~175쪽)[12]

특히 이 비극의 한 가운데 여성성과 남성성의 갈림길에서 하나를 선택할 수밖에 없었던, 즉 하나는 상실할 수밖에 없었던 386세대 여성의 고뇌 혹은 두려움이 실려 있다. 이십대 초반의 구치소 경험에 대한 회고의 다른 한편에 삼십대의 소설가인 '그녀'와 사춘기 시절의 친구였던 J가 서로를 그리워하면서도 멀어져간 이야기들이 겹쳐져 있다. 여기서 아름답고 매혹적인 친구 'J'는 그녀가 운동의 대의 속에서 결별할 수밖에 없었던 여성성, 개인성, 풍요로운 일상, 소비의 매혹을 상징한다. 'J'는 '그녀'가 선망하던 모든 것을 가지고 있었기에 단번에 매혹의 대상이 된다. 캐나다에서 온 열일곱의 'J'는 침대가 있는 자기 방

---

[12] "사실 나는 어줍지 않게 구류 한 번 살아본 이래로 모든 종류의 '갇힘'에 대해 겁에 질려 있었다. 오직 무사하기만을 바랐던 내 절실함은, 부끄러움이었지만 어쩔 수 없는 내 진심이었다. 현장……그것 역시 마찬가지였다. 내가 대학에 다니던 어느 한 시기, 올바른 사람이라면 징역을 가고, 또 올바른 사람이라면 졸업하지 않은 채 현장으로 떠나갔다. 불행히도 나는……그러고 싶지 않았다. 그래야 한다는 것과 그러고 싶지 않은 것의 차이. 그 시절의 고통은 대개 그러했던 것들이 아니었을까. 그러나 '그러고 싶지 않았던' 사람들이나 '그럴 수 없었던' 사람들에게조차 그 시대가 부과한 고통은 몫은 결코 가벼운 것이 아니었을 것이다. 아니 어쩌면 그래서 더욱 컸던 것. 주장할 수 없는 개인적 존재, 그 안에서 상처로만 썩어가던 것들."

을 가졌으며, 숨 막힐 듯 잘생긴 애인을 숨겨 두었으며, 필터 끝을 물에 적시면 사랑하는 사람의 이니셜이 새겨진다는 양담배를 가졌다. 비밀스럽고 신비로운 매력을 풍기는 'J'는 솔직하면서도 자유롭고 열정적인 삶을 상징한다. 그러나 '나'는 대학에 들어와 운동권 여학생이 되면서 'J'와 멀어지고, 이와 함께 그녀 내면 속의 'J' 역시 억눌리게 된다. "데모를 시작한 뒤로, 그녀의 세계는 너무나 선명하게 양극화되어"(255쪽)버렸다는 데서 알 수 있듯이 'J'는 편가르기에 골몰했던 시대가 살해한 나의 욕망을 암시한다.(김인숙, 1995, 169~173쪽)[13]

이러한 탓에 김인숙의 소설에서는 파손된 젊음, 당차게 성숙의 도정을 떠나기도 전에 뭉개져버린 젊음의 이미지가 반복해서 등장한다. 그리고 그녀들은 상실한 꿈을 되찾을 방법이 없다는 듯 이제 중년이 되어, 이 고통만 지나면 언제든 '황금다리'를 만날지 모른다는 허망한 예언에 기대 스스로를 위로하거나(「풍경」) 죽음을 소망하며 생에 대한 비탄에 젖는다. 그렇기 때문에 그것은 신파적 눈물 혹은 인생은 허무하다는 식으로 범속한 인생철학을 반복한다. 김인숙 소설이 유일하게 활기를 띠는 순간은 육체의 열정을 통해 잠시 위안을 얻을 때이다. 「유리구두」의 '나'는 대학시절 유선을 처음 보고 사랑에 빠지지만 그녀의 "불꽃같은 눈, 화염같은 눈동자"를 들여다본 순간, 유선에게 가까이 가지 못한다. 유선의 눈동자는 금욕주의로 무장한 80년대 세대가 여성 혹은 여성성에 짐 지우고 봉인해버린 욕망이라는 터부의 상징이다.

---

13) 이 글에는 작가의 자전적 체험의 실려 있다. "나는 1983년에 등단을 했지만 1986년, 〈79~80, 겨울에서 봄 사이〉의 집필에 들어가기 전까지는 '나의 문학'이라 이름붙일 만한 것을 갖지 못했었다. ……역사와 시대를 알지 못했던 시기에 썼던 글을, 그래서 동시대인의 고뇌와 고통을 모독했던 글들……쓰레기……나의 80년대는 그렇지 않았던가, 전면적 부정 그리고 오직 혁명적인 건설. 그것을 믿었던 시기에 그러한 글들을 썼던 것도 사실이다. 그러나 인간은……파괴와 혁명으로만 설 수 있는 존재는 아니었을 텐데. 왜 신념밖에는 없었을까."

5. 결론

얼핏 '후일담'이라는 말은 현실의 억압이 고스란히 남아있는 데도 불구하고 더 이상 어떤 저항도 불가능해진 양 과장스럽게 절망의 포즈를 취한다는 점에서 부정적인 뉘앙스를 풍긴다. 실제로 후일담 소설은 상실감과 허무의 감각이 압도하는 신파 혹은 센티멘탈한 감정의 극장이다. 후일담 소설은 달라진 사회현실에 대한 적절한 분석이나 대응방식을 찾지 못한다는 점에서 서사의 무능력을 보여주는 증거로 간주된다. 객관 현실의 총체성을 확보할 수 없는 왜소한 주체의 주관주의적 감상은 잃어버린 것에 대한 애도의 무능력을 보여준다. 그러나 90년대의 달라진 사회적 상황 속에서 마치 편집증을 연상시키리만큼 맹목적으로 역사의 진보를 믿었던 80년대에 대한 비판적 성찰을 이끌어내면서 새로운 모색을 시도할 때, 후일담은 퇴행적 유행가가 아니라, 현실에 대한 적극적인 길 찾기나 성장의 새로운 형식도 될 수 있다. 이를 증명하듯 남성들의 후일담은 향수 충동과 연동하면서 거인이었던 시절로의 회귀를 꿈꾸는 계몽 서사의 형식을 띤다.

그러나 여성작가의 후일담은 이러한 야심찬 기획을 거부하는 대신 80년대의 이분법에 의해 배제당했거나 억눌린 타자의 비명을 들려준다. 후일담 소설에서 여성 인물들은 대체로 대열의 선두에 서 본 적이 없는 이른바 운동권 주변인으로서 자주 부끄러움의 감정에 휩싸이거나 과대한 자의식을 노출한다. 이들의 소설에서는 영웅의 시절에 대한 추억에 젖을 법한 스펙터클한 사건은 거의 등장하지 않으며, 스스로가 영웅임을 증명하는 초월적 고독과 비장한 탄식 혹은 환멸의식도 약하다. 남성 후일담에서 사건의 지속 시간은 주인공이 청년운동에 떨쳐나서고, 수배를 받고 감옥에 다녀온 후 운동의 이력을 훈장 삼아 현실 정치판에 뛰어드는 식으로 비교적 긴 편이다.[14] 그러나 여성 후일담에서 이렇다 할 사건은 일어나지 않으며, 여성들은 광장 같은 공공영역보다 후미진 곳의 여관이나 지하 호프집 같은 데서 우울과 부끄러움의 감정에 휩싸인다. 여성 후일담들은 80년대를 치명적인 상흔으로 기억하는 여성들의 이야기이다.

여성들에게 혁명은 실패한 혹은 완료되지 못한 것으로 남게 된다. 여성386들은 사회관계를 바꾸지도, 남자와 여자가 동등한 인간이 되는 꿈을 성취하지도 못했기 때문이다. 물론 386세대 모두에게 혁명은 실패로 돌아갔기 때문에 상처의 기억이 될 수 있을 것이다. 즉, 그것은 권여선이 말하듯이 흉터의 기억인 것이다. 그러나 흉터는 역설적으로 영광의 상흔으로 작용할 수도 있다. 386을 단일한 집단으로 규정할 수 없지만, 386세대들의 상당수는 상처의 흔적을 훈장으로 내세우며 현실정치나 제도권에 들어갔다. 그러나 여성들에게 과거는 유순한 기억으로 남지 못한 채 현재진행형의 고통으로 남아 있다.[15] 혁명은 폭력처럼 여성이 자기의 육체와 성별을 비감하게 받아들이게 만들기도 한다. 특히, 80년대처럼 혁명이 정치와 일상, 집단과 개인, 당위와 욕망, 이념과 취향 등을 이분법적으로 분류하고, 후자를 과도하게 억누를 때, 여성들은 자신의 성을 상처의 증거로서 받아들일 수밖에 없다. 여성들의 후일담은 혁명의 시간을 감상적으로 추억하기보다, 좀

---

14) 남성작가들의 후일담 소설이 모두 동일한 성격을 띠고 있다고 보기는 어렵다. 그러나 남성작가의 후일담 소설과 여성작가의 후일담 소설의 문법의 차이를 무시할 수 없다. 이를테면, 대표적인 386작가로 꼽히는 방현석, 『당신의 왼쪽』(2000)의 경우, 소설의 주인공들은 대학의 총학생회장 출신이거나 수배자로서 혁명의 중심부에서 쟁의를 일으키는 등 눈에 띄게 활약한다. 이들 작가들에게 초라한 현재 속에서 과거에 대한 회상을 영웅의 시절을 기억하는 방식이 된다.

15) 386이 꿈꾼 혁명은 결국 실패로 돌아갔지만, 이들은 역사의 진보를 위해 숭고하고도 뜨거운 희생을 바친 세대라는 명예로운 이름으로 불린다. 386이 너무 일찍 풋풋한 젊음을 잃어버리고 부패해 버린 것 아닌가 하는 우려가 나오기도 할 정도 이들 중 다수는 80년대 운동의 경력을 훈장 삼아 정치권이나 학계 등 제도권으로 진입했다.

더 신랄한 해부의 성격도 띤다. 그것은 80년대에 대한 본격적인 소환 혹은 성찰이므로, 미래에 대한 새로운 전망을 말하는 방식도 될 수 있다. 추억은 미래 혁명의 산실일 수도 있는 것이다. 이렇게 볼 때 여성 후일담은 나르시시즘적 자위가 아니라, 역사를 새롭게 쓰기 위한 성찰적 회고가 될 수 있다.

지금까지 보았듯이 공지영과 김인숙은 많은 후일담 소설을 발표하는 등 386세대 여성을 대표하는 작가다. 이들은 20대 초반의 이른 나이에 등단해 여전히 창작활동을 왕성히 펼치고 있으며, 베스트셀러로 화려한 스포트라이트를 받은 적이 있는 스타 작가이기도 하다. 두 작가는 대학가 운동권 여학생의 정치적 각성에서 시작해 연애와 결혼, 그리고 이혼과 모성 체험으로 이어지는 생애사적 스토리, 즉 386세대 여성의 고백적·체험적인 젠더 서사를 보여줌으로써, 과거를 기억한다는 것, 즉 지난날의 자신을 반추하며 현재의 좌절한 자기를 응시하는 후일담의 글쓰기가 여성의 젠더 체험과 어떤 관련성을 맺고 있는가를 보여준다. 그러나 두 사람의 기억하기는 매우 다른 양상을 보여준다.

최근 들어, 공지영은 일기나 편지, 작중인물들 간의 대화 등 직설의 형식을 빌려 자기 세대의 고뇌와 아픔 그리고 진정성을 직접적으로 전달하려 한다. 『무소의 뿔처럼 혼자서 가라』와 『고등어』의 일기, 『즐거운 나의 집』의 편지 등 사적 기록을 매개로 독자와 저자 사이의 거리를 뛰어넘어 80년 세대의 청춘이 순정함과 진정성을 광휘를 부여하려 한다. 여기에는 역사의 중심에 서려는 열망이 깔려 있다. 중심을 열망하는 주변의 글쓰기가 공지영의 문학이다. 반면 김인숙은 80년대를 통과하면서 원초적인 자기를 잃어버린 혹은 욕망이 짓눌린 인물을 통해 혁명의 위선과 억압을 공격하고 들추는 퇴폐의 열정을 선보이며, 80년대가 억누른 욕망들을 소환한다. 그러나 두 사람의 작품은 공히 성과 속의 이분법으로부터 자유롭지 않다. 공지영은 성스러움의 의장을 씌고 숭고한 존재로 여성 386세대를 입상화하려고 하는데, 이는 공지영 소설이 성적 육체의 흔적들을 온통 지워버렸다는 데서 드러난다.(지승호, 인물과 사상사, 2008, 20~21쪽)16) 반면에 김인숙은 성적 육체와 욕망 그리고 퇴폐적 열정을 가시화함으로써 성스러움에 대한 압력에 반발한다.

그러나 두 작가의 문학은 성속의 이분법에 갇힌 불행한 시대 속에서 정치적 주체가 되고자 했던 여성들의 곤경뿐만 아니라, 이들이 여전히 그러한 시대의 짐으로부터 자유롭지 못하다는 것을 보여준다. 이들의 문학은 정치적 주체를 획득하는 순간 욕망이 버려지고, 욕망을 말하는 순간 정치가 실종되는 이 악무한의 모순이 해결될 계기를 쉬이 찾을 수 없음을 암시한다. 이러한 탓에 이들은 여전히 기억에 붙들려 청춘의 시절을 재체험한다.

앞서 말했듯이 여성 386세대들은 본격적으로 정치의 세계에 입문함으로써 자기 교양화를 시도한 여성 지식인 집단 혹은 정치적으로 각성된 최초의 여성세대일 뿐만 아니라, 90년대 이후의 한국문학의 흐름을 주도한 이름이다. 386세대 여성 작가들은 한국문학의 거대한 전

---

16) 다음의 인터뷰 내용은 공지영의 성스러움에 대한 콤플렉스를 엿보이고 있어 문제적이다. "지승호 :『즐거운 나의 집』을 읽으면서 공지영 작가가 살갑게 느껴졌다고 하시는 분들이 많은데요. 공지영 : 어깨에 힘을 빼고 써서 그런가 봐요.『우리들의 행복한 시간』부터 시작됐는데, 사실 그 책을 쓸 때는 제가 많이 힘들었어요. 그 이전 소설의 주인공들은 우선 도덕적으로 옳아요. 그런데 '우행시'에서 처음으로 주인공을 성적으로 문란한 여자로 그렸어요. 그게 얼마나 힘들었는지 몰라요. 그때 그 고비를 한 번 넘고『즐거운 나의 집』에서 저를 모델로 하는 엄마라는 사람의 웃기고 대책 없는 점을 그대로 드러냈어요. 사실 저를 보여준다는 게 처음에는 많이 힘들었어요. 사람들이 욕할까봐 겁을 엄청 먹었죠. 하지만 나중에 인터넷 댓글에서 사람들이 오히려 친숙해하고 좋아하는 것을 보면서 '그래 내가 그동안 너무 잘난 척만 했어, 나도 원래 안 그런데 생긴 대로 보여주는 게 맞지. 사람이 어떻게 만날 도덕적으로 옳아'라는 생각이 드는 거예요. 그러면서 힘을 빼기 시작했는데, 그게 저 스스로에게도 굉장히 큰 자유를 준 것 같아요."

환의 증거로서 사회와 개인, 정치와 일상, 의식과 무의식 등 90년대 문학이 전 시대 문학과의 중층적 절합점을 담고 있음을 보여준다. 그럼에도 불구하고 여성의 후일담 소설은 본격적인 논의의 대상이 되지 못했으며, 80년대와 90년대는 남성과 여성 혹은 정치와 욕망의 이질적인 대립의 구조로 도식화되었다. 이로 인해 여성 혹은 여성 작가는 해방의 증거이거나 탈역사성의 증거로 제멋대로 규정되었다. 여성 후일담 소설은 비록 80년대에 대한 비판적 소환임이 분명하지만, 여성 혹은 여성문학이 과거에 대한 청산 혹은 대립의 증거로 되어서는 안 된다. 386세대의 후일담 소설에 대한 적극적인 규명은 90년대 이후의 문학에 대한 온전한 해명을 위해서도 반드시 필요하다.

▣ 참고문헌

공지영, 1994 『고등어』, 웅진.
______, 1994 『인간에 대한 예의』, 창비.
______, 2007 『즐거운 나의 집』, 푸른숲.
김 원, 1999 『잊혀진 것들에 대한 기억―1980년대 한국 대학생의 하위문화와 대중정치』, 이후.
김인숙, 1995 「추억일 수 없는 현재」, 『역사비평』 32호(역사문제연구소 발행), 역사비평사.
김인숙, 1998 『유리구두』, 창비.
______, 1999 『꽃의 기억』, 문학동네.
______, 2005 『그 여자의 자서전』, 창비.
김주현, 2010 「의거와 혁명 사이, 잊혀진 여성의 서사들」『제3회 여성주의 인문학 연합학술대회 자료집 : 4·19혁명과 여성』(한국여성문학회 외).
김홍중, 2009 『마음의 사회학』, 문학동네.
신진욱, 2007 「사회운동의 연대 형성과 프레이밍 과정에서 도덕 감정의 역할」『상징에서 동원으로』(정철희 외), 이학사.

이희영, 1999 「한국 80년대 세대의 초상화 : 독일 68세대와의 비교」『1980년대, 혁명의 시대』(이해영), 새로운 세상.

전인권, 2003 『남자의 탄생』, 푸른숲.

전희경, 1998 「여성이 운동을 한다는 것은?」『오래된 습관 복잡한 반성2 ─ 학생운동의 감추어진 일상문화』(이재원 외 지음), 이후.

정문순, 2007.4.24 「통속과 자기연민, 미성숙한 자아 : 조숙한 여자아이 수준의 인식에 머무르는 대한민국 여성작가」, 『한겨레21』, 한겨레신문사.

지승호, 2008 「작가 공지영」『인물과사상』, 인물과 사상사.

진은영, 2008 「감각적인 것의 분배 : 2000년대의 시에 대하여」『창작과비평』, 창비.

진정·김명희·조두현 외, 2003 『386세대, 그 빛과 그늘』, 문학사상사.

프랑코 모레티(성은애 역), 2005 『세상의 이치』, 문학동네.

찾아보기

ㅅ

ㅇ

ㅈ

A~Z

필자소개

(원고게재순)

► **김혜련** · 연세대학교 미디어아트연구소 HK연구교수

『대중문화와 센티멘털리즘 : 아름다운 가짜』(2005), 『일상적인 것의 변용』(2008), 「실용주의와 환경미학의 문제」(1998), 「여성적 숭고의 가능성」(2001), 「픽션의 역설과 인지주의 감성론」(2003), 「주체의 죽음과 감정 : 여성주의적 읽기」(2008).

► **김혜숙** · 이화여자대학교 철학과 교수

『한국여성철학』(공저, 1995), 『여성과 철학』(공저, 1999), 「칸트 철학에 대한 여성주의적 해석: 주체 문제를 중심으로」(2005), 「여성주의 관점에서 본 다문화주의: 열린 주체 형성의 문제」(2007), "Feminist Philosophy in Korea: Subjecttivity of Korean Women", *SIGNS* vol.34(2009).

► **윤은주** · 숭실대학교 강사

「아렌트의 정치적 행위에서 본 마키아벨리의 정치」(2007), 「다름의 인정과 차이의 지양」(2008), 「정치와 비—정치의 경계」(2009).

► **이현재** · 서울시립대학교 도시인문학연구소 HK교수

『여성의 정체성 – 어떤 여성이 될 것인가』(2007), 「장소로서의 몸과 비환원적 물질성」(2009), 「페미니즘과 맑시즘의 동상이몽과 소란스러운 연대의 가능성」(2010).

► **김미란** · 연세대학교 강사

「국가 재건의 시대와 대도시를 배회하는 여성 산책자」(2004),

「4·19혁명의 정치적 상상력과 개인 서사」(2005), 「김승옥 문학의 개인화 전략과 젠더」(2006), 「여순사건과 4월혁명, 혹은 김승옥 문학의 시공간 정치학」(2009).

▶ **김주현** · 중앙대학교 교양학부 강의교수

「1960년대 소설의 전통인식 연구」(2007), 「1960년대 이청준 소설에 나타난 민속의 미의식 규명」(2007), 「마산, 그 거대한 우울증을 씻는 길」(2009), 「근대 초기 문사의식과 예술가 형상의 상관성」(2010).

▶ **박지영** · 성균관대학교 동아시아학술원 연구교수

『매체로 본 근대 여성 풍속사』(2005), 『작가의 탄생과 근대문학의 재생산 제도』(2008), 「『신여성』지(誌)의 "독자투고"문을 통해서 본 "여성적 글쓰기"의 형성과정 – 만들어지는 글쓰기, 배제된 글쓰기의 욕망 –」(2004), 「식민지 시대 교지 '이화'연구 – 지식인 여성의 자기표상과 지식체계의 수용 양상」(2006), 「김수영 문학과 번역」(2009).

▶ **윤정란** · 숭실대학교 강사

『한국기독교여성운동의 역사』(2003), 『19세기말 서양선교사와 한국사회』(2004, 공저), 『조선왕비 오백 년 사』(2008), 『서북을 호령한 여성독립운동가 조신성』(2009), 『조선왕비독살사건』(2009).

▶ **이성숙** · 한양대학교 강사

『매매춘과 페미니즘』(2002), 『굿바이 EH. 카』(2005), 『여성, 섹슈얼리티, 국가』(2009), 『세계사인물 오디세이』(2010).

▶ **기계형** · 한양대학교 아태지역연구센터 HK연구교수

『꿈은 소멸하지 않는다: 다시 보는 세계의 혁명가들』(공저, 2007), 「여성농민들 법정에 가다: 러시아의 가부장적 문화와 아내구타에 대한 태도의 변화」(2008), 「소비에트시대 초기의 일상

생활과 콤무날카 공간의 성격」(2008), 「포스트 소비에트 시대의 러시아 영화들에 나타난 역사적 재현의 문제」(2009), 「권리인가 범죄인가? 제정러시아 말기의 낙태논쟁」(2010).

▶ **김은하** · 경희대학교 국제지역연구원 학술연구교수
「식탁 위의 성정치 – 음식과 여성」(2003), 「애증 속의 공생, 우울증적 모녀관계 – 박완서의 『나목』론」(2004), 「전후 국가 근대화와 아프레 걸 표상의 의미」(2006), 「1970년대 소설과 저항 주체의 남성성 – 황석영의 70년대 소설을 중심으로」(2007).